효학의
이론과 실천

효학의
이론과 실천

박철호 지음

한국학술정보㈜

효는 역사가 오래된 가치체계이다. 그동안 효에 대한 연구가 많이 진척되었지만 실제 우리의 삶과 밀접한 관계가 있는 하나의 틀로서 효를 체계적으로 연구하지 못했다. 여기에 모아 놓은 글들은 효를 하나의 학문적 체계로 정립하기 위한 기초 작업으로 시도된 것들이다.

분명한 것은 효의 학적 기초를 마련하는 작업은 다양한 방향에서 시도될 수 있다는 점이다. 그러나 대체적으로 하나의 학문으로서 자격을 갖기 위해서는 연구의 대상과 연구의 방법을 기본으로 하는 학문의 기초를 우선적으로 마련하는 것이 필요하다. 이런 의미에서 여기에 실린 글들은 효학 연구 분야의 분류를 통한 연구대상의 설정과 연구방법을 통해 효학을 하나의 학문으로 구축하는 데에 주된 관심을 두었다.

먼저 효의 역사를 분석하는 역사효학의 부분에서는 고대 아테네로부터 효의 원천을 규명하기 위해 '고대 아테네 사회의 효체계'를 살펴보았으며 이어서 중세 시대의 효를 규명하였고 계속해서 '효체계의 변천과정'을 분석하여 효역사를 전반적으로 개괄하였다.

다음, 효학을 체계적으로 규명하기 위한 방법론을 전개하였다. 여기에는 효학의 방법론으로서 체계론을 소개하고 이어 효학의 성격을 규명하였으며 다음 보편화 가능성의 효론으로서 효학의 이론들을 설명하였다. 계속해서 사회 현상으로서 효를 연구하기 위해 사회효학의 분야에서는 효론에 의한 사회 분석을 시도하였다. 여기에서는 종교영역과 정치영역 그리고 경제영역에서의 효의 기능을 탐구하였다.

위와 같은 효의 학적 기반을 기초로 할 때 다음 과정으로 도출되는 것은 효의 실천에 관한 문제이다. 효는 실천적 성격을 무시할 수 없다. 즉, 실천이 없이 효의 이성적 논리만 가지고 효가 행해지지 않는다. 따라서 효를 보다 온전히 체계화하기 위해서는 효의 실천적 측면을 규명하는 작업이 필요하다. 효의 실천을 위해 어떤 작업이 필요한가?

효의 실천적 작업은 교육적인 면과 밀접한 관련을 짓고 있다. 따라서 효와 교육을 연계하여 연구하는 것이 필요한데 바로 효교육이 이러한 분야를 담당한다. 효교육은 효를 어떻게 인식하고 이를 어떻게 가치와 태도 그리고 행동으로 연결시킬 것인지를 규명하는 작업이다. 이런 차원에서 효교육은 가정과 학교 그리고 사회 교육의 측면에서 규명하는 것이 중요하다.

위와 같은 효교육의 차원에서 '공동사회의 존속을 위한 효교육 분석', '복합적 이야기하기 교육', '보편화 가능성의 효교육체계' 등의 글들은 효교육의 기본 틀을 파악하는 데 중요한 의미를 지닌다.

마지막으로 효학의 새로운 분야인 법효학 분야에는 2007년 대한민국 국회에서 통과된 「효행장려 및 지원에 관한 법」을 중심으로 한 효의 법제화와 그 영향 등에 관한 글들이 수록되어 있다. 앞으로 효와 관련된 다양한 법이 제정될 가능성이 높고 이와 관련된 연구들이 많이 등장할 것이다. 이런 의미에서 효법과 관련하여 여기에 제시된 글들은 앞으로 효의 법제화와 그에 따른 연구에 초석이 될 것이다.

아직도 연구가 미진함을 부인할 수 없다. 앞으로 효에 대한 보다 구체적인 작업을 시도하여 효의 학적 정립에 보탬이 되고자 한다. 마지막으로 이렇게 책이 나오도록 도움을 준 한국학술정보(주)와 어머님과 아내 유현주 교수 그리고 두 아들(봉윤, 성윤), 성산효대학원대학교 동료 교수들, 그리고 한없는 은혜로 내 삶을 인도하신 하나님께 깊은 감사를 드린다

2010년 7월

박철호

제 1 장

효학의 역사 : 역사효학

효윤리체계의 변천과정 분석

I. 시작하면서

성경의 십계명이 등장하는 출애굽기나 신명기 그리고 십계명의 내용을 담고 있는 에베소서 6장의 효에 관한 내용을 분석해 보면 부모를 공경하라는 계명과 함께 하나님은 "네가 잘되고 이 땅에서 장수하리라"는 축복을 더하고 있다. 왜 다른 계명과 달리 제5계명의 내용에는 축복의 내용이 더해져 있을까?

축복의 내용이 더해진 이유는 효가 매우 중요하지만 이를 실천하는 것은 쉽지 않음을 나타내고 있다. 즉, 효는 너무나 중요하여 하나님께서는 장수와 번영이라는 축복을 제공하여서라도 효를 이 땅에 세울 필요가 있었던 것이다. 왜 효를 세우고 지켜 나가는 작업이 필요했는가?

효를 이 땅에 세우고 지켜 나가는 작업은 삶의 형식과 밀접한 관련을 지니고 있다. 즉, 인간 삶의 존속 유지를 위해 경제적 삶과 사회 구조에 대한 지배력을 장악하기 위한 권위체계를 구축하고 이를 사회 구성원들에게 내면화하는 작업이 필요한데 효는 이러한 내면화 작업과 밀접한 관련을 짓고 있다.

그동안 가족체계와 사회체계의 질서 유지와 존속을 위해 선사시대로부터 효의 관념이 형성되고 제도화되어 관습적으로 지켜져 왔다. 그러나 효가 윤리적으로 규범화되어 하나의 사회제도로서 자리매김하는 과정은 매우 다양하고 복합적인 과정을 거쳐야만 했다.

본 연구는 위와 같은 관점에서 효가 윤리적 규범으로서 정치·경제적 환경과의 상호 작용 과정에 의해 가족과 사회체계 속에 하나의 규범으로 정착하지만 외부의 충격에 의한 위기 속에서 변화를 겪어 새로운 모습으로 전환되는 과정을 분석하여 이를 도표화함으로써 효교육 교재 자료로 활용하는 데 도움을 주고자 한다.

II. 효윤리[1]의 변천과정

1. 효윤리체계의 조직화

가. 유목생활과 효윤리

효윤리가 하나의 규범으로서 제도화되지 못한 상태에서는 나이 많은 부모나 노인에 대한 인식과 대우의 정도를 이해할 필요가 있다. 이는 효가 하나의 규범으로 정착하는 과정을 분석하는 데 하나의 지침이 되기 때문이다.

효에 관한 관념이 형성되기 전, 노부모나 노인에 대한 태도에 대해서는 전해 오는 다양한 설화를 통해 이해할 수밖에 없다. 과연 효

---

1) 효윤리란 부모를 공경하는 것을 의미한다. 영어로 Filial Piety라고 표기하기도 한다. 효윤리는 어버이를 존중하고 그의 뜻을 따르는 것이기에 가족제도의 발달과 밀접한 관련을 짓는다. 따라서 가족제도의 형성과 함께 효의 윤리적 관념이 형성되었다.

의 관념이 형성되기 전에 노인들은 어떠한 대접을 받았는가?

전해 오는 다양한 설화에 의해 노부모와 노인에 대한 대우를 오늘날과 비교해 보면 차이가 많이 남을 알 수 있다. 우선적으로 노인들은 유목생활의 생산성과 관련하여 매우 천시를 받았으며 이동과 방어적인 면에서도 노인들은 위기 상황에 대처하는 적절한 행동이 불가능했기 때문에 역시 기피의 대상이 되었다.[2] 따라서 노인들은 다양한 이유로 제대로 대접을 받지 못했을 뿐 아니라 심지어 생명 보전을 제대로 할 수 없었다.

나. 효윤리체계의 초기 단계

효윤리가 형성되기 전에 위와 같은 노인에 대한 천대와 사회로부터의 배제가 지속되었지만 효에 대한 관념이 규범으로 제도화되지 않은 상태에서도 효의 관념은 유지되어 있었음을 다양한 지역에서 전해 오는 설화를 통해 알 수 있다.[3]

---

2) 전해 오는 대표적인 설화를 소개하면 다음과 같다.
 ① 식노속(食老俗): 원시시대에는 흔히 식량 결핍이 심각하여 어릴 때 어른에게 괴롭힘을 당한 복수로서 행해지는 식식속이 있었다. 자식의 짐이 되거나 느린 행동 때문에 맹수의 습격을 받았을 때 노인을 맹수의 먹이가 되게 하기보다는 누군가가 먹어 두는 것이 좋다고 본 것이며, 또한 이것은 노인의 지혜나 용기를 함께 물려받는 것으로 여겼다.
 ② 살노속(殺老俗): 남태평양 케오스 섬의 경우에는 60세 이상의 노인이나 중환자가 오래 살아 있다는 것은 식량의 부족을 부르는 것이 되므로 스스로 일하여 식량을 마련하지 못하는 자는 아편이나 독초의 즙을 마셔 자살하게 하는 관습과 법이 있었다.
 ③ 기노속(棄老俗): 아메리카 인디언 특정 부족의 경우 추장마저도 노쇠하거나 병약하면 한 통의 물과 약간의 식량을 주고 유기하는 관습이 있었다.
 ④ 퇴은속(退隱俗): 과거 에스키모 노인들은 활동력이 약해지면 스스로 광야로 걸어 나가 자신의 죽음을 택하였다.

3) 효윤리의 기원에 대한 대표적 설화는 다음과 같다.
 ① 인도: 인도에서는 노인을 멀리 추방하는 법이 있어서 노인을 집에 두면 중벌을 받던 시대에 효성스러운 한 대신이 있었다. 그는 늙으신 아버지를 지하실에 숨겨 두고 봉양하였는데 하루는 왕이 대신들 앞에 "큰 코끼리가 몇 근인지 알아낼 수 있느냐?"는 문제를 내었다. 그러나 어느 대신도 대답을 하지 못하였다. 왕은 내일까지 알아 올 것을 명령하였다.
 효자 대신은 곧 돌아가서 아버지께 그 사실을 고하였다. 그러자 늙은 아버지는 웃으며 "코끼리를 배에 싣고 물이 어디까지 올라오는지 뱃전에 표시한 후에 그 배에 돌을 물이 그만큼

그런데 효윤리의 생성에 관한 설화에서 두드러지게 드러나는 것은 효윤리의 생성이 지혜와 관련된다는 사실이다. 즉, 노부모들은 오랜 삶의 경험 속에서 갖게 된 지식과 지혜를 가지고 있고 이러한 지혜나 지식은 결국 노인에 대한 공경으로 이어지게 됨을 알 수 있다. 뒤에 살펴볼 농경사회에서의 효윤리 정착은 바로 이러한 노인들의 지혜와 지식이 깊이 관련되어 있다.

2. 효윤리체계의 구축

가. 농경생활의 정착적 삶과 효윤리

앞에서 살펴본 바와 같이 유목생활은 동물의 습격과 수렵채취를 위한 이동에 따른 불편에서 노인에 대한 경시가 다반사였다. 그러나 이러한 유목생활이 농경생활로 정착하면서 노인에 대한 새로운 의식

올라오도록 실어서 그 돌을 저울에 달아 보면 그 중량을 알 수 있다.”고 하였다. 다음 날 그 대신이 왕에게 중량을 말하였더니 왕은 놀랍고도 이상하여 어디서 그런 지혜를 얻었는지 물었다. 대신은 “신이 죽을죄를 지었사옵니다. 실은 국법을 어기고 노부를 지하실에 숨겨 봉양하옵는바 노부께서 일러 주셨습니다.”라고 솔직하게 고하였다. 이 말을 들은 왕은 노인을 멀리 추방하는 제도를 폐하고 효도를 장려하였다고 한다.

② 일본: 칠십 된 노부를 숨겨 두고 봉양하는 대신이 있었다. 한번은 중국의 천자로부터 사신이 구멍이 일곱 굽이로 구부러져 있는 구슬을 가지고 와서 실을 구슬에 꿰라고 하였다. 그러나 조정에 아무도 이 구슬에 실을 꿸 지혜를 가진 사람이 없어 왕과 신하들이 크게 걱정하고 있었다. 그때 효양하는 그 대신이 노부께 이 이야기를 했더니 노부는 “구슬 한편 구멍에 꿀을 바른 다음 개미 허리에 가는 실을 매어 그 반대편 구멍으로 들여보내면 실을 꿸 수 있다.”고 하여 국가의 어려움을 면하게 되었다. 그 뒤로 노인을 버리는 나쁜 풍속은 사라지고 노인을 공경하게 되었다.

③ 한국: 우리나라에도 옛날 고려장을 하는 법이 있을 때 한 번은 중국의 천자로부터 사신이 큰 암말 두 마리와 목침 한 개를 가져와서 “어느 말이 어미 말이며, 목침의 어느 쪽이 뿌리인지 알아내라.”고 하였다. 이때 조정이 크게 근심하여 알아낼 사람을 찾았으나 찾을 수가 없었다. 그때 늙은 아버지를 숨겨 두고 몰래 봉양하던 대신이 있었는데 자기 아버지께 그 말씀을 올렸더니, “말은 두 마리를 한곳에 두고 꼴을 주어 보면 먼저 먹는 놈이 새끼 말이니, 어미 말은 새끼가 먼저 먹도록 기다린다. 또 목침을 물에 띄워 보면 밑으로 가는 쪽이 뿌리니라.”라고 일러 주었다. 그 덕분에 어려운 문제에 바로 답하여 나라의 체면을 세울 수 있었다. 그 후로부터 고려장을 금하고 효도를 권장하였다는 것이다.

이 형성되었다. 어떤 의식이 형성되었는가?

농경생활과 삶의 구조와의 상호 작용 속에 새로운 의식이 형성되었다. 무엇보다 농경생활은 농사를 통해 생산물을 획득한다는 의미에서 새로운 경제 체제를 가져왔으며 이는 농사에 대한 다양한 기술적인 면과 지적인 통찰 그리고 경험의 축적이 생산물 증대와 관련하여 중요한 변수로 작용하게 되었음을 의미하였다.

그런데 이러한 농사에 관한 지식과 지혜 그리고 경험의 축적을 통한 농사 기술의 획득은 농사를 오랫동안 지어 온 노인들에 의해서였다. 노인들은 이러한 면에서 매우 유용한 지식의 소유자이며 농업의 기술자였다. 따라서 이들은 가족과 사회의 주요한 위치와 역할을 담당하는 계층으로 분류되어 공경을 받게 되었다. 농경생활에 의해 정착생활이 진행되면서 노부모와 노인에 대한 태도의 변화가 비로소 일어나게 되었다.

나. 구전 지식의 생산성과 효윤리체계의 강화

농경생활에서의 농업과 관련된 지식과 기술의 전수자로서 노부모와 노인은 농사에 관한 자문에 답하는 사람들로서 인정되었다. 이들은 아직 문자가 발명되기 전이라 구전 지식에 의해 전해진 각종 농사에 관한 지식과 기술을 나름대로 해석하고 이를 새로운 환경에 적용시키면서 농사에 대한 권위자로 나서게 되었다.

젊은이들은 계절과 기후 그리고 토양에 관한 정보와 지식이 부족한 고로 이를 얻기 위한 방도로서 노인들의 지혜를 구하지 않을 수 없었다. 따라서 노인들은 집안에서 매우 중요한 위치와 권위를 차지하게 되었다.

특히 파종과 재배 그리고 추수의 기술은 매우 중요한 것으로 오랜 경험에 의하지 않고는 농사에 실패할 가능성이 높기 때문에 노인들은 오랜 경험에 의한 지식의 축적에 의지하지 않을 수 없었다. 특히 태풍이나 가뭄 등의 위기 상황에서 이러한 위기를 극복하는 방안은 매우 중요하여 노인들은 이러한 위기 상황에서 더욱 그 위치를 확고히 하게 되었다.

농사뿐만 아니라 가축에 관한 지식과 기술도 당시에 매우 중요한 기능을 담당하였다. 가축은 농사를 짓는 데 유용할 뿐 아니라 식용으로서도 각광을 받았기 때문에 가축을 기르고 새끼를 치는 데 있어서 노인들의 경험은 중요시되었다.

노부모나 노인들이 가지고 있는 지식에 의해 내려진 농사에 대한 교육과 시행은 매우 강력한 지배력을 지니고 있었기에 노부모나 노인들의 권위는 그 어느 시대보다 높았다. 이러한 경험에 의해 축적된 지식의 소유자의 명령을 어기는 것은 경제적 손실과 연결되어 주위 사람들의 비난 대상이 되기도 하였다.

그런데 위와 같은 다양한 농사나 가축에 관한 지식들이 일정한 전달 수단으로서 문자가 발달되지 못한 상태에서 구전에 따른 전수에 의해 일반적으로 행해졌다. 구전에 의한 지식의 전달은 결국 이러한 농사나 가축에 대한 유경험자가 누구에게 그 지식을 전수하는가가 매우 중요한 사회적 의미를 가지게 하였다.

가족체계에서나 사회체계에서 지식을 전수받기 위해서는 지식의 소유자인 노부모나 노인에 대해 공경과 함께 의식주 등 기본적 삶의 제공뿐만 아니라 이러한 지식의 소유자의 마음에 합하기 위해 권위에 대한 순종과 아울러 이들을 즐겁게 하는 다양한 풍물과 가무가 첨부되기도 하였다.

위와 같은 의미에서 효윤리는 효에 대한 교육이나 강요가 아니라 경제 구조와 사회 구조와의 연관 속에 자연스럽게 형성, 발전되어 나갔다. 효윤리는 단지 교육이나 강요된 법, 제도 등에 의해 유지되지 않고 위와 같이 효윤리체계 이외의 환경으로서 경제나 정치적 구조와 연관하여 그 존속의 근거를 마련할 때 효윤리는 보다 확고한 정착을 하게 됨을 알 수 있다.

다. 씨족과 부족 질서의 강화와 효윤리의 확산

① **가족 사회의 질서와 규범의 관리자로서 부모와 노인**

효윤리의 윤리적 관념이 구체적으로 발달되는 시기는 역시 앞에서 언급한 바와 같이 농경사회와 함께 정착생활이 시작되면서부터이다. 이때부터 효는 가족제도의 고착화와 함께 더 나아가 집단의 보전과 단결을 위한 필요에 의해 더욱 강화되었다. 즉, 부족 간의 혈연 공동체 의식을 고취시키고 구성원 간의 유대를 강화시키는 방안으로 부족의 규범과 질서 그리고 이를 유지하기 위한 제도 등이 필요하게 되었고 이들을 존중하고 이의 집행자들에게 순종을 하게 하기 위한 사회화를 필요로 하게 되었다. 이러한 순종의 사회화를 위한 기초로서 효가 자연스레 가정에서부터 강조되기 시작하였다.

사회가 가지고 있는 권위의 구조, 즉 법과 윤리 도덕 등의 체제에 대한 순종의 사회화는 경제생활에서도 중시되었다. 즉, 집단적 농경사회에서는 많은 노동력을 필요로 하기 때문에 대가족제도가 발달하게 되었고 이러한 발전 가운데 가부장적 효도의 개념이 생기게 되었다. 특히 이러한 효도의 개념은 가족을 중심으로 하는 자급자족적 경제구조에서 매우 중요한 기능을 담당하였다.

개인의 경제적 안정이 가족에 의하여 주로 보장되었고 인력으로서 생산 활동이 이루어졌던 당시의 사회에서는 가족 간의 깊은 인간관계를 필요로 하였다. 만일 가족 간의 불화와 다툼이 있게 되면 적정한 시기에 적당한 힘을 농사에 배치하지 못하는 어려움이 생기게 되는 경우가 있었다.

이러한 갈등을 해소하면서 가족 관계의 질서를 유지하고 가족 구성원 간의 일체감을 형성하기 위한 권위구조가 구축되었다. 가족 중 어른의 지혜와 경험을 중시한 가부장제도는 이러한 권위구조의 한 형태이다. 가부장제도는 결국 경제적 필요로 등장되었고 효도는 이러한 권위구조에 필연적으로 수반되는 구성원의 순종에 의하여 사회화 과정 속에서 점진적으로 내면화되었다.

② 씨족과 부족 질서체계와 효윤리

가족 관계의 질서를 유지하고 가족 성원 간의 일체감을 형성하는 효윤리는 가족체계의 확대에 의해 씨족과 부족 체계가 형성, 발전됨에 따라 씨족과 부족을 위한 규범의 설정과 이러한 씨족과 부족의 규범과 질서 유지, 존속과 관련된 권위의 체계를 구축하고 이러한 권위체계에 대한 순종을 내면화하는 작업으로서 필요하게 되었다.4)

규범적 질서와 관련하여 킹슬레이 데이비스(Kingsley Davis)가 언급한 바와 같이5) 규범적 질서는 인간 사회의 사실적 질서를 가능하게 한다. 여기서 '사실적' 질서는 식물 채집이나 주거의 건축, 약탈

---

4) 씨족 단위 공동체는 농경을 위하여 공동작업을 하거나 외적을 막기 위해 서로 협력하였는데 이들이 남긴 거대한 돌멘과 같은 건조물은 그들의 협동이 상당히 조직적이었음을 보여 준다.

5) Kingsley Davis, *Human Society*(New York: Macmillian, 1948), p.53.

자에 대한 방어 등과 같이 사회의 물리적 구조와 관련되어 있다. 그런데 이러한 사실적 질서는 관습적으로 획득된 규범적 질서가 없다면 우리의 사회적 삶을 온전하게 영위할 수 없다. 효윤리는 바로 이러한 사회적 규범의 기초를 제공하고 있다.

효윤리의 확산에 의한 씨족과 부족의 체제 존속은 씨족이나 부족 체계는 질서 유지와 동원체제의 가동력 향상에도 도움을 받았다. 즉, 효윤리는 사회의 구성원들에게 기존의 사회적 권위구조에 정체감을 형성시켜 사회적 필요에 의한 구성원들의 일치된 행동과 협력을 기반으로 어떤 목표 지향이 가능하도록 하였다.

Ⅲ. 효윤리체계의 위기

농경사회에서 정착된 효윤리는 가족뿐만 아니라 씨족과 부족 체제에 기초적 가치관을 제공하여 경제적으로 농업의 발달과 정치적으로 사회질서의 안정화를 마련하였다. 그러나 이러한 안정적 효윤리의 체계는 상황의 변화 속에 몇 가지 위기를 맞게 되어 효윤리의 사회 지배력이 약화되게 되었다. 효윤리의 위기를 초래한 원인은 무엇인가?

효윤리체계에 대한 위기의 원인 규명과 그 상황 분석은 세 가지 유형으로 나누어 설명할 수 있다. 제1의 위기는 문자의 발명이며 제2의 위기는 왕권의 중앙집중화이고 제3의 위기는 민주주의 혁명이다.

1. 제1단계 위기로서의 문자 발명

문자의 발명은 주전 3000년경에 수메르인들에 의해서다.[6] 이들이
처음 사용한 문자는 나일 강 유역이나 황하 유역에서와 같이 회화문
자였다. 이 문자는 오리엔트 지방에서 가장 오래된 문자이며 이집트
문자의 원천이었다고 여겨진다.

그런데 이러한 문자의 발명은 그 이전에 전통적으로 지식의 전래
도구로 사용되었던 구전지식의 양식을 폐지시키는 결과를 가져왔다.
이에 따라 구전지식의 주인공이었던 노부모나 노인에 대한 효윤리는
일대 전환의 위기를 맞게 되었다.

왜냐하면 문자의 발명에 의해 구전지식을 기록하는 것이 가능하게
되었고 이를 통해 구전으로 된 지식이나 기술의 전수 그리고 교육이
매우 쉽게 일반화되어 갔다. 더구나 문자의 발명은 경험된 지식의 축
적(기록)과 이를 이용하는 지적 기능의 발달을 동시에 가져와 경제와
사회에 생산적 지식의 확산과 심화를 가져왔다. 이렇게 되자 구전지
식과 그 전수자들은 더 이상 권위를 인정받기 어렵게 되었으며 노인
과 부모에 대한 효윤리의 약화 현상이 서서히 등장하게 되었다.

경제 영역에서의 효윤리 약화 추세는 가족 질서의 관리자로서 노
인과 노부모의 정치적 지위에도 위기를 초래하였다. 노인이나 노부
모의 가족체계에 있어서 정치적 역할은 생산물 등에 의한 가치의 창
조물을 권위적으로 분배하는 것이었다.

그러나 경제적으로 이미 이러한 노인과 노부모의 권위가 약화되었
기에 경제 영역에서 생산된 가치들을 분배 혹은 재분배하는 데 있어

---

6) 민석홍 외, 『세계문화사』(서울: 서울대학교출판사, 1988), p.14.

서도 제대로 그 기능을 수행하기 힘들게 되었다. 이러한 가족체계의 질서 수립에 중추적 역할을 담당한 노인과 노부모의 기능 약화는 결국 노인과 노부모에 대한 경시로서 효윤리의 약화를 동시에 초래하였다.

2. 제2단계 위기로서 왕권의 중앙집중화

문자의 발명에 의해 효윤리에 대한 타격이 가해진 후 또다시 효윤리에 심대한 타격이 가해져서 효윤리의 약화를 초래한 위기가 발생하였다. 이 위기는 고대나 중세에 있어서의 왕권 강화를 위한 행정구역의 재조정이다. 행정구역의 조정이 효윤리의 위기와 어떤 상관이 있는가?

농경시대부터 정착생활이 시작되면서 가족체계를 비롯한 씨족이나 부족의 체계가 형성, 발전하였다. 하나의 가족은 씨족과 부족 등과 연결되어 통합체계를 이루었기에 가족체계의 존속에 씨족과 부족 등의 친족 관계 등은 매우 중요한 역할을 담당했다.

즉, 가족 중 부도덕한 행위자, 특히 부모에 대한 불효를 행한 자 등은 가족뿐만 아니라 주변의 친족으로부터 배척을 당하였다. 이는 효윤리의 존재와 존속을 강화하는 기능을 담당하였다. 비록 문자 등으로 효윤리 유지에 부정적 요소가 타격을 주었지만 씨족이나 부족 체계의 존속과 연관된 가족체계의 질서를 유지하기 위해 씨족과 부족은 이러한 부분에 대한 통제력을 강화시켰던 것이다.

그러나 이러한 씨족과 부족 체계에 대한 파괴적 작업이 진행되어 그나마 존재하였던 효윤리체계 유지 존속의 울(보호막)이 붕괴되었다. 이러한 효윤리체계의 울을 파괴시킨 것은 무엇인가? 바로 앞에서 언급한 왕권 강화를 위한 행정구역의 조정이다.

왕권 강화를 위한 행정구역의 조정은 동서양 어디에서나 시행되었다. 니스벳이 언급한 바와 같이[7] 주전 18세기에서 주후 30년까지의 기간에 로마사상 가장 중대한 변화가 일어났다. 당시 로마의 황제이었던 아우구스투스는 로마의 행정구역을 조정하여 당시 강력한 정치적 그리고 도덕적 지배력을 행사하고 있던 친족적 사회체계를 붕괴시켰다. 이렇게 하여 혈연적 혹은 지연적인 결합체가 가지고 있던 흔적은 단지 가족체계의 범위에서나 찾을 수 있게 되었다.

아우구스투스가 남자는 생활을 위한 수입을 자기 자신 혹은 자기 가족에게만 사용할 수 있는 자격이 있다고 포고했을 때 이는 기존의 씨족과 부족 등의 친족체계 유지와 관련되었던 경제적 구조에 결정적 일격을 가한 것이다. 그리고 로마의 모든 가족들에게 예로부터 성스럽게 씨족이나 부족의 행사 때 섬겨 온 라레스(lares)와 페나테스(penates)와 같은 신들 곁에 그 자신의 조각상을 모시도록 명령을 내렸을 때, 이는 씨족과 부족 체계의 정신 구조를 파괴하여 그의 왕권을 강화하려고 했던 것이다.

주전 3세기경 중국 진시황 시대의 왕권 강화에서도 로마와 같은 사례를 발견할 수 있다. 진시황은 로마의 아우구스투스와 같이 전 영토에 걸친 중앙집권적 통치를 단행하고자 문관제도를 비롯한 행정 개혁을 시도하였다. 이러한 개혁 중에서 행정조직을 재편하면서 몇 세기 동안 걸쳐 존재해 온 사회 구조를 변혁시켰다.

---

7) Robert A. Nisbet, *The Social Bond*, 이시준 역, 『현대사회학』(서울: 도서출판 한글, 1995), p.250.

기존의 씨족이나 부족적 성격의 공동체를 공식적 정부 행정 속에 편입시키면서 분리와 통합을 통해 기존의 체제와 성격을 배제시켜 나갔다. 기존의 씨족이나 공동체를 인정하지 않아 정부에 공식적으로 참여하는 것을 막았다. 이러한 과정을 통해 효윤리체계의 틀을 보다 약화시켰다.

주전 5세기 고대 아테네에서도 동일한 변화가 일어났다. 민주제의 전조가 되었던 클리스테네스의 개혁은 아테네의 군사적·경제적 제 문제에 효과적으로 힘을 집중할 수 없을 정도로 세력화된 지방의 토호, 즉 씨족과 부족의 체계를 재편성하는 데 주된 목적을 두었다.

이러한 정치적 질서의 재구조화는 개인들을 국가 이외의 공동체에 의한 구속에서 해방시킨다는 의미를 지니고 있었다. 시민권이라는 뚜렷한 개념과 국가에 의해 직접 인정된 권리나 자유는 친족으로서 씨족과 부족 등이 갖고 있는 공동체의 권위를 더 이상 인정하지 않게 만들었다. 이는 효윤리의 체계에 강력한 타격을 준 것으로 볼 수 있다.

아테네의 민주주의 기초가 된 행정단위로서 데모스(Demos)[8]는 혈통을 배제한 것으로 혈통을 중심으로 폴리스 세포가 되었던 프라트리아(Phratria)를 대신하였다. 결국 데모스는 촌락 공동체의 기초인 프라트리아를 대신함으로써 신분으로부터의 해방을 의미하였다. 결국 Demos는 효윤리의 지지 기반을 침식시킨 주된 원인이 되었다.[9] 그러나 이렇게 퇴장하던 효윤리체계에 회생의 기미가 나타났다. 이러한 회생의 기미는 어떻게 나타났는가?

효윤리체계의 회생의 계기는 왕권을 중심으로 중앙집권화를 정립

---

8) Demos는 행정구역 단위로 사용된 용어이지만 역시 '민중'이라는 의미도 지닌다.

9) 양병우, 『아테네 민주정치사』(서울: 서울대학교출판부, 1980), p.19.

하기 위해 씨족과 부족 등의 친족체계를 파괴시키는 작업을 거세게 몰아붙인 왕권이 일단 이러한 작업이 성공을 거두자 이제 구성원들로 하여금 왕권을 옹호하고 이에 충성을 하게 하는 방안으로 기존의 전략과 달리 역으로 효윤리를 강화하는 시책을 펴게 되면서 나타났다.

이렇게 효윤리를 다시 강화하게 된 이유는 효윤리체계를 강화하여 결국 국가 존속의 기본 단위인 가족체계의 질서를 확고히 하고 이를 통해 국가의 권력, 즉 왕권을 강화하자는 의도가 있었다. 효윤리를 통한 규범의 사회화는 기존 질서를 옹호하고 이를 준수하여 봉건 왕권체제의 지지 기반을 확고히 하는 도구로 기능하였다. 중앙집권적 왕권체제는 효윤리체계를 강화하기 위해 어떠한 정책을 실시했는가?

첫째로 효도법[10] 제정을 들 수 있다. 예를 들어 주전 2천 년경 함무라비 대왕은 중앙집권화를 성공하자 세계에서 가장 오래된 법전이라고 하는 함무라비 법전을 제정하면서 여기에 효도법의 내용을 설정하였다. 여기에 포함된 내용에는 부모를 구타하는 자는 그 손을 잘라 버릴 것과 방탕한 자식은 상속권을 빼앗고 재차 범죄를 저지를 때에는 국외로 추방할 것이라고 하였다.

이슬람교의 마누 법전에도 '대죄에 준한 행위'에 불효를 들면서 불효한 자는 처벌을 받게 됨을 명시하고 있다.[11] 따라서 부모의 머리채를 잡은 자는 그의 손을 자를 것이며 발을 잡은 자는 수염 또는 목을 자르거나 고환을 없애는 중형에 처하도록 하고 있다.[12]

---

10) 효도법은 사실 오래전부터 존속하였다. 세계에서 가장 오래된 법전이라고 하는 주전 2천 년경에 제정된 '함무라비 법전'에서는 부모를 구타하는 자는 그 손을 잘라 버릴 것과 방탕한 자식은 상속권을 빼앗고 재차 범죄를 저지를 때에는 국외로 추방할 것이라고 하였다.

11) 마누법전 8: 389.

12) 마누법전 2: 282 - 283.

앞에서 언급한 바와 같이 진시황은 초기 중앙집권화를 위해 순자(荀子)를 기용하여 법으로써 백성을 다스렸다. 당시 그의 법령은 가정 단위의 집단을 행정단위로 재조정하여 각 집단은 상호 간에 책임을 지고, 공동으로 감시와 책벌을 당하게 하였다. 이로써 국가에 대한 죄인을 고발하게 하여 기존의 친족적 공동체의 분열과 해체를 기도하였다. 그리고 형법을 개정하여 일족이나 친족 간에서 죄인이 생기면 연좌되는 법을 폐지하여 친족관계의 연대를 단절시켰다.[13]

그러나 일단 중앙집권화가 이루어지자 순자의 제자인 한비자(韓非子)가 등장하여 왕권에 대한 충성을 강요하기 위해 법으로써 효윤리를 정립하고자 하였다. 한비자는 자식을 엄하게 다스려 부모에게 순종하는 효윤리를 강화할 것을 주장하였다.[14]

로마에서도 중앙집권화 이후 가부장적 권한을 대폭 강화하여 부(父)에 의한 자녀의 생명 여탈권과 유기권을 허용하였다. 아우구스투스는 일단 정치권력의 강화를 위한 행정조직의 재편에 성공하자 가족체계의 강화를 통하여 가족 질서를 확고히 하고 국가 권력의 유지 존속을 위한 사회화를 시도하였다. 이러한 사회화는 국가의 체제 유지 경비를 축소시키는 데 결정적 기능을 담당하였다. 이러한 사회화의 과정 속에 효윤리는 위로부터 법에 의한 보호를 받게 되었다.

일반적으로 알려진 바와 같이 로마의 문화적 유산은 로마법을 제일로 꼽는다. 특히 주전 450년의 귀족과 평민의 투쟁에 의한 12표법은 엄격한 형식주의를 택하면서 법률의 행위 능력자는 가장(家長)만 인정된 이후 로마에 있어서 가장의 권력은 절대적인 것으로 인정되었다.

---

13) 김익달, 『세계문화사: 고대사회와 고전 문명의 형성Ⅱ』(서울: 학원사, 1970), p.520.
14) H. G. Creel, 이동인 외 역, 『중국사상의 이해』(서울: 경문사, 1981), p.164.

아우구스투스 이후 로마의 법은 이러한 가장의 권력을 더욱 강화하여 가(家)에 속하는 자유인이나 반 자유인, 노예, 가축, 물품 등에 대해 가장권에 절대 복종하게 하여 효윤리를 강력히 추진하였다.

이러한 가장권에 대한 보호와 더불어 아우구스투스는 혼인법을 제정하여 강제적으로 결혼을 장려하였다. 가족체계의 유지가 국가체제 존속의 주요한 원천임을 법으로 인정한 것이다. 이러한 맥락하에 또 후에는 셋 이상의 아이를 가진 부부에게는 특권을 주어 인구의 감소를 막았다.

위와 같은 로마의 법 제정 현상에서 보다시피 아우구스투스 시대에 와서 특히 로마의 법에는 효윤리체계의 유지와 관련한 내용이 폭 넓게 수용되었음을 알 수 있다.15)

주전 5세기나 4세기의 아테네 폴리스적 사회에 관한 사료는 매우 적다. 고전의 기술(記述)도 정치·군사에만 치우쳐 무수하게 출토된 금석문도 사회·경제 그리고 우리의 주된 관심인 가족체계에 관한 것은 거의 없다.

그러나 단편적인 아테네의 가족체계에 관한 정보에서 알 수 있는 것은 데모스에 의한 혈통과 무관한 행정단위의 설정에 성공한 후 아테네의 민주정치체제는 가족체계를 통한 민주정치체제의 정당성과 권위의 확보를 위해 가족체계의 효윤리를 심화시키는 법적 노력을 기울였음을 알 수 있다.

당시 아테네의 정치체제는 스파르타와 달리 보다 온건한 가족의 질서를 유지했지만 결혼제도나 교육제도 등을 통해 국가에 헌신적인 시민을 양성하는 데 적극적이었다. 이를 위해 결혼을 강력히 추진

---

15) 김익달, op.cit., p.228.

하는 법을 제정했으며 자녀의 교육에 대한 권리를 아버지에게 허락하여 가장이 자유롭게 자녀의 교육과 장래에 간섭하도록 하였다.16)

그러나 진이나 로마와 달리 법에 의한 효윤리의 유지와 존속을 위한 노력은 그렇게 드러나지 않았다. 이는 아테네의 민주주의 정치체제가 가지고 있는 가치체계가 지나친 가부장적 효의 확산을 거부하였기 때문이다. 당시 스파르타를 비롯한 다수 폴리스에서 고수하고 있던 가부장적 효윤리와 차이가 난다.

효에 관한 사상 교육의 강화도 왕권의 중앙집권화와 밀접한 관련을 갖고 있다. 진 황제는 주전 221년에 사상의 통일을 구실로 도서를 불사르고 유생을 갱살(坑殺)한 이른바 분서갱유를 행하였다. 그러나 천하가 통일된 후 진시황은 법가를 중심으로 한 사상 교육을 강화하였다. 이러한 법가에 의한 사상 교육은 책벌과 감시에 의한 것으로 타율성이 강하였다. 이러한 강제적 체제 유지 전략은 비용이 많이 들지만 그 효과는 오래가지 못하는 단점이 있었다.

진의 경험을 기초로 가족체계의 효윤리를 보다 자연스럽게 형성시키는 작업을 행한 것이 한 나라의 무제이다. 한 무제의 효윤리에 대한 사상 교육은 법가보다 유가에 기초하였고 강제성을 탈피한 것이었다. 그는 공자에 의해 체계화된 농촌 생산의 기초 단위인 '가족'을 강화하기 위한 사상 교육을 시행하였다.

무제는 유학에서 제시하듯 사회, 정치, 도덕, 경제 등의 질서가 아름답게 조화된 세포적 단위가 가족이라 인정하였다. 그리고 부권(父權)과 효윤리와 생산 노동은 삼위일체가 되어 가족을 맺는 원리라고 규정하였다.17) 따라서 무제는 사서(四書)와 오경(五經)을 사상 교육

___

16) Ibid., p.78.

의 주된 교재로 사용하였다.

결국 한은 법가의 법률에 의한 행정과 유가의 효윤리의 사상 교육을 연결시켜 황제의 절대적인 지배체제를 구축하였다. 한은 관리의 등용도 재능과 함께 이러한 효윤리의 덕을 겸한 사람을 선발하였다. 이러한 재덕의 평가는 가족생활을 중심으로 행해졌다. 즉, 평가 대상자가 속한 가족체계의 질서와 통합의 정도가 평가의 주된 내용이 되었다.

왕의 권위에 대한 순종의 내면화 작업이 진행되면서 효도는 어버이의 어버이인 조상을 숭배하는 사상까지 내포하게 되었다. 즉, 효도는 부모에 대한 정성에서 부모의 뿌리에까지 나아가 혈육의 시조와 만나게 된다. 심지어 이러한 조상숭배사상은 그 시조가 하늘에서 내려온 천신의 아들로 표현되어 신화적 세계관을 형성하여 효는 하늘 숭배사상과 맥을 같이하게 된다. 효도의 이러한 조상숭배와 천신숭배는 본질적으로 기존의 사회 속에 제도화된 권위구조에 대한 순종의 사회화를 형성시켰다.

아테네에 있어서 효윤리의 강화를 위한 사상 교육의 국가적 시책은 왕권 중앙집중화를 시도한 중국의 진이나 로마와 달리 그렇게 강력히 시행되지 못하였다. 왜냐하면 아테네는 민주정치의 확립을 위한 씨족이나 부족과 같은 친족체계의 붕괴와 행정조직의 정립에 성공을 하였지만 진이나 로마와 달리 왕이 없었기 때문에 권력의 집중화와 관련하여 가족 내의 효윤리체계 정립을 위한 사상과 교육의 강화는 그렇게 요구되지 않았다.

---

17) 다만 지주·호족 중심의 정치론, 도덕론만이 강조되기 시작하자 생산을 위한 노동은 맹자와 같이 소인의 할 일로 무시되고 단지 부권과 효도만이 강조되었다. 이것은 유학이 농촌의 가족을 중심으로 이루어진 장 농민의 사고방식임을 망각하고 지주·호족의 철학으로 되고 말았음을 말해 준다.

위와 같은 사실은 아테네 민주주의의 황금시대를 연 페리클레스
(Perikles) 시대에 등장한 유명한 비극에서 잘 드러난다. 즉, 아이스
킬로스(Aischylos)는 그의 3부작 '오레스테스 이야기(Orestea)'에서
트로이 원정에서 돌아온 날 자기 아내와 그 정부(情夫)에게 살해된
아가멤논(Agamemnon) 왕의 비극적 최후와 아버지의 원수를 갚기 위
해 어머니와 그 정부를 죽인 아가멤논의 아들 오레스테스(Orestes)가
겪는 고난의 이야기를 극적으로 표현한다.

그리고 소포클레스(Sophokles)는 '오이디푸스(Oidipus Tyrannos)'에
서 자기도 모르는 사이에 아버지를 살해하고 어머니를 아내로 삼았던
오이디푸스 왕의 비극을 그리고 있다. 한편 에우리피데스(Euripides)는
'메데아(Medea)'에서 헌신적인 사랑을 바쳤던 남편에게 버림받은 메데
아의 복수 이야기를 나타낸다.

위의 비극에서 보다시피 당시 가족체계 유지와 이를 통한 사회질
서와 규범의 통합화 작업은 찾아볼 수 없다. 오히려 효윤리와는 어
긋나는 내용이 비극 속에 드러나고 있다. 이를 통해 아테네가 효윤
리의 옹호와 유지 존속을 위한 필요성을 갖지 못했음을 알 수 있다.

플라톤도 그의 이상국가론에서 국가 방위를 맡은 계층은 결혼을
하지 않고 프리섹스를 허용하여 부부 관계나 부모와 자식관계를 거
부하고 있다. 이는 이상적인 국가에서는 가족체계가 가지고 있는 소
유와 사유의 체계를 억제하고자 한 것이다. 이러한 논리 속에서는
효윤리가 적극적으로 수용되기 힘들다.

아테네가 민주주의 정치체제를 꽃피우고 나서 이를 지속적으로 유
지시키지 못하고 마케도니아의 전제주의 정치체제에 의해 쉽게 몰락
을 당한 이유에는 여러 가지 설명이 가능하다. 그러나 아테네 민주

정치의 몰락 원인과 관련하여 특히 우리의 관심을 끄는 것은 양병우 교수가 언급한 바와 같이[18] 아테네 민주정치가 가지고 있는 이기주의적 국민의 삶의 태도이다.

아테네가 민주정치의 기치하에 추진한 다양한 제도 개혁은 결국 아테네를 복지국가의 형태를 지니게 하였지만 이러한 복지국가가 단지 정치권력의 지배를 위한 데마고고스(Demagogos)의 선심정책과 오로지 누리기만 할 뿐이고 공동체적 의무감을 망각한 아테네 국민들의 합작품이라고 한다면 이러한 복지국가의 종말이 어떠한 것인지를 쉽게 짐작할 수 있다.

아테네 민주정치의 몰락을 가져오는 주요한 원인이 되었던 공동체적 의무감 혹은 도덕성은 사회 구성원의 통합과 밀접한 관련을 짓는 것으로서 어떠한 체제든지 체제의 존속을 위해 요구되는 사회적 변수이다. 그러나 이러한 공동체적 의무 또는 도덕성은 앞에서 언급한 바와 같이 가정의 효윤리를 통한 사회화를 전제로 한다. 아테네의 몰락에는 이러한 효윤리체계의 약화와 이로 인한 공동체적 통합과 규범의 사회화가 제대로 작동하지 않은 데에 기인한다.

3. 제3단계 위기로서 자유민주주의 혁명

중세에 들어와 효윤리에 대한 관념은 동양과 서양이 같은 맥락에서 정착되었다. 즉, 서구의 중세 봉건체계는 봉건제나 장원제에 있어서 왕권과 교권의 강화를 필요로 하였다. 따라서 pater, 즉 사회학적 아버지의 관념이 널리 인식되어 가톨릭의 대부(代父)제도와 같은 효

---

18) 양병우, op.cit., pp.92-93.

윤리의 사회화가 확대, 심화되었다.

중세의 효윤리는 특히 성경적 효윤리와 깊은 연관을 짓는다. 따라서 신구약 성경의 기록인 "네 부모를 공경하라"(출애굽기 20장 12절), "무릇 그 아버지와 어머니를 저주하는 자는……"(레위기 20장 9절), "너희 각 사람은 부모를 경외하고……"(레위기 19장 3절), "자녀들아 너희 부모를 주 안에서 순종하라……"(에베소서 6장 1절) 등의 내용에 충실한 종교제도적 체제를 마련하고 있었다.

따라서 중세의 부모 권리, 즉 친권은 자식들에 대해 절대적인 힘을 가지고 있는 것으로 인정되었다. 이러한 절대적 부권 혹은 친권은 군주의 절대적 지배권과 상호 작용하여 중세의 지배체제를 정당화하는 사회화의 기능을 담당하였다.[19]

동양에서도 특히 중국의 상황을 분석하면 당과 송 시대에 정치적 필요로 유교가 정치적 정당화를 위한 이데올로기로서 사회 구성원의 신념에 하나의 틀로 자리 잡았다. 특히 송나라에 들어와서 주희(朱熹)에 의해 유교가 형이상학적인 모습을 구비하면서 당대까지 지속된 훈고학적 성격을 벗어났다.

주자학에 의한 효윤리는 국가의 충(忠)을 위한 도구적 성격이 강했는데 오륜의 부자유친을 오상(五常)의 근본으로 보아 효윤리를 형이상학적 차원에서 풀이하여 국가의 이데올로기로서 인식과 행위를 동시에 규제하는 윤리적 사고의 틀을 마련했다.

동서양을 불문하고 봉건체제에서는 효윤리가 국가의 질서를 유지하는 데 하나의 제도적 기능을 담당하였다. 그러나 이러한 봉건체제에서 사회화의 주요 기능을 담당하던 효윤리에 일대 타격이 가해지

---

19) John Locke, 이극찬 역, 『시민정부론』(서울: 연세대학교 출판부, 1980), p.81.

면서 효윤리의 상대적 약화를 초래하는 사태가 발생하였다. 그 사태
란 무엇인가?

효윤리체계에 제3의 위기로서 효윤리에 심각한 중압 현상을 가져
온 것은 봉건체제에 대한 도전과 이의 해체를 추진한 근대 민주주의
혁명이다. 효윤리에 있어서 최대 위기로서 근대 민주주의 혁명은 소
위 근대 시민혁명으로서 프랑스 혁명에 의해 그 성격이 두드러지게
나타난다.

특히 프랑스 혁명의 사상적 배경으로 등장한 계몽주의는 봉건체제
가 가지고 있던 집단주의적이고 신분적이며 권위주의적인 체계의 타
파를 목표로 하고 있었다. 중세 봉건체제의 유지를 위해 효윤리가
담당했던 사회화에 대해 비판하면서 계몽주의는 부모와 자식 간의
자유롭고 인격적 상호 존중 관계를 주장한다.

계몽주의는 봉건체제의 억압적 인간관계를 청산하기 위해 부모-자
식 간의 관계에 있어서 부모의 권위를 정치적 권력과 연관시켜 동일
시하는 것을 적극적으로 반대한다.[20] 즉, 부모와 자식 관계에는 군주
와 같은 위정자가 그의 신민에 대해서 가지는 것과 같은 지배권은
조금도 포함되지 않는다고 본다. 계몽주의는 프랑스 혁명 후 이러한
효윤리의 가치관을 구체화하는 작업을 정치사회적 차원에서 전개하
였다.

계몽주의를 포함한 근대 시민 혁명론자들은 중세 봉건체제의 효윤
리가 사회화를 통해 지배계급인 귀족과 교권 그리고 왕권의 옹호에
기여하였다고 비판한다. 계몽주의에 의하면 중세의 종교적 효윤리의
강화와 심화는 지배계급의 통치 이데올로기의 내면화와 깊은 연관을

---

20) Ibid., p.105.

지닌다. 이들에 의하면 중세 가톨릭은 종교적 효윤리를 통해 개인의 자유를 집단적 질서 속에 매몰시켜 왔다.

단적으로 말해 중세의 효윤리는 계몽주의자들이 언급한 바와 같이 동서양을 불문하고 정치적 정당화의 도구로서 사회 구성원을 통합하는 역할을 하였지만 역으로 사회 구성원들의 변화된 욕구를 해소하는 데 실패했으며 사회 구성원의 인격과 자유 그리고 개성을 인정하고 이를 적극 수용하는 데 실패했다. 그렇다면 중세적 봉건체제의 효윤리를 비판하는 계몽주의자들은 효윤리를 어떻게 다루고 있는가?

IV. 효윤리의 새로운 전환

계몽주의의 사회 인식론과 가치관을 기반으로 하는 자유민주주의 사회체계는 효윤리에 관해 이중적 태도를 가지고 있다. 여기서 이중적이라는 말은 부모와 자식 간의 관계에 있어서 부모의 권리와 자녀들의 의무가 서로 다른 논리에 의해 전개된다. 즉, 부모가 자녀에게 갖는 권리와 자녀들이 이러한 부모에 대하여 갖는 효윤리의 의무가 서로 논리적 연결성이 결여되어 있음을 의미한다.

계몽주의자들은 흔히 동양적 효윤리체계가 내포하고 있는 부모의 자녀 사랑과 자녀의 부모 사랑에 대한 은혜의 보답이라는 차원과 다른 효윤리체계를 설정한다. 즉, 부모의 자녀에 대한 관계를 권리나 지배권, 제재권 등의 개념을 동원하여 설명한다. 왜 이들은 부모의 권리나 지배권, 제재권 등에 관심을 갖고 문제를 제기하는가?

계몽주의자들은 자녀에 대한 부모의 모습이 지배나 권리를 행사하

는 군림형의 모습으로 지속되는 것에 두려움을 갖고 있다. 계몽주의
는 부모와 자녀 간의 관계는 원칙상 평등한 인간관계이어야 함을 전
제하고 이러한 관계의 추구를 강조한다.

몽테스키외(Charles Montesquieu)가 언급한 바와 같이[21] 계몽주
의에 의하면 어린이들이 이 세상에 태어나면서부터 바로 완전한 평
등의 상태에 놓이는 것은 아니라는 사실을 인정한다. 따라서 계몽주
의자들은 부모가 얼마 동안은 자녀들에 대해 일종의 지배권과 제재
권을 갖게 됨을 인정한다. 그러나 이러한 권리는 어디까지나 일시적
인 것에 불과하다.[22]

현대 사회의 지배 이데올로기로서 자유주의의 추종자들은 앞에서
언급한 계몽주의자들의 논리를 수용하여 자녀가 이성을 가지는 상태,
즉 자기 자신을 능히 지도해 갈 수 있는 능력을 가지는 분별이 있는
연령이 될 때까지 자녀는 부모에게 복종을 해야 함을 인정한다.

현대 자유주의자들에 의하면 효윤리는 부모의 지배력을 강화하여
비록 일시적이지만 자녀들의 미성년 시대의 연약함과 불완전함을 보
충하고 사회 적응을 위해 필요한 훈련과 교육을 가능케 한다고 본다.
즉, 자녀가 법을 이해하고 이에 자발적으로 순종하기까지 부모는 자
녀의 사회화를 책임지며 자녀는 이러한 부모의 권위에 순종해야 한

---

21) Charles Montesquieu, 『법의 정신』(서울: 대양서적, 1973), p.385. 몽테스키외에 의하면
결혼도 자식을 양육하기 위해 만들어진 제도라 한다. 따라서 아버지라 함은 법이 규정한 혼인
의식에 의해 자식을 양육할 의무를 지닌 자를 의미한다. 몽테스키외에 의하면 자식은 서서히
이성을 가지게 되므로 부모는 단지 물질적 양육뿐만 아니라 정신적 양육의 의무도 지닌다.

22) 로크는 이러한 부모와 자녀의 관계를 설명하면서 자녀의 이와 같은 복종의 기반은 몸이 연
약한 어린 시절에 그들을 감싸서 보호해 주는 배내옷과 같은 것이라고 한다. 즉, 이들은 성
장함에 따라서 연령과 이성의 힘으로 말미암아 그러한 복종의 기반이 늦추어져, 마침내 전
연 없어지게 되며, 그 뒤로부터 인간은 스스로 자유롭게 행동할 수 있게 된다는 것이다. J.
Locke, op.cit., pp.82-83.

다는 것이다.

위와 같은 자유주의 논리에 의하면 자녀의 부모 권위에 대한 순종은 자녀가 사회에 나가 법을 준수하는 것, 즉 법적 권위에 대한 순종의 차원과 유사하다. 따라서 자유주의에 의하면 부모에 대한 순종은 성년이 되어 법을 충분히 이해하고 따르는 이성의 힘을 갖추기 시작하면 소멸하는 것이 당연하게 된다.

아버지 자신이 다른 어떤 사람의 의지에도 복종하지 아니하고 그것으로부터 자유롭게 되듯 그 자녀도 아버지의 의지와 명령에 복종하는 일이 없이 자유롭게 되어 아버지와 성인이 된 자녀는 자연법이건 국내법이건 사회의 구속력이 있는 법적 권위체계에 복종하게 된다.

그러나 아무리 자유주의 체계에 있다고 하더라도 법체계에 의한 사회질서 유지와 사회 존속의 한계를 이해하게 될 때 윤리체계에 의한 사회질서와 사회 유지 존속을 재음미하게 되며, 이와 관련하여 윤리체계와 깊은 상관관계를 지닌 효윤리의 필요성을 논하지 않을 수 없다. 그렇다면 자녀들은 성인 이전이나 이후, 지속적으로 그들의 삶의 형식으로 자리 잡는 효윤리를 어떻게 설명할 수 있는가?

로크와 같이 일부 자유주의자들 중에는 자녀들이 하나님과 자연법에 의해서 그 부모에게 존경을 표시해야 한다는 의무가 결코 면제되지 않는다고 본다.[23] 이들에 의하면 하나님께서는 부모를 인류의 존속이라는 위대한 계획을 수행하기 위한 도구로 삼았으며 또한 그 자녀들에게 생명을 부여하는 원천으로 삼았다는 것이다.

이들의 관점에 의하면 하나님께서는 부모들에게 그 자녀들을 부양하고, 보호하며, 교육하는 의무를 부과하였지만 동시에 그 자녀들에

---

23) Ibid., p.98.

게도 부모를 존경해야 한다는 영원한 의무를 부과하였다는 것이다. 이와 같은 의무 속에는 부모에 대한 내면적인 존경과 공경을 포함하여야 할 것이며 부모의 생명을 위태롭게 하지 말고 부모의 행복을 증진하도록 노력할 것을 강조한다.

현대 자유주의자들은 로크가 언급한 바와 같이 자녀들은 아무리 자유스러운 성인이 된다고 할지라도 이러한 의무로부터 면제받을 수 없다고 본다. 이러한 자유주의자들의 관점은 효윤리와 관련하여 매우 중요한 시사점을 가진다. 왜 그런가?

비록 부모들이 이들이 언급한 바와 같이 성인이 된 자녀들에 대해 지배권을 행사하거나 마음대로 자녀의 재산과 자유를 박탈하는 권위를 가진 것은 아니지만 자녀들은 부모를 존경하며 감사하고 물질적이나 정신적 도움이 필요한 경우 도와주어야 한다는[24] 것인데 이는 자유주의가 가지고 있는 개인적 자유로운 결단과 선택에 의한 행동을 중시하는 신념과 배치된다.

물론 부모에 대한 효윤리는 왕에 대한 절대적인 순종과 복종의 정도와는 비교할 수 없이 약하다. 어쨌든 자유주의자들이 성인이 된 자녀들에게 효윤리를 강조한 것은 자유와 효윤리가 배치되지 않음을 이해하게 한다. 자유주의자들은 왜 자유를 최고의 이념으로 하면서 이러한 자유와 이념상 상호 관련성이 적은 효윤리를 수용하는가?

로크가 언급한 바와 같이 자유주의자들은 효윤리를 통해 자유주의가 존속하기 위해 필요한 정치체제와 권력 구조를 유지하기 위한 사회화의 수단으로 효윤리를 강조한다. 성년기가 도래한 자녀들에게

---

24) 로크에 의하면 왕좌에 오른 군주라 할지라도 이와 같은 존경을 그의 부모에게 표시해야 한다고 한다. 그리고 이러한 태도는 결코 군주의 권위를 감소시키지 않는다고 본다. Ibid., p.99.

부모에 대한 복종을 강조하는 것은 바로 이러한 정치적 논리와 관계되기 때문이다.25)

그러나 근대와 현대의 자유주의가 갖고 있는 효윤리의 체계는 유지 기반이 강하지 못하다. 자유주의자들은 위에 언급한 효윤리를 강화시키는 방법으로 재산 상속에 의한 통제를 들고 있다. 법에 의해 제재를 가하지 못하는 상황에서 부모에 대한 순종, 즉 효윤리를 자녀들에게 강요하는 길은 자녀의 소유욕에 근거한 상속 재산의 처분권이라고 본다.26) 부모들은 자기에게 효윤리를 다하는 자녀가 누구인지 파악하여 정도에 따라 몫을 다르게 나누어 주는 권한을 갖고 있기에 이에 의해 자녀의 복종심을 유발할 수 있다고 본 것이다.

그러나 이러한 효윤리의 강화방안은 매우 피상적이다. 이에 의하면 재산이 없는 부모는 효를 받기가 매우 힘들게 되며 또한 재산이 많은 자녀들은 효를 하지 않아도 된다는 효윤리의 관념을 수용하는 결과를 가져온다. 그리고 상속 재산을 얻기 위한 자녀 간의 갈등 또한 무시할 수 없는 일이다. 결국 재산에 의한 효윤리의 강화는 한계가 있다.

한편 근대 계몽주의에 기초한 자유주의의 효윤리체계에 대한 또 하나의 비판적 반응으로서 관심을 갖게 되는 것이 포스트모던적 효윤리체계이다. 포스트모던의 효윤리체계는 포스트모더니즘이 가지고 있는 두 가지 성격, 즉 복합적 사유체계와 작은 이야기 틀에 의한 효 강화의 특징을 지닌다. 복합적 사유체계는 계몽주의가 가지고 있는 이성 중심적 인식론을 비판하면서 인간의 인식은 이성뿐만 아니라 감성과 심지어 영성에 의해서 작동한다는 것이다. 이러한 복합적

---

25) Ibid., p.107.
26) Ibid., p.106.

인식론은 사태를 파악할 경우 차가운 이성의 한계에서 벗어나 인간 애의 따뜻한 정서 또한 부각시킨다. 이런 과정 속에서 그동안 경시 되었던 인간관계의 중요한 기초인 효가 다시 주목을 받게 되었다. 포스트모더니즘이 전통적 가치관을 중시하고 이를 통해 사회의 규범 을 재구축하려는 과정 속에 전통적 가치관으로 자리매김했던 효가 주목을 받게 된 것은 당연하다고 할 수 있다.

역시 포스트모더니즘의 특징으로서 작은 이야기 또한 효를 부각하 는 중요한 계기를 마련하였다. 거대한 서사시가 근대의 역사와 사회 의 현상 속에서 주목을 받았다. 그러나 이러한 거대한 서사적 이야기 들은 포스트모던 시대에 와서 그 위상이 쇠락하였다. 이성적, 엘리트 적, 영웅적 이야기들은 식상한 것으로 받아들여지면서 구체적인 개인 이 소속된 작은 공동체의 전해 오는 전통적 이야기와 그 주변의 인물 들이 갖는 영향력과 중요성은 보다 친근한 이야기 속에서 크게 부각 되었다. 이런 과정 속에 가족 공동체의 이야기는 자연스럽게 효의 이 야기로 전환되었고 이를 통한 효의 강화가 확산되었다. 결국 포스트 모던 시대에는 또다시 효체계의 강화라는 시대적 흐름을 가져왔다.

한편 위와 같은 계몽주의의 효윤리 사상에 의한 현대 사회의 자유 주의적 효윤리체계에 대한 또 하나의 비판적 흐름은 복합적 인식론 중에서 특히 영적인 사유와 관련하여 제기되었다. 이러한 비판적 인 식은 현대 사회의 효윤리체계에 하나의 축을 형성하고 있는 개신교 의 효윤리체계가 그러하다.

개신교 효윤리체계는 중세의 가톨릭적 효윤리체계를 포괄적으로 수 용하여 가톨릭과 유사한 효윤리의 체계를 지니고 있다. 칼빈(J. Calvin) 이 언급한 바와 같이27) 개신교의 효윤리는 성경에 나타난 효윤리의 내용을 철저히 준수하고 있다.

개신교 효윤리는 성경에 따라 부모에게 순종하는 것이 무엇보다 중요하다고 본다. 이와 관련하여 칼빈은 부모에게 감사하여 순종하지 않는 자녀는 목이 두 개 달린 괴물이며, 부모의 자비와 효의 권고에도 불구하고 계속 효를 행하지 않는 자녀는 목이 세 개 달린 괴물이라고 하였다.

이러한 효윤리체계는 비록 구약에 언급한 바와 같이 직접적인 사형은 금하지만 이러한 불효자는 하나님의 은총을 누릴 수 없는 사람들처럼 죽임을 당할 것이라고 본다. 개신교의 효윤리체계는 효윤리의 내용으로서 존경과 순종과 감사함을 들고 있다.

여기서 존경과 순종은 하나님께서 부모를 저주하거나 불순종하는 자는 죽임을 당할 것이라는 명령과 연관된다. 감사는 마태복음 15장에서 예수께서 말씀하신 부모공경과 관련된다. 부모에게 드릴 것은 감사함으로 당연히 드려야 할 것임에도 불구하고 이에 대한 거부의 태도는 부모를 훼방하는 것과 같고 따라서 죽음을 각오해야 한다. 특히 효윤리와 관련하여 이를 강조한 바울(Paul)은 부모에 대한 효윤리를 어떻게 설명하는가? 바울이 에베소서에서 언급한[28] 이 땅에서 잘되고 장수하리라는 약속은 하나님께서 얼마나 효윤리의 중요성을 강조했는가를 이해하게 된다. 십계명에서 보다시피 다른 계명들은 그 계명을 지킴에 어떠한 보상을 약속하지 않으셨다. 그러나 효윤리에 대한 명령에는 땅의 기업과 장수를 선물로 제시한다. 왜 이런 보상의 선물을 허락하셨는가? 바로 효윤리는 지키기가 힘들기 때문에

---

27) Samuel Dunn, 김득용 역, 『요한칼빈의 신학진수』(서울: 성광출판사, 1985), pp.254-261.
28) 에베소서 6:1-3.

이러한 보상의 약속을 통해서라도 이를 지키게 하고자 한 것이다.

땅과 관련된 선물의 수혜자는 유대인만 해당하는 것이 아니다. 바울이 복음의 수혜자가 온 인류가 대상임을 선언한 바와 같이[29] 효윤리의 실천을 통해 하나님으로부터 받게 될 땅의 기업과 관련된 선물은 온 인류 모두가 누릴 수 있는 복이다. 그리고 이러한 땅의 기업에 대한 복은 개인적인 것으로 한정할 필요가 없다. 유대 민족에게 이러한 계명이 주어진 것으로 보아 오늘날 축복의 대상이 모든 민족에게도 해당한다. 즉, 개인들에게 주어진 선물은 결국 민족적 복으로 합산하여 산정되기 때문이다.

장수에 관한 하나님의 선물도 단순히 생명의 지속으로 볼 수 없다. 즉, 부모에 대한 효를 행하는 자녀들에게 이생의 축복으로서의 장수는 각종 질병과 육체적 고통, 정신적 질환 등으로부터의 해방을 의미한다.[30] 칼빈이 언급한 바와 같이[31] 부모에 대한 순종은 하나님에 대한 경외와 순종과 연관된다고 본다면 효윤리의 실천자는 장수의 극치인 예수님을 통한 영생의 축복을 동시에 누리게 된다.

개신교의 효윤리체계는 부모에 대한 효윤리의 확립과 준수를 강조할 뿐 아니라 이러한 효윤리를 통해 순종의 종교화를 통해 부모에 대한 순종을 하나님에 대한 순종으로 전이시켜 신앙의 발원으로 삼고자 한다. 따라서 효윤리는 단순히 가정의 윤리 차원이 아니라 교

---

29) 바울과 바나바가 담대히 말하여 가로되 하나님의 말씀을 마땅히 먼저 너희에게 전할 것이로되 너희가 버리고 영생 얻음에 합당치 않은 자로 자처하기로 우리가 이방인에게로 향하노라(사도행전 13:46).

30) 사람이 비록 일백 자녀를 낳고 또 장수하여 사는 날이 많을지라도 그 심령에 낙이 족하지 못하고 또 그 몸이 매장되지 못하면 나는 이르기를 낙태된 자가 저보다 낫다 하노니(전도서 6:3).

31) J. Calvin, op.cit., p.257.

회의 윤리 그리고 신앙의 전초지가 된다.

이처럼 근대 이후의 효체계는 포스트모더니즘의 효체계와 현대 개신교 효체계에 의해 특징을 짓게 된다. 이러한 흐름은 현대 사회의 효체계가 점진적으로 강화되는 추세를 가지고 있음을 의미한다. 이런 추세는 한동안 효가 현대 인류의 중요한 가치 신념체계로 자리잡게 할 것이며 이러한 효의 정착을 위한 다양한 정책들이 국가마다 구축될 것이다.

한편 현대 사회에서 효의 중요성이 부각되는 원인으로 포스트모더니즘과 개신교의 효에 대한 관심 이외에 또 하나의 원인을 도출할 수 있다. 제3의 원인은 앞의 두 가지 원인과 관련한 것으로서 바로 현대 복지국가의 퇴영이다. 특히 현대 복지국가는 노인인구의 폭발적 증대 속에 노인복지를 전적으로 국가의 재정으로 해결하는 데 한계를 갖게 되었다. 일본과 독일의 예가 이를 잘 반영한다. 이런 의미에서 현재 미국에서 관심을 갖게 되는 중국과 같은 동아시아 국가의 효에 의한 노인복지의 해결 방안이다. 여기에는 노인복지의 문제에는 국가와 가정이 함께 풀어 간다는 논리가 내재되어 있다. 이런 의미에서 동아시아적 가치로서 효는 또다시 복지문제의 해결을 위한 방안으로 부각된다.

V. 마치면서

그동안 변천과정에서 나타난 효윤리체계의 주된 흐름은 기부장적인 것이 강하였다. 특히 동양 사회에서의 이러한 흐름은 매우 강하였다. 따라서 한국에는 아직도 이러한 동양의 전통적·윤리적 사고가 남아 있다. 따라서 권위주의적인 효윤리체계가 한국 가정과 사회에 잔존하고 있다.

그러나 효윤리체계에는 페이터적 또는 사회학적 부모-자녀 관계에 의한 효윤리체계와 생물학적 또는 제니터적 효윤리체계가 있음을 인정할 때 지나친 가부장적 효윤리체계를 가져온 페이터적 부모-자녀 관계는 제니터적 부모-자녀 관계에 의해 대체되고 완화될 필요가 있다.[32]

물론 인간의 불완전성을 인정할 때 사회규범의 유지가 필요하다. 따라서 자녀의 사회화를 통한 사회규범의 내면화 작업을 통해 사회질서를 유지시키는 페이터적 부모-자녀 관계로서 효윤리체계를 정립함이 필요하다.

그러나 이러한 권위적이고 강압적인 페이터적 부모-자녀 관계는 기존 사회가 가지고 있는 문제에 대해 변혁하는 힘을 약화시킨다. 따라서 제니터적 부모-자녀 관계의 형성으로 인격적 만남 속에 진리를 향한 예언자적 기질을 형성하는 효윤리체계가 필요하다. 이러한 체계를 통해 자녀들이 진리를 향한 열정으로 사회를 변화시켜 갈 수 있기 때문이다. 아래 그림은 위의 효윤리체계의 변천과정을 도표화한 것이다.

---

32) Pater와 genitor적 효윤리체계는 졸문, "공동사회 존속을 위한 효윤리교육 분석"을 참조.

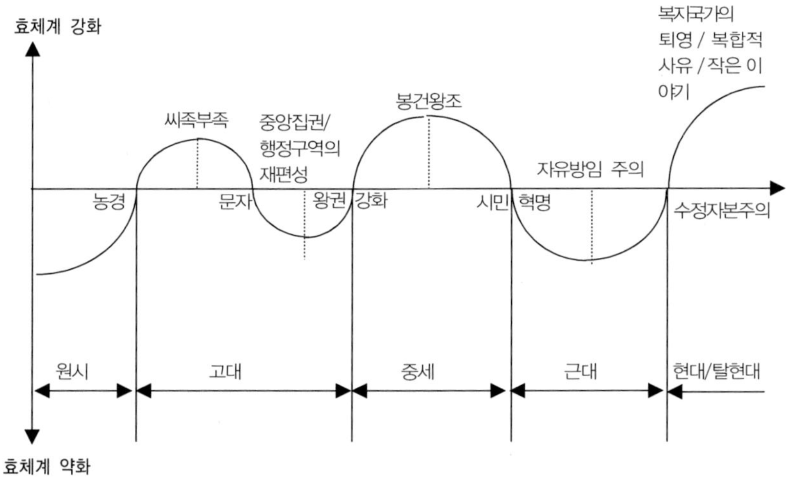

<효윤리체계의 변천과정 도표 분석>

고대 아테네 사회의 효체계 분석

Ⅰ. 서론

유인균에 의하면[33] 현대인은 과거의 사람들보다 더욱 효를 잘 행

---

33) 유인균, "효의 인식과 가족환경, 가족관계 및 성격적 특성의 상관관계", 서울대학교 대학원

하고 있다. 무슨 근거로 이렇게 말할 수 있을까? 유인균에 의하면 현대인은 과거에 비해 수명이 증가되었으며 이로 인하여 비로소 다세대 가족구조(multi - generational family)를 이루게 되었다고 본다.

효는 다세대 가족구조 속에서 이루어진다고 볼 때 수명이 별로 길지 않았던 과거에는 다세대 가족구조가 드물었고 따라서 효가 현대보다 과거에 더 많이 행해졌다는 일반적인 생각은 별로 설득력이 없다는 것이다. 위와 같은 사실에서 우리는 효가 현대 사회에 와서 더욱 널리 퍼져 있으며 효에 대한 연구와 가르침 그리고 그 지킴이 과거보다 더 필요함을 알 수 있다.

특히 오늘날에도 여전히 부모에 대한 부양이 대체로 자녀들에 의해 이루어지고 있는 실태다. 미국의 한 연구에 의하면 80%에서 90%가 복지시설이 아닌 가족에 의해 노인들이 부양을 받고 있다.[34] 그리고 최근에 한국정신문화연구원에서 개최한 한 학술대회에서도 이집트, 일본, 중국, 미국, 독일 등 다양한 나라에서 여전히 효의 문제가 주된 관심사임을 잘 드러내고 있다.[35] 이러한 사실에서 효에 대한 다양한 활동이 전 세계 어디에서나 행해지고 있음을 알 수 있다.[36] 그렇다면 확산된 효의 실태를 분석하고 효를 현대 사회 속에 보다 구체적으로 심화시키기 위한 작업이 필요한데 이를 위해 우선적으로 행해야 할 과제는 무엇인가?

효를 현대 사회 속에 구체적으로 내면화하는 작업에 있어서 선결

의학박사 학위논문, 1997. 2, p.5.

34) E. Brody, "Parent Care as a Normative Family Stress", *Gerontologist*, 1985, pp.19–29.

35) 한국정신문화연구원 편, 『효사상과 미래사회』(성남: 한국정신문화연구원, 1995), 참조.

36) 박철호 편저, 『세계의 효』(서울: 도서출판좋은세상, 2002), 참조.

과제는 역시 효의 성격을 재정립하는 것이다. 물론 그동안 플라톤, 아리스토텔레스, 공자, 증자 등에 의해 효에 대한 성격 분석이 동서양을 불문하고 널리 행해져 왔다.

그런데 모든 개념의 성격 분석이 그러하듯 효의 성격 분석도 당시의 시대적 상황과 환경에 의해 조건이 지어진다. 이는 효도 하나의 패러다임적 성격을 지님을 의미한다. 따라서 고대나 중세 등 사회에서 정상적인 것으로 인정받은 효의 성격도 근대나 현대 사회에서 그대로 그 개념적 구도가 적용될 수 없다. 즉, 다양한 변수가 환경의 요인으로 작동하여 효의 내용과 그 의미를 변화시킨다.

본 연구는 위와 같은 의미에서 현대 사회에서의 효의 성격을 체계론적 관점에 의해 재정립하는 데 도움을 주기 위해 우선 아테네의 효체계를 분석하는 데 연구의 목적을 둔다. 이러한 작업을 통해 현대 사회 속에 효를 내면화하기 위한 구체적 전략이 보다 분명히 드러난다.

II. 고대 아테네에 있어서 세 개의 효체계

모던(modern)이라는 용어가 내포하듯 근대와 현대를 통합하여 보면 전통이란 고대와 중세를 의미한다. 따라서 전통적인 효가 가지고 있는 성격을 분석하기 위해서는 시간적으로 고대와 중세를 전제하게 된다. 그러나 고대나 중세라는 시간적 틀 속에서도 공간적으로 동양과 서양을 구분하여 분석하는 것이 효의 성격을 보다 구체적으로 규명하는 데 도움이 된다. 우선 고대 사회에 있어서 효의 성격은 어떻게 정의되었는가?

고대 서양 사회에 있어서의 효의 성격을 분석하기 위해서는 흔히 서구 문명의 근원지라고 하는[37] 고대 아테네를 우선 살펴볼 필요가 있다. 아테네의 효는 당시의 정치사회적 상황과 관련하여 크게 강조되지 못하고 있었다. 소피스트에 의해 아테네 민주주의 사상적 기초가 마련되자 자유와 평등을 강조하는 민주주의적 가치관은 가정과 사회에 확산되어 아테네의 전통적인 관습과 제도에 심각한 타격을 가하였다. 이러한 과정 속에 전통적인 가정의 효관습도 제대로 그 기능을 수행할 수 없었다.[38]

그러나 아테네의 전통적 관습을 그나마 지속시킨 것은 소피스트의 피지스(physis)적 세계관과는 달리 노모스(nomos)적 세계관을 지니고 있었던 소크라테스와 플라톤 그리고 아리스토텔레스의 효에 대한 관념에 의해서이다. 그렇다면 피지스적 세계관의 효와 노모스적 세계관의 효는 어떻게 다른가?

여기서 우선 노모스적 세계관과 관련된 플라톤의 효관념을 살펴보자. 소크라테스의 효관념을 먼저 분석하지 않는 것은 소크라테스의 효관념은 플라톤의 효관념에 포함될 수 있기 때문이다. 왜냐하면 플라톤의 저서인 국가론이나 대화, 크리톤, 파이돈, 향연 등에서 플라톤의 사상과 그의 저서에 나타나는 소크라테스의 사상을 실제 구별하기 힘들기 때문이다. 따라서 플라톤의 사상에 소크라테스의 사상을 포함시켜 논하는 것은 정당하다.[39] 그렇다면 플라톤이 주장하는

---

37) 강대석, 『그리스철학의 이해』(서울: 한길사, 1988), p.26.

38) 박철호, 『효윤리학』(인천: 도서출판좋은세상, 2000)의 "효윤리 변천 과정 연구", 참조.

39) 소크라테스와 플라톤의 관계에 대해서는 소위 '소크라테스의 문제'라는 용어가 있을 정도로 복잡하다. 그동안 소크라테스와 플라토닉 소크라테스를 구별하고자 한 노력이 오랫동안 전개되어 왔지만 아직도 결말이 나지 않고 있다. 일반적으로 역사적 소크라테스와 플라톤에 의해 해석된 소크라테스가 혼합되어 있어 구별하기 힘들다는 점이다. Gottfried Martin,

효의 관념과 효의 성격은 어떤 것인가?

1. 플라톤의 효체계에 나타난 현실적 권위주의

플라톤의 효에 대한 관념은 신본주의 세계관에 근거하고 있다. 즉, 플라톤에 의하면 효를 행하는 사람은 신에 대한 공경이 있어야 된다고 본다. 즉, 신에 대한 신념과 믿음 그리고 신을 섬기는 정성이 기초가 되어 효가 행해진다는 것이다.

플라톤에 의하면 올림포스의 신들과 국가의 신들을 공경하고, 다음에 하계의 모든 신들을 공경하는 것에서 비로소 효를 행하는 마음이 형성된다는 것이다.[40] 즉, 천계의 신들에게는 모든 사물의 기수와 첫 번째 익은 열매와 길조를 드리고, 하계의 신들에게는 우수와 두 번째로 익은 열매와 흉조를 드릴 때 올바른 신을 섬기는 자세가 인정받게 되고 이러한 신을 섬기는 자세에서 효에 대한 마음의 자세가 형성된다는 것이다. 신에 대한 공경이 효로 연결되는 과정은 구체적으로 어떻게 설명될 수 있는가?

플라톤에 의하면 지혜로운 자는 신에 대한 공경의 자세에서 그다음으로 精靈을 공경하고, 다음에는 神人, 그다음에는 조상을 섬기며, 다음으로 살아 계신 부모를 섬기게 된다.[41] 플라톤에 의하면 효에 대한 관념에는 지속적으로 단계가 설정된다. 여기서 밝혀지는 것은 효는 단계 속에 해결되기 때문에 부모에 대한 효를 행하기 이전

Sokrates(Hamburg: Rowohlt, 1967), pp.12-13를 재인용, 신득렬, 『교육사상가 연구』(대구: 계명대학교 출판부, 1980), p.35.

40) Platon, 최문홍 역, 『법률』(서울: 상서각, 1983), p.131.

41) Ibid., p.132.

에 이미 하나의 체계를 형성하고 있는 신과 정령, 신인, 그리고 조상
에 대한 숭배 정신이 필요하다는 것이다.

이러한 효의 체계 속에 내포된 단계는 필연적으로 권위주의적 효
의 성격을 드러내게 된다. 플라톤도 이를 명백히 하고 있다. 즉, 플
라톤은 인간이 갖고 있는 모든 것은 자기를 낳은 부모에게 속하는
것이라고 주장한다.[42] 이러한 논리 속에 플라톤은 부친은 자식을 지
배하고 연장자는 어린이를 지배하여야 한다고 주장한다. 이러한 지
배는 마치 귀족이 천민을 지배해야 한다는 것과 동일하다는 것이
다.[43] 이러한 주장 속에는 전통에 대한 강조와 이를 통한 기존의 사
회체제가 가지고 있던 권위구조를 유지, 존속시키고자 하는 권위주
의 사고가 드러난다.

부모가 한 개인에 대한 그 모든 것을 가지고 있는 존재라는 것은
자녀가 철저히 부모에게 순종하여야 함을 의미한다. 소유자는 처분
권도 가지고 있다. 소유자가 가지는 처분권은 자의에 의해 결정되며
그 결정의 대상이 갖고 있는 사정은 배제된다.

플라톤은 부모가 갖는 이러한 강력한 권위체계를 유지하기 위해
자녀의 의무를 또한 강하게 요구하고 있다. 즉, 자녀는 첫째로 그 재
산으로, 둘째로 그 신체로, 셋째는 그 정신으로 힘껏 부모를 섬겨야
된다고 한다.[44] 여기서 주목할 수 있는 것은 플라톤은 효를 행하는
문제에 직면하여 매우 현실적인 방안을 제시한다는 점이다. 즉, 플라
톤은 막연히 부모를 섬겨야 한다고 하지 않으며 또한 효를 행하는

---

42) Ibid.
43) Ibid., p.129.
44) Ibid.

마음이 중요하다고 하지 않는다. 그는 역시 효를 행하는 데에 있어서도 단계를 설정하여 구체적으로 효를 행하는 과정을 제시한다.

플라톤에 의하면 효를 행하는 데 있어서 첫째로 무엇보다 중요한 것은 재산, 즉 물질이다. 정신적인 것이 아니라 물질적인 것임을 이미 확고히 함으로써 플라톤은 부모를 모시는 것에 매우 현실적이며 구체적인 태도를 보인다. 왜 플라톤은 효에 대해 이렇게 현실주의적 관점을 취하게 되었는가?

플라톤의 효에 나타난 이러한 현실주의는 그의 신에 대한 태도와 밀접히 연관되어 있다. 즉, 플라톤은 신을 공경함에는 공물을 바치고, 기도, 제물, 그리고 여러 가지 봉사를 하여야 함을 강조한다. 막연히 신에 대해 공경을 말하면서 자신의 욕심을 채우는 데 재물을 허비하는 절제하지 못하는 사람은 결코 신을 공경한다고 할 수 없다는 것이다.45)

위와 같은 사실에서 플라톤은 현실 초월의 이데아 세계를 이상으로 하지만 인간 세상은 결코 이상적이지 못하며 이상적으로 구조화되어 있지 못함을 인정한다. 따라서 그는 인간에 대해 그렇게 긍정적으로 보지 않음을 알 수 있다. 이데아의 이상적 모형과 달리 인간 속에 들어 있는 악한 성품은 효를 이상적으로 실현할 수 없음을 파악했기에 효의 실천에 있어서 구체적이고 현실적인 방법을 제시하였다.

플라톤의 이러한 효에 대한 관념은 그가 노년기에 들어서서 갖게 되었음은 시사하는 바가 크다. 그가 「국가론」 등에서 육체적인 욕망 등을 배제하고 이성에 의해 이상 국가를 건설하는 데 관심을 가졌지만 효를 논하고 있는 「법률」에서는 이상국가가 어느 정도 실현될 수 있는가를 논하면서 보다 현실적으로 되었다. 물론 이러한 현실주의

---

45) Ibid., p.131.

도 그의 신본주의를 전제한 것이지만 오랜 세월의 경험에 의해 현실 세계를 단지 모형으로 보아 결코 경시만을 할 수 없다는 이런 현실주의가 플라톤의 사고에 깊이 내면화되었다.

이러한 플라톤 효의 현실주의는 실제 죽은 사람에 대한 공경보다 산 사람에 대한 공경을 강조한 것이다. 물론 플라톤도 부모가 죽으면, 응분의 장례를 치러야 하지만 지나치게 비용을 들이지 못하게 하고 있다.46) 다만 죽은 자에 대한 예의를 표시하여 잊지 말고 드려야 하지만 이도 정신적이며 육체적 헌신을 강조한 것이지 지나치게 죽은 자를 화려하게 대접하는 것은 반대한 것으로 볼 수 있다. 따라서 플라톤을 단순히 현실을 무시한 이상주의자라고 단정하는 것은 피상적이다.

물론 재산과 육체에 의한 효에는 미치지 못하지만 플라톤의 효행의 단계에 있어서 세 번째 마지막 단계인 정신적 효도 플라톤에 있어서 경시되지 않는다. 플라톤은 이러한 정신적 효에 대해 상당히 구체적으로 접근한다.

플라톤은 정신적 효를 행하기 위해서는 무엇보다 인내가 필요하다고 본다. 따라서 부모가 화가 나서 이를 언행에 나타내어 화풀이를 하면 자식 된 자는 이를 기꺼이 받아들여야 한다는 것이다. 이렇게 부모가 자신의 일에 불쾌함을 느끼고 화를 내는 것은 자연의 이치로 본다. 여기서도 부모의 화를 자연스러운 것으로 인정하면서 자녀의 인내를 강조한 것은 역시 플라톤의 효가 가지는 권위주의적 특성을 여실히 보여 준다. 그런데 만일 이러한 권위주의 부모에 대한 효를 거부하거나 이를 태만히 할 경우 이에 대한 플라톤의 해결책은 무엇인가?

권위주의가 가지는 특징으로서 권위의 유지를 위해서는 권위에 대

---

46) Ibid., p.132.

한 도전 또는 권위에 대한 거부는 용납할 수 없는 것이다. 따라서 이에 대한 대응으로서 권위에 대한 도전과 거부에 대해 설득을 하거나 이를 법으로 처벌하는 규정을 두는 것이 필요하다.

플라톤도 우선 덕으로써 설득에 의해 다스려야 하지만 만일 그러한 덕치가 불가능할 경우 강제가 필요함을 인정한다.[47] 플라톤은 설득을 법보다 우선하여 생각하고 있다. 그렇다면 법보다 설득을 통해 권위를 유지시키는 방법은 무엇인가?

설득을 통해 권위에 대해 자발적인 복종을 이끌어 내는 방법과 관련하여 특히 우리의 관심을 끄는 것은 도덕성의 개발과 신화를 원용하는 방법이다. 플라톤은 효의 심화를 가져오기 위해 필요한 인성을 갖게끔 하는 것이 필요하다고 주장하면서 신본주의자로서 이러한 인성이 기원하는 곳을 신에 두고 있다.

플라톤은 인간의 온전한 인성의 모델은 인간에 있지 않다고 하면서[48] 신은 만물의 척도로서 인간은 신의 사랑을 받으려면 신을 본받아 행동하는 것이 필요하다고 본다. 그리고 인간은 신의 사랑을 받기 위해 신이 인정하는 인성을 가지고 있는 것이 필요하다. 그렇다면 신이 인정하는 인간의 인성은 과연 무엇인가?

플라톤은 인간이 갖는 인성 중에서 신에 의해 인정받는 것은 절제라고 본다. 왜 신은 절제를 중시하는가? 여기에 대해 효에 있어서 현실주의자인 플라톤은 절제야말로 신에게 공물을 바치고 제물과 관련된 여러 가지 봉사를 하게 한다는 것이다. 따라서 이러한 절제는

---

47) Ibid.

48) 여기서 플라톤은 프로타고라스의 인간이 만물의 척도란 말은 잘못된 것으로 규정한다. Ibid., p.131.

신에 대한 공경으로부터 부모에 대한 공경에 이르기까지 하나의 효 체계를 유지하는 데 매우 중요한 인성이 된다는 것이다. 따라서 플라톤은 절제를 효를 유지하기 위한 최대의 덕목으로 인정한다. 그리고 이러한 절제가 있는 사람은 신의 친구이며 만일 절제가 없는 사람은 신과 닮지 않고 신과 유리된 불의한 자라고 한다. 결국 플라톤에 의하면 효를 위한 최대 덕목은 절제가 되는데 이는 이 절제가 신의 품성과 매우 유사하기 때문이다.

한편, 효 속에 내포된 부모의 권위를 인정하면서 자발적으로 이에 순종하게 하는 방법으로 신화를 들 수 있다. 일반적으로 권위주의 체제는 신화를 내장하고 있다. 동서양을 불문하고 효에 관한 다양한 전설 속에 나타나는 신화는 두뜨(E. Doutte)가 언급한 바와 같이 자발적 효를 통해 권위주의적 체제를 유지하려는 인간의 욕망에서 비롯된 것이다.49)

두메가 언급한 바와 같이 신화는 인격화된 집단적 욕망이라 할 수 있다. 특히 권위주의적 체제는 절대적 권력에 의한 질서를 유지하고자 하기 때문에 영도를 필요로 함에 의해 주술과 마술이 등장하게 된다. 그리고 이러한 마술과 주술과 관련하여 신화를 더욱 강화하는 것이 드러나는데 바로 신화가 유지하고자 하는 권위를 지키는 使者가 그러하다.

플라톤의 '법률'에 등장하는 효를 지키는 사자의 이름은 네메시스라는 여신이다. 네메시스는 정의와 관련하여 인간에게 운명을 나눠주는 신이다. 따라서 부모로부터 받은 은혜에 대해 부당하게 이를 갚

---

49) E. Doutte, *Magie et religion dans l' Afrique du Nord*(1909). 그리고 최명관 편저, 『카시러의 철학』(서울: 법문사, 1985), p.356.

는 경우, 이에 대한 응분의 처벌을 가한다. 이 사자의 상징은 법에 의한 처벌의 위협을 대신한다. 실제적인 강제에 의한 것은 아니지만 동일한 효과가 있기 때문에 엄격히 말해 자발적인 순종을 가져오는 것으로는 볼 수 없다. 그러나 이러한 신화가 내면화되어 자연스레 효를 행하게 된다면 이는 법에 의한 강제와 다른 자발적 성격을 지닌다.

결국 플라톤은 효를 실천하는 데는 물질과 신체적인 것에 우선순위를 두는 면에서 구체적이고 현실적인 대안을 마련해야 함을 이해하게 된다. 이는 플라톤이 노후에 변증법을 통해 이원론적 세계관에 대해 수정을 가하고 있음을 의미한다.50) 즉, 플라톤에게 있어서 이데아 세계는 여전히 유효하지만 현실 세계가 단지 이데아 세계의 모방 체계로 남아 있지 않고 그 자체가 의미를 지니게 됨을 나타낸다. 이러한 사실은 현실 세계의 역동성이 플라톤의 효체계에 내포되고 있음을 드러낸다.

2. 소피스트의 효에 나타난 상호보험주의

소피스트의 활동 중에서 가장 문제가 되는 것은 그들의 상대주의적 도덕관이다. 이들은 우선 절대적 도덕관을 내포하는 플라톤적 종교적 권위를 배제한다. 그들에게 있어서는 신의 존재 자체가 의심스러운 것이다. 비록 신이 존재한다고 하더라도 사람은 자기의 의지를 신의 의지에 예속시킬 필요가 없다고 본다. 오히려 사람은 자기의 의지대로 신을 이용할 수 있다고 본다.51)

---

50) 플라톤의 이러한 현실주의는 동양 공맹의 효가 정신직, 육체적, 물실적인 것이 상호 복합적으로 작용하지만 대체로 정신적인 것이 물질적인 것에 우선한다는 면과 비교될 수 있다. 그러나 효체계의 구축이 권위주의적이라는 면에서 플라톤이나 공맹의 논리는 동일하다.

이런 신에 관한 사고는 단적으로 인간이 만물의 척도라는 명제에서 더욱 분명히 드러난다. 여기서 만물의 척도란 사회적 규범, 도덕, 법률의 척도라는 의미도 포함한다. 이런 의미에서 신을 전제로 하여 효의 체계를 설정한 플라톤적 효와 소피스트적 효가 서로 다름이 명백하다. 그렇다면 과연 소피스트들은 효를 어떻게 보았는가?

물론 소피스트들이 효를 어떻게 수용했는가를 뚜렷하게 드러내는 문헌은 없다. 그리고 소피스트의 논리상 효를 상세하게 논할 여지가 없었다. 왜냐하면 이들은 애초에 인간관계의 평등을 강조하여 부모와 자녀의 불평등한 관계를 이들은 그다지 반기지 않았기 때문이다. 이들은 고대 아테네 민주주의의 사상적 기초로서 인간의 존엄성을 특히 강조하여 모든 인간관계의 평등한 구조를 주장하였다.

안티폰(Antiphon)과 같은 소피스트들은 이러한 인간 평등은 자연적인 것으로 인간 모두 입과 코를 통하여 숨을 쉬고 손으로 먹기 때문이라고 한다.[52] 물론 이러한 논거는 매우 피상적이다. 입과 코로 숨을 쉬면서 손으로 음식을 먹는 것은 침팬지나 원숭이도 가능하다. 그렇다면 이들과 인간이 평등하게 취급받아야겠는가?

소피스트들은 당시 사회에서 제도화된 인간의 불평등한 관계는 자연상태에서 유래된 것이 아니라 인간에 의한 조작이라고 주장한다. 즉, 인간은 궁핍이 서로 협력하게 만들기 때문에 인간의 공동생활은 법에 의해 규제되는 질서를 필요로 한다고 본다.[53] 결국 이러한 견해

---

51) 소피스트들에 의하면 인간들은 설득에 의해 그들의 뜻대로 신들을 일하게 할 수 있다고 본다. 이들은 살아 있는 사람들을 위해서나 죽은 사람들을 위해서 그들이 비법이라 부르는 제물이나 즐거운 놀이로 죄를 벗고 깨끗해지는 방식이 있다고 본다. 이러한 재물이나 놀이가 저 세상의 저주에서 구원받게 한다고 본다. 플라톤, 『국가론』(서울: 삼성출판사, 1977), p.66.

52) William Capell(hrsg.), *Die Vorsokratiker*(Stuttgart, 1963), s.377. 재인용, 강대석, op.cit., p.105.

에 의하면 질서를 유지하기 위한 법과 사회제도가 공동생활의 유지를 위해 인간의 불평등 관계를 인위적으로 조작해 왔다고 할 수 있다.

소피스트의 이러한 논리에서 가족생활도 하나의 공동생활이고 또 이러한 가족 공동생활의 유지를 위해 자연상태에서 벗어난 불평등한 인간관계가 존재해 왔다는 것이 도출된다. 결국 소피스트에 의하면 효체계도 하나의 공동생활의 필요에 의해 조작된 것이다. 따라서 이러한 효가 공동생활 유지에 필요치 않다면 폐지시킬 수 있다. 이러한 소피스트의 효체계에서 어떤 성격을 발견할 수 있는가?

소피스트의 효체계에서 상대주의적이며 개인주의적인 성격을 발견할 수 있다. 사회 정의를 이러한 개인주의적이며 상대주의적인 것으로 잘 드러내고 있는 트라시마코스(Thrasymachos)는 정의는 강자의 이익을 의미한다고 본다. 즉, 하나의 공동체 안에서 정의란 강자에게 복종하고 있는 약자에게 강자의 기호나 취미를 강요하는 강한 사람의 의지라는 것이다.54)

만일 트라코마시스의 논리를 효체계에 적용한다면 효란 가족 공동체의 강자인 부모가 자녀에게 자신의 이익을 위해 강요하는 것이라고 할 수 있다. 여기에는 다양한 구실, 즉 사랑이나 친애, 보호 등의 구실을 붙일 수 있지만 궁극적으로 효는 강자인 부모의 이익을 위해 자녀에게 강제된 사회적 제도에 불과하다. 이러한 트라코마시스의 견해는 효체계에 있어 어떤 결과를 초래하게 될까?

만일 자녀가 장성하고 개인적 자산이 많아진 데 반해 부모가 노쇠하며 경제적으로 궁핍하게 되면 자녀가 강자의 위치에 들게 되고 오

---

53) 강대석, op.cit., p.108.

54) Platon, *Republic*, 제1권, 338c.

히려 부모가 약자의 위치에 들어서게 된다. 트라코마시스의 논리에
의하면 이러한 상황에서 부모는 이제 그들의 자녀에게 자녀들의 이
익을 위해 순종하고 희생하여야 한다. 필요하다면 자녀는 부모를 버
릴 수도 있게 된다. 강자인 자녀가 약자인 부모에게 이러한 희생을
강요하는 것은 사회 정의상, 하등의 문제가 되지 않게 된다.

부모는 결국엔 나이가 많아지고 노쇠하게 되어 약자로 전락하지
않을 수 없다. 따라서 트라코마시스 정의의 논리에 의하면 부모의
노후는 불안하게 되지 않을 수 없다. 이런 상황을 당하게 되는 것을
누가 좋아하겠는가? 여기에서 프로타고라스(Protagoras)적 효의 논리
가 등장하게 된다.55)

프로타고라스는 상대주의적 진리관을 극단적인 개인주의로 몰아가
지 않는다. 그는 훨씬 신중한 방법을 주장한다. 즉, 인생의 성공적인
삶을 원하는 사람은 비록 강자의 힘을 가지고 있더라도 지나친 행사
를 하지 않는다. 왜냐하면 사람이 아무리 강하다고 하더라도 자기가
속한 공동체 안에서 죽을 때까지 독불장군처럼 살 수 있는 사람은
아무도 없기 때문이다. 현명한 사람이란 자신이 비록 강한 위치에
있더라도 장래를 위해 자기의 이익을 적절히 포기하여 다른 사람들
과의 조화를 추구하기 마련이다. 즉, 현재의 강자는 미래의 사태를
위해 보험의 차원에서 현재의 공동체 구성원들에게 자기의 취미와
욕망을 강요하는 것이 아니라 適合시켜 감이 타당하다.

이러한 프로타고라스의 보험주의적 논리를 효체계에 적용시켜 보
면 결국 부모는 미래에 약자가 될 자신을 위해 효를 유지시킬 수 있

---

55) S. P. Lamprecht, *Our Philosophical Tradition*, 김태길 · 윤명로 공역, 『서양철학사』(서
울: 을유문화사, 1981), p.51.

도록 자녀에게 강자의 위치에서 효교육을 시킬 것이 아님을 이해하게 된다. 또한 자녀들도 언젠가 자신이 부모가 되어 동일한 과정을 겪게 된다는 것을 인식하여 보험적 차원에서 효체계를 유지하는 것이 바람직함을 깨닫게 된다. 따라서 소피스트의 효는 개인주의적이고 상대주의적인 차원에서 개인이 최대의 이익을 자기에게 가져다줄 수 있는 논리에서 구성된다고 볼 수 있다. 이것이 바로 보험주의적 효체계이다.

이상에서 하나의 계통으로서 소피스트들의 효에 관한 논리를 도출하였다. 여기서 우리가 염두에 둘 것은 소피스트의 논리는 대체적으로 당시 전통적인 아테네 사회의 권위체계, 즉 정치체계, 규범체계, 사회체계 등에 도전하는 계몽정신을 대변했다는 점이다. 이런 관점에서 보면 근대의 계몽주의 사상에서도 비슷한 양상이 있다. 따라서 소피스트의 이러한 효체계 논리는 근대 계몽주의 효윤리체계에 연관되어 나타난다.

3. 아리스토텔레스의 효에 나타난 절충주의적 성격

아리스토텔레스(Aristoteles)[56]는 도덕성의 주요한 속성은 '친애'라고 본다. 그렇다면 도덕성의 기본인 이 친애는 어떤 의미를 지니는가? 여기서 '친애'라는 것의 원어는 '필리아($\phi\iota\lambda\iota\alpha$)', 영어로는 보통

---

56) 아리스토텔레스는 가족화 검증의 논리를 통해 윤리를 수립하고자 하는 시도를 행하였을 뿐만 아니라 특히 윤리를 정치와 관련지어 체계론적 사고를 함으로써 체계윤리의 기초를 마련한 사람으로 인정할 수 있다. 즉, 아리스토텔레스는 가족화 검증의 논리를 통해 도덕성을 수립하고 이를 기초로 윤리를 정치적인 것과 통립해 설명하려고 했던 것이다. 비록 그의 체계론적 인식의 범위가 한계를 지니고 있지만 이러한 시도는 체계윤리적 성격을 지닌 것으로 인정할 수 있다. 참고, 박철호, op.cit., pp.23-38.

‘friendship(우애)’이라 옮겨지고 있다. 그러나 ‘필리아’는 ‘우애’보다
는 좀 더 넓은 의미를 가지고 있다. 이런 의미에서 ‘친애’라 번역할
수 있다. 간혹 경우에 따라 ‘우애’ 또는 ‘우정’이라는 좁은 의미로
쓰기도 한다. 이런 의미에서 아리스토텔레스는 ‘친애하는 사람’과
함께하면 사람들은 더 잘 생각하고 더 잘 행동할 수 있기 때문에
‘친애’는 인간 삶의 기본 가치(fundamental value)라고 하였다.

그런데 아리스토텔레스는 친애의 유형으로 두 가지를 든다. 즉, 유
용성이나 쾌락에 의한 친애와 가족에 의한 친애가 그러하다. 그러나
아리스토텔레스는 가족에 의해 형성된 친애가 유용성 또는 쾌락에
의한 친애의 기초가 된다고 보기 때문에 결국 친애는 가족 관계에서
기원한다고 본다. 그런데 가족 관계 중에서 부부 관계와 부모 – 자녀
관계 중에서 과연 어느 것이 더 기초인가?

물론 이 문제에 대해 아리스토텔레스는 언급을 하지 않고 있다.
그러나 곰곰이 따져 보면 부모와 자식 간의 친애가 더 기초가 된다
고 본다. 왜 그런가? 부모와 자식 간에는 부부 관계와 다른 차원이
있기 때문이다. 즉, 부부 관계는 이혼 등에 의해 그 관계가 절연될
수 있지만 부모와 자식의 관계는 절연이 가능하지 않기 때문이다.
즉, 아리스토텔레스가 동의하는 바와 같이57) 부부는 생식적 본능
과 관련한 합의에 의해 계약 관계로서 성립하기 때문에 합의의 파
괴에 의한 부부 관계의 단절이 가능하지만 부모와 자녀 관계는 그
러한 합의에 의한 계약의 관계가 용납되지 않기 때문이다. 부모와
자녀 관계에는 애당초 계약의 관념이 용납되지 않는다. 따라서 부

---

57) Aristoteles, *Nicomachos Ethics*, 최명관 역, 『니코마코스 윤리학』(서울: 서광사, 1984),
　　p.251.

모-자녀 관계의 단절이 있을 수 없다. 결국 부모-자녀 관계가 부부 관계보다 더 기초가 됨을 알 수 있다.

부모와 자식 간의 친애에도 부모의 자식에 대한 친애와 자식의 부모에 대한 친애가 있다. 그런데 아리스토텔레스가 지적한 바와 같이 자식은 무슨 일을 한다 해도 자기가 받은 것만큼을 보답할 수 없고 언제나 빚진 상태에 있다. 따라서 자녀의 부모에 대한 친애가 부모의 자녀에 대한 친애보다 더욱 강한 도덕성이 요구된다. 자녀의 부모에 대한 친애를 동양 사회의 전통적 도덕규범인 효로써 대치하여 설명하더라도 대차가 없다. 유가에서 강조하는 父子有親은 이를 잘 드러낸다.[58]

그런데 아리스토텔레스가 언급한 바와 같이 부자 관계의 친애, 즉 효에는 불평등을 내포한 것이다. 여기서 우리는 아리스토텔레스의 효관념이 가지고 있는 이중성을 발견할 수 있다. 즉, 친애란 앞에서 그 개념 규정에서 언급한 바와 같이 우정의 성격을 지니고 있다. 그리고 우정이란 친구 사이의 친애이기 때문에 평등이 요구된다. 그럼에도 아리스토텔레스는 불평등을 내포한 친애가 부모와 자녀 사이의 관계에 존재한다고 하여[59] 친애를 기초한 부자 관계의 효에도 불평등한 요소가 있음을 분명히 한다. 도대체 우정과 불평등이 가능한가?

바로 여기에 아리스토텔레스 효의 교묘한 절충주의가 들어 있다. 그는, 효는 친구 사이의 친밀한 사랑 관계가 필요하다고 본다. 즉,

---

58) 성경에도 효의 우선성을 강조하는 부분이 있다.
　　"만일 어떤 과부에게 자녀나 손자들이 있거든 저희로 먼저 자기 집에서 효를 행하여 부모에게 보답하기를 배우게 하라 이것이 하나님 앞에 받을 만한 깃이니라"(디모네 전서 5장 4절)

59) Ibid., p.255.

인간의 진정한 사랑은 평등 속에 있음을 규정하여 소피스트적 효의 관념을 도입한다. 따라서 아리스토텔레스는 자녀들이 이 세상에 자신들이 나오게 해 준 부모에게 해야 할 의무를 다하며, 부모들은 부모대로 자녀에 대해 해야 할 의무를 다할 때 부자 관계의 친애는 영속적이고 참된 것이 된다고 한다.

그런데 평등한 친애 속에 참다운 부자 관계가 가능하다면 왜 또다시 불평등을 부자 관계에서 언급하는가? 여기에 대하여 아리스토텔레스는 분명한 언급을 회피하고 있지만 평등의 친애가 갖는 불안정을 그는 이미 알고 있었기 때문에 감히 불평등의 효와 관련된 플라톤적 효를 도입하여 절충주의를 취한다. 그렇다면 평등의 친애가 갖는 불안정은 무엇인가?

아무리 부자 관계이지만 평등을 전제한 친애 사이에는 언젠가 불평과 갈등이 발생하게 마련이다. 왜냐하면 인간은 신적인 아가페적 사랑을 하기에 한계가 있어서 어느 쪽이나 상대방에 대해 무엇인가를 요구하게 마련이고 만일 이러한 요구가 충족되지 않을 경우 불평과 불만이 있게 된다. 부모와 자녀 관계에도 동일한 내용이 적용된다. 만일 부모나 자녀 양쪽이 모두 평등한 위치에서 관계를 유지한다고 보면 어느 한쪽의 우월한 것에 불평과 갈등이 있기 마련이다. 그리고 이러한 상황에서 발생한 갈등은 쉽게 해결을 보기가 어려워 심각한 균열과 분열의 상황을 맞게 된다. 바로 이러한 상황의 도래를 예측한 아리스토텔레스는 비록 모순된 것 같지만 이중적인 내용을 가진 불평등의 친애라는 효체계를 도입하고 있다. 그렇다면 여기서 불평등은 구체적으로 어떻게 적용되는가?

아리스토텔레스는 일정한 갈등 발생 시 문제 해결의 전제로 부모의 권위를 설정한다. 따라서 재물이나 기타 가르침 등에서 혜택을 받은 자로서 자녀들은 혜택을 베푼 자인 부모에게 권위를 인정하여 존경해야 한다고 본다. 따라서 자녀들은 자기가 얻은 만큼 부모에게 보답을 할 수 없지만 힘껏 이들을 섬기고 이들의 권위에 순종해야 한다는 것이다. 아리스토텔레스는 자녀의 이러한 위치는 마치 빚진 자의 위치이며 부모는 꾸어 준 위치에 있는 것으로 묘사한다.

위와 같은 아리스토텔레스의 절충주의는 매우 교묘하다. 우선 아리스토텔레스는 친애라는 것을 부모와 자녀 관계에 도입하여 우정으로서의 평등한 인간관계를 먼저 강조하고 있음을 파악할 필요가 있다. 이는 인간의 낙관적인 면을 전제한 것이다. 이러한 부모와 자녀의 평등 관계에서는 어떤 유용성에 기초한 평등이 발생시키는 갈등과 분쟁이 제기되지 않을 수 있다고 본 것이다.

그러나 이러한 전제가 파괴되어 발생하는 사태를 수습하기 위해서 그는 불평등의 요소를 도입하고 있지만 엄격히 말해 친애와 불평등이 갖는 이 모순 속에 사태해결을 더욱 모호하게 할 우려가 있다. 실제 이러한 사태가 발생할 경우 무엇을 우선하여 해결할 것인지는 또다시 심각한 갈등과 분쟁을 발생시킨다. 결국 이는 힘에 의한 해결, 즉 강자의 논리가 또다시 제기될 위험이 크다.

중세의 효체계 분석

— 토마스 아퀴나스의 신학적 효를 중심으로 —

Ⅰ. 서론

1. 연구의 목적

케이스 그린(Keith Green)이 학술지 Journal of Religious Ethics 에서 언급한 바와 같이[60] 아퀴나스(Thomas Aquinas)는 분명 '자기 사랑(self‒love)'을 거부한다. 이러한 아퀴나스의 자기 사랑 거부는 그의 윤리학 기초를 이룬다. 즉, 자기 사랑의 거부를 통해 인간은 죄 의 구속으로부터 벗어날 수 있다는[61] 이러한 아퀴나스의 자기 사랑 거부는 하나님에 대한 사랑을 위한 신학적 윤리의 기초가 된다.

또한 학술지 Theological Studies에서 소개된 바와 같이 미카엘 에 스 셔윈(Michael S. Sherwin)의 주장에 의하면[62] 아퀴나스의 도덕적 행동 기초가 되는 사랑에 관한 이론은 하나님을 믿고 그와 연합하는

---

60) Keith Green, "Cognition & reasoning, Emotions, Self", *Journal of Religious Ethics*, Vol.35, 2007.

61) Ibid.

62) *Theological Studies*: Mar 2007; 68, 1. 참조, Michael S. Sherwin, *By Knowledge And By Love: Charity And Knowledge In The Moral Theology of St. Thomas Aquinas*(Washington: Catholic University of America, 2005).

것과 깊은 관련이 있다.

이처럼 아퀴나스가 가진 신학적 윤리의 기초로서 사랑은 하나님을 향하여 있다. 그리고 이러한 하나님을 향한 사랑을 통하여 우리는 이웃을 포함한 모든 사물을 사랑하게 된다. 여기서 관심을 갖게 되는 것은 우리의 윤리적 행위로서 사랑은 하나님의 사랑을 배제하고 생각할 수 없다는 것이며 이런 의미에서 하나님을 사랑하는 것과 이웃을 사랑하는 것을 통합적으로 이해하는 것이 필요하다는 점이다.

그런데 아퀴나스에게 있어서 이웃을 사랑한다는 것은 오브리엔(T. C. O'brien)이 설명하는 바와 같이[63] 하나님에 대한 빚과 관련된다. 즉, 하나님의 우리에 대한 사랑으로 인하여 우리가 갖게 된 빚에 대한 인간 개개인의 보답은 정의의 관점에서 마땅히 우리가 이를 온전히 보답하는 것이 필요하다. 그러나 인간은 하나님의 무한정한 은혜를 갚을 길이 없다. 따라서 하나님으로부터 무한정한 빚을 진 인간은 하나님의 명령을 우선 충실히 따르는 것이 필요한데 여기에서 이웃 사랑이 도출된다. 즉, 하나님은 공동체적 삶을 인간에게 명령하여 공동체 질서를 지키며 공동체의 권위를 공경하고 이에 순종하여 이웃[64]을 위한 행위, 즉 이웃 사랑을 실천할 것을 요구한다.[65]

또한 아퀴나스에 의하면 권위라는 것은 빚을 진 정도에 따라 달리 인정되는데 이러한 과정을 통해 하나님의 공동체 질서가 존재하게 된다. 하나님으로부터 무한정한 빚을 진 인간은 하나님을 공경하고

---

63) Thomas Aquinas, Trans. T. C. O'brien, *Summa Theologia* Vol.41(Blackeriars, 1972). Introduction.

64) 아퀴나스에 의하면 여기서의 이웃은 크게 부모와 국가이다. 참조, Thomas Aquinas, Trans. T. C. O'brien, *Summa Theologia* Vol.41, p.5.

65) Ibid.

공동체 질서를 유지하며 살라는 하나님의 명령을 좇아 국가와 부모를 공경하는 사회생활을 하게 되는데 이것은 바로 정의의 원리에 따른 것이다.

여기서 우리의 관심을 끄는 것은 정의는 공경과 깊은 관계를 갖는다는 점인데 그렇다면 어떻게 양자가 연결되는가가 궁금하다. 왜냐하면 이러한 연결고리를 규명하는 것은 아퀴나스가 주장하는 우리 인간의 존재와 발전의 세 가지 기초인 하나님과 부모 그리고 조국을 공경하는 것의 의미를 파악하는 데 기초가 되기 때문이다.

위와 같은 관점에서 본 연구는 아퀴나스의 정의에 대한 이론을 보다 구체적으로 분석하고, 이를 통해 아퀴나스의 신학적 효윤리학에서의 부모공경의 효66)를 보편화 가능성의 효체계에 의하여 효의 성격을 새롭게 밝혀보는 데 연구의 목적을 둔다.

2. 연구의 방법

그동안 효에 대한 다양한 논의들은 효를 환원론적 또는 단편적인 변수로서 설명해 왔다. 그런데 신학적 효윤리와 같이 다양한 요소들이 관련된 복합적 개념구도는 단순한 한두 가지 변수들로 분석하고 규명하기에는 한계가 있다. 따라서 신학적 효윤리를 하나의 체계로 규명함이 타당하다.

효를 체계로 규명하는 것은 체계론적 접근의 시도를 의미한다. 체계론은 효와 같이 복합적이고 다차원적인 개념구도를 분석하고 효가 하나의 체계로서 존속하는 과정과 그 변화과정을 분석하는 데 적합

---

66) 본 연구에서 효는 윤리적 차원에서 논하는 것이기에 효와 효윤리의 개념을 혼용하여 쓰기로 한다.

하다. 왜냐하면 체계론은 지속적 존속을 목적으로[67] 외부 환경과의 상호 관계를 통해 정체성을 마련하며[68] 내적으로 하위변수들의 복합적 상호 작동을 통해 통합성을 구축하는 과정을 제대로 규명하는 데 있어서 여타 접근법보다 탁월하기 때문이다.

본 연구는 위와 같은 관점에서 신학적 효윤리가 기독교 공동체에서 규범으로 제도화되는 과정에서 개념적 구도의 구축이 어떻게 진행되었는가를 규명하기 위해 아퀴나스의 신학대전에서 효의 체계를 도출하고 이러한 효체계가 갖는 의미를 그동안 기독교 효체계로서 하나의 틀로 구축된 보편화 가능성의 효윤리체계를 분석 틀로 하여 파악하기로 한다.

II. 아퀴나스의 신학적 효윤리체계

아퀴나스의 신학적 효윤리를 규명하기 위해서는 몇 가지 변수를 그의 『신학대전』에서 도출하는 것이 필요하다. 왜냐하면 아퀴나스는 부모에 대한 공경, 즉 효윤리를 하나님과 조국에 대한 공경과 연결하여 하나의 체계로서 효를 규정하고 있기에 매우 복합적이어서 이러한 복합적 의미체계를 보다 단순화하여 그 의미를 재구성하는 것이 필요하기 때문이다. 이러한 아퀴나스의 신학적 효윤리체계의 변수를 크게 네 가지로 나누어 볼 수 있는데, 즉 대상 서열성, 범주 확

---

67) C. West Churchman, *The Systems Approach*, rev. ed.(New York: Dell, 1972), p.29.

68) Arther Koestler, *Janus*(London; Hutchinson, 1978), p.57. Fritjof Capra, The Turning Point, p.43.

장성, 부모 부양성, 보은 정의성 등이 그러하다. 아래 그림은 아퀴나스의 효윤리체계를 나타내는데 화살표는 상호 작용을 의미한다.

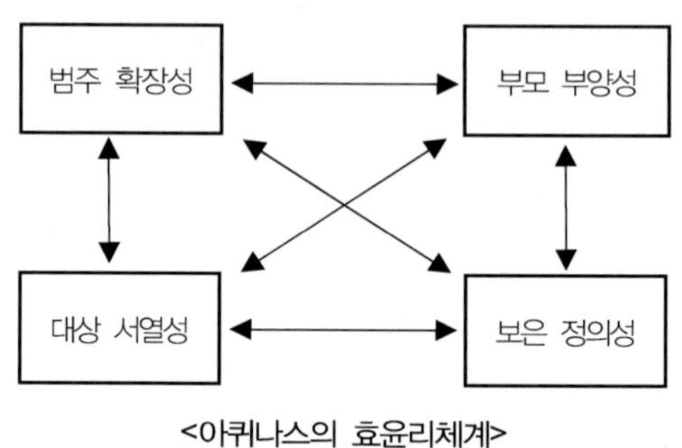

<아퀴나스의 효윤리체계>

1. 범주 확장성

어거스틴(Augustine)에 의하면 공경(piety)은 일반적으로 하나님을 예배하는 의미로서 엄격하게 제한되어 있다.69) 하나님에 대한 예배는 인간에게 적용될 수 없고 오직 하나님에게만 해당한다. 그래서 공경은 인간에게 전혀 준거를 갖고 있지 못한다.

그러나 아리스토텔레스가 지적한 바와 같이 인간사에서 혈족 또는 동료 이외의 많은 관계들이 있다.70) 따라서 공경의 범주는 최소한 친척이나 동료를 넘어선다고 본다. 그러나 이러한 아리스토텔레스의 논리는 디모데 후서 3장 5절에서 보다시피 외관상 우정을 공경과 동일시하는 것으로도 볼 수 있다.

결국 키케로도 주장하듯 공경은 의무나 혈족 그리고 우리 조국과

---

69) *De civ. Dei* x, Ⅰ. PL 41, p.279.
70) *Ethics* Ⅷ, Ⅱ. ⅠⅠ6ⅠaⅠO.

이해관계를 가진 사람들을 향한 양심적 봉사를 충족하는 것이라 할 수 있다.[71] 즉, 우리는 다른 사람에 대한 빚을 다양한 방법으로 그들 자신의 상급자와 그들로부터 받은 다양한 이익들을 매치시킨다. 우선 하나님은 첫 번째로 그러한 대접을 받는 위치에 있다. 그는 절대적으로 삶을 통한 우리 존재와 진보의 최고이며 첫 번째 근원이 된다. 그다음이 태생과 양육의 기초로서 우리 부모와 조국이 우리 존재와 발전의 가장 근접한 근원이 된다. 결과적으로 모든 사람은 무엇보다 하나님으로부터 그의 부모와 조국에 대해 빚을 지고 있다.[72] 종교의 덕목으로서 하나님에게 공경을 표하듯 다음 차원으로 부모와 조국에 대해 유사한 공경, 즉 효와 충을 표해야 한다.

그런데 부모에 대한 효는 혈족에 대한 공경으로 확장되며, 부모가 없는 사람들은 효가 확장되어 하나님에 대한 효로 확장된다. 그리고 조국에 대한 충은 모든 세계 시민들에게까지 확장된다. 이것이 효의 확장성에 의한 효범주의 광역화이다.[73]

2. 부모 부양성

아퀴나스가 지적한 바와 같이[74] 십계명의 "네 아비와 어미를 공경하라"에서 보다시피 성경은 효의 준거로서 단지 부모들에게 존경심을 보여 주는 것을 명령한다. 따라서 효는 부모를 부양하는 것과 직접 관련이 없다. 고린도 후서 12장 14절에서 보다시피 부모가 자녀

---

71) *Rhetorica* Ⅱ, p.53.

72) Thomas Aquinas, Trans. T. C. O'brien, *Summa Theologia* Vol.41(Blackeriars, 1972). p.5.

73) Ibid.

74) Thomas Aquinas, Trans. T. C. O'brien, *Summa Theologia* Vol.41(Blackeriars, 1972). p.7.

들을 부양하는 것이지 자녀들이 부모를 부양하는 것은 아니기 때문이다. 이렇게 부양을 제한하는 것은 효는 부모뿐만 아니라 친족과 동포들에게도 행해지는 것이기 때문이다. 이 모두를 부양한다는 것은 쉬운 문제가 아니다.

그러나 우리 주님은 바리새인들을 비난하시면서 자녀들이 부모를 부양하는 것을 막지 말라고 하신다.[75] 여기서 우리가 새겨 둘 것은 부모에 대한 우리의 의무는 크게 두 가지 근거를 가진다. 즉, 자연적인 상태에서 비롯되는 근거와 특수한 상태에서 비롯되는 근거이다. 자연적 상태에서 비롯되는 것은 자녀들로부터 생명의 기초로서 부모이기에 존경과 높임을 받아야 할 권리를 가진다는 것이다. 그러나 또한 특수한 상황에서 부모들은 평범한 품위를 유지하여야 한다. 즉, 아플 때에 위로받고 가난 속에서 도움을 받아야 한다. 키케로가 언급하는 바와 같이 효는 의무와 공경이 함께 공존한다.[76] 여기서 의무는 봉사의 행동을 표시한다.

자녀가 부모를 도와주어야 할 때가 있다. 그러나 이것은 예외적인 경우이다. 즉, 아주 긴급한 필요가 있을 경우에 이를 행한다. 이는 부모의 자녀로서 마땅히 해야 할 것이다. 키케로가 언급하듯[77] 효가 확장되어 모든 공경의 대상에게까지 부양을 해야 할 경우가 있다. 그러나 이 경우도 부모가 첫째요, 그다음이 타인들이다. 이는 자녀의 자원과 그들에 대한 관계성에 따라 정도의 차이가 있다.

---

75) 마태복음 15장 3절.
76) *Rhetorica* Ⅱ, p.53.
77) Ibid.

3. 보은 정의성

여기서 정의란 공정한 것을 의미한다. 정의성은 효의 대상 자체가 도덕적 가치를 가지고 있음을 전제한다. 어떤 사람에 대해 빚진 것을 고려하여 그 대상을 높이는 것은 일반적으로 정의 기능이 작동하는 것으로 볼 수 있다. 따라서 정의란 어떤 사람에 대해 빚진 것에 기초한다. 이렇게 빚진 것에 보답하려는 정의는 우리 삶과 그 발전에 원동력이 되는 사람에 대해 보답하는 것으로 자연의 이치에 해당한다.

봉사와 공경을 행함으로써 효는 이러한 원동력을 제공한 사람에게 반응하는 것이다. 이런 원동력을 제공한 사람들은 부모, 조국, 그리고 그 밖에 관련된 사람들이다. 효는 이러한 사람들에게 사랑을 제공하는 것이다.

하나님은 우리 삶의 존재와 발전의 원동력인데 이 원동력은 우리의 부모와 조국의 그것과 비교하여 볼 때 이들을 훨씬 능가하는 것이다. 따라서 하나님에 대한 공경으로서 종교심은 부모나 조국을 위해 지불하는 효와 분명히 다르다. 디오니시우스(Dionysius)가 언급한 바와 같이[78] 우리는 피조물이 그 무엇이든 발생하고 출현한 것의 신성함과 관련된 하나님을 기억하여야 한다. 이런 의미에서 하나님은 우리의 무한하신 아버지로 불리며 그에 대한 공경은 효로 불린다. 이처럼 성경에서 하나님을 아버지로 호칭하여 이에 대해 효를 강조하는 것은 아퀴나스의 논리와 잘 부합한다.

효는 우리 존재의 원동력으로서 위치하는 조국에 대해서도 행해져야 한다. 이러한 효는 충으로 명명될 수 있다. 이와 관련된 법적 정의

---

78) *De divinis nominbus* Ⅰ. PG3, S.593.

성은 집단적 선(goodness)인 조국의 복지를 향해 지향하도록 한다.[79] 즉, 우리 각자를 보호하고 삶을 존속시킨 조국에 빚진 자로서 그에 보답하는 것은 조국의 발전에 기여하는 것으로 정의를 행할 수 있다.

4. 대상 서열성: 하나님 우선성

여기서 서열성은 하나님에 대한 종교심이 부모에 대한 효심보다 중시된다는 것을 의미한다. 누가복음 14장 26절에는 "무릇 내게 오는 자는 자기 부모와 처자와 형제와 자매 및 자기 목숨까지도 미워하지 아니하면 능히 나의 제자가 되지 못하고"라고 하고 있으며, 마태복음 4장 22절에는 "저희가 곧 배와 부친을 버려두고 예수를 좇으니라"라고 하고 있다. 이는 종교를 위해 효의 의무를 제쳐 놓는 것을 의미한다.

또한 마태와 누가복음에는 먼저 가서 아버지를 장례 치를 것을 요구하는 제자에게 예수가 죽은 자는 죽은 자가 장례할 것을 말하며 가서 하나님 나라를 전파하라고 명한다. 이러한 것들은 아퀴나스가 명백히 하여 선언한 바와 같이[80] 하나님을 우선하는 것이며 효행은 그다음에 하는 것이다.

아퀴나스가 언급한 대로[81] 하나님은 최고의 아버지이며 효를 통해 부모를 공경하지만 종교를 통해 하나님을 섬긴다. 여기서 종교심은 효심을 앞선다. 이렇게 되면 종교는 그 공동체의 규칙에 의해 구속

---

79) Thomas Aquinas, Trans. T. C. O'brien, *Summa Theologia* Vol.41(Blackeriars, 1972). p.13.
80) Thomas Aquinas, Trans. T. C. O'brien, *Summa Theologia* Vol.41(Blackeriars, 1972). p.15.
81) Ibid.

되며 효도 이러한 규칙에 따라 제한을 받는다. 이런 면에서 효는 종교를 위해 양보를 해야 한다.

여기서 염두에 둘 것은 종교심과 효심은 모두 덕으로 존재한다. 아퀴나스는 이러한 덕들은 서로 모순을 가질 수 없다고 본다.[82] 아리스토텔레스도 하나의 선한 덕은 다른 선한 덕과 충돌을 하지 않는다고 한다.[83] 종교심과 효심의 관계도 마찬가지로 서로 간에 모순이 있을 수 없다. 만일 이러한 모순이 발생한다면 이는 더 이상 덕이 아니라 죄이다. 앰브로즈(Ambrose)가 언급한 바와 같이 하나님을 공경하는 효는 자신의 육과 혈의 요구보다 앞선다.[84] 제롬(Jerome)은 이러한 하나님 아버지에 대한 효의 우선성을 강조하기 위해 부모 앞에 무릎을 꿇는 것보다 십자가의 깃발 아래 모이라고 하였다.[85] 결국 종교심을 흔드는 것은 결코 용납될 수 없다는 것이다.

그러나 여기서 아퀴나스는 중요한 예외를 인정한다. 즉, 그는 마태복음 25장 40절에서 "내가 진실로 진실로 이르노니 너희가 여기 내 형제 중에 지극히 작은 자에게 한 것이 곧 내게 한 것이니라"고 하고 있는 점을 들어 자신의 부모에게 하는 효가 하나님 아버지에게 바치는 것이 되는 경우를 들고 있다. 그 경우란 무엇인가?

아퀴나스가 지적한 것은 우리의 육신의 부모가 우리의 도움이 필수적인 구호를 요청하는 상황에 있는 경우 또한 이러한 것들이 우리에게 죄를 짓게 하는 경우가 아닌 때 우리는 종교를 이유로 부모를 저버리지 말아야 한다는 것이다.[86] 그런데 이런 상황에서의 부모도

---

82) Ibid.

83) *Categories* 8. 13b36.

84) *On Luke*(12, 52) I. PL 15, p.1872.

85) *Epistola* 14(*Ad Heliodorum*). PL 22, p.348.

하나님에게 맡긴다고 하여 부모를 위태롭게 하는 것은 하나님을 시험하는 것이라고 아퀴나스는 주장한다.[87] 이러한 아퀴나스의 주장은 매우 신중한 태도이며 이것으로 아퀴나스가 결코 무모한 원칙론자가 아님을 이해할 수 있다.

지금까지 아퀴나스의 신학적 효윤리체계를 살펴보았다. 이러한 아퀴나스의 효윤리체계는 성경에서 도출된 보편화 가능성의 효윤리체계 관점에서 그 의미가 무엇인지 궁금하다. 이제 보편화 가능성의 효윤리체계 관점에서 아퀴나스의 효윤리를 분석해 보기로 한다.

III. 보편화 가능성의 효체계에 의한 아퀴나스의 효윤리 분석

1. 분석 틀로서 보편화 가능성의 효체계

먼저 염두에 둘 것은 기독교란 보편주의적 사상과 관행의 종교라는 사실이다.[88] 노치준 교수가 지적한 바와 같이[89] 기독교 속에는 이웃 사랑, 봉사, 희생, 인간 존중, 공동체 생활 등 어느 부류 사람이나 민족들에게도 받아들여지는 의미와 관행과 사상을 풍부히 가지고 있다.

이러한 보편주의적 사상과 관행을 더욱 세련화시켜 구체적인 사상과 프로그램으로 만들어 그 원리에 근거하여 사회를 구성하려고 노력할 때, 종교적 신념이 다른 사람들에게도 거부감 없이 받아들여지고

---

86) Thomas Aquinas, Trans. T. C. O'brien, *Summa Theologia* Vol.41(Blackeriars, 1972). p.17.
87) Thomas Aquinas, Trans. T. C. O'brien, *Summa Theologia* Vol.41(Blackeriars, 1972). p.19.
88) 노치준, 『뒤르케임과 베버의 종교사회학』, 『사회학 연구』, 다섯째 책, 1987, p.127.
89) Ibid.

기독교 사상은 공동보조를 맞추어 보다 나은 사회를 구축할 수 있다.

이런 의미에서 자연법적 성격을 지닌 구약의 십계명과 신약에서 도출된 기독교의 효도 보편화 가능성이 있다. 따라서 기독교의 보편화 가능성의 효체계는 비기독교적 문화에 적용 가능한 체계이다. 그렇다면 성경의 어떤 내용이 기독교의 보편화 가능성의 효체계 의미를 구축하는가? 바로 에베소서이다.

에베소서 6장 1절부터 4절까지에는 인간 중심적 효의 내용과 신 중심적 효의 내용에 동시에 적용될 수 있는 효의 변수들이 적시되고 있다. 따라서 에베소서 6장 1~4절에 의해 효의 일반 원리로서 보편화될 가능성이 있는 기독교의 효체계를 마련할 수 있다.[90] 구체적으로 에베소서 6장 1절부터 4절까지의 내용을 살펴보면 다음과 같다.

> "자녀이신 여러분, 주 안에서 여러분의 부모에게 '복종'하십시오. 이것이 옳은 일입니다(1절). '네 부모를 공경하여라'고 한 계명은 약속이 딸려 있는 첫째 계명입니다(2절). '네가 잘되고, 땅에서 오래 살 것이다'고 한 약속입니다(3절). 또 아버지이신 여러분, 여러분의 자녀를 노엽게 하지 말고, 주님의 훈련과 훈계로 가르치십시오(4절)."(표준새번역)

이러한 에베소서 6장 1절부터 4절까지에서 기독교적 보편화 가능성 효체계를 구성하는 변수들이 구축되는데 먼저 동서양의 효에서 일반적으로 언급되는 부모공경과 부모에 대한 '순종'의 변수를 도출할 수 있다(1~2절). 이러한 부모에 대한 복종 또는 순종은 동서양의 효에 있어서 대표적으로 강조되는 내용이다.[91]

---

90) 참고, 박철호, 『성경적 효윤리의 이해』(인천: 도서출판좋은세상, 2001).

91) 유교에서 가장 기본적인 인간관계는 부모－자녀 관계이고 따라서 순종의 효를 『효경』 등을 통해 지극히 강조하고 있다. 이해영, "유학이란 무엇인가?", 『강좌 한국철학』(서울: 예

로서 효할 때가 필요하고 부모도 이를 통해 기쁨을 누리게 된다.98)

결국 친애의 효에는 부모의 인격을 존중하는 효가 강조된다. 아무리 부모가 연세가 많아 제대로 사리 판단을 제대로 못 하고 육체적으로 약한 상태에 있을지라도 이러한 부모를 인격적으로 존중하여 효를 행하는 것이 친애의 효이다. 또한 친애의 효에서 새겨 두어야 할 것은 부모를 사랑하는 마음이 시간이 지날수록 더욱 강하여져서 친구처럼 깊은 연대 의식을 갖는 것이 중요하다. 이런 의미에서 친애의 효에는 사랑 증가의 효가 한 원리가 된다.

한편, 성경에는 효를 행하는 자, 즉 순종과 친애의 효를 부모에게 행하는 자는 축복을 받게 되어 있음이 곳곳에 드러난다. 즉, 성경의 구약과 신약에 있어서 효윤리에 관한 내용에 이 땅에서 잘된다는 물질적·정신적 축복과 장수한다는 육체적 축복이 제시되어 있다.

물론 동양의 도교에서도 효자는 본인이나 그 부모 모두 장수한다는 축복을 역시 제시하고 있다. 즉, 도교의 경전인『태평경』은 유교적 관념인 효를 중시함으로써 유교와 다름없는 사상을 보여 주지만 효의 실천 이념을 장수에 두고 있는 점에서 차이가 난다. 태평경에 의하면 부모의 장수를 염려하는 것이 효의 일차적인 의미이지만 그러한 효의 실천을 통하여 자신의 장수를 얻을 수 있다는 효의 이차적 의미가 주어진다.99)

이러한 효자에 대한 축복 내용은 에베소서에서도 잘 나타난다. 즉, 이 세상에서 잘되고 장수한다는 것이다(에베소서 6장 3절). 그런데

---

98) 박철호, "체계윤리의 가족화 검증의 논리에 의한 효 연구",『효윤리학』(인천: 도서출판좋은세상, 2000), pp.33-37.

99) "然, 上善第一孝子者, 念其父母且老去也, 獨居閒處念思之, 常痴下也"(券47, '上善臣子第子爲君父師得仙方訣'), pp.134-135.

이러한 물질적 축복과 육체적 축복은 최소한 생명이 살아남아 바로 이 땅에서 '존속'해 간다는 의미를 내포하고 있다. 따라서 기독교 효 문화체계에 있어서 또 하나의 변수인 '존속'이라는 변수가 포함된다. 그런데 엄밀한 의미에서 효자에 대한 축복인 물질적 축복과 육체적 축복은 부모에 대한 물질적 봉양과 부모의 육체적 건강이나 장수를 위한 효자의 노력에서 비롯된다. 결코 무작위의 방관적 태도 속에서 이러한 물질적 그리고 육체적 축복이 주어지지 않는다. 따라서 자녀는 부모의 양구(養口), 즉 의식주의 경제적 필요를 채우도록 노력해야 할 것이며 또한 부모의 양체(養體), 즉 육체적 건강을 위한 노력을 게을리하지 말아야 한다.

그런데 이러한 기독교의 보편화 가능성 효체계 구성의 기반이 되는 에베소서 6장 1절부터 4절까지의 내용에서 드러난 것은 부모에 대한 공경, 즉 '순종'이나 부모와의 '친애' 그리고 이를 통한 '존속'도 '주' 안에서 행해진다고 하여 예수 그리스도 중심의 효체계가 구축되고 있다. 이렇게 주 안에서 효를 행한다는 것, 주를 대신하여 효를 행한다는 것은 무엇을 의미하는가?

유대교에서 부모의 자녀에 대한 위치는 월터 카이저(Walter C. Kaser)가 언급한 바와 같이[100] 하나님의 대리자이다. 따라서 부모에 대한 반역을 하나님에 대한 반역과 연관 짓고 있다. 왜 부모는 하나님의 대리자인가? 이는 성경에 언급한 바와 같이[101] 부모로부터 하나님의 법을 배우기 때문이다. 이러한 이유로 자녀는 하나님의 대리

---

100) Walter C Kaser, 홍용표 역, 『구약성경윤리』(서울: 생명의 말씀사, 1990), p.179.
101) "오늘날 내가 네게 명하는 이 말씀을 너는 마음에 새기고 네 자녀에게 부지런히 가르치며 집에 앉았을 때에든지 길에 행할 때에든지 누웠을 때에든지 일어날 때에든지 이 말씀을 강론(대화)할 것이며"(신명기 6장 6절~7절).

자인 부모에게 '순종'하여야 하며 이를 보다 확대하여 보면 자녀도 역시 하나님의 대리자로서 부모를 섬기기 위해 '순종', '친애' 그리고 '존속'으로서 효를 행하여야 한다는 것이 당연시된다. 따라서 기독교 효체계에서는 에베소서 6장 1절에서 보다시피 효는 하나님의 명령에 의해 마땅히 행해야 함을 강조하게 된다.

이러한 유대교의 하나님 '대리'로서 효를 설명하는 틀을 동일하게 적용한 기독교의 효체계도 유대교의 효와 크게 차이가 나지 않는다. 다만 신약의 에베소서의 '주 안'은 카이저가 지적한 바와 같이[102] 대리자로서 부모나 자녀가 하나님의 말씀을 대적하는 것을 금지하는 의미도 포함한다.[103]

결국 대리의 효는 하나님 아버지의 말씀에 기초하거나 전통적 관습과 규범에 기초하여 효를 행하는 것을 의미한다. 이러한 말씀 중심, 관습과 규범에 의한 효의 실천인 대리의 효는 결국 자신의 이익을 도모하여 효를 행하는 것을 배제시키는 자기 포기의 효를 실천하게 한다.

지금까지 논의를 통하여 구축되는 보편화 가능성 효체계에서의 '순종'과 '친애' 그리고 '존속'이 '주 안'과 맺는 관계를 어떻게 이해할 것인가? 체계론적 관점에서 보면 상호 작용에 의한 관계의 망을 형성하는 네 개의 변수들은 상황에 따라 그리고 분석의 수준에 따라

---

102) Walte C Kaser, 홍용표 역, 『구약성경윤리』, p.179.

103) 몰트만(J. Moltmann)이 언급한 바와 같이 기독교적 관점에서 보면 '대리' 행위에 의해 인간 역사와 사회의 윤리적 기초가 형성되었다. 왜냐하면 바로 그리스도의 '대리' 행위 속에서 새로운 인류사가 시작되었고 교회 공동체의 개인적이며 사회적인 구조가 근거하고 있기 때문이다. 즉, 그리스도의 대리 행위에 의해 모든 인간의 대리 행위가 의미를 갖는다. 왜냐하면 이러한 그리스도의 대리 행위는 모든 인간의 대리 행위의 전형적인 모형이 되기 때문이다. 참조, J. Moltmann, 김균진 역, 『본 훼퍼의 社會倫理』(서울: 대한기독교서회, 1993), p.39.

다양한 형태를 지니게 된다. 즉, 기독교의 보편화 가능성 효체계의 네 변수가 서로 관련을 맺되 서로의 관계는 소위 막스 베버(Max Weber)의 선택적 친화력(elective affinity)[104] 관계와 유사한 형태가 된다. 즉, '순종', '친애', '존속' 그리고 '주 안'은 각각 기독교의 보편화 가능성 효체계의 하부체계로서 서로 간 필요와 관심(interest)에 따라 그리고 상황에 따른 친화력의 정도에 따라 '인식의 망'을 달리 형성하게 된다.

2. 아퀴나스의 효윤리 분석

가. 존속에 의한 효범주의 확장성 분석

아퀴나스의 효윤리체계가 가지는 특성으로서 효범주의 확장성은 효의 대상이 부모 이외에 조국과 인류에게까지 나아가게 한다. 이 경우 보편화 가능성의 효체계 변수들은 조국과 인류에 대해 어떤 관계를 갖는가? 여기서는 우선 보편화 가능성의 변수로서 존속의 측면을 중심으로 조국과 인류의 존속문제를 분석해 보기로 한다.

조국을 위한 존속의 효를 실천하기 위해 조국이 위기에 처하지 않고 발전할 수 있도록 애국하는 것이 필요하다. 결국 충이 여기에 해당한다. 그렇다면 조국을 위한 존속의 효를 실천하기 위한 구체적인 내용은 무엇인가? 여기에는 양체와 양안 그리고 양영이 관련된다. 조국의 양체를 도모한다는 것은 국가의 물질적 요소, 즉 경제력과 군사력 등의 강화를 도모한다는 것을 의미한다. 따라서 조국에 대한 양체의 효를 행하기 위해 구성원들은 국가 경제와 군사문제에 관심

---

104) H. H. Gerth and C. Wright Mills, *From Max Weber*(London and Boston: Routledge & Degan Paul Ltd., 1974), p.62. 참조.

을 가지고 이를 위해 노력함이 필요하다.

다음 존속의 효 내용인 양안의 효는 조국의 정신적 요소에 속하는 애국심이나 조국애 등을 통해 국가 통합력을 강화하는 것이 여기에 해당한다. 국가의 통합력을 구축하기 위해 조국을 사랑하는 마음을 갖도록 하는 것이 중요하다.

존속의 효 내용 중 양영의 효에 해당하는 경우는 조국이 종교적 국가일 경우 가능한 것이다. 즉, 국교가 있는 경우 국교를 유지하고 이를 보다 심화하기 위해 서로 협력하는 것이 여기에 해당한다. 그리고 국교가 조국의 존속을 위해 도움이 되지 못할 경우 이를 해체하고 보다 나은 국교를 구축하는 노력도 존속의 효 중 양영에 해당한다.

다음 효를 확장하여 인류에게까지 나아가는 경우를 살펴보자. 인류의 존속을 위한 양체의 효에 해당하는 것은 인류의 물질적 문제를 제대로 해결하는 것이 여기에 해당한다. 인류가 처한 물질적 문제에는 특히 환경의 문제와 전쟁이나 테러 그리고 식량 등이 있다. 특히 오늘날에는 환경의 문제가 인류의 위기를 초래할 가능성이 높다. 따라서 환경문제에 관심을 갖고 환경오염을 방지하는 국제적 노력에 동참함이 필요하다. 그리고 전쟁이나 테러의 문제를 해결하는 방안을 마련하도록 노력하고 이러한 문제를 해결하는 데 협력하는 것이 필요하다. 식량문제는 세계 각처에서 빈곤문제의 중요한 원인이 된다. 따라서 세계 빈민 국가의 식량난 해결을 위해 이에 협력하는 것도 효를 행하는 자세이다.

나. 순종의 변수에 의한 효의 대상 서열성 분석

순종의 관점에서 보면 하나님 우선성은 육신의 아버지보다 하나님 아버지의 뜻에 먼저 순종하는 것을 의미한다. 이렇게 하나님 아버지의 뜻에 먼저 순종하는 것이 올바르다는 것을 이미 아퀴나스가 성경을 기초로 제대로 설명하였다.

순종에는 절대적 순종과 상대적 순종이 있는데 하나님 아버지의 뜻에 따른다는 것은 절대적 순종에 해당하는 것으로 볼 수 있다. 엄격히 따져 보면 종교 때문에 부모와 자녀가 갈등하는 경우가 있다. 이런 경우 자녀가 부모의 뜻을 좇는다고 하여 자신의 종교를 버리는 것은 제대로 순종의 효를 행한다고 볼 수 없다. 순종의 효에는 하나님 아버지에 대한 효를 최우선으로 해야 하기 때문이다.

그런데 아퀴나스는 육신의 부모 뜻에 순종해야 할 경우를 예외로 들고 있다. 그 경우는 이미 앞에서 언급한 바와 같이 위기의 상황에서 부모가 도움을 청하는 경우이다. 이 경우 부모의 뜻에 순종하는 것이 필요하다. 따라서 종교 때문에 부모가 목숨을 잃을 위험이 있는 경우 한시적으로 부모의 뜻에 따르는 것이 허락될 수 있다.

그런데 종교를 위해 부모님의 생명을 하나님의 뜻에 맡긴다고 하면서 부모를 돌보지 않는 것은 하나님을 시험하는 것이라고 하는 아퀴나스의 주장은 시사하는 바가 크다. 하나님 우선성을 이유로 부모를 저버리고 또 이 때문에 위태하게 하는 것은 하나님 아버지와 육신의 아버지에 대해 불효하는 것이다.

이러한 효 대상의 서열과 연계하여 하나님 우선성은 보편화 가능성 효체계의 대리 변수와 관련하여 볼 때 부모와 조국 그리고 인류에 대한 효의 실천도 하나님의 뜻을 중심으로 하여 행해져야 함을 인식할 필요가 있다. 즉, 하나님의 뜻에 절대적으로 순종하여 효 하는 사람은 자신의 개인적 욕망이나 뜻을 가지고 효 하지 않는 것이 중요하다.

하나님의 뜻이 절대적이라는 것은 부모의 뜻이나 조국 등의 뜻보다 하나님 뜻에 순종하는 것이 필요하다는 것이다. 이런 의미에서 하나님의 뜻을 따르기 위해 조국이나 부모의 뜻을 저버릴 수 있다.

다. 존속의 변수에 의한 부모 부양성의 효 분석

아퀴나스의 부모에 대한 부양문제는 부차적 성격을 지닌다. 즉, 아퀴나스는 부모에 대한 존경심이 중요하지, 부모에 대한 물질적 부양의 문제는 그렇게 중요하지 않다고 생각한다. 그는 자녀의 부모 부양에 대해 소극적인 태도를 취하는 근거를 고린도 후서 12장 4절에 두고 있다. 아퀴나스가 이렇게 부모에 대한 물질적 부양을 제한하는 것은, 효는 그 확장성에 의해 조국과 인류에게까지 영향력을 미치기 때문이다. 이렇게 될 경우 부양의 범위가 무한정하게 된다. 이런 의미로 아퀴나스는 효에 의한 부양에 대해 소극적 태도를 취한다.

보편화 가능성의 효체계의 변수로서 존속의 효에는 절대적 부양과 상대적 부양이 있다. 우선 절대적 부양에 속하는 양체의 효에 의하면 부모의 의식주 문제는 자녀가 무조건 해결해 주어야 한다는 의미이다. 이는 아퀴나스가 의미한 부모를 비참하게 만들지 않도록 하는 존경의 범위에 속한다. 따라서 자녀는 최소한 부모의 권위와 품위를 지키기 위해서라도 부모의 의식주 문제는 해결해야 한다. 또한 의식주 문제가 아니라도 질병 등에 의해 위급한 상황에 처한 부모를 도와주는 것도 양체의 효로서 자녀의 절대적 부양에 속하는데 아퀴나스도 이러한 긴급성에 의한 양체의 효를 강조한다. 더구나 부양을 하게 될 경우 역시 부모에게 먼저 행하라고 하여 부모를 조국이나 인류보다 중시한다. 즉, 효 대상의 서열성이 여기서도 지켜지고 있다.

라. 존속의 변수와 보은 정의성

아퀴나스는 하나님 아버지나 부모 그리고 조국 등에 대한 효의 근거를 빚에 대한 보답에 두고 있다. 그는 이렇게 빚진 것을 되갚으려는 것은 정의를 구축하는 것과 관련된다고 한다. 그렇다면 자녀는 하나님이나 부모 그리고 조국에 대해 어떤 빚을 지고 있는가? 아퀴나스에 의하면 인간은 자신의 존재를 가능케 한 것과 자신의 삶의 발전을 가져오는 데 원동력이 된 것에 대해 빚을 진다고 본다. 결국 자녀는 하나님과 국가 그리고 부모에 대해 자신의 생의 존재와 삶의 발전의 빚을 지게 된다. 물론 빚의 차원과 정도에 있어서 조국이나 부모에 대한 빚은 하나님에 대한 빚과 비교할 수 없다. 우리 인간(조국과 부모를 포함하여)의 존재와 발전을 위해 베풀어진 하나님의 은혜는 인간에 의해 베풀어지는 은혜와 비교할 수 없다.

이렇게 베풀어진 하나님의 은혜와 부모 그리고 조국의 은혜에 대해 이를 감사하고 그 은혜를 갚는 것, 즉 보은은 자연법상으로 정의의 차원에서 필연적으로 행해져야 할 부분이다. 그렇다면 하나님, 부모 그리고 조국 등의 은혜에 대해 보은하는 행위, 즉 효는 어떤 내용을 지니는가? 여기에 보편화 가능성의 존속 변수가 관계한다. 즉, 하나님과 부모 그리고 조국의 존속을 위해 효를 행하는 것이다.

이미 앞에서 부모와 조국의 존속에 대해 행하는 효에 관해 양체와 양안 그리고 양영 등으로 언급이 되었기에 여기에서는 하나님의 존속에 대해 논해 보기로 한다. 하나님은 이미 출애굽기 3장 1절부터 10절까지에서 나타나듯 스스로 존재하시는 분이시기에 하나님 자체의 존속은 큰 의미가 없다. 따라서 여기서는 하나님의 존속이 실질적으로 의미를 지니는 것은 하나님 자신이 아니라 하나님의 통치,

즉 하나님 나라의 존속에 있다고 보고 이의 의미를 재구성하여 하나님의 존속을 정의적 차원에서 살펴본다.

하나님 나라의 존속, 즉 하나님 나라의 통치 존속은 무엇보다 하나님 나라의 확장, 즉 하나님 백성이 수적·질적으로 확대와 심화가 되는 것을 의미한다. 우선 하나님 나라의 수적 확대는 무엇보다 전도나 선교적 차원에서 이루어진다. 하나님 백성의 수가 많아지는 것은 하나님 나라의 존속에 도움을 준다. 따라서 하나님의 은혜에 보답하는 것으로 하나님의 자녀들은 전도와 선교에 열심을 내는 것이 필요하다.

또한 하나님 나라의 존속은 질적으로 심화되는 것이 필요하다. 질적으로 심화된다는 것은 하나님의 백성들이 하나님의 통치에 온전히 지배받는 것을 의미한다. 즉, 하나님 백성의 삶의 전면에 하나님 중심의 삶이 이루어지는 것을 의미한다. 따라서 하나님의 자녀로서 하나님께 효 하는 것은 자신의 삶에 하나님 통치가 온전히 이루어지도록 노력하는 것이며 이것이야말로 하나님의 은혜를 제대로 갚는 것이고 정의의 원리에 따르는 것이다.

아퀴나스의 효윤리 이론에서 가장 주목을 끄는 것이 바로 보은 정의성이다. 그동안 성경적 효에 대한 논의가 진행되었지만 이렇게 구체적으로 정의의 차원에서 효를 논한 것은 아퀴나스가 단연 뛰어나다. 이런 면에서 정의의 차원에서 효를 보다 구체적으로 규명하는 것이 필요하다.

IV. 결론

　지금까지 살펴본 바와 같이 아퀴나스의 신학적 효윤리체계는 크게 대상 서열성과 범주 확장성, 부모 지원성, 그리고 보은 정의성으로 되어 있다. 그리고 이러한 요소들은 서로 상호 작용하며 하나의 체계를 이루고 있다.

　이러한 아퀴나스의 신학적 효윤리는 몇 가지 점에서 기존의 기독교 효윤리와 비교하여 특성을 지닌다. 우선 효의 대상을 하나님, 부모, 조국 그리고 인류 등에까지 확장하여 효의 범주를 확대한 점이다. 그리고 아퀴나스가 특히 하나님과 조국 그리고 부모를 베풀어진 은혜와 관련하여 중시한 것도 앞으로 신학적 효윤리를 체계화하는 데 중요한 시사점을 제시하였다.

　또한 아퀴나스가 부모 부양성과 관련하여 물질적인 것보다 정신적 부양에 중점을 둔 것도 신학적 효윤리를 정립하는 데 도움을 준다. 그동안 효 하면 물질적인 것에 관심을 우선적으로 두는 경향이 있었는데 이러한 경향에 대해 그 준거를 다시 한 번 재고하게 한다. 과연 효를 정신적 부양에 초점을 둘 것인지에 대한 문제는 앞으로 신학적 효윤리에 있어서 중요한 논의의 장이 마련될 것으로 본다.

　신학적 효윤리와 관련하여 관심을 갖게 되는 아퀴나스의 효윤리는 바로 보은 정의성이다. 효를 정의적 관점에서 논한 것은 그동안 신학적 효윤리 정립의 문제와 관련하여 주목을 끈다. 빚을 갚는 것이 효이고 또한 효는 정의를 구축하는 덕목이 된다는 아퀴나스의 효 관점은 빚 문제를 본격적으로 인간 존재 의미를 규명하는 하나의 논의의 장으로 마련했다는 점에서 의미하는 바가 크다. 왜냐하면 그동안 효는 사회적 정의 구현에 장애가 된다는 주장이 제기되었고 이에 대해 반론의 근거가 미약했던 점에서 정의와 효의 관계를 규명하는 작업이 긴요하다.

다만 보편화 가능성의 효체계 관점에서 아퀴나스의 신학적 효윤리의 아쉬운 점은 부모-자녀 간의 친애적 요소, 즉 부모를 인격적으로 대하는 것과 부모-자녀 간의 사랑이 시간이 지날수록 증가해야 한다는 내용이 탈락한 것이다. 즉, 아퀴나스는 부모 부양과 같은 존속의 의미에 초점을 크게 둔 반면에 부모와 자녀 간의 인격적 상호 평등에 의한 사랑의 측면을 무시하였다. 하나님과 인간 간의 관계, 개인과 국가와의 관계에도 이러한 측면이 있음을 인식하지 못한 것이 아쉽다. 또 한가지 아쉬운 점은 효를 행함에 있어 대리 즉 하나님의 뜻에 따라 효를 행하여야 한다는 내용이 명확이 드러나지 않는 점이다.

앞으로 신학적 효윤리학은 이러한 아퀴나스의 효윤리에 대한 관점을 제대로 규명하여 한국에서 신학적 효윤리학을 정립하고 이에 의해 한국 기독교의 토착화와 동시에 세계 선교를 위한 도구로서 효를 체계화하는 데 노력을 경주해야 할 것이다.

근현대 한국의 효운동 연구

— 기독교 효운동을 중심으로 —

Ⅰ. 서론

1. 연구의 목적

기독교 효가 한국 사회에 제대로 그 체계를 구축하고 정착하기에 어느 정도의 시간적 경과가 필요함은 사실이다. 이렇게 기독교 효체계의 한국 사회 속 정착과 관련하여 충분한 역사적 과정이 필요하다는 사실은 기독교가 구한말에 전래되어 기독교 효의 지적 토대를 구축하는 과정을 살펴보면 제대로 이해할 수 있다. 즉, 기독교 효가 한국의 현실 사회 속에 뿌리를 내리고 정착하려는 작업이 지속되었지만 그 처한 환경 때문에 이 작업은 결코 만만찮았다는 것이다.

이처럼 기독교 효가 하나의 체계, 즉 효체계로서 한국 사회 속에 그 인식의 망을 구축하고 변화하는 과정에는 당시 한국 사회의 정치, 경제, 종교, 문화 등 복합적 현상이 하나의 환경으로서 작동하였다. 그리고 이러한 환경의 다양한 변수들은 현실 세계 속에 기독교 효체계가 구축되고 변화하는 과정에서 중요한 요인이 되었다. 이러한 환경적 변수들은 복합적 조합을 형성하고 또 그 영향력을 행사했다.

그런데 이러한 한국의 현실적 삶 속에 기독교 효체계가 구축되고
변화해 가는 과정의 규명에는 앞에서 언급한 기독교 효체계의 환경
적 주요 변수들과 아울러 기독교 효체계가 내포하고 있는 내적 변수
들을 제대로 분석하는 작업 또한 필요하다. 이러한 기독교 효체계의
내적 변수 분석작업이 필요한 이유는 기독교 효체계가 구축되는 과정
과 관련된 체계 환경의 변수들이 내적 변수들과 상호 복합적으로 작
용하여 한국 사회 속 기독교 효체계의 구축을 가능케 했기 때문이다.

이처럼 한국 사회 속 기독교 효체계의 구축과정 속에는 체계 내적
변수들과 환경적 변수들의 상호 복합적 작동이 관련됨을 전제하게
될 때 한국 사회의 기독교 효체계의 구축 과정 분석에는 관련된 복
합적 변수들을 제대로 분석하고 이들의 복합적 상호 작동 과정을 규
명하는 작업이 주요한 과제가 된다.

위와 같은 관점에서 본 연구는 기독교 효운동의 변천과정과 관련
하여 한국 사회 속 기독교 효체계의 구축과정을 규명하기 위해 기독
교 효체계의 내적 변수들과 그 환경과의 복합적 관계망을 시간 추이
에 따라 단계별로 분석하고 이를 통해 한국에서의 기독교 효체계 변
화과정을 밝히는 데 연구의 목적을 둔다.

2. 연구의 방법

그동안 효에 대한 다양한 논의들은 효를 환원론적 또는 단편적인
변수로서 설명해 왔다. 그런데 기독교 효와 같이 다양한 요소들이
관련된 복합적 개념구도는 단순한 한두 가지 변수들로 분석하고 규
명하기에는 한계가 있다. 따라서 기독교 효를 하나의 체계로 규명함

이 타당하다.

효를 체계로 규명함은 체계론적 접근을 시도함을 의미한다. 체계론은 효와 같이 복합적이고 다차원적인 개념구도를 분석하고 효가 하나의 체계로서 존속하는 과정과 그 변화과정을 분석하는 데 적합하다. 왜냐하면 체계론은 지속적 존속을 목적으로[105] 외부 환경과의 상호 관계를 통해 정체성을 마련하며[106] 내적으로 하위변수들의 복합적 상호 작동을 통해 통합성을 구축하는 과정을 제대로 규명하는 데 있어서 여타 접근법보다 탁월하기 때문이다.

본 연구는 위와 같은 관점에서 기독교 효가 한국 사회에서 규범으로 제도화되는 구축과정이 단계별 역사에서 어떻게 진행되었는가를 규명하기 위해 성경에서 효의 체계를 도출하고 이러한 효체계와 단계별 역사과정을 상호 관련시켜 한국 사회 속에서 어떻게 변화되어 가는가를 체계이론의 항상성(homeoestasis) 개념과 투입(input)과 산출(output) 모형 등을 동원하여 분석하기로 한다.

여기서 유념할 것은 크리스트교의 전래시기에 대한 다양한 논의가 있지만 본 연구는 주로 조선조 구한말에 기독교 효체계가 한반도에 유입되는 것을 중심으로 논의를 전개하였다. 이유는 본 연구의 주제인 기독교 효운동의 전개와 관련하여 볼 때 이 시기에 본격적인 기독교 효에 대한 논의가 구체화되었고 관련된 논의들이 많기 때문이다.

---

105) C. West Churchman, *The Systems Approach*, rev. ed.(New York: Dell, 1972), p.29.

106) Arther Koestler, *Janus*(London; Hutchinson, 1978), p.57; Fritjof Capra, *The Turning Point*, 이성범 · 구윤서 역, 『새로운 괴학과 문명의 전환』(서울: 범양시출반부, 1990), p.43.

II. 분석의 틀

현실 세계 속에 기독교 효체계의 구축과 이와 관련된 변화과정을 규명하기 위해서는 이를 규명하는 체계이론에 의한 분석의 틀이 필요하다. 이처럼 체계론에 의한 분석 틀을 제대로 마련하기 위해서는 두 가지 작업이 필요한데 우선 성경에서 효를 도출하는 작업이며 다음, 이미 앞에서 언급한 체계론에 의한 접근을 통해 이렇게 도출된 기독교 효의 하위체계를 하나의 틀로 묶는 작업이다. 이 두 작업은 분리되어 진행되는 것이 아니라 동시에 복합적으로 작동하여 분석의 틀을 구축하게 된다. 즉, 성경에서 효의 내용을 담지하고 있는 부분에서 변수들을 밝히고 이 하위변수들이 상호 복합적으로 작동하는 틀을 구성하는 것이다. 그렇다면 우선 기독교 효의 변수들을 어떻게 도출할 수 있는가?

기독교 효를 제대로 규명하기 위해 기독교 효의 하위변수들을 도출하는 작업으로서 우선 기독교 효가 내재되어 있는 성경으로 돌아가는 것이 중요하다. 그런데 성경에서 효를 도출할 때 고려해야 할 것은 되도록이면 포괄적으로 효의 내용을 포함하도록 변수들을 도출하는 것이다. 즉, 보다 포괄적으로 기독교 효의 내용을 포함하는 변수들의 개념적 구도를 도출하는 것이다. 물론 성경에 드러난 효와 관련된 내용들은 복잡하며 복합적이다. 이런 이유로 기독교 효를 제대로 파악하기 위해 '축소' 혹은 '선별'의 과정을 필요로 한다.[107] 즉, 복합적 관계망 가운데 아주 적은 몇 가지 '의미 있는' 가능성들

---

107) 최재정, "니클라스 루만의 '체계이론'과 그 교육학적 수용의 문제", 『교육철학』 제29집, 2003, Vol.29. p.7.

이 선택되어 그에 따라 구조가 이루어지게 된다. 여기서의 의미는 선별·선택의 기준으로서 연관 가능성이 있는 특정한 요소들을 선택하고 불확실하거나 지나치게 광범위한 주변적인 것들은 배제시키는 기능을 한다. 이러한 의미화(process of meaning) 과정을 통해 체계의 구조화가 구축된다. 이렇게 의미화의 과정을 통해 선별된 특정한 요소들은 성경의 효 내용을 포괄적으로 수용하게 된다.

그렇다면 이처럼 기독교 효를 보다 포괄적으로 포함하고 있는 변수들을 묶어 내는 개념적 구도 또는 체계는 구체적으로 어떻게 구축할 것인가? 이는 기독교 효의 하위변수들이 보다 밀접하게 상호 관계의 망을 형성하여 포괄적으로 기독교 효의 내용을 담고 있는 성경의 부분을 밝혀내는 작업에서 비롯된다. 이러한 개념적 구도를 형성하는 성경 구절에서 기독교 효체계를 구축하는 방법은 비트겐슈타인(Ludwig Wittgenstein)의 '가족 유사성(family resemblance)' 논리에서 보다시피[108] 단편적이고 산발적인 기독교 효의 내용을 포함하는 개별적 개념들로 구성된 성경의 부분을 선택하는 것보다 더 나은 접근법이다.[109]

이러한 면들을 고려하여 성경에서 효의 변수들을 도출하는 작업을 수행하기에 가장 적절한 곳은 역시 에베소서이다. 에베소서에 나타난 효의 내용들은 출애굽기, 신명기에서 드러나듯 구약의 효 내용이 압축된 십계명의 내용을 포함하고 있을 뿐만 아니라 신약의 예수와 관련한 효의 내용도 포함하고 있다. 이런 의미에서 에베소서는 기독

---

108) Ludwig Wittgenstein, translated G.E.M. Anscombe, *Philosophical Investigation*(Oxford: A Blackwell Paperback, 1978), p.32.

109) 이는 산발적으로 그리고 단편적으로 흩어져 있는 성경 일부분에서의 효의 개념들을 묶어 개념적 구도를 마련하는 것도 역시 비트겐슈타인의 가족 유사성 논리에 의하면 문제가 있다.

교 효의 변수들을 제대로 도출할 수 있는 적절한 영역이다. 한마디로 성경에서 에베소서만큼 효의 내용이 포괄적이며 체계적인 곳은 없다.

위와 같은 사항을 고려하여 기독교 효체계의 개념구도 구축과정을 규명하기 위한 분석 틀을 에베소서의 효 관련 구절인 6장 1~4절에서 아래 그림과 같이 네 가지 변수, 즉 순종, 친애, 존속, 대리 등과 체계 외적 환경을 중심으로 구축할 수 있다

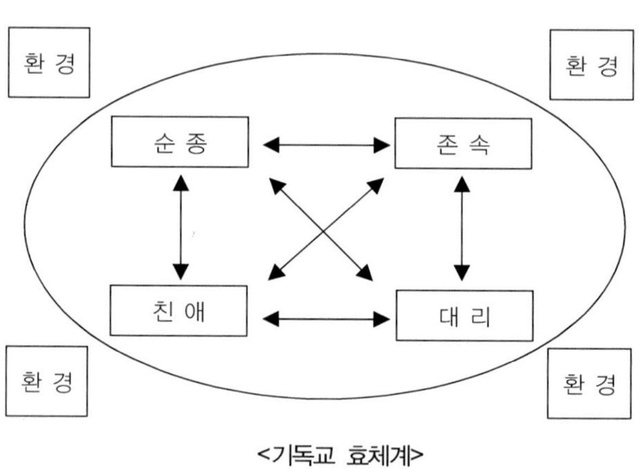

<기독교 효체계>

이제 구체적으로 에베소서 6장 1절부터 4절까지의 내용을 살펴보면 다음과 같다.

"자녀이신 여러분, 주 안에서 여러분의 부모에게 '복종'하십시오. 이것이 옳은 일입니다(1절). '네 부모를 공경하여라'고 한 계명은 약속이 딸려 있는 첫째 계명입니다(2절). '네가 잘되고, 땅에서 오래 살 것이다'고 한 약속입니다(3절). 또 아버지이신 여러분, 여러분의 자녀를 노엽게 하지 말고, 주님의 훈련과 훈계로 가르치십시오(4절)."(표준새번역)

위에서 보다시피 우선 에베소서 6장 1절에서는 동서양의 효의 일반 원리인 부모에 대한 '순종'이 강조되고 있다. 이러한 부모에 대한 복종 또는 순종은 동서양의 효에 있어서 대표적으로 강조되는 내용이다.[110]

이와 관련하여 아우구스티누스(Augustinus)의 삼위일체론에 나타난 성부와 성자의 개념을 원용한[111] 브리태니커 사전에 의한 바와 같이[112] 전통적으로 부모는 페이터(pater)적 성격과 제니터(genitor)적 성격이 있고 바로 이러한 부모의 성격에 따라 자녀의 도덕적 내용도 달리함을 보여 준다.[113]

여기서 페이터적 부모는 자녀와의 불평등 관계에 의해 권위적이고 명령적이다. 왜냐하면 이러한 부모의 위치는 자녀의 도덕적 불완전성과 위법 가능성에 기초하여 자녀에게 도덕성을 내면화하는 작업과 관련되기 때문이다.

이를 통해 자녀들이 페이터적 부모의 뜻에 순종함으로써 이를 통

---

110) 유교에서 가장 기본적인 인간관계는 부모-자녀 관계이고 따라서 순종의 효를 『효경』 등을 통해 지극히 강조하고 있다. 이해영, "유학이란 무엇인가?", 『강좌 한국철학』(서울: 예문서원, 2001), p.30. 도교에서는 유교의 효와 거의 일치하게 순종의 효를 강조한다. 이러한 사실은 무엇보다도 사회를 구성하는 기본 단위로 가족을 강조하는 『태평경』에 잘 나타난다. 참조, 윤찬원, 『도교의 철학』(서울: 돌베개, 1998), p.181. 불교도 『부모은중경』을 통해 유대교도 십계명을 통해 순종의 효를 강조하고 있다.

111) 브리태니커 사전에 나타난 부모 개념으로서 pater와 genitor는 아우구스티누스의 『삼위일체론』에 의한 성부와 성자의 개념에서 원용되었다. 아우구스티누스는 성부 하나님을 Pater와 Genitor라 하고 이와 관련하여 예수님의 명칭을 Filius와 Genitus로 하고 있다. 참조, Augustinus, *De trin.* II, 1, 2; *De fide et sym.* IX, p.16.

112) Encyclopaedia Britannica, VII(1973~1974), p.754.

113) 페이터적 부모의 성격은 자녀를 훈육하여 사회화를 통해 공동사회의 구성원으로 자라게 하는 것을 의미한다. 이러한 부모는 가부장제(patriarchy)에서 보다시피 권위적이고 위계적이다. 반면 제니터(genitor)적 부모의 성격은 자녀와 수평적 관계를 유지하면서 인격적인 애정과 친애의 성격을 지니는 부모를 의미한다. 참조, 박철호, 『효윤리학』(인천: 도서출판좋은세상, 2000), p.69.

해 사회질서를 존중하고 이를 준수하는 기본적 사회질서 의식을 갖게 된다. 이러한 페이터적 부모에 대해 갖추어야 할 자녀의 효 내용은 한마디로 복종이며 기독교 효체계의 하위변수인 '순종'이다. 순종은 전통적으로 양지(養志)의 효로서 설명될 수 있다. 양지란 부모님의 뜻이나 의지에 따라 섬기는 것이며 단순히 부모의 뜻을 수용하여 이에 따른다는 의미보다 적극적으로 부모의 뜻을 받들어 나아가는 것을 의미한다.114) 이런 의미에서 순종의 효는 동양의 유교에서도 가장 중시하는 덕목이다. 이런 의미에서 성경의 효와 유교의 효가 순종의 덕목에 의해 대화가 가능함을 이해할 수 있다.

한편 브리태니커 사전에 의한 바와 같이 부모와 자녀의 관계에는 페이터적 부모와 자녀 관계 외에 제니터적 부모와 자녀의 관계가 있다. 제니터적 부모와 자녀 관계는 원칙이나 약속 앞에 상호 평등적으로 이루어지는 관계이다. 따라서 부모-자녀 관계는 수평적이고 인격적이며 애정과 사랑의 성격을 지닌다. 동일한 인격체로서 서로 존중하며 친구와 같은 우정을 나누는 것이 제니터적 부모와 자녀의

---

114) 부모의 뜻을 적극적으로 따른다는 것에는 다시 두 가지 형태, 즉 절대적으로 부모의 뜻을 따르는 것과 부모의 뜻에 따르면 좋지만 따르지 않는다 하더라도 불효의 허물을 벗을 수 있는 상대적인 효가 있다. 전자, 즉 절대적인 효는 자녀라면 누구나 지켜야 할 효이다. 따라서 이러한 절대적인 효는 일반적으로 부모라면 누구나 자녀들이 지키기를 원하는 것이다. 이러한 절대적 효는 십계명의 6~10계명에 해당하는 바와 같이 살인, 도둑질, 사기 등의 죄를 범하지 않는 것이다. 따라서 반사회적 행위로 부모의 명예를 떨어뜨리는 것이 여기에 해당한다. 이러한 절대적인 효는 최소한의 효로서 자녀라면 최소한 반사회적 범죄를 짓지 않는 것을 의미한다. 그런데 부모의 뜻에는 위와 같은 절대적인 효가 있을 수 있지만 지키면 좋고 비록 지키지 못하더라도 불효자로서 낙인이 되는 것이 아닌 효의 유형이 있다. 이 효의 형태는 부모의 뜻과 자녀의 뜻이 비록 어긋나더라도 반사회적 문제를 일으키는 것이 아닌 경우이다. 예를 들어 진로문제나 결혼문제에서 부모가 원치 않는 결정을 자녀가 하는 경우이다. 물론 자녀는 부모의 뜻에 자기의 뜻을 부합시키게 되면 효를 더욱 잘 행하는 것이다. 바로 최대의 효를 지향하게 된다. 그러나 상대적인 효의 문제로 부모와 의견일치를 보지 못해 자녀가 자신의 결정을 밀고 나간다고 하더라도 이것이 자녀의 인격과 자유를 보장하는 의미에서 사회 통념상으로 수용함이 타당하다.

관계이다.115) 이는 부모와 자녀 관계에 있어서 상호주의적 대응 관계를 구축하고자 한 것에서 비롯된다. 이러한 제니터적 부모와 자녀 관계에 의한 효의 덕목은 '친애'이다. 친애의 효는 순종의 효가 수직적이며 권위적인 것과 대조적으로 보다 자율적이고 인격적이며 수평적인 성격을 지닌다. 브루스(F. F. Bruce)가 지적한 바와 같이 에베소서 6장 2절의 '공경'은 부모의 삶을 통해 얻어진 존경과 비례한다. 불명예스럽고 부정직하며 법을 지키지 않는 부모는 자녀에게 자신이 지키지 않는 원칙과 명령을 강요할 수 없다는 것이다.116) 술주정뱅이 아버지가 아들에게 금주를 강요할 수 없듯 정숙하지 못한 어머니가 딸에게 순결을 강요할 수 없다는 것이다.117)

에베소서 6장 4절의 내용도 바로 부모가 자녀를 인격적 관계로 대하는 친애의 효를 내포하고 있다. 즉, 부모가 자녀의 분노를 일으키는 것은 무엇보다 비인격적 대우에 기인한다. 따라서 에베소서 6장 4절은 부모와 자녀 간에 서로 동등한 인격적 인간관계가 존재함을 드러낸 것이다. 그리고 이러한 제니터적 부모에 대한 자녀의 효 내용은 친구 사이에 맺어지는 우정의 성격을 지니는 '친애'인 것이다. 따라서 자녀는 부모를 친애로써 효도할 때가 필요하고 부모도 이를 통해 기쁨을 누리게 된다.118)

---

115) 제니터란 '생산자'의 의미를 가지고 있다. 부모는 자녀의 생산자이다. 그러나 이 부모는 자기 자녀가 생산자의 위치에 있게 되면 서로 간 생산자로서 동등한 성격을 지니게 된다. 이런 의미에서 궁극적인 생산자이며 창조주인 하나님, 즉 진리 앞에서 양자는 동등하고 평등한 위치를 갖게 된다. 따라서 이러한 부모와 자녀가 동등하고 평등한 관계에 의한 '친애'의 정서를 서로 교환하는 시기는 대체로 자녀가 결혼하여 또 다른 생산자로 위치할 때이다. 물론 결혼하지 않은 자녀도 성인으로서 이러한 관계를 갖게 된다. Ibid., p.68.

116) F. F. Bruce, *The Epistle to the Ephesians*, p.121.

117) 웨슬리주석번역위원회, 『Wesleyan Commentary』(서울: 임마누엘, 1992), p.194.

118) 박철호, "체계윤리의 가족화 검증의 논리에 의한 효 연구", 『효윤리학』(인천: 도서출판종

이런 성경적 친애의 효는 거의 우리 전통 사회에서 찾아보기 힘든 효이다. 이 친애의 효는 순종의 효가 대가족 사회에서 주로 행해진 것과 달리 핵가족적이며 현대 민주사회에 잘 부합하는 효의 내용이다.[119] 성경의 효가 다른 종교나 사회 규범의 효와 가장 큰 차이를 두는 성격이 있다면 바로 이러한 친애의 효이다.

특히 친애의 효의 특징은 전통 사회의 순종의 효가 부모 중심적 효체계인 것과 대조적으로 자녀 중심적 효체계이다. 즉, 자녀가 어떻게 효를 해야 할 것인가에 초점을 둔 것이다. 즉, 자녀의 측면에서 효를 어떻게 이해하며 행하는가에 초점을 둔다. 이런 의미에서 기독교 효의 특징인 친애의 효는 자녀가 부모와 오랫동안 친근하게 지내며 제대로 효를 행하도록 하는 것에 관심을 가지고 있다. 미국의 가족 윤리학자인 렌츠(Elinor Lenz)는 그의 저서『어제는 나의 아이, 오늘은 내 친구』에서 부모들은 자녀들을 친구로 삼을 때 가장 오랫동안 함께 지낼 수 있음을 강조한다.[120]

그런데 친애의 효에 있어서 부모가 자녀와 모든 면에서 평등한 것은 아니다. 아리스토텔레스(Aristoteles)가 언급한 바와 같이[121] 친애의 효에서 부모의 위치는 평등함 속에서 주도력을 가지는 것이다.

은세상, 2000), pp.33-37.

119) 윤태림, "충효사상론",『동서양의 명논설문』(서울: 성지, 1985), p.115.

120) Elinor Lenz, *Once My Child, Now My Friend*, 을지번역실 역,『어제는 나의 아이, 오늘은 내 친구』(서울: 을지출판사, 1983), p.80.

121) 물론 부모와 자녀가 인격적 평등함이 있다고 하여 부모의 위치가 단지 자녀의 친구 위치로 규정되지 않는다. 아리스토텔레스(Aristoteles)가 지적한 바와 같이 부모와 자녀의 친애는 불평등적 친애이다. 즉 친애 속에서 상황에 따라 필요한 경우 불평등적 관계가 관련된다는 것이다. 친애의 효에는 부모의 주도력이 인정된다는 것이다. 이렇게 부모의 주도력이 필요한 이유는 가족 간의 다양한 분쟁이 발생할 경우 이를 해결하는 권위적 배분이 필요하기 때문이다. 참조, Aristoteles, *Nicomachean Ethics*, 1108a 27, 1125b pp.19-25.

또한 밀러(John W. Miller)가 제대로 설명한 바와 같이 성경에 의한 친애의 효는 하나님 아버지의 명칭과 관련하여 볼 때, 하나님 아버지의 자비로우심과 부드러움 속에 우리 인간들을 인도하심과 같이 부모 특히 아버지는 이러한 자비로움과 부드러움 속에 가족의 인도자로 위치함이 중요하고 자녀들도 이러한 부모의 위치를 제대로 섬기는 것이 중요하다.122)

한편, 동서양의 효에 있어서 효를 행하는 자, 즉 순종과 친애의 효를 부모에게 행하는 자는 축복을 받게 되어 있음이 곳곳에서 드러난다. 즉, 성경의 효에 관한 내용에는 이 땅에서 잘된다는 물질적 축복과 장수한다는 육체적 축복이 제시되어 있다.

또한 동양의 도교에서도 효자는 본인이나 그 부모 모두 장수한다는 축복을 역시 제시하고 있다. 즉, 『태평경』은 유교적 관념인 효를 중시함으로써 유교와 다름없는 사상을 보여 주지만 효의 실천 이념을 장수에 두고 있는 점에서 차이가 나는데『태평경』에 의하면 부모의 장수를 염려하는 것이 효의 일차적인 의미이지만 그러한 효의 실천을 통하여 자신의 장수를 얻을 수 있다는 효의 이차적 의미가 주어진다.123)

이러한 효자 축복의 분명한 내용은 에베소서 6장 3절에서 잘 나타난다. 즉, 효자는 이 세상에서 잘되고 장수한다는 것이다. 그런데 이러한 물질적 축복과 육체적 축복은 최소한 생명이 살아남아 이 땅에서 '존속'해 간다는 의미를 내포하고 있다. 여기서 성경의 효체계 주

---

122) John W. Miller, *Calling God "Father"*(New York: Paulist Press, 1999), pp.3–7.
123) "然, 上善第一孝子者, 念其父母且老去也, 獨居閒處念思之, 常痴下也"(券47, '上善臣子第子爲君父師得仙方訣'), pp.134–135.

요 변수 중 하나로서 '존속'의 효가 드러난다.

그런데 엄밀한 의미에서 효자 존속의 축복인 물질적 축복과 육체적 축복은 부모에 대한 물질적 봉양과 부모의 육체적 건강이나 장수를 위한 효자의 노력에서 비롯된다. 결코 무작위의 방관적 태도 속에서 이러한 물질적 그리고 육체적 축복이 주어지지 않는다. 따라서 자녀는 부모의 양구(養口), 즉 의식주의 물질적·경제적 필요를 채우도록 노력해야 할 것이며 또한 부모의 양체(養體), 즉 육체적 건강을 위한 노력을 게을리 하지 말아야 한다.

그런데 이러한 양구와 양체는 부모의 마음을 평안하게 하는 양안(養安)과 상호 관련을 갖는다. 즉, 양구와 양체의 외적인 봉양은 내적인 심리적 안정인 양안으로 연결되어 부모의 존속이 더욱 강화된다. 물론 존속의 효와 관련된 양구체안의 효행은 세속적 삶과 관련하여 의미가 있다. 그러나 인간은 세속적 삶과 더불어 종교적 삶을 추구하기도 한다. 따라서 자기 부모의 종교적 삶을 섬기는 양영(養靈)의 효는 부모의 영적인 면을 보살피는 것으로서 효행의 중요한 또 한 측면을 구성한다. 부모가 내세를 잘 준비하고 영적인 평강을 누리게 도와주는 것은 보다 심층적인 효를 이룬다. 따라서 존속의 효는 양구체안영의 효를 실천하는 것이다.

지금까지 살펴본 양구와 양체의 효 그리고 양안과 양영의 효 이외에 이러한 효의 내용들 모두와 관계하는 존속의 효로서 양생의 효가 있다. 양생의 효에서 '생'은 하나님께서 창조하시고 지키시는 생명을 의미한다. 양생의 효는 부모의 생명을 대를 이어 지속시켜 나가는 것을 의미한다. 물론 부모의 생명은 우리들의 조상으로부터 시작되었다. 이러한 생명은 우리에게 이어졌고 뒤에 우리의 후손에게 전해진다. 그리고 부모는 이러한 생명의 지속을 통해 이 세상 속에 계속 존속해 간다. 우리는 이러한 생명의 지속을 위해 효를 실천함이 필요하다. 좀 더 자세히 살펴보면 앞에서 이야기한 양구와 양체 그리고 양안과 양영의 효도 결국 양생의 효의 한 부분임을 알 수 있다.

양생의 효에는 우선 결혼하여 자녀를 출생시켜 가문을 이어 가게 하는 것이 중요하다. 물론 사정에 따라 결혼과 출생을 할 수 없을 경우가 있다. 그러나 특별한 경우를 제외하고 결혼을 통해 자녀를 양육하여 대를 이어 가는 것이 자녀로서의 도리이다. 우리 옛 조상들은 이러한 양가(養家), 즉 가문을 이어 가게 하는 효를 중시하여 자녀 특히 아들을 낳는 것을 매우 중시하였다. 그러나 아들이든 딸이든 생명을 이어 갈 수만 있다면 양생의 효를 실천한다고 할 수 있다.

양생의 효를 실천해 가는 데는 생명을 존속시키기 위해 생명의 그릇인 사회나 국가를 지켜가는 것도 필요하다. 따라서 사회나 국가를 위해 봉사하는 것도 궁극적으로 생명의 존속을 위한 양생의 효이다. 이런 의미에서 특히 애국심은 효심의 한 형태라 할 수 있다. 전통적으로 효는 충과 연결시켜 생각하였다. 그런데 여기서 충은 당시 나라의 임금을 섬기는 것이었다. 나라를 바로 임금 자신이라고 생각했던 것이다. 따라서 부모를 섬기는 마음을 임금을 섬기는 마음과 같은 것으로 보았다. 그러나 오늘날 충은 나라의 임금이 아니라 국가 그 자체이다. 따라서 과거로부터 지속되어 온 현재의 우리의 생명을 미래에도 지키기 위해 국가에 충성하는 것이 필요하다. 결국 충은 양생의 한 형태라고 봄이 타당하다.

양생과 관련하여 마지막 한 가지 더 고려해야 할 것은 자연을 사랑하는 것이다. 엄격히 말하면 우리가 살고 있는 환경은 우리의 생명을 보전시키는 것이다. 생명을 사랑하고 지켜 나가고자 하는 양생의 효는 당연히 자연환경을 고려하지 않을 수 없다. 자연이 파괴되면 생명의 존속이 위협받게 된다. 이는 결국 생명을 지켜 가고자 하는 존속의 효를 다하지 못하는 것이다. 생명 사랑과 생명 존속을 중시하는 양생의 효는 자연환경을 보전하고 이를 깨끗이 사용하여 후손에게 잘 물려주는 것과 상호 관련 있음을 이해할 수 있다.

그런데 존속의 효가 내포하고 있는 효자가 이 세상에서 잘되고 장수한다는 하나님의 복의 내용은 기독교 효가 현대 민주 사회의 가치관과 상통할 수 있음을 보여 준다. 왜냐하면 전통적 효가 부모 중심적 또는 부모를 위한 효체계로 구성된 것과 달리 기독교 효는 효 하는 자녀 중심 그리고 그 자녀를 위한 효체계임을 전제하고 있기 때문이다. 이는 기독교 효가 효를 받고자 하는 사람들에 의해 강압적으로 효를 강요하는 것보다 효 하는 자의 인격을 존중하고 자율적으로 효를 행하도록 그들을 독려하고 장려하는 방법을 취하고 있기 때문이다. 이런 의미에서 기독교 효는 보다 현대적이고 민주적이다.

그런데 에베소서 6장 1절에 의하면 부모에 대한 순종이나 친애 그리고 존속의 효 모두 '주' 안에서 행해져야 함이 강조되고 있다.[124] 기독교 효가 갖는 또 하나의 특징으로서 '주' 안에서의 효는 어떻게

---

124) '주 안에서'라는 공식구는 P46, ℵ, A, K, vg, sy 사본에는 나오지만, B, D*, it. 사본과 Markion, Clemens v. Alexandreia, Tertullian의 책에는 나오지 않는다. 이 어구가 빠져 있었음을 가장 일찍 보여 주는 것은 마르시온 사본인데, 아마도 마르시온은 이 어구를 삭제하였을 것이다. 왜냐하면 십계명의 제4계명과 주를 연결시키는 것은 그로서는 적절하지 않다고 생각하였기 때문이다. 하지만 Beare, Masson, Wette는 이 어구를 그대로 두는 것이 필요하다고 본다. 왜냐하면 이 어구는 이 구절 전체와 관련되며 단순히 부모와 관련되지 않는다고 보기 때문이다. 즉, 자녀들은 주에 대한 믿음과 복종을 표현하기 위해 부모에게 복종하여야 한다는 것이다. 참조, Joachim Gnilka, 강원돈 역, 『국제성서주석』 (서울: 국제신학연구소, 1971), pp.434-435.

이해되어야 하는가?

우선 유대교에서 부모의 자녀에 대한 위치는 월터 카이저(Walter C. Kaser)가 언급한 바와 같이[125] 하나님의 대리자이다. 따라서 부모에 대한 반역을 하나님에 대한 반역과 연관 짓고 있다. 왜 부모는 하나님의 대리자인가? 이는 성경에서 언급한 바와 같이 부모로부터 하나님의 법을 배우기 때문이다. 즉, 하나님 말씀을 대변하는 부모에게 효를 행하지 않는 사람은 하나님의 말씀을 따를 수가 없게 된다.

그런데 이러한 하나님의 대리자로서 부모의 위치와 대응하여 에베소서 6장 1절은 자녀들도 '주' 안에서 효를 행할 것을 명령하여 자녀도 주님, 즉 하나님의 대리자임을 분명히 한다. 이런 의미에서 유대교의 하나님 '대리'로서 효체계를 설명하는 틀은 기독교에도 동일하게 적용할 수 있다. 즉, 기독교의 효체계도 이 부분에서 구약의 유대교 효체계와 크게 차이가 나지 않기 때문이다. 다만 신약의 에베소서의 '주 안'은 카이저가 지적한 바와 같이 대리자로서 부모나 자녀가 하나님의 말씀을 대적하는 것을 금지하는 의미도 포함한다. 즉, 자녀는 자신의 이익이나 감정에 의해서가 아니라 하나님의 뜻과 명령에 따라 효를 행하는 것이 진정한 효를 실천하는 것이다. 이런 의미에서 하나님의 뜻과 명령에 어긋나는 형태로 효를 행하는 것은 금지된다.

물론 하나님을 믿지 않는 사람들도 사회의 관습이나 윤리와 같은 사회의 뜻에 따라 효를 행하는 것은 당연하다. 그러나 이러한 세속적 삶 속에서 행해지는 효를 성경적 관점에서 어떻게 수용할 것인가는 또 다른 문제이다. 이러한 문제 때문에 기독교와 비기독교 또

---

125) Walter C. Kaser, 홍용표 역, 『구약성경윤리』(서울: 생명의 말씀사, 1990), p.179.

기독교 내부에서 심각한 갈등이 노출될 수 있다. 특히 기독교 효운
동사에 있어서 이러한 갈등을 촉발한 것은 제사문제이다.126)

마지막으로 기독교 효운동과 관련하여 기독교 효체계의 현대적 삶
속에서의 구축 과정을 분석하기 위한 틀에서 주목할 것은 기독교 효
체계의 외적 체계로서 환경이다. 이 환경은 기독교 효가 현실적 삶
속에서 구체적으로 형태를 마련해 가는 데 직접적으로나 간접적으로
영향을 미친다. 환경은 하나의 체계가 속한 다양하고 복합적인 또
하나의 체계이다. 이러한 환경들은 하나의 이데올로기 또는 제도 등
의 형태로 효체계와 상호 대면(interface)한다.127) 따라서 효체계의 환
경으로서 효체계를 둘러싼 정치, 경제, 사회, 문화 등은 지속적으로
기독교 효가 제대로 현실 세계 속에 정착해 가는 데 영향을 미친다.

모든 체계는 자생적(autopoeisis)으로128) 스스로 구성요소들을 조직
화하며 역동적으로 존속해 가기에129) 이러한 체계는 '실재하는 체계
(real system)'이다. 이 체계는 늘 '변화'와 '과정'에 있기 때문에 환경
과의 관계 속에 성찰(reflection)과 자기 합리화(self rationalization)를
통해 자기 정체성(identification)을 마련하고자 한다. 이런 의미에서
기독교 효는 효가 존속하려는 항상성(homeoastasis)과 자생성에 의해

---

126) 이 문제는 뒤에 좀 더 자세히 다룬다.

127) Timothy Arthur Lines, *Systemic Religious Education*(Birmingham: Religious Education
Press, 1987), p.51.

128) 여기서 자생적(autopoeisis)이란, 그리스어로 'auto'는 '스스로'를 의미하며 'poeisis'는 '만들다'
라는 의미를 지니고 있다. 따라서 자생적 체계란 스스로 어떤 내적 구성요소를 구성할 것이며 그
리고 이 요소들이 어떻게 작동할 것인가를 스스로 결정하는 체계이다. 참조, Maturana, H. R.,
Erkennen Die Organisation und Verkoerperung von Wirklichkeit(Brunschweig-
Wiesbaden, 280). 재인용, 최재정, "니콜라스 루만의 '체계이론'과 그 교육학적 수용의
문제", 『교육철학』.

129) Roeland J., *Autopoiesis and Configuration Theory: New Approaches to Societal
Steering*(Dordrecht: Kluwer Academic Publishers, 1992), Ch. Ⅲ.

한국 사회에 전통 효의 유질동상(isomorphism)적[130] 새로운 모습으로 규명될 수 있다.

Ⅲ. 기독교 효체계에 의한 한국 사회의 효운동 전개과정 분석

앞에서 분석 틀에 의한 바와 같이 효체계는 항상성을 가지고 오랜 역사 속에서 존속해 왔다. 이렇게 역사적으로 효체계는 환경이 요구하는 것에 적응하며 환경의 변화에 따라 내적 구성요소들의 재구조화를 통해 존속해 왔다고 볼 수 있다. 그렇지만 효체계는 단순히 환경으로부터 자극에 소극적으로 반응하며 생존한 것은 아니다. 오히려 보다 적극적으로 독립적인 자기 조직 또는 환경으로부터 '선별적 관계'를 구축하며 존속한다. 이렇게 항상성을 지니며 존속하는 효체계를 체계론에 의해 '기본적(essential)[131] 효체계'라 할 수 있다.

이처럼 기독교 효체계는 그동안 한국 사회의 복합적 환경 속에 존속해 온 기본적 효체계가 지속적 존속을 위한 자기 재생산 과정을 통해 자생성을 마련하면서 선택되었다. 기독교 효체계는 비록 다양한 과정으로 한국에 투입되었지만 가동력이 저하된 기존의 효체계와의 관계 속에 계속적인 선택과 배제를 통해 내적 통합성과 외적 정체성을 구축하는 데 나름대로 성공하였다. 이러한 선택과 배제의 과정에는 기독교 효체계의 현실 사회 속에 구축되는 것과 연관 가능성이 높은 의미 있는 사건들이 선택되어 이슈화되었으며 그리고 연관

---

130) 유사한 성질은 비슷한 형태를 갖고 있으며 같은 원리기 적용 가능하다는 것이다.

131) David Easton, *A Framework for Political Analysis*(Chicago: The University of Chicago Press, 1962), pp.94–95.

성이 확실치 않는 것은 가능성으로서 잠재된 채 일단 배제되었다. 이제 이러한 과정을 보다 자세히 살펴보기로 한다.

기독교 효체계의 전개과정을 논하기 전에 우선 전제할 것은 기독교 효체계가 한국 사회에 투입된 후 기존의 효체계와 관계하면서 선택과 배제의 과정을 통해 자생성을 구축하는 의미화 과정에 의해 채택된 역사적 과정을 크게 네 가지 단계로 나누어 볼 수 있다는 점이다. 즉, 갈등기, 타협기, 독립기, 그리고 정착기 등이다.

1. 갈등기

가톨릭 선교사에 의해서 또는 성경의 반입 등을 통해 기독교 효체계가 조선조 한말에 한반도에 투입되었을 때 그 환경으로서 기존 조선의 효체계는 이미 유교 등에 의해 채색되어 있었다. 그렇다면 이렇게 유입된 기독교 효체계는 기존 조선 사회의 효체계와 어떤 관계를 가졌는가?

단적으로 말해 갈등 그 자체였다. 갈등의 주요 원인은 기독교 효체계가 환경에 제대로 적응하지 못하였기 때문이었다. 왜 기독교 효체계는 환경에 적응하지 못했을까? 이는 기독교 효체계의 내적 구성요소로서 순종, 친애, 존속, 대리 중에서 환경에 적응하는 것도 있었지만 제대로 적응하기에 한계를 지닌 것도 있었기 때문이다. 이 중에서 특히 '주' 안에서 효할 것을 전제하는 대리의 효는 환경과의 심각한 갈등 원인이 되었다. 부모에게 효 함에 있어 그것이 순종이든 친애든 존속이든 하나님의 뜻을 무시할 수 없다는 대리의 효는 특히 조상에 대한 제사문제로 환경과 첨예하게 대립하였다.

물론 이미 중국에서 가톨릭은 제사문제로 중국 사회체계에 적응하는 데 상당한 어려움을 겪었다. 중국 선교 초기에 가톨릭은 진보파인 예수회에 의해 조상에 대한 제사는 단순한 문화적 인식이라고 하여 환경에 적응하려는 융화정책을 폈다. 하지만 이는 1742년에 제사는 그리스도교 신앙에 위배되는 우상 숭배이며 미신이라는 교황 베네딕토(Benedict) 14세의 교시로 가톨릭은 환경과의 갈등으로 체계 진동의 폭을 크게 하였다.[132] 이러한 상황은 가톨릭이 전래된 조선에 있어서도 동일하게 적용되었다.[133]

교황의 교시가 조선에 전달된 것은 사절단으로 중국에 간 가톨릭 신자 윤유일에 의해서다. 당시 그는 북경 주교에게 조상 숭배의 효에 대해 문의를 하였고 이에 대한 답변으로 조상 숭배의 효가 하나님의 뜻에 어긋나는 것으로 교회에서 금해야 한다고 영을 받았다.

조상 숭배의 효는 당시 유교적 가르침의 중요 핵심 교리였고 국교와 같은 것이어서 이를 행치 않는 행위는 여론의 비난과 형벌을 각오해야 했다. 따라서 주재용이 언급한 바와 같이 가톨릭의 효체계는 환경적으로 유교적 효체계와 충돌하지 않을 수 없었다.[134]

1791년 신해사옥은 조선에서 가톨릭에 의한 기독교 효체계와 환경으로서 유교적 효체계와의 갈등과 충돌의 시초가 되었다. 교인들은 유교적 차원에서 행해지는 조상 제사의 효를 거부하는 것을 신자의 의무로 간주하였다. 특히 당시 전라도 진산(지금의 충남 금산)의

---

132) 당시 중국의 선교사로 들어온 보수교단의 프란치스카(Francisca)와 도미니칸(Dominican) 교단의 보수적 성향이 이러한 갈등을 초래하였다. 참고, 김영재, 『한국교회사』(서울: 개혁주의신행협회, 1994), p.50.

133) 장철수, 『한국의 관혼상제』(서울: 집문당, 1995), p.79.

134) 주재용, "효의 한국교회사적 고찰", 『세계와 선교』, 제40호(1977. 4).

양반 윤지충과 권상연은 제사를 지내지 않고 신위(神位)를 불태우며 파묻어 버렸다. 정조실록에 나타나듯[135] 윤지충에 의하면 천당에 가는 것이 축사이지 제사가 아니라고 하였다. 그리고 신위는 한 나무 조각에 불과하다고 하였다.[136] 윤지충은 하나님 뜻 안에서 어머니의 장례는 모든 정성을 다하여 지냈지만 위패는 모시지 않았던 것이다. 어쨌든 종교적인 요소 외에 정치적 요소도 작동하여[137] 윤지충은 불효자식이며 무군무부(無君無父)로서 나라의 미풍양속을 해쳐 국법을 어겼고, 위패를 태운 것은 그의 어버이 사체를 버린 것과 같다고 하여 죽음을 맞이하였다.[138]

엄격히 따져 보면 주재용이 잘 지적한 바와 같이[139] 당시 가톨릭 교인들은 국법을 어길 생각도 없었고, 왕에 반역할 의사도 없었다. 다만 교인들은 '주' 안에서 효 하기 원하였기에 영혼에 대한 믿음도 없이 죽은 자에 대해 제사를 지내는 것은 왜곡된 효심이기에 수용하기가 힘들었던 것이다.

정하상은 한국 최초의 그리스도교 변증론인 "상제상서(上宰相書)"에서 십계명의 제4계명은 만대의 불변적 도리인 효도를 강조하며 결코 무군무부의 가르침과 다르다고 하였다. 계속해서 그는 부모의 뜻을 받들고 그 육신을 봉양함이 자식의 당연한 도리로 크리스트교도 이를 수요함을 강조하였다.[140] 기독교 효체계에 내포된 또 다른 변

---

135) 『정조실록』, 권33, 정조 15년 11월.
136) 유홍렬, 『한국천주교회사』(서울: 가톨릭출판사, 1962), pp.100-102.
137) 김영재, 『한국교회사』, p.53.
138) 김광수, "기독교 전래에 따른 조상제사의 문제", 『빛과 소금』(1985, 9).
139) 주재용, "효의 한국교회사적 고찰", p.24.
140) 민경배, 『한국기독교회사』(서울: 대한기독교출판사, 1990), p.66.

수, 즉 순종과 존속의 효 내용도 크리스트교에 있음을 내세웠지만 이는 당시에 제대로 부각되지 않았는데 이는 너무나 대리의 효문제가 심각하게 대두되었기 때문이다.

한편 개신교의 한반도 유입 시에 있어서도 기독교 효체계의 '주' 안의 효는 당시에 유교적 효체계에 의한 환경과 갈등을 갖게 되었다. 더욱 문제가 복잡하게 된 것은 개신교의 효체계와 환경과의 갈등이 개신교 교인 사이의 내적 갈등도 촉발했다는 사실이다.

다만 개신교 효체계는 가톨릭과 달리 당시 사회환경과 직접적인 충돌을 피했는데 이는 개신교가 당시 하나의 사회운동으로서 새로운 시대에 필요한 가치관을 지니고 있고 미신과 악습을 타파하는 것으로 수용되었기 때문이다. 따라서 조상 숭배적 효와의 갈등은 종교적인 것이 아니라 문화적인 것으로 대립을 완화하였다. 문화적 차원에서 당시 유교적 효체계는 참다운 효가 결여된 명분과 허식에 치우쳐 있으며 내용보다 형식에 지나지 않는다고 하여 개화에 역행하는 정신문화라고 지적하였다.[141]

즉, 개화와 관련한 문화적 차원에서 당시의 제사를 중심으로 한 유교적 효체계를 비판하였기에 개신교는 환경과의 직접적 충돌을 피하였던 것이다. 개화기 기독교 신문의 사설에 나타나듯 허례와 허식만 있고 진정한 공경심이 빠진 것이 제사라고 비판한 근거도 성서적 또는 교리적 차원이 아니다. 당시의 시대정신인 개화사상에서 제사 문제를 비판하였으며 제사를 우상 숭배나 계명의 위배라고 주장하지 않았다.[142] 개신교의 효체계는 유교적 효체계와 정면대결보다 거리

---

141) 박근원, 『기독교와 관혼상제』(서울: 전망사, 1984), p.14.
142) 『대한그리스도회보』, 제2권 32호(1898년 8월 10일자), 사설.

를 두고 개신교 효체계의 내용만을 소개하는 데 치중하였다. 즉, 참된 효는 하나님을 섬기고 살아계신 부모를 공경함에 있다고 주장하여 기독교 효체계의 실제적 면을 강조하고 제사를 비롯하여 명분과 형식에 빠진 유교적 효체계가 개화에 저해요소가 됨을 드러냈다.[143] 한마디로 대리의 효문제를 존속의 효문제로 전환하여 충돌을 회피하였다. 이러한 환경에 대한 개신교의 효체계 적응 전략은 가톨릭과 비교하여 큰 위기나 피해를 초래하지 않았고 뒤에 개신교 효체계가 환경과의 타협을 통해 존속해 가는 안정된 기반이 되었다.

이처럼 개신교의 기독교 효체계는 환경과의 갈등과 직접적인 충돌을 피했다. 그런데 문제는 아이로니컬하게도 기독교 효체계의 대리의 효와 관련하여 개신교 내부의 갈등이 제기되었다. 이 갈등의 시작은 당시 기독교의 대표적 인물인 이상재와 교회 지도자인 양주삼 목사에 의해서였다. 사건의 발단은 1920년 당시 경상북도 영주군에서 일어난 자살 사건이었다. 시어머니를 봉양하던 며느리가 시어머니가 돌아가시고 난 후, 기독교 신자인 남편과 신주 문제로 논쟁한 후 자살한 것이었다. 이에 이상재가 신문에 부모에게 제사를 지내는 것이 잘못되지 않았다고 논평을 하였다. 이상재에 의하면 부모의 신주는 우상이 아니며 제사는 우상 숭배가 아니다. 왜냐하면 제사는 부모를 그리는 효성에서 나온 것이며 부모공경을 말씀하신 하나님의 가르침에 어긋나지 않는다는 것이다.[144] 이는 이미 가톨릭에서 제사

---

143) 당시 개화기 신문에는 동양의 제사가 꽃을 사랑하는 것이라면 기독교는 그 근원이 뿌리로부터 출발하는 것이라고 하였다. 참조, "만물의 근본", 『죠선그리스도인회보』, 제1권 7호(1897년 3월 17일자), 사설. 또한 미국의 매킨리 대통령의 효도를 소개하여 살아 계실 때 효 하는 것이 죽은 후 잘해 드리는 것보다 더 실제적임을 강조하였다. 참조, "미국 대통령의 효행", 『대한그리스도인회보』, 제2권 32호, 사설.

144) 『동아일보』, 1920년 9월1일, 3면.

를 수용할 때 가졌던 논리이다.

그런데 이러한 이상재의 논설에 대해 양주삼 목사는 동일한 신문에 반대의 논지를 폈다.[145] 양주삼에 의하면 제사는 비과학적이고 유치한 도덕관념이다. 그리고 미신이며 제사하는 인구는 날로 줄 것이라고 주장하였다.[146]

지금까지 살펴본 바와 같이 기독교 효가 한반도에 유입된 후 환경체계와 지속적인 갈등과 충돌을 겪었다. 기독교 효체계가 내포하고 있는 내적 변수로서 '대리'의 요소가 갈등의 주된 원인이었다. 물론 환경과 잘 적응할 수 있는 존속과 순종과 같은 요소도 있었지만 대리는 이러한 환경과의 조화를 이룰 수 있는 여지를 약화시켰다. 그러나 시간이 어느 정도 지나면서 이러한 환경과의 갈등을 해소하려는 노력이 가톨릭과 개신교 양측에 모두 등장하였다. 일종의 타협을 시도한 것이다.

2. 타협기

기독교 효운동 전개과정에서 위기의 증폭이 심했던 것은 역시 '대리'의 효를 중심으로 환경과 기독교 효체계가 충돌했던 때이다. 그런데 이러한 위기 속에 가톨릭은 상대적으로 큰 피해를 입었다.

그러나 1936년 로마 교황청의 교황 비오 11세에 의해 공식적으로 조상숭배가 허용되고, 1939년 12월 8일 교황청 교시로 한국 천주교

---

145) 『동아일보』, 1920년 9월 4일, 3면.

146) 실제 2005년 통계에 의하면 20대와 30대 2,225명 중 36.3%(582명)만이 제사가 꼭 필요하다고 하며, 78%가 자녀에게 제사를 강요하지 않겠다고 함. 『경향신문』, 2005년 9월 15일.

의 제사문제를 중심으로 한 종교적 갈등은 해소되었다. 가톨릭에 있어서 기독교 효와 환경과의 대타협이 있게 된 것이다. 교황청이 200년간 엄격히 금지되었던 조상 제사를 허용한 이유는 토착화에 대한 재인식과 비크리스트교 민족 안에 내재한 영적 요소들과 가톨릭과의 조화, 동방 민족들의 문화적 유산에 대한 서구인들의 이해와 통찰, 미신적 요소의 감소, 종교의 자유 등에 있었다.147)

물론 이러한 가톨릭의 타협은 릭(Heinrich Rick)이 언급한 바와 같이 교인들의 희생을 줄이려는 배려도 있었지만 20세기에 들어와 다시 복원된 예수회 교단의 교황청에 대한 영향력 행사와 무관하지 않다.148)

그렇다면 개신교에서의 기독교 효체계와 환경과의 관계는 어떻게 진행되었는가? 기독교 효체계가 한반도 유입 후 간접적으로든 내부적으로든 갈등의 시기를 거치면서 기독교 효체계는 환경과의 새로운 관계화를 구축하였다. 새로운 관계의 구축에 주요한 변수는 역시 환경 자체의 변화이다. 이씨 조선의 퇴영과 해방 후 서구 자유 민주주의 이데올로기의 이념 장악 그리고 한국의 자본주의 체계로의 편입은 한국 사회를 급격히 변혁시켰고 이는 성격적 효체계의 새로운 환경을 형성시켰다.

환경의 새로운 변화는 동시에 유교사상의 급격한 세력 저하를 가져와 과거와 다른 상황을 초래했다. 더 이상 유교의 효체계는 기독교 효체계에 대해 우위를 내세울 수 없게 되었다. 이런 상황에서 자연스레 대화와 타협의 장이 형성되어 비교 종교학적 관점 또는 토착

---

147) 참고, http://www.godislove.net/wwwb/data/s20001201823/

148) Heinric Rick, *Christliche Verkuendigung und Vorchristliche Erbgut*, 18, 재인용, 김영재, 『한국교회사』, p.53.

화의 관점 등에서 양자 간 타협의 목소리가 톤을 높였다.

특히 1970년대에 와서 유신정권의 충효사상 강조에 따른 영향 속에 유교적 효와 기독교 효를 조화시키려는 시도가 있었다. 그중 주목할 만한 것은 이장식의 기독교 효와 유교적 효의 타협 시도이다. 이장식은 신학적으로 효를 고찰하여 기독교 효사상에 내포된 순종과 유교적 순종을 비교하였다. 그러나 이장식에게 있어서 아쉬운 점은 기독교에도 효가 있음을 신학적으로 변증코자 하는 데 중점을 두어 여전히 갈등기적 차원에 머문 점이다.[149]

이러한 과정에서 기독교 효체계와 유교 중심의 효체계와의 타협을 제대로 드러낸 것은 윤성범의 『孝』이다. 물론 기독교와 유교 간의 대화와 타협에 관한 관점이나 논리들이 많이 있지만 직접 효를 가지고 양자의 대화와 타협을 시도한 것은 윤성범의 『孝』이다. 이런 의미에서 기독교 효운동의 전개와 관련하여 그의 저서 『孝』는 의미 있는 책이다.[150]

윤성범에 의하면 윤리에는 세 가지가 있다. 즉, 서양 윤리, 기독교 윤리, 그리고 유교 윤리가 그러하다. 그는 흔히 기독교 윤리를 서양 윤리와 동일시하여 다 같이 개인주의 성격을 지닌다고 보지만 이는 잘못된 것이라고 주장한다. 오히려 기독교 윤리는 유교 윤리와 일치하고, 특히 '효'라는 윤리적 규범의 문제에 있어서는 어느 의미에서

---

149) 참고, 이장식, "효도와 순종", 『세계와 선교』(1977. 5월호); 이장식, "기독교와 충효사상", 『현대인의 충효사상』(서울: 대한교육문화연구소, 1977).

150) 유동식은 윤성범의 효체계를 대체로 수용하는 태도를 보인다. 참고, 유동식, "효도의 신학적 이해", 『효학개론』(서울: 성산효도대학원대학교, 2004). 따라서 그는 효가 불편의 진리이요 모든 인류도덕의 기초로서 그 배후에는 하나님께 대한 신앙이 깔려 있다고 본다. 부모에 대한 효는 하나님에 대한 신앙만큼이나 인류의 근본이 되는 도리라고 한다. 위의 책, p.269. 그는 다산이 『중용경설』에서 이해한 하늘[天]을 천지 만물을 초월한 존재로서 천지와 인간을 창조한 인격적 하나님과 동일시하여 유교와 타협을 보고자 한다. 참조, 위의 책.

완전히 일치한다고 해도 과언이 아니라고 본다.

더 나아가 윤성범은 기독교 윤리와 유교 윤리는 상호 보완적이어서 만일 기독교 윤리가 본연의 모습을 회복한다면 유교 윤리의 약점을 보완할 것이고, 동시에 유교 윤리가 지닌 효의 근본 입장이 기독교 윤리의 새로운 방향 정립에 기여할 것이라고 주장한다. 단적으로 말해 윤성범은 기독교 효체계와 유교적 효체계의 타협을 넘어서 통합의 과정까지 그리고 있다.

그런데 윤성범의 『孝』에서 기독교 효체계와 유교적 효체계가 타협 또는 통합을 이룰 수 있는 근거로서 드는 것이 바로 '순종'이다. 우선 윤성범은 효의 본질을 부모의 뜻을 잘 알아 그 뜻대로 순종하는 것이라고 단언한다. 그리고 이보다 더 높은 효가 하늘 아버지의 뜻을 섬기는 것으로서 최대의 효라고 한다. 여기서 하늘 아버지의 뜻을 섬긴다는 것은 '순종'하는 것을 의미한다. 따라서 하늘 아버지에 대한 순종이 육신 아버지에 대한 순종의 존재 근거(ratio essendi)라면 육신 아버지에 대한 순종은 하늘 아버지에 대한 순종의 인식 근거(ratio cognoscendi)가 된다고 본다. 이처럼 윤성범은 순종을 강조하면서 기독교의 효와 유교의 효가 순종의 측면에서 타협할 수 있음을 도출한다.

윤성범에 의하면 기독교에서의 순종이 효의 핵심임은 하나님 아버지와 독생자 예수 그리스도의 인격적 관계에서도 잘 드러난다. 요한복음 14:7 이하에 의하면 결국 예수 그리스도는 하나님 아버지의 뜻에 순종하여 인류를 위한 속죄 제물이 된 것이며, 끝까지 하나님 아버지의 뜻에 대한 신뢰와 위탁 그리고 그에 따른 당연한 순종이 아들의 태도였다는 것이다. 윤성범은 지속적으로 예수 그리스도의 하나님 아버지에 대한 순종을 수직적(vertical) 대화로 전환시켜 설명한다. 이러한 수직적 대화가 모든 대화의 원형이고 부자 관계의 대화에도 유비된다는 것이다. 이러한 논리는 유교의 부모에 대한 관계에 그대로 적용된다. 윤성범은 결국 기독교의 효체계와 유교의 효체계가 서로 타협을 통해 조화할 수 있음을 그의 책『孝』를 통해 논증하고자 했다.

그런데『孝』에는 순종 이외에 다른 기독교 효체계의 변수, 예를 들어 친애도 소개되어 있고[151] 존속도 있고, 대리도 있지만,[152] 순종만큼 강조되지 않는다. 윤성범은 수직적인 것이 있고서야 수평적(horzontal)인 것도 가능하다고 주장한다.[153] 따져 보면 윤성범에게는 여전히 권위적이고 위계적이며 수직적인 유교적 효의 향수가 아직 남아 있다.

3. 독립기

인간적 삶의 존속을 위한 필수적 구성요소로서 기본적 효체계의 항상성은 기독교 효체계를 더욱 가동시켜, 유교적 효가 더욱 약화되면서 제대로 환경에 적응하지 못하고 퇴영하는 자리를 부분적으로 대체하였다. 이러한 과정 속에 기독교 효운동을 통하여 한국 사회 속에 기독교 효체계를 구축하며 독자성을 확립하는 계기가 마련되었

---

151) 윤성범,『孝』(서울: 대한기독교서회, 1977) 참조하였음.

152) 윤성범의 대리적 효는 각주에 처리될 정도로 경시된다. 그런데 윤성범에 의하면 孝經 聖治章에 있는 '配天'은 配神이라는 말과 같이 제사를 드릴 때 하나님 옆에 모시고 제사를 지낸다는 뜻이다. 결국 제사를 허용하는 것으로 타협을 한 것으로 볼 수 있다. 참조, 위의 책, 24. 각주 11).

153) 위의 책, p.39.

다. 그 계기란 무엇인가? 바로 기독교 효운동을 지속하며 기독교 효를 학문적으로 이론화하고 이를 통해 실천화하는 성산효도대학원대학교의 설립이다. 1997년에 설립된 성산효도대학원대학교는 1970년대 이후 여전히 답보상태에 있던 기독교 효운동에 활력을 불어넣고 기독교 효체계의 독자성을 구축하는 단초를 제공하였다. 그동안 기독교 효운동이 이렇게 거대 규모의 사회운동으로 추진된 사례는 없었다.154)

이 대학교는 최성규 목사에 의해 개교하였는데 기독교 효를 연구하기 위한 효학과를 시작으로 뒤에 효와 관련한 기타 학과를 개설하였다. 최성규 목사가 담임하고 있는 순복음인천교회는 1995년 청소년 효행봉사단을 창설하는 등 기독교 효에 대한 적극적인 운동을 전개하였는데 이러한 운동의 산실이 이 대학교의 설립이었다.

곰곰이 따져 보면 성산효도대학원대학교의 개설은 유교가 성균관을 중심으로 유학의 발전을 도모하는 것과 유질동상적 의미를 지닌다. 이는 외형적으로 기독교 효체계가 하나의 독립적인 위치를 구축한 것으로 볼 수 있다. 그러나 이러한 외형적 독립성 이외에 기독교 효체계가 내용적으로 독자성을 담지할 요소는 무엇인가? 이는 최성규 목사의 기독교 효운동을 좀 더 구체적으로 살펴보면 드러난다.

우선 최성규 목사가 이렇게 기독교 효운동을 전개한 이유는 무엇인가? 최성규 목사가 기독교 효운동을 전개한 계기를 1995년 6월에 일어난 '삼풍백화점 붕괴'에서 찾아볼 수 있다. 최성규 목사는 매몰 현장 속에서 구사일생으로 구출된 세 사람을 통해 세 사람 모두 부모나 조부모에게 기독교 효체계의 변수 중 '존속'적 효자임을 확인

---

154) 『국민일보』, 2000년 4월 22일자, 31면.

하였다. 그리고 이를 통해 기독교 효체계의 변수인 존속과 관련하여 "효자는 장수한다"는 사실 또한 확신하게 되었다.

이처럼 최성규 목사의 효운동 출발은 기독교 효체계의 네 가지 변수 모두 관계가 있지만 특히 '존속'과 밀접한 관련이 있다.155) 즉, 최성규 목사의 효운동에는 효 하는 자는 복을 받는다는 기독교 효체계의 '효복사상'이 내재되어 있다.156) 그런데 이러한 최성규 목사의 효복사상에 의한 존속의 효 강조는 구한말 기독교 효사상의 한반도 유입 시 취했던 효에 대한 관점과 연속성이 있다. 즉, 당시 기독교 효실천의 내용도 개화의 차원에서 실질적인 부모에 대한 효 특히 존속의 효를 강조하였던 것이다.

그런데 최성규 목사의 기독교 효체계 존속의 효 강조는 그의 6대 기독교 효실천 항목 속에서 더욱 잘 드러난다. 최성규 목사의 기독교 효운동의 6대 실천 항목은 '하나님 섬김', '부모공경', '이웃사랑', '나라사랑', '인류봉사', 그리고 '자연보호' 등이다.

6대 효실천 내용 중에 특히 관심을 끄는 것은 '인류봉사'와 '나라사랑'이다. 이 두 항목은 유교를 포함한 한국의 전통 효체계에서 찾아볼 수 없는 개념들이다. 김유혁이 언급한 바와 같이157) 한국의 전통 효체계는 국가까지 포함하지만 더 이상의 체계를 상정하지 않는다. 그렇다면 최성규 목사는 왜 이 두 개념을 효체계에 포함시켰는가?

---

155) 최성규 목사는 자신의 기독교 효운동을 시작하면서 하나님께서는 성도들이 이 땅에서 복을 받든 말든 상관하지 않으시고 천국만 바라보기를 원하시지 않으며 우리가 열매를 많이 맺으면 하나님께서 그 영광을 받으신다(요 15:8)고 분명히 말씀하셨기 때문에 하나님께서는 우리들이 이 땅에서도 복을 받고 천국에서도 상급을 받기를 원하신다는 점을 강조하여 효와 복을 연결시키는 논리를 편다. 참조, 『시사정경』, 1995년 12월호, 62.

156) 박철호, "효복사상", 『효윤리학Ⅱ(개정판)』(서울: 도서출판좋은세상, 미간행).

157) 김유혁, "효의 본질", 『충효사상 ― 현대적 윤리관의 정립 ―』(서울: 단국대학교 출판부, 1977), pp.1-33.

바로 기독교 효체계가 가지고 있는 존속적 효의 특성을 드러내기 위해 이 두 개념을 동원시키고 있다. 즉, 최성규 목사가 제시한 인류봉사와 자연보호는 기독교 효체계의 내적 변수로서 존속이 가지고 있는 양생의 효, 즉 하나님께서 창조하신 생명의 지속과 관련된다. 자연을 보호하는 것은 생명의 존속을 위한 전제이며 인류봉사도 전 지구적 차원에서 생명을 존속시키는 처방이다.

이렇게 존속의 효를 가족과 국가 이외에 인류와 자연에까지 확대시킴으로써 국가체계 속에 구속된 효를 보다 개방체계의 효로 전환시켰다. 이러한 전환은 효를 새로운 관점에서 보게 하는 인식론을 제공한다. 이는 이제 효를 생태학적 관점과 인류학적 관점에서 규명하는 계기를 마련했음을 의미한다. 이렇게 생태학적 그리고 인류학적 관점에서 기독교 효체계를 규명하는 작업은 기독교 효의 특성을 구축하여 기독교 효체계의 독자성과 독립적 기반을 강화한다.

한편, 최성규 목사는 하나님 섬김을 기독교 효의 실천 항목의 제일로 두고 있다. 이는 기독교 효를 현대 한국 사회 속에 공개적으로 드러내어 그 존재를 확인받고자 한다. 이렇게 하나님 섬김을 효실천의 주요 항목으로 설정한 것은 기독교 효체계의 독립성을 구축하는 데 중요한 계기를 마련하였다.

그러나 대리의 효문제는 여전히 한국 사회가 대체로 복음화되지 못한 상태에서 환경과 제대로 조화를 이루며 기독교 효를 정착시키는 데 한계가 있다.[158] 따라서 기독교 효체계가 환경으로부터 인정을 받으며 가동력을 증가시키기 위해서는 우선 최성규 목사가 강화

---

158) 그동안 개신교는 전통 효체계와의 갈등에서 구체적으로 하나님 섬김과 같은 대리의 효를 명백히 드러내는 데 한계가 있었다. 그래서 개신교가 한반도 유입 시기에 가졌던 환경과의 갈등을 피하기 위해 대리의 효를 강조하기보다 존속의 효를 부각시켰던 것이다.

시킨 존속의 효를 한국 사회에서 더 부각시키는 작업이 필요하다.[159]

특히 존속의 효가 현대 한국 사회에 적합함은 기독교 효체계의 존속의 변수가 가지고 있는 특징 때문이다. 기독교 효체계의 존속의 효는 효를 받고자 하는 사람을 중심으로 효를 명령하고 있지 않다. 효 하는 사람을 중심으로 효를 명하고 있다. 따라서 효를 받는 사람들에 의해 강압적으로 강요하는 것이 아니라 효 하는 자의 인격을 존중하고 자율적으로 효를 행하도록 그들을 독려하고 복을 부가하면서 효를 장려하는 방법을 취하고 있다. 이런 의미에서 기독교 효는 보다 현대적이고 민주적이어서 현실 사회에 적합하다.

따져 보면 기독교 효체계가 나름대로 독자성을 유지하며 정착하기에 어느 정도 시간이 걸리게 됨은 당연하다. 이런 의미에서 최성규 목사에 의해 급진적으로 추진된 기독교 효운동은 짧은 기간이지만 기독교 효를 한국 사회에 인식시키는 데 기여하였음을 부인할 수 없다.[160]

---

159) 이렇게 기독교 효체계의 관점에서 존속의 효를 부각시킨 또 하나의 인물이 김용기 장로이다. 김용기 장로는 가나안 농군학교를 창설하고 기독교 효를 실천하였다. 그 아들 김평일 장로에 의하면 김용기 장로는 평생 노동을 하시며 "일하기 싫거든 먹지도 마라."는 말을 했다. 효는 노동을 통한 생산력을 가지고 부모를 잘 모시는 것임을 강조한 것이다. 또한 그가 만든 가나안 농군학교의 효에는 단순히 부모에게 예속되어 순종하는 것이 보은이 아니라고 한다. 즉 효는 자신의 안전과 건강을 도모하고 예로 화합하며 부모를 위해 봉사하고, 합리적 명령에 순종하며, 자신의 성취를 위해 과업을 성실히 수행하고 선행을 행하며 자신의 근본을 자각하여 부모를 위하듯 윗사람을 공경하는 덕목이라고 한다. 김평일, 『올리효도 내리사랑』(서울: 고려원, 1997), 21, 197.

160) 최성규 목사의 기독교 효운동에 대한 자세한 내용은 최성규, 『성령에 사로잡힌 사람』(서울: 규장문화사, 1998). 또는 순복음인천교회 홈페이지 http://www.fgictv.com/에서 "기독교 효" 사이트 참조.

4. 정착기

기독교 효운동은 유교적 효의 퇴영으로 제대로 정립된 효체계가 마련되지 않은 현 한국 사회의 환경 속에서 제대로 독자성을 지니면서 정착할 수 있는 기회를 갖게 되었다. 이러한 기회를 제대로 이용하기 위해서는 이를 위한 적절한 교육과 사회운동 그리고 제도화, 법제화 등의 작업이 필요하다. 이런 의미에서 기독교 효운동이 어느 정도 자립기반을 구축하게 되면 이러한 기독교 효체계를 한국 사회에 정착하기 위해, 즉 환경에 제대로 적응하면서 사회 전반적 내면화를 구현하기 위한 노력이 필요함을 알 수 있다.

이렇게 기독교 효체계를 현실 사회에 구축하고 정착하기 위한 작업으로 선결과제는 역시 환경의 분석이다. 기독교 효체계의 환경으로서 현재 상황은 어떠한가? 현재 기독교 효체계의 환경은 국제적으로, 국내적으로 모두 분석의 대상이 된다. 현재 국제환경은 무엇보다 소련과 동구의 붕괴 이후 세계의 지배 이데올로기로서 자유민주주의의 강화이다.[161] 다양한 반작용이 있지만 여전히 자유민주주의는 강력한 이데올로기로서 작동하고 있다.

한국 사회에서도 이러한 자유민주주의의 지배 체계는 더욱 정치하게 추진되고 있다. 이는 한국의 민주화 이후 지속된 추세이다. 개인의 자유, 평등 그리고 인권의 존중 등에 의해 한국 사회의 가치체계가 구축되고 제도화되고 있다. 그렇다면 이런 환경 속에서 기독교 효체계는 어떻게 대응해야 하는가?

무엇보다 기독교 효체계의 변수 중에서 이런 환경에 가장 적절하

---

161) F. Fukuyama, *The End of History*(서울: 한마음사, 1992), pp.77-94.

게 적응하는 변수를 부각시키고 이를 통해 기독교 효체계를 현실 사회 속에 정착시키는 작업이다. 그렇다면 기독교 효체계의 변수 중 어떤 것이 여기에 해당하는가? 바로 '친애'이다. 물론 다른 변수들도 기독교 효체계를 정착시키는 데 기능할 수 있다. 앞에서 언급했듯 특히 기독교 효체계의 기반을 구축하는 데 기여한 '존속'이 그러하다. 그러나 현 한국 사회의 지배적 이데올로기와 관련할 때, '친애'의 효체계 변수는 기독교 효를 제대로 환경 속에 적응하게 하고 또 기독교 효체계를 정착하는 데 보다 더 유리하다.

'친애'의 효체계 변수가 가지고 있는 특성 중 자율적이고 인격적이며 상호 관계적인 측면은 기독교 효를 다른 효체계와 차별화하며[162] 자유민주사회의 환경에 적절히 적응하는 기제가 된다.

이런 기독교 효체계의 친애가 지속적인 최성규 목사의 효운동을 통해 현실 사회 속에 법제화가 되기도 하였다. 즉 2005년 최근에 입법된 「저출산 고령사회 기본법안」의 제17조에는 '가족 관계와 세대 간의 이해증진'이라는 제목하에 "국가 및 지방자치단체는 효행을 장려함으로써 노인이 가정과 사회에서 공경받을 수 있도록 하고 세대 간 교류의 활성화와 세대 간 이해를 증진함으로써 민주적이고 평등한 가족 관계가 형성되도록 필요한 사회환경을 조성하여야 한다."라고 규정하고 있다.

여기서 관심을 가져야 하는 것은 효에 대한 법제화가 한국 최초로

---

162) 물론 유교에서도 부자유친에서 보다시피 친의 뜻이 들어 있다. 그러나 유교적 친애는 기독교 효체계의 친애와 달리 자율성과 인격 동등성, 상호 관계성이 그렇게 강하지 못하다. 또한 불교에도 친애의 효에 대한 내용이 있다. 그러나 불교의 친애 효는 부모의 일방적 사랑이 강화되어 있지만 자녀의 부모에 대한 효의 내용은 거의 드러나지 않아 진정한 인격 동등성이나 민주적 상호 관계성은 약하다.

만들어졌다는 점이다. 효행을 장려하는 것을 국가 및 지방자치단체의 의무로 규정함으로써 효가 이제 한국 사회에서 기반을 제대로 구축할 수 있는 계기를 마련했다는 점이다. 이는 그동안 최성규 목사의 지속적 효운동의 성과라 할 수 있다. 특히 효를 개별법으로 법제화하기 위해 '효행장려법'안을 만들어 국회에 상정할 정도의 노력은 「저출산 고령사회 기본법안」에 효행의 개념이 담기게 했다고 볼 수 있다.

그런데 더욱 관심을 가질 것은 이처럼 기독교 효운동을 통한 「저출산 고령사회 기본법」의 내용에 기독교 효체계의 '친애'의 변수가 포함된 것이다. 즉 기본법에 "세대 간 교류의 활성화와 세대 간의 이해증진을 위해 민주적이고 평등한 가족 관계를 형성하는 사회환경의 조성"의 규정은 기독교 효체계의 '친애'가 추구하는 방향과 일치한다. 이는 기독교 효체계의 현실 구현화에 상당히 의미가 있는 일이다. 물론 순종이나 존속 그리고 대리의 변수들도 기독교 효체계의 한국 사회 정착화에 도움을 주지만 친애의 변수가 가장 효과적일 수 있음을 잘 드러낸다. 이제 한국 사회에서 기독교 효운동이 제대로 가동력을 발휘하고 한국 사회에서의 기독교 효체계 정착화를 마련하기 위해서 '친애'의 효를 확산하는 교회 차원의 노력이 필요하다.163)

---

163) 이런 의미에서 '효행장려법'도 기독교 효체계의 친애 효를 한국 사회에 정착하고 확산하는 주요한 기능을 담당할 것이다. 왜냐하면 효행장려법의 주요 내용으로서 효행자에게 국가가 지원을 하도록 규정한 것은 효행의 주체가 자녀임을 분명히 하였기 때문이다. 이는 효를 받는 사람들의 입장에서 효를 강요하는 것이 아니라 효 하는 자녀가 보다 적극적으로 책임을 지고 자율적으로 효를 행하게 도움을 주도록 한 것이기 때문이다. '효행장려법'과 기독교 효체계와의 관계는 '효행장려법'이 제정된 이후에 자세히 논할 필요가 있다.

Ⅳ. 결론

  기독교 효운동은 크리스트교가 한반도에 유입된 이후 지속적으로 펼쳐져서 오늘에 이르고 있다. 기독교 효운동이 지속된 것은 기독교 효체계를 존속시킨 원동력이 되었다. 앞에서 살펴본 바대로 기독교 효운동의 전개과정을 환경과의 상호 작용을 중심으로 크게 갈등기, 타협기, 독립기, 정착기의 과정으로 분석하였다.

  이러한 과정 속에 기독교 효체계의 변수들은 환경과의 관계 속에서 상이한 조합을 이루며 환경에의 적응과 환경과의 투쟁을 지속하였다. 물론 복합적으로 네 가지 변수들이 작동하였지만 대체로 갈등기에는 ‘대리’의 변수가, 타협기에는 ‘순종’의 변수가, 독립기에는 ‘존속’의 변수가 그리고 정착기에는 ‘친애’의 변수가 주요한 기능을 담당하며 다른 변수와 상호 작용하면서 기독교 효운동을 구축하였다.

  이제 기독교 효체계는 한국 사회의 효환경체계가 유교적 효의 퇴영으로 마치 무주공산의 상황 속에 있는 것을 고려한다면 앞에서 논한 ‘친애’의 효를 주요 변수로 한 기독교 효운동의 재정립이 시급하다. 이렇게 친애에 의한 기독교 효운동의 추진은 결국 한국 사회에 기독교의 토착화를 위한 하나의 방안을 구축한다. 막스 베버(Max Weber)가 지적한 바와 같이[164] ‘선택적 친화력(elective affinity)’에 의해 기본적 효체계의 항상성은 기독교 효체계를 한국 사회에 적합한 것으로 선택하여 비록 시간이 걸리겠지만 결국 한국 사회에 기독교 효를 정착시킬 것이다.

---

164) H. H. Gerth and C Wright Mills, *From Max Weber*(London and Boston: Routledge & Degan Paul Ltd., 1974), p.62.

제2장

효학 방법론

학문적 효학을 위한 체계론적 연구

Ⅰ. 서론

효학을 하나의 독자적 학문으로 정립하기 위해 다양한 접근법을 활용할 수 있다. 그러나 효학을 하나의 학문으로 정립하려면 우선 학문으로서의 기본 틀에 의해 접근하는 것이 무엇보다 중요하다. 그렇다면 학문의 기본 틀이란 과연 무엇인가?

일반적으로 하나의 독자적인 학문이 성립되어 발전하기 위해 갖추어야 할 학문의 기본 틀에는 몇 가지 구성요소가 있다. 즉, 연구대상의 설정과 연구의 방법론 확립 그리고 연구를 위한 학계의 조직과 이를 뒷받침하는 대외적 환경이 그러하다.

이러한 네 가지 요소들은 서로 복합적으로 상호 작용하여 하나의 학문적 틀을 유지하면서 이러한 틀이 정상적으로 작동하여 존속, 발전해 나가게 하는 원동력이 된다. 이러한 네 가지 요소의 상호 작용 관계를 체계적으로 나타내면 아래 도표와 같다.

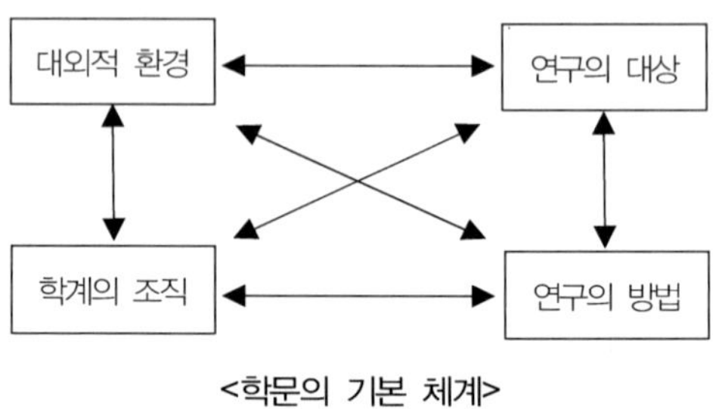

<학문의 기본 체계>

효학도 독자적인 학문으로 성립하고 존속, 발전하기 위해서는 적어도 이러한 네 가지 요소들이 원활하게 복합적으로 상호 작용하는 과정이 필요하다. 결국 이러한 네 가지 요소의 정상적인 작동이 가능할 때 효학은 하나의 학문으로 정립하게 된다.

본 글은 위와 같은 관점에서 학문의 구성요소인 연구대상, 연구방법, 학계 조직, 대외적 환경 등을 중심으로 효학의 학문적 정립을 위한 방안을 구체적으로 마련하는 데 연구의 목적을 둔다.

II. 효학의 학문적 구성요소 분석

1. 학문의 일반적 성격

효학의 학문적 구성요소를 규명하기 전에 선결적 과제로 학문의 일반적 의미와 성격을 규명하는 작업이 필요하다. 왜냐하면 효학이 하나의 학문으로 성립하기 위해서는 이러한 학문의 일반적 의미와 성격 내에서 효학 자체의 의미와 성격 그리고 구성요소를 도출할 수 있어야 하기 때문이다. 그렇다면 학문의 일반적 의미와 성격은 무엇인가?

먼저, 학문의 일반적 의미는 윤명노 교수가 언급한 바와 같이1) 한 마디로 '지식체계' 내지 '인식체계'라고 할 수 있다. 이를 보다 쉽게 표현하면 '알고 깨닫는 내용의 체계'이다.2) 그런데 여기서 알고 깨달은 내용, 즉 지식이나 인식이 하나의 틀을 이루고 있어야 학문의 의미를 지닌다. 즉, 지식이나 인식이 상호 연관을 지니면서 지식이나 인식의 망을 형성함이 중요하다.

본래 체계(system)란 구성요소들이 일정한 규칙과 법칙에 따라 정한 질서를 지니면서 상호 작용하는 것이다. 이런 의미에서 지식체계나 인식체계도 지식이나 인식들이 일정한 논리나 법칙 그리고 규칙에 따라 상호 연관된 망(net)을 형성할 때 학문이라 할 수 있다. 논리나 규칙 그리고 법칙에 의해 연결된 인식이나 지식의 망이 아닌 막연히 의미 없는 진술이나 용어의 나열에 의해서는 학문의 의미를 지닐 수 없다.3)

다음, 학문의 성격은 크게 두 가지로 나누어 분석할 수 있다.4) 즉, 연구결과로서의 학문적 성격과 연구 과정으로서의 학문적 성격이 그러하다. 일반적으로 그동안 학문이라고 하면 연구결과로서의 성격이 강하였다. 인간에 대한 연구의 결과물로서 지식의 체계, 사회에 대한 연구결과로서의 지식의 체계, 자연에 대한 연구결과로서의 지식의

---

1) 윤명노, "과학의 개념", 『사회과학의 철학: 사회과학총서 7』(서울: 민음사, 1980), p.50.

2) 한국정신문화연구원, 『국민윤리학』(서울: 박영사, 1983), p.19.

3) 학문 내지 과학으로 번역되는 독일어의 'Wissenschaft'라는 용어도 '아는 것(wissen)'과 '다룰 수 있는 것(schaft)'을 뜻하며, 과학으로 번역되는 영어의 'science'의 원어인 'scio'라는 라틴어가 의미하는 '안다'와 '신뢰'를 뜻하는 'ence'가 결합된 것이다. 따라서 지식이나 앎도 막연히 흩어져 있는 것이 아니라 다룰 수 있고 신뢰할 수 있는 것으로 '체계화'된 것임을 알 수 있다.

4) 정범모, "학문의 성질", 『교육과 교육학』(서울: 배영사, 1976), pp.239-66.

체계 등이 학문의 주된 성격을 이루었다.

그러나 이러한 결과로서의 학문의 성격과 달리 이미 밝혀진 지식 체계를 활용하여 연구대상에 대해 새로운 의미를 밝히고자 하는 연구 과정으로서의 학문적 성격이 있다. 물론 이러한 연구 과정에서의 학문도 일정한 규칙과 법칙을 따라 연구를 진행하기 때문에 지식의 체계화를 중시한다.[5]

지금까지의 논의를 통해 밝혀진 학문에 관한 의미와 성격을 효학에 적용해 보면 효학의 정의는 '효에 관한 지식의 체계' 내지 '효에 관한 인식의 체계'라 할 수 있다. 즉, 지식체계인 '학'에 '효'가 부가되어 효학의 개념 정의가 이루어진다. 그렇다면 여기서 효학의 학적 정립과 관련하여 구체적으로 밝혀야 할 것은 '효'와 '학'의 체계적인 연관성이다.

2. 효학의 연구대상

'효'와 '학'의 체계적 연관성은 일반적인 '학문의 구성요소'에 의해 보다 분명히 드러난다. 즉 효의 구성요소들로 형성된 효체계와 학문의 하위체계인 그 구성요소들을 복합적으로 관련시켜 분석함으로써 효학의 학문적 위치를 보다 명확하게 구축할 수 있다. 그렇다면 효학을 하나의 학문으로 구축하는 데 주요변수가 되는 학문의 구성요소란 구체적으로 무엇을 말하는가?

앞에서 언급한 바와 같이 학문의 하위체계로서 그 구성요소들은 연구대상, 연구방법, 학회 조직, 외부 환경 등이다. 이러한 학문의 기

---

5) 이러한 의미에서 영어의 학문이라는 용어를 'discipline'이라 표현하기도 한다. *Ibid.*

본적 구성요소들은 모든 학문에도 그대로 적용된다. 효학도 하나의 독립된 학문으로 그 모습을 구축하려면 연구의 대상이 분명히 드러나야 하고, 그 연구방법이 제대로 마련되어야 하며, 효학의 지속적 존속을 위한 노력으로서 학회가 구성되어야 하며, 또한 이러한 효의 학문적 정립에 대한 주변 환경으로서 지적 공동체의 지지를 마련하여야 한다.

학문이 하나의 독자적 위치를 구축하면서 제대로 작동하려면 이러한 학문의 구성요소들이 복합적으로 상호 작용하면서 하나의 체계를 구축하여야 한다. 그렇다면 효학에서는 이러한 학문의 구성요소들이 제대로 작동하고 있는가? 이를 구체적으로 살펴보기 위해 우선 학문의 독자성의 주축을 이루는 연구대상 설정을 중심으로 효학의 학문적 성격을 규명하기로 한다.

앞에서 언급한 바와 같이 효에 관한 지식체계를 효학이라고 할 때, 효학의 학문적 연구대상은 한마디로 '효'이다. 이 '효'에 의해 학문적으로 틀이 잡힌 것이 '효학'이다. 그렇다면 효학의 연구대상으로서 '효'란 구체적으로 무엇인가?

한마디로 '효'란 부모에 대한 공경이라 할 수 있다.6) 물론 여기서의 '부모'는 자기를 이 세상에 태어나게 한 사람들이다. 그리고 '공경'이란 그 구체적 실천 방법은 다양하나 한마디로 '높이 받드는 것'이다. 결국 효학은 '부모공경'과 관련된 다양한 요소들이 밑거름이

---

6) 僞說의 논란이 있지만 유가철학의 효를 대표하는 孝經의 제1장인 開宗明義章에는 "夫孝 始於事親"이라 하여 효란 부모를 섬기는 것, 즉 부모공경이 효임을 강조한다. 참조, 박일봉 편저, 『孝經』(서울: 육문사, 1989), pp.48-50. 불교의 父母恩重經에도 "不生恭敬…… 不孝不義"라 하여 효가 부모공경임을 분명히 한다. 참조, 권오석, 『父母恩重經』(서울: 홍신신서, 1990), p.108. 정약용도 효는 부모를 공경함에서 시작한다고 본다. 참고, 박석무, "효를 통한 인간성 회복", 『논문집』(인천: 성산효도대학원대학교, 1999), p.198.

되어 형성된 지식체계이다.

그런데 하나의 학문으로 자리 잡기 위해 효학은 부모공경으로서 효를 보다 구체화할 필요성이 있다. 왜냐하면 하나의 학문으로서 자리 잡기 위해서는 연구대상을 체계적이고 복합적으로 규명하여 그 연구대상을 보다 분명하게 드러나게 함이 필요하기 때문이다.

그동안 효학의 연구대상으로서 효, 즉 '부모공경'은 이미 동양 철학인 유가나 불가, 그리고 서양 철학이나 윤리학에서 다루어져 왔다. 그러나 이러한 작업들은 하나의 학문으로서 연구대상을 설정하여 효와 관련된 지식체계를 구축하는 데 미흡하였다.

너무나 많은 효에 관한 방대한 내용들이 소개되었지만[7] 이러한 다양한 요소들을 묶어 일정한 논리의 틀을 전개할 수 있는 지식의 체계화를 마련하지 못했다. 따라서 하나의 학문으로서 효학의 연구대상이 될 수 있는 이러한 복합적이고 다차원적인 효, 즉 부모공경에 관한 내용들을 일정한 논리로 관통할 수 있는 개념구도를 설정하는 데 실패하였다.

이런 이유로 지금까지의 효의 방대한 내용체계에서 하나의 학문으로서 효학의 연구대상을 새로운 개념구도로 설정하는 작업이 효학의 학적 정립을 위해 선결 요건이 됨을 이해하게 된다. 여기서 간파할 수 있는 것은 효학이 하나의 독자적 학문 영역을 확보하려면 비록 기존의 효학이 학으로 성립하기 위한 효에 대한 다양한 내용들과 어느 정도 유사성이 있겠지만 보다 체계적이고 복합적인 개념구도를 가지고 연구대상을 설정하는 작업이 필요하다는 점이다. 이러한 사

---

7) 유가, 불가, 도가, 유대교, 기독교, 회교 등 다양한 분야에서 다양한 효에 대한 논의가 전개되었다.

실들을 고려할 때 하나의 독자적 학문으로서 효학의 연구대상은 어떻게 설정되는가?

일단 여기서 하나의 독자적 학문으로서 효학의 연구대상으로 새로운 효[新孝]의 개념구도를 '가족의 존속과 관련된 부모와 자녀의 통합(Parents - Children Integration: P.C.I)'이라고 할 수 있다.[8]

이를 보다 단순화하여 '부모-자녀의 통합'이 새롭게 설정된 효학의 연구대상이라고 할 수 있다. 이러한 연구대상 설정에서 염두에 둘 것은 효학의 연구대상인 부모-자녀의 통합은 하나의 체계로서 가족의 존속과 깊은 연관을 갖고 있다는 점이다. 그렇다면 도대체 가족체계의 존속이 의미하는 바가 무엇인가에 관심을 갖게 된다.

지금까지 인류역사상에 존재했던 모든 가족들은 그 체계의 존속에 가장 기본적인 목표를 두었다. 왜냐하면 만일 가족체계가 그 존속에 실패할 경우 그 가족체계는 해체되거나 붕괴되기 때문이다. 여기서 해체는 이혼 등으로 가족이 흩어지는 것을 의미하고 붕괴는 가족 구성원 자체가 소멸하는 것이다. 따라서 가족체계의 구성원들은 이러한 해체나 붕괴를 막기 위해 그 모든 노력을 기울인다. 이러한 노력 중에서 특히 중시할 것은 두 가지이다. 즉, 가족 정체성(identification) 마련과 가족 통합성(integration) 마련이다.

가족 존속을 위한 정체성의 마련을 위해 가족체계는 환경과의 상호 작용을 통해 필요한 자원을 확보하고 적절히 환경의 요구를 수용하며 또한 필요한 경우 환경과의 단절이나 투쟁을 통하여 환경에 대한 가족체계의 경계를 보다 분명히 하여 그 정체성을 마련한다.

---

8) 이러한 정의에 의한 개념구도는 가족을 체계론적으로 이해한 것이다. 가족에 대한 체계론적 접근은 뒤의 연구방법론에서 자세히 다룬다.

또한 가족체계는 환경과의 상호관계 속에서 정체성을 마련할 뿐 아니라 가족 구성원을 하나로 묶어 두는 전략과 방안을 구사하여야 한다. 왜냐하면 가족 구성원들이 서로 연결의 망을 굳게 할 경우 해체나 붕괴에 대한 위협을 사전에 제거할 수 있고 비록 가족체계에 위기가 발생하더라도 이에 대처할 수 있는 가동력이 제대로 작동하기 때문이다.

효학의 연구대상은 바로 가족체계의 존속을 마련하기 위해 가족 구성원 통합의 한 과정으로서 부모와 자녀 간의 통합과 관련되는 것임을 이해할 수 있다. 물론 가족 구성원의 통합에는 다양한 요소들이 관련된다. 즉, 부부간 통합, 자녀 간 통합도 부모 자녀 간의 통합과 마찬가지로 가족체계의 존속을 위해 가족 구성원 통합의 주요한 요소임을 부인할 수 없다.

이런 이유로 효학의 연구대상을 단지 부모와 자녀 간의 통합이라 하여 부부 관계나 자녀 간의 관계를 배제하여 부모－자녀 관계만을 따로 떼어 내어 논할 수 없다. 따라서 부모 자녀 간의 통합은 하나의 체계로서 이해함이 중요하다. 이런 의미로 효체계라는 개념의 사용은 부모－자녀 간의 통합과 관련된 복합적이고 다차원적인 요소들을 규명하는 데 보다 유리하다.

지금까지 효학의 연구대상에 관해 논하였다. 이러한 효학의 연구대상이 제대로 마련되면 이제 부모－자녀 간의 통합을 보다 구체적으로 마련하기 위한 방안이 무엇인가가 관심의 대상이 된다. 이러한 작업은 효학 연구의 방법론을 통해 구체화된다. 과연 효학의 연구방법론은 어떻게 설정되는가?

3. 효학 연구의 체계론적 방법론

효학이 새로운 효의 개념으로서 가족체계의 존속과 관련된 부모와 자녀 통합의 기본원리를 연구대상으로 하는 학문이라고 할 때 부모-자녀 간의 통합을 보다 구체적으로 규명하는 작업으로서 연구방법론은 중요한 의미를 지닌다.

물론 그동안 효를 포함하여 가족의 형태나 성격 그리고 기능과 변화 등을 규명하는 데 다양한 접근법이 논의되어 왔다. 그러나 대체로 학자들은 가족체계의 하위체계에 주목하여 가족체계와 그 환경과의 복합적인 상호 작용 관계의 중요성을 비교적 간과하여 왔다.

사실 가족체계의 유지나 변화와 같이 다양한 변수가 영향을 미치는 복합적 현상의 규명은 단순히 가족 구성원의 내적 관계뿐만 아니라 이러한 가족체계의 유지, 존속에 지속적으로 영향을 미치는 가족 내외 환경 등 측면을 함께 고찰함이 필요하다.

이런 의미에서 가족 연구에는 내적 구성원의 관계뿐만 아니라 환경 등의 측면을 고찰하여 역동적인 변화과정을 규명하는 균형이 있는 접근법이 필요하다. 체계론적 접근법은 바로 이러한 요구에 적절하게 대응한다. 그렇다면 체계론은 효 그리고 효를 보다 구체화한 효체계 연구에 어떻게 접근하는가?

체계론자인 이스턴(David Easton)이 언급한 바와 같이[9] 가족을 비롯한 다양한 공동체는 하나의 반응체계로서 그 체계의 존속을 위협하는 대내외적 중압들에 대처하면서 체계의 생명과정을 지속한다. 문제는 "내외로부터의 끊임없는 충격에 직면하여 어떻게 체계의 존

---

9) David Easton, 이용필 역, 『정치체계분석』(서울: 서울대학교출판부, 1984), p.115 ff.

속을 위한 가동력을 작동시키는가."이다.

체계이론에 의하면 일반적으로 체계의 가동력을 작동시키는 것으로는 최소한의 내적 안정을 유지할 수 있는 조직을 구성하여 외적 자원과 에너지를 동원할 수 있게 하고, 내적 통합을 가져오기 위한 영적, 정신적 기반을 확고히 하여 외부 중압에 의한 내적 갈등과 분열을 막는 것이 필요하다.

또한 이러한 내적 통합성의 마련과 동일한 차원에서 외부 환경의 중압에 대해 체계 구성원들의 정체감을 형성하는 작업도 중요하다. 이러한 정체감은 체계에 대한 확신을 갖게 하고 이를 통해 외부로부터의 지지를 확보하고 필요한 경우 대외 투쟁을 가능하게 한다.

결국 이러한 정체성의 마련은 외적 환경과의 지속적 상호 작용 속에서 체계의 유지 존속을 위한 필요한 자원을 획득하면서도 체계가 환경에 흡수, 통합되지 않게 하는 방어기제가 된다. 그렇다면 체계 존속에 필수적인 이러한 정체성과 통합성을 어떻게 마련할 것인가?

체계의 정체성과 통합성을 마련하는 방법은 그 체계가 속해 있는 환경과 체계 내부 구성원의 성격에 따라 복합적인 변수가 작용하게 되어 매우 다양하다. 중요한 것은 정체성 구축과 관련하여 외부 환경의 주요 변수를 분석하여 이러한 변수들이 체계와 어떻게 상호 작용하고 있는가를 규명하는 것이다.

또한 내적 통합성을 이루는 데 주요한 변수들을 분석하여 이러한 변수들이 어떻게 상호 작용하는가를 규명하는 작업이 체계 존속의 필요조건들이다. 이러한 체계 존속의 틀은 가족 존속과 관련된 효체계에 그대로 적용된다. 그렇다면 체계론은 효체계에 어떻게 적용되는가?

우선 효체계의 부모-자녀 통합은 일단 가족체계에 있어서 외부 환경과의 관련 문제가 아니라 가족체계 내적 구성원의 통합과 관련된다. 내적 구성원의 통합과 관련하여 볼 때 부모-자녀의 통합은 부부간의 관계나 자녀 간의 관계를 함께 포함하여 분석함이 필요하다. 이런 의미에서 효는 부부 관계나 자녀 간 관계를 함께 고려하는 하나의 틀로서 효체계를 구성하여 논하는 것이 타당하다.

이러한 효체계에서 부모-자녀의 통합은 일방적으로 자녀만의 행위나 부모만의 행위로 이루어지지 않는다. 부모-자녀 통합은 자녀가 부모에 대해 통합을 행하는 것, 즉 행효(行孝)와 부모가 자녀에게 통합을 행하는 것, 즉 육효(育孝)가 함께하여 이루어진다.

물론 여기서 언급된 행효의 개념은 지금까지 일상적으로 사용되어온 효나 효도 그리고 효행의 개념과 의미가 거의 같다. 그러나 행효는 단순히 부모를 공경한다는 의미가 아니다. 행효는 부자통합을 위해 부자통합을 중심으로 부모에게 효도하는 것이다.

육효는 그동안 사용되지 않은 신조어이다. 그렇다면 효체계에서 왜 신조어인 육효의 개념을 사용하는가? 육효의 개념을 사용하는 것은 부모와 자녀의 관계가 일방적인 관계가 아니라 상호 관계라는 의미에서 행효의 대칭으로서 부모가 자녀와의 통합을 위해 행하는 것이다. 물론 시대나 상황에 따라서 그 정도가 있겠지만 일방적인 자녀가 부모에 대한 행효만으로 부모-자녀 통합이 제대로 이루어지지 않는다. 부모도 자녀에 대해 적절한 사랑과 관심을 제공하여 부모-자녀의 통합, 즉 부자통합의 원리를 가르치고 길러야 부자통합이 제대로 이루어진다.[10]

---

10) 흔히 효와 관련하여 언급되는 유가의 부자자효(父慈子孝), 즉 자효(慈孝)에 관한 논리는

육효란 성경의 효에 관한 가르침에 따라 부모가 자식과 통합하기 위해 자식의 행효가 제대로 이루어지게 부자통합의 덕을 육성하는 부모의 통합 행위이다. 여기에는 부모의 사랑이나 교육, 보살핌 등이 포함된다. 결국 효체계의 부모-자녀 통합은 육효행효의 논리에 의해 이루어짐을 되새겨 둘 필요가 있다. 그런데 육효행효의 논리는 어디에서 유래하는가?

부모-자녀 통합, 즉 부자통합의 기본 원리인 육효행효 논리의 원천은 성경에 기인한다. 즉, 신약의 에베소서 6장은 교회 통합을 위한 효윤리체계가 잘 드러나 있을 뿐만 아니라[11] 가족체계에 있어서 부자통합의 육효행효 논리도 잘 드러나 있다. 우선 에베소서 6장 1절에서 3절까지의 내용에는 행효의 논리가 내포되어 있고 6장 4절에는 육효의 내용이 또한 포함되어 있다.[12]

이러한 에베소서의 내용은 예수나 바울이 어느 일방에 의한 가족 존속을 이루는 데는 어느 일방의 노력만으로 불가능하며 자녀나 부모가 함께 부자통합을 위한 노력을 기울여야 함을 강조한 것이다. 이러한 예수와 바울의 효체계는 상호주의와 균형주의의 효체계로서

바로 이러한 사실을 잘 설명하고 있다. 그런데 자효의 논리는 자녀가 부모에게 효도하고 부모가 자녀에게 자비롭게 한다는 뜻으로 이해할 수 있다. 이는 기독교의 육효육행과 차이가 난다. 물론 자녀가 부모에게 효도하라는 것은 유가나 기독교도 동일하게 적용된다. 그러나 부모가 자녀에게 자비하다는 것과 부모가 자녀에게 가르치라는 것과는 많은 차이를 지닌다. 기독교는 자식에게 자비하라는 것보다 그들을 화내지 않게 하고 가르치라는 효 또는 효윤리를 가지고 있어 유가의 효윤리보다 부모가 자녀에 대해 더욱 적극적이다. 단순히 사랑을 한다고 하여 자녀가 효자가 되는 것은 아님을 전제한 것이다. 효윤리는 자녀에게 지속적인 교육 등의 가르침을 통해 형성됨을 보여 준다.

11) 이 부분에 대해서는 박철호, 『성경적 효윤리의 이해』(인천: 도서출판좋은세상, 2000), pp.106-137을 참조.

12) 에베소서 6장 1~3절에는 "자녀들아 너희 부모를 주 안에서 순종하라 이것이 옳으니라. 네 아버지와 어머니를 공경하라 이것이 약속 있는 첫 계명이니 이는 네가 잘되고 땅에서 장수하리라."고 하고 있으며, 에베소서 6장 4절에는 "또 아비들아 너희 자녀를 노엽게 하지 말고 오직 주의 교양과 훈계로 양육하라."고 하고 있다.

가족 존속을 중심으로 한 효학의 중요한 연구방향을 제시한다.

과거에 동서양을 막론하고 단지 부모공경의 효만을 강조하여 결국 부자간의 갈등과 분쟁이 제기되거나 강제에 의한 통합으로 일방의 피해가 속출되어 가족 존속의 위기가 발생한 것을 이해할 때 이렇게 효체계에 의한 효학의 정립은 가족 연구에 중요한 전환점을 제시한다.

그런데 효학의 연구방법론으로서 체계론적 접근은 부자 관계의 통합, 즉 효의 가족 내적 환경으로서 부부 관계와 자녀 간의 관계에도 관심을 갖는다. 왜 그런가? 그 이유는 부자통합을 체계론적으로 이해하게 될 때 부자통합이 제대로 이루어지기 위해서는 남편과 아내가 하나로 통합되어야 하며, 자녀가 두 명 이상 있는 경우 그 자녀들 간의 통합이 제대로 이루어져 있어야 하기 때문이다. 그리고 부자 관계는 부부 관계나 자녀 관계와 적절한 균형을 유지하여 부자 관계의 특성, 즉 가족 내적 효의 정체성을 구축하는 것이 필요하다.

이런 의미에서 효를 체계론적으로 연구함에 있어서는 부부를 통합하는 전략과 자녀 간의 통합을 이루는 전략을 부모－자녀 통합 전략과 연결하여, 즉 효체계를 구성하여 논하는 것이 중요하다.

한편, 이러한 효체계가 제대로 작동하기 위해서는 가족체계 내적인 통합성으로서 부모－자녀 통합, 부부통합, 자녀 간 통합으로도 충분하지 않다. 즉 가족체계가 제대로 존속할 수 있는 기반으로서 앞에서 이미 언급한 가족 외적 환경과의 관계에서 효의 정체성이 또한 제대로 작동하여야 부모－자녀의 통합도 제대로 작동하게 된다.

아무리 가족 간의 애정과 사랑에 의한 육효행효의 논리로 충만한 부모－자녀 통합이 이루어질지라도 외부 환경으로부터의 중압으로서 경제적 궁핍을 비롯한 다양한 물적 지지 기반을 가족체계가 제대로 공급받지 못하거나 가족체계에 대한 외부세력의 억압이 지속되어 중압의 강도가 심해지면 가족 내적 통합력으로서 부자통합을 유지하는 데도 한계가 있게 된다. 결국 내적 통합력은 균열을 갖게 되고 이것이 심화되어 분열에 의한 해체나 붕괴가 있게 된다.[13]

그러나 가족체계가 외부 환경의 중압을 해소하여 외부 환경과의 적절한 균형 관계를 유지하여 존속을 지속할 때 그 가족체계는 그 나름대로 정체성을 마련하게 된다. 여기서 정체성이란 하나의 가족체계가 환경과는 어느 정도의 경계를 지니면서 환경과 때로는 협력하고 때로는 대립하면서 그 가족체계 나름의 독특한 적응 방식을 마련하여 체계 존속을 지속할 때 형성되는 것이다.

바로 이러한 정체성은 육효행효의 논리에 의한 부모 - 자녀 통합성에도 중요한 영향력을 지닌다. 즉, 부모 - 자녀가 통합성을 마련하는 데도 정체성에 의해 영향을 받게 된다. 따라서 체계이론은 이러한 정체성을 부모 - 자녀 통합성을 설명하는 데 주요한 요소로 간주하여 효체계를 분석의 중요한 변수로 인정한다.[14]

위와 같이 효학이 하나의 학문으로서 그 위치를 공고히 하기 위해 연구대상과 그 연구방법론을 마련하는 과정을 살펴보았다. 그런데 효학이 학문적 기반을 마련하기 위해서는 또 다른 요소들이 필요하다. 그중 하나가 주변 학문들로 구성되는 지적 공동체의 지지 기반을 마련하는 것이다. 과연 효학의 주변 학문들에는 무엇이 있으며

---

13) 육효 · 행효의 논리가 제대로 작동하더라도 외부 환경에 의한 중압이 증폭되어 가족체계가 해체의 위기를 맞게 되는 경우는 외부 환경과 가족체계의 물질적 자원이나 정신적 또는 영적 자원에 의한 교환 관계가 축소되거나 폐쇄되기 때문이다. 따라서 가족체계는 환경과의 적절한 균형을 유지하는 것이 필요하다.

14) 가족 외적 환경에 의한 부자 관계 정체성의 주요한 변수로서 영적인 것, 사회적인 것, 자연적인 것들이 있다.

이들은 어떤 관계로서 효학과 연관을 짓고 효학의 존속에 기여를 하게 되는가?

4. 효학의 대외 환경으로서 지적 공동체 분석

토마스 쿤(Thomas Kuhn)이 언급한 바와 같이 오늘날 학문의 진리체계는 패러다임(paradigm)적 성격이 강하다. 이것은 하나의 학문이 추구하는 진리란 결국 그 진리체계에 대한 당대의 지적 공동체의 지지 속에 존재함을 의미한다.

당대의 지적 공동체가 지지하지 않는 것은 진리체계로서 인정받을 수 없고 그러한 것을 진리체계로서 가지고 있는 학문은 정상적인 것으로 인정받을 수가 없다. 물론 시간이 지나 비정상적인 것에서 정상적인 것으로 인정받는 진리체계와 그러한 진리체계를 지닌 학문은 지속적인 지지 기반 속에서 성장, 발전할 수 있다.

현존하면서 정상적인 학문으로 인정받는 학문들은 이와 같이 대외적 환경으로서 관련된 지적 공동체의 지지와 비판 속에 적응하면서 존속해 가고 있다. 이러한 환경에 적응하지 못하는 학문은 결국 도태하게 마련이다.

이러한 현대 학문의 성격 속에 모든 학문들은 그 정도에 차이가 있지만 서로 상관관계를 가지고 있다. 이런 학문들의 상관관계를 학제적(interdisciplinary)이라는 것으로 나타낼 수 있다. 그렇다면 효학의 지적 공동체를 형성하면서 효학과 학제적인 관계를 유지하는 학문들에는 무엇이 있는가?

무엇보다 철학을 들 수 있다. 철학에서도 특히 동양 철학이 그동안 효에 있어서 주요한 내용을 형성하였다. 유가, 도가 그리고 불가를 비롯한 동양의 다양한 철학 계통들은 질적 그리고 양적 차이가 있지만 효에 대한 폭넓은 논의가 있었다.

또한 서양 철학에서도 효에 대한 내용이 두루 논해졌다. 특히 고대의 플라톤[15]이나 아리스토텔레스[16] 등의 철학과 근세의 로크[17]의 철학은 효에 대한 내용을 잘 드러내고 있다. 따라서 서양 철학의 흐름 속에서도 효에 대한 관심은 지속되었다.

그런데 이러한 동서양 철학의 효에 대한 관심과 더불어 무시할 수 없는 것이 유대교[18]와 기독교, 가톨릭 그리고 마호메트교 등 신학에서의 효에 대한 관심이다. 이들의 효에 대한 공통된 관점은 효가 신에 의해 부여되었다는 점이다. 즉, 효의 근원과 원천은 신에 있기에 신의 계명과 명령에 따라 효를 실천해야 한다는 점이다. 이러한 신학의 효에 대한 관점은 오늘날 효학의 학문적 정립에 있어서 주요한 하나의 축을 형성하고 있다.

철학과 신학 이외에도 효학과 학문적 공동체를 이루고 있는 것은 정치학이나 사회학, 사회복지학, 문화인류학, 경제학 등 사회과학 영

---

15) 플라톤의 효에 대한 글은 그의 저서 『법률』에 잘 나타난다. 여기에 대한 자세한 논의는 박철호, "고대 아테네의 효체계 연구", 『학술논총』(인천: 성산효도대학원대학교, 근간)을 참조할 것.

16) 아리스토텔레스의 효에 대한 글은 그에 관한 글 『니코마코스 윤리학』에 잘 나타난다. 여기에 대한 자세한 내용은 박철호, "체계윤리의 가족화 검증의 논리에 의한 효 연구", 『학술논총』(인천: 성산효도대학원대학교, 1998)을 참조할 것.

17) 박철호, "효윤리체계의 변천과정 연구", 『효윤리학』(인천: 도서출판좋은세상, 2000)을 참조.

18) 구약의 효에 대한 언급은 여러 곳에 나타난다. 특히 두드러진 곳은 십계명이다. 십계명은 출애굽기 20장 12절과 신명기 5장 16절에 소개되어 있다. 이러한 구약의 십계명은 유대교, 가톨릭, 개신교 등의 효에 대한 관점의 기초가 된다.
출애굽기 20장 12절에는 "네 부모를 공경하라 그리하면 너의 하나님 나 여호와가 네게 준 땅에서 네 생명이 길리라"고 하고 있고, 신명기 5장 16절에는 "너는 너의 하나님 여호와의 명한 대로 네 부모를 공경하라 그리하면 너의 하나님 여호와가 네게 준 땅에서 네가 생명이 길고 복을 누리리라"고 하고 있다.

역의 학문들과 문학, 종교학, 교육학 등의 인문과학적 학문들이 있다.

이러한 다양한 학문들과 지적 공동체를 형성하여 효학은 이러한 학문들과 상호 교류하여 이들로부터 지지 기반을 획득하고 학적 정당성을 마련하게 된다. 그런데 여기서 지적할 것은 그동안 기존의 효, 즉 부모공경을 중심으로 철학적 논구를 주로 행한 동양 철학이 효에 대한 학문적 체계화를 성공시키지 못한 이유가 학문적 연구대상이나 연구방법론 구축에 실패한 것에도 원인이 있지만 주변 학문으로 구성된 지적 공동체로부터의 지지 기반 획득 실패에 있다는 점도 무시할 수 없다.

오늘날 지적 공동체와 함께 연구에 대한 결과물들을 상호 교류하고 이를 통해 관련 분야의 지적 기반을 확충하는 작업이 무엇보다 중요한데 그동안 효에 대한 연구들은 이러한 작업이 미비하거나 제대로 작동하지 않아 학문적 기반이 형성되지 못하고 퇴영되고 말았다. 그렇다면 효에 대한 연구 기반을 재정립하여 학문적 기틀을 마련하고자 하는 작업은 어디로부터 가능한가?

바로 신학적 영역에서의 효학에 대한 새로운 기반 구축 작업이다. 특히 성경에 기초한 효의 연구는 기존 동양 철학의 유가나 불가[19]와 비교하여 적지 않은 풍부한 자료를 가지고 있고 신학의 다양한 연구물들과 상호 교류하며 기독교 학문의 체계를 이루고 있다.[20]

물론 오늘날 학제적 연구의 추세[21] 속에 동서양의 철학을 비롯한

---

19) 불가의 효연구는 효 자체에 대한 연구보다 중국에서 불교를 방어하기 위한 수단에서 출발하여 효의 학문적 기반 구축 작업과 관련이 거의 없었다. 참조, 신규탁, "중국 불교의 효사상", 『논문집』(인천: 성산효도대학원대학교, 1998), pp.241-252.

20) 이러한 점은 성경에 기초한 효가 현실적 지지 기반을 형성하는 신학과 교회 공동체와의 상호 교류 속에서 학적 기반을 구축하는 원동력을 마련하는 데 유리하다는 것을 잘 보여 준다.

21) 기존 학문들에서도 학제적 연구방법론의 강력한 추세 속에 연구대상에 대한 논의가 지속되

사회과학, 인문과학 등의 상호 교류를 마련하면서 효학의 학문적 지지 기반을 마련하는 것이 필요하다. 그러나 더욱 관심을 가져야 할 것은 이러한 성경과 이의 연구영역인 신학과의 연대 속에 이루어지는 효학의 학적 정립이다.

5. 학회의 조직

하나의 학문으로서 효학이 제대로 작동하기 위해서는 효학의 연구대상이나 방법론을 공유하고 서로 간의 대화를 통해 효학 존속을 가능하게 하는 구성원의 조직, 즉 학회가 필요하다. 이 학회는 연구인력을 지속적으로 충원하며 학회의 존속을 위해 구성원의 정체성을 마련하고 구성원의 내적 통합성을 마련하는 작업 또한 필요하다.

학회의 정체성을 마련하기 위해서는 다른 학회와의 협력과 상호 교류를 통해 효학의 학문적 폭과 깊이를 확대 심화하고 효학과 관련된 지적 공동체로부터의 지지 기반을 굳게 하는 작업이 필요하다.

그러나 관련된 지적 공동체로부터의 지지 기반을 마련하기 위해 상호 협력과 교류를 확대하는 것이 필요하나 하나의 독자적 학회로서의 영역을 구축하기 위해서 효학회는 나름대로 관련된 여타 학회

고 있다. 예를 들어 정치학이나 경제학, 사회학 등에서도 다양한 학문적 접근이 시도되면서 정치학과 경제학, 정치학과 사회학, 경제학과 사회학 사이에 혼합과 결합이 이루어져 정치경제 현상이나 정치사회 현상, 경제사회 현상 등의 새로운 연구대상 영역이 등장하였다. 이러한 새로운 연구대상 영역들은 기존의 학문들이 가지고 있던 연구대상의 독자성이나 차별성에 충격을 주어 기존의 학문들이 연구대상을 분명히 설정하는 것에 큰 어려움을 가져다 주었다. 즉, 이러한 새로운 연구대상 영역들은 그 성격이 다차원적이고 복합적이기 때문에 기존의 학문들이 고유하고 독자적인 학문의 연구대상을 설정하는 것이 거의 불가능하게 되었다. 이러한 현상은 자연과학에서도 마찬가지다. 물리학과 화학 사이에도 결합이 이루어져 물리학도 화학의 내용을 연구대상으로 설정하며 화학도 물리학의 내용을 연구대상으로 설정하게 되어 화학물리이론의 새로운 연구대상이 설정되기도 한다.

와의 경계선을 마련하는 작업도 병행함이 필요하다.

만일 효학회가 여타 학회와 지나치게 밀착되어 독자적인 학회로서 경계선이 상실될 경우 학회 존속에 위기를 초래하게 된다. 따라서 효학회는 연구의 대상과 방법론에 있어서 독자적인 성격을 구축하기 위한 작업을 지속시킬 필요가 있다.

또한 효학회는 하나의 학회로서 연구인력들을 하나로 통합할 수 있는 연구대상을 설정하고 이러한 연구대상을 중심으로 연구방법론을 상호 공유하는 과정이 필요하다.

또한 효학회는 그 구성원들이 의욕적으로 학회 활동을 할 수 있도록 재원을 마련하고 이를 통해 학회 구성원들이 연구를 후원하는 것이 필요하다. 이를 위해 매년 일정한 시기에 연구 발표 대회를 마련하는 것이 필요하다. 그리고 이러한 과정을 통해 축적된 일정한 연구업적물을 출판하는 작업을 지속적으로 마련함이 또한 필요하다.

III. 결론

효학이 하나의 학문으로 자리 잡기 위한 작업은 쉬운 일이 아니다. 많은 연구작업과 시간이 필요하다. 이를 위해서 효학의 학문적 정체성을 마련하고 이를 위해 연구대상과 연구방법론을 확충하며 지속적으로 여타 학문의 지적 공동체와 상호 관련하여 효학의 학문적 영역을 구축함이 필요하다.

또한 새로운 학문이 제대로 하나의 독자적 학문으로 자리 잡기에는 많은 어려움이 있기에 단시일이 아닌 장기간의 학문 정립과정이 필요하다. 이를 위해 지속적으로 효학을 연구하는 학문 후속 세대를 양성하는 작업이 필요하다. 이러한 학문 후속 세대의 양성작업에는 교육과 진로 개척을 위한 작업이 병행됨이 필요하다.

제2절
새로운 학문으로서 효학의 언약학적 성격

Ⅰ. 서론

칸트가 그의 저서 『순수이성비판』[22]에서 근대 이후 진리 발견의 연구방법론과 관련하여 학문을 크게 자연과학과 비자연과학으로 분류한 것은 학문의 체계와 관련하여 의미가 있다. 칸트가 학문 분류의 기준으로 삼은 과학적 방법론은 진리 탐구를 위한 도구로서 근대의 학문 분류에 주요한 기제가 된다. 칸트는 소위 '진리의 섬'에 입주할 수 있는 자격은 오직 과학적 탐구 모델을 수용하는 학문만이 가능하다고 보았다. 학문의 전당으로서 대학에 한 칸의 방이라도 얻으려고 한다면 '과학의 인증서'가 필요했던 것이다.

이러한 과학의 인증서를 얻지 못한 여타 학문들은 결국 대학에서

---

22) Immanuel Kant, 백종현 역, 『순수이성비판』(서울: 아카넷, 2006).

쫓겨나는 신세를 면치 못했다. 그래서 신학이 대학에서 퇴출되는 사태가 발생했던 것이다. 도대체 과학적 연구방법이 신학에 적용가능한 것인가? 결국 신학의 대상인 신이 결코 과학적으로 연구될 수 없다는 것에 합의가 이루어져 신학자들이 대학에서 분가하여 신학대학을 설립하였다. 신학대학들은 실증주의에 의한 과학적 방법론을 중심으로 한 일반대학과는 독립하여 따로 진리 탐구에 대한 살림을 차린 것이다.

그러나 이러한 실증주의에 의한 근대 과학적 연구동향은 비록 한 시대를 풍미하였으나 결국에는 그 한계를 노출하게 되었다. 쿤(Thomas Kuhn)이 그의 저서 『과학혁명의 구조』23)(The Structure of Scientific Revolution)에서 언급한 바와 같이 근대 과학적 방법론은 결국 권좌에서 물러나게 되었고 소위 패러다임(paradigm)적 연구동향이 그 자리를 대체하게 되었다. 이런 과정에서 학문의 체계도 새로운 구도를 갖게 되었다. 바로 계약학문과 비계약적 언약학문이 그러하다.

위와 같은 관점에서 본 연구는 현대의 패러다임적 인식론을 기초로 비계약적 언약학문으로서 효학의 학문적 위치를 제대로 규명하는데 연구의 목적을 둔다.

---

23) Thomas S Kuhn, *The Structure of Scientific Revolution*(The University of Chicago, 1975).

II. 패러다임에 의한 학문의 성격

쿤이 제대로 분석한 바와 같이 과학은 패러다임적 성격을 지닌다. 패러다임을 소위 '정상과학(正常科學)'이라고 개념 정의한다면 모든 과학은 절대 불변의 법칙을 지닌다고 볼 수 없다. 이는 과학적 사실이 순수 객관적인 성격을 지닌 것이 아님을 의미한다. 즉, 과학의 연구방법에는 인간의 주관적 요소가 개입됨을 부인할 수 없다.

과학의 법칙을 정립하는 과정에 인간의 주관적 요소가 개입한다는 것은 과학자들이 자연현상을 관찰하고 이를 분석하고 법칙으로 일반화하는 과정에 자신의 가치관이나 사회의 통념이나 신념이 깊이 개입한다는 의미이다. 따라서 과학의 법칙이 순수 객관적 사실에서 발견되는 것이 아니라 과학자의 인식 망 속에서 구성된다고 할 수 있다.

이렇게 되면 과학적 법칙의 절대 불변성은 자연스레 퇴장한다. 물론 이 법칙의 주창자는 이 법칙이 영원하기를 바라겠지만 이미 과학사가 밝혀 왔듯 과학의 법칙은 시간의 흐름 속에서 변화를 거듭한다.

문제는 이러한 과학법칙의 상대주의적 성격이 가져오는 난맥상이다. 이러한 상대성은 무엇보다 과학법칙이 자연현상을 대상으로 관찰하고 분석하여 법칙을 구축하는 과학자의 주관성을 내포하고 있다는 것에서 유래한다. 그리고 이러한 과학법칙의 성격이 절대적인 것이 아니라 상대적인 것이라고 한다면 하나의 자연현상을 두고 이 자연현상을 규명하는 법칙이 각각 다르게 도출됨을 의미한다.

사실 지금 이 순간에도 자연과학도들은 세계 곳곳의 세미나나 학회 발표장에서 자신의 과학이론과 법칙이 정당함을 설득(?)하기 위해 노력하고 있을 것이다. 이런 경우에 도대체 어떤 법칙을 중심으로 관련 연구를 지속할 것이며 어떤 법칙으로 학문 후속 세대들을 교육할 것인가?

여기서 이런 문제들을 해결하는 해결사로 등장하는 것이 소위 '다수결'의 원리이다. 대립하는 과학법칙들 중에서 가장 많은 지지를 받는 법칙이 그 시대의 '정상과학'으로 인정을 받는다는 것이다. 비록 다음 세대에서 또 다른 법칙에 의해 '비정상과학'으로 낙마할지라도 그때까지 과학자들의 다수에 의해 지지를 받는 이 법칙은 하나의 패러다임으로 자리매김한다.

여기서 짚고 가야 할 것은 '다수결'에 의한 과학법칙의 정립은 '계약론적 사고'를 내포하고 있다는 것이다. 이는 과학의 법칙들이 관련 과학자들 간의 논의와 토론을 통해 합의, 즉 계약이 이루어져 그 시대의 진리로 인정받는 것을 의미한다. 물론 이 합의의 과정은 만장일치가 아니다. 다수결이다.

염두에 둘 것은 자연과학의 법칙 정립에 계약론적 사고가 내포된다고 한다면 인간의 가치관이나 사회 관습, 이념 또는 신념이 더 많은 영향력을 미치는 다른 학문체계, 즉 사회과학이나 인문학 등에도 이러한 계약론적 사고가 내포됨을 부인할 수 없다. 단적으로 말해 민주주의 다수결의 원리와 계약론적 사고는 이 시대에 있어서 하나의 지배적 이데올로기로서 학문의 영역에도 영향을 미치고 있다. 그러나 이러한 계약론적 사고가 영향을 미치지 못하는 학문의 대상 영역이 존재한다. 그것이 어떤 학문의 대상인가?

Ⅲ. 효학의 언약적 성격

앞에서 언급한 바와 같이 과학을 비롯한 대부분의 학문 분야를 포함하여 현대 사회의 거의 모든 분야들이 계약론적 사고에 의해 영향을 받고 있다. 즉, 사회관계에 의해 발생하는 거의 모든 인간 활동들은 계약론적 인식 틀에 의해 이해되고 실천된다.

그러나 효학의 대상인 부모와 자녀의 인간관계와 그에 따른 현상들은 계약론적 사고에 의해 지배를 받지 않는다. 계약의 성립이 일정한 연령과 이성의 작용 그리고 상대방과의 합의가 전제된다면 부모와 자녀 관계의 시초부터 이러한 계약체계가 개입될 가능성이 없다. 부모는 자녀를 생산할 때 그 자녀와 사전에 합의하여 아이를 출생시키지 않는다. 한마디로 일방적인 의사에 의해 양자의 관계가 형성된다.

따라서 부모와 자녀의 양자 관계 형성에 자유로운 개인의 의사 결정에 의한 합의가 이루어지는 계약론적 성격이 개입될 여지가 없다. 이러한 비계약론적 인간관계의 특성을 언약론적 관계라 할 수 있다. 여기서 언약적이라는 의미는 인간관계의 형성이 일방적이고 비자율적이며 강제적인 성격을 지님을 의미한다. 부모와 자녀 관계는 이렇게 출발부터 언약적이다. 다만 출생 후 일부 계약론적 요소가 부모와 자녀 관계에 개입될 경우가 있지만 거의 대부분의 부모-자녀 관계는 언약론적 관계이다.

이런 의미에서 부모-자녀 관계를 설명하는 효의 현상을 연구대상으로 하는 효학의 학문적 성격은 한마디로 언약론적이다. 이러한 언약론적 성격을 지니는 연구대상을 가지고 있는 또 하나의 학문이 신학이다. 즉, 신은 인간관계를 형성할 때 일방적이고 비계약적인 측면이 강하다. 신은 자신의 의지와 뜻에 따라 인간에게 일방적인 은혜를 베풀고 그의 뜻을 이루어 간다. 물론 조건이 붙은 계약론적 요소로 인간과 관련을 짓기도 하지만 신과 인간관의 주된 관계는 언약적이다.

따라서 학문을 연구대상에 따라 분류한다고 할 때 계약론적인 성격을 기초로 하는 여타 사회관계를 연구대상으로 하는 학문과 달리 효학은 신학과 같이 언약학적 학문의 특성을 지닌다.

IV. 결론

연구대상 영역이 계약적인 것으로 설명되기보다 언약적으로 설명된다는 의미에서 이제 학문의 분류는 계약적 학문과 언약적 학문으로 양분하여 학문의 체계를 구축하는 것이 필요하다.

즉, 계약적 학문에서는 계약에 의해 일정한 법칙을 구축하고 이를 기초로 연구대상의 현상을 설명하려고 노력한다. 그러나 언약적 학문은 비계약적이기에 일정한 법칙이 존재하지 않고 계약론적인 사고에서는 제기되기 힘든 상호 모순적인 현상이 동시에 발생하기도 한다. 즉, 과학적 논리로 설명할 수 없는 사태가 발생한다. 신과 인간과의 관계도 그러하며 부모와 자녀 간의 관계도 바로 이렇게 비법칙적이고 비계약적이어서 서로 모순되는 요소를 강하게 내포하고 있다(예를 들어, 효의 요소로서 부모에 대한 순종과 친애는 상호 모순적이다).[24] 이런 의미에서 효학은 종교와 매우 밀접한 관련성이 있음

---

24) 박철호, 『효윤리학』(서울: 좋은 세상, 2003).

을 더욱 분명히 이해하게 된다.

중요한 것은 효학의 연구대상으로서 효의 성격이 이렇게 비계약적인 것으로 이해된다고 할 때 이렇게 비계약적인 효를 가능하게 하는 이유에 대한 근거는 결국 초인간적인 것에 의해 설명될 수밖에 없다. 따라서 효의 비계약적인 것의 설명에 종교적인 것이 중요한 의미를 갖게 된다. 이러한 효의 언약학적 성격은 각 종교가 갖는 신념이나 교리가 관련되어 있고 각 종교에 근거한 효는 미리 전제된 것으로 학적 논의를 초월한다. 마치 십계명에 의한 기독교 효의 성격은 해석의 문제이지 부정의 문제는 배제된다는 것과 유사하다. 이런 의미에서 효학은 패러다임의 학적 성격이 고려될 수 없는 상황이다.

또 하나의 문제는 이러한 언약적 학문의 연구방법론은 어떻게 구축할 것인가이다. 이것은 상호 모순적 법칙도 포괄하여 법칙과 법칙을 체계론적으로 통합하는 연구방법이 필요함을 의미한다. 이런 의미에서 앞으로 체계론에 의한 효학의 연구방법론에 대한 보다 구체적인 논의가 더욱 필요한 때이다.

보편화 가능성의 효원리

Ⅰ. 서론

1. 연구의 목적

효는 시간과 공간적으로 인류 보편적인 현상[25]이다. 왜냐하면 어느 시대나 어느 장소에든 인간이 존재하는 곳에는 부모와 자식 간의 관계가 있기 마련이고 이에 관한 규범이 또한 있게 마련이기 때문이다. 따라서 보편적 현상으로서 효는 각종 종교나 사회 관습 속에 내재되어 오랜 역사를 통해 전해 왔다.

이러한 종교나 사회 관습 속에 내재된 효는 비트겐슈타인인 언급한 바와 같이[26] 가족 유사성을 지니고 있다. 따라서 각종 종교나 사회 관습에 내재된 효의 내용들은 한편으로 유사성을 지니고 있지만 또 한편으로 차이성을 가지고 있다.

여기서 관심을 갖게 되는 것은 효의 보편화 가능성이다.[27] 즉, 모

---

25) 여기서 '보편적'이라는 개념은 보다 많은 사람과 관련된다는 의미이다.

26) Ludwig Wittgenstein, translated G.E.M. Anscombe, *Philosophical Investigation*(Oxford: A Blackwell Paperback, 1978), p.32.

27) 이렇게 효에 대해 보편적인 틀을 구축할 가능성이 있는 것은 효윤리가 동서양을 걸처 거의 세계적 보편성을 지닌 주요한 윤리적 덕목이기 때문이다.[1] 따라서 유대교, 기독교나 불교,

든 종교나 사회 관습 등에 내재된 효가 모두 똑같은 내용을 가지고 있지 않지만 어느 정도 조금씩 유사성을 가지고 있고 이러한 유사성은 상호 비교를 통해 하나의 틀로 묶을 수 있는데 이러한 유사성 틀은 '보편적'인 것은 아니나 '보편화의 가능성'을 지닌 것으로 이해할 수 있다. '보편화 가능성'은 그 구성 내용의 절대적인 것을 배제하고 있기 때문에 폐쇄적인 '보편성'보다 개방적이며 유연성이 높다. 지속적으로 보편성을 지향하기에 변화성을 지니고 있음도 보편화 가능성이 지니는 장점이다. 그런데 여기서 제기되는 문제는 효가 비록 보편화 가능성을 지니고 있지만 각 종교나 관습에 내재된 효의 유사성을 어떻게 도출할 것인가이다.

위와 같은 관점에서 본 연구는 체계론적 관점에서 성경의 효 내용을 기초로 보편화 가능성의 효체계를 도출하여 효에 관한 다양한 논의들을 분석하는 도구의 틀을 구축하는 데 연구의 목적을 둔다.

2. 연구의 방법

효는 부모-자식 간의 관계뿐만 아니라 이들을 중심으로 한 다양한 가족 관계 그리고 그 가족을 둘러싼 사회환경 등과 복합적으로 관련된 다차원적이고 복합적인 개념이다. 또한 부모-자식 간의 관계에도 어느 한 가지 변수로서 설명할 수 없는 복합적이고 다차원적인 요소가 상호 관련되어 있어 이를 제대로 파악하고 이해하기 위해

유교, 도교 그리고 동서양의 철학 등에서 정도의 차이가 있지만 효의 내용을 빼지 않고 다루고 있다. 그러나 현실적으로 모든 사람들을 만족시키는 시공간을 초월한 효에 관한 보편적 분석 틀을 마련하는 작업은 사실상 어려운 일이다. 따라서 이러한 보편적 분석의 틀을 마련하기 어렵기 때문에 차선책으로 보편화의 가능성[1]이 높은 분석의 틀을 마련하는 것이 필요하다.

서는 단편적인 한두 가지 변수로 분석하는 데 한계가 있다.

이렇게 다차원적이고 복합적인 변수가 작동하는 영역에는 무엇보다 복합적인 변수들 간의 상호 작용 관계를 제대로 분석하는 접근법이 필요하다. 이런 의미에서 버틀란피(Ludwig Bertalanffy)에 의해[28] 제시되어 오늘에 와서 다양한 학문 분야에서 두루 적용되는 체계론적 접근 방법은 이러한 필요성을 충족하는 가장 적절한 접근법이다. 따라서 본 연구도 연구방법으로서 체계론적 접근법을 동원하기로 한다.

II. 보편화 가능성의 효 연원

현실 세계 속에서 종교나 관습 속에 내재된 효의 내용을 분석하기 위한 틀로서 보편화 가능성의 효체계를 도출하기 위해서는 세 가지 작업이 필요한데 우선 효를 도출하기 위한 연원을 탐색하고, 다음은 이렇게 탐색된 보편화 가능성의 효의 연원에서 효의 하위체계를 도출하여 하나의 틀로 묶는 작업이다. 마지막으로 이렇게 도출된 보편화 가능성의 효의 하위체계들을 다른 종교나 관습 속에 내재된 효의 내용과 상호 비교 등을 하는 확증작업이다.

중요한 것은 이 세 작업은 분리되어 진행되는 것이 아니라 동시에 복합적으로 작동하여 분석의 틀을 구축하게 된다. 즉, 보편화 가능성이 있는 효의 연원 중 효의 내용을 담지하고 있는 부분에서 효의 변수들을 밝히고 이 하위변수들이 상호 복합적으로 작동하는 틀을 구

---

28) 참조, Ludwig Bertalanffy, *General System Theory*, 현승일 역, 『일반체계이론』(서울: 민음사, 1990).

성하는 것이다. 그렇다면 우선 효의 연원을 어떻게 설정할 것인가?

보편화 가능성의 효를 구축하기 위해 필요한 첫 번째 과정으로서 효의 연원을 정하는 방안으로 들 수 있는 것이 보다 보편적 효의 연원을 탐색하는 것이다. 여기에는 보다 보편성을 가진 종교적, 관습적 효의 내용을 담지한 다양한 문헌들이 탐구의 대상이 된다. 그렇다면 현재의 상황에서 세계 인류적 보편성을 가장 풍성하게 띤 문헌은 무엇인가? 바로 기독교의 성경이다. 여기의 기독교는 가톨릭과 개신교를 포괄하는 개념이다. 이런 의미에서 성경은 다른 어떤 종교나 사회 관습이 가진 효의 내용보다 더욱 보편성을 가진 것으로 볼 수 있다. 다시 말하지만 여기서의 보편성은 많은 사람들에게 적용 가능한 것을 의미한다.

여기서 중요한 것은 성경의 효 내용이 보다 덜 보편적인 종교로서 불교나 유교 등 경전의 효 내용과 유사성이 있을수록 더 보편성을 지니게 됨은 당연하다. 따라서 보편화 가능성의 효체계는 성경적 효의 내용이 다른 여타의 보편성을 띤 종교의 효 내용과 유사성을 갖게 되어 구축된다고 볼 수 있다.

Ⅲ. 보편화 가능성 효체계의 구성요소

보편화 가능성의 연원으로서 성경적 효를 제대로 규명하기 위한 하위변수들을 도출하는 작업으로서 우선 성경적 효가 내재되어 있는 성경으로 돌아가는 것이 중요하다. 그런데 성경에서 효를 도출할 때 고려해야 할 것은 되도록이면 포괄적으로 효의 내용을 포함하도록 변수들을 도출하는 것이다. 즉 보다 포괄적으로 성경적 효의 내용을 포함하는 변수들의 개념적 구도를 도출하는 것이다. 이는 칸트의 '보편화 가능성의 도덕법칙'을 도출하는 방법을 원용한 것이다.[29] 물론 성경에 드러난 효와 관련된 내용들은 복잡하며 복합적이다. 이런 이유로 성경적 효를 제대로 파악하기 위해 '축소' 혹은 '선별'의 과정을 필요로 한다.[30] 즉, 복합적 관계망 가운데 아주 적은 몇 가지 '의미 있는' 가능성들이 선택되어 그에 따라 구조가 이루어지게 된다.

여기서의 의미는 선별·선택의 기준으로서 연관 가능성이 있는 특정한 요소들을 선택하고 불확실하거나 지나치게 광범위한 주변적인 것들은 배제시키는 기능을 한다. 이러한 의미화(process of meaning) 과정을 통해 체계의 구조화가 구축된다. 이렇게 의미화의 과정을 통해 선별된 특정한 요소들은 성경의 효의 내용을 포괄적으로 수용하게 된다.

그렇다면 이처럼 성경적 효를 보다 포괄적으로 포함하고 있는 변수들을 묶어 내는 개념적 구도 또는 체계는 구체적으로 어떻게 구축할 것인가? 이는 성경적 효의 하위변수들이 보다 밀접하게 상호 관계의 망을 형성하여 포괄적으로 성경적 효의 내용을 담고 있는 성경의 부분을 밝혀내는 작업에서 비롯된다. 이러한 개념적 구도를 형성하는 성경 구절에서 성경적 효체계의 구축 방법은 비트겐슈타인(Ludwig Wittgenstein)의 '가족 유사성(family resemblance)'의 논리에서 보다시피[31] 단편적이고 산발적인 성경적 효의 내용을 포함하는 개별적 개

---

29) '보편화 가능성'의 개념은 칸트(E. Kant)가 그의 도덕 법칙을 마련하는 과정에서 언급한 것이다. 칸트는 그의 도덕 법칙을 성경의 황금률인 "네 이웃을 네 몸 같이 사랑하여라"(마태복음 22장 39절)에 기초를 두면서 이 황금률이 보편적인 도덕 법칙이 될 가능성이 높음을 제시하였다. William S. Sahakian, *Ethics* (N.Y: A Division of Harper & Row. Publishers, 1974), p.110.

30) 최재정, "니클라스 루만의 '체계이론'과 그 교육학적 수용의 문제", 『교육철학』 제29집, 2003, Vol.29. p.7.

31) Ludwig Wittgenstein, translated G.E.M. Anscombe, *Philosophical Investigation*, p.32.

념들로 구성된 성경의 부분을 선택하는 것보다 더 나은 접근법이다.[32]

이러한 면들을 고려하여 성경에서 효의 변수들을 도출하는 작업을 수행하기에 가장 적절한 곳은 역시 에베소서이다. 에베소서에 나타난 효의 내용들은 출애굽기, 신명기에서 드러나듯 구약의 효 내용이 압축된 십계명의 내용을 포함하고 있을 뿐만 아니라 신약의 예수와 관련한 효의 내용도 포함하고 있다. 이런 의미에서 에베소서는 성경적 효의 변수들을 제대로 도출할 수 있는 적절한 영역이다. 한마디로 성경에서 에베소서만큼 효의 내용이 포괄적이며 체계적인 곳은 없다.

위와 같은 사항을 고려하여 성경적 효체계의 개념구도 구축과정을 규명하기 위한 분석 틀을 에베소서의 효 관련 구절인 6장 1～4절에서 아래 그림과 같이 네 가지 변수, 즉 순종, 친애, 존속, 대리 등과 체계 외적 환경을 중심으로 구축할 수 있다.

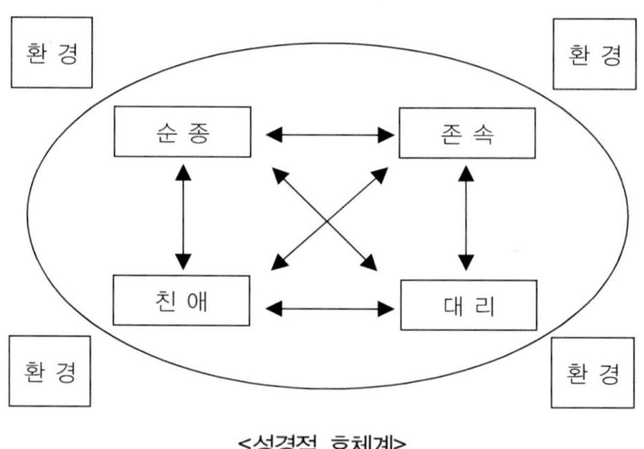

<성경적 효체계>

---

32) 이는 산발적으로 그리고 단편적으로 흩어져 있는 성경 일부분에서의 효의 개념들을 묶어 개념적 구도를 마련하는 것도 역시 비트겐슈타인의 가족 유사성 논리에 의하면 문제가 있다.

이제 구체적으로 에베소서 6장 1절부터 4절까지의 내용을 살펴보면 다음과 같다.

> "자녀이신 여러분, 주 안에서 여러분의 부모에게 '복종'하십시오. 이것이 옳은 일입니다(1절). '네 부모를 공경하여라'고 한 계명은 약속이 딸려 있는 첫째 계명입니다(2절). '네가 잘되고, 땅에서 오래 살 것이다'고 한 약속입니다(3절). 또 아버지이신 여러분, 여러분의 자녀를 노엽게 하지 말고, 주님의 훈련과 훈계로 가르치십시오(4절)."(표준새번역)

1. 순종의 효

위에서 보다시피 우선 에베소서 6장 1절에서는 동서양의 효의 일반 원리인 부모에 대한 '순종'이 강조되고 있다. 이러한 부모에 대한 복종 또는 순종은 동서양의 효에 있어서 대표적으로 강조되는 내용이다.[33]

이와 관련하여 아우구스티누스(Augustinus)의 삼위일체론에 나타난 성부와 성자의 개념을 원용한[34] 브리태니커 사전에 의한 바와 같이[35] 전통적으로 부모는 페이터(pater)적 성격과 제니터(genitor)적 성격이 있고 바로 이러한 부모의 성격에 따라 자녀의 도덕적 내용도

---

33) 유교에서 가장 기본적인 인간관계는 부모 - 자녀 관계이고 따라서 순종의 효를 『효경』 등을 통해 지극히 강조하고 있다. 이해영, "유학이란 무엇인가?", 『강좌 한국철학』(서울: 예문서원, 2001), p.30. 도교에서는 유교의 효와 거의 일치하게 순종의 효를 강조한다. 이러한 사실은 무엇보다도 사회를 구성하는 기본 단위로 가족을 강조하는 『태평경』에 잘 나타난다. 참조, 윤찬원, 『도교의 철학』(서울: 돌베개, 1998), p.181. 불교도 『부모은중경』을 통해 유대교도 십계명을 통해 순종의 효를 강조하고 있다.

34) 브리태니커 사전에 나타난 부모 개념으로서 pater와 genitor는 아우구스티누스의 『삼위일체론』에 의한 성부와 성자의 개념에서 원용되었다. 아우구스티누스는 성부 하나님을 Pater와 Genitor라 하고 이와 관련하여 예수님의 명칭을 Filius와 Genitus로 하고 있다. 참조, Augustinus, *De trin*. II, 1, 2; *De fide et sym*. IX, p.16.

35) Encyclopaedia Britannica, VII(1973~1974), p.754.

달리함을 보여 준다.36)

　여기서 페이터적 부모는 자녀와의 불평등 관계에 의해 권위적이고 명령적이다. 왜냐하면 이러한 부모의 위치는 자녀의 도덕적 불완전성과 위법 가능성에 기초하여 자녀에게 도덕성을 내면화하는 작업과 관련되기 때문이다.

　이를 통해 자녀들이 페이터적 부모의 뜻에 순종함으로써 이를 통해 사회질서를 존중하고 이를 준수하는 기본적 사회질서 의식을 갖게 된다. 이러한 페이터적 부모에 대해 갖추어야 할 자녀의 효 내용은 한마디로 복종이며 성경적 효체계의 하위변수인 '순종'이다. 순종은 유교 등에서 드러나듯 전통적으로 양지(養志)의 효로서 설명될 수 있다. 양지란 부모님의 뜻이나 의지에 따라 섬기는 것이며 단순히 부모의 뜻을 수용하여 이에 따른다는 의미보다 적극적으로 부모의 뜻을 받들어 나아가는 것을 의미한다.37) 이런 의미에서 순종의

---

36) 페이터적 부모의 성격은 자녀를 훈육하여 사회화를 통해 공동사회의 구성원으로 자라게 하는 것을 의미한다. 이러한 부모는 가부장제(patriarchy)에서 보다시피 권위적이고 위계적이다. 반면 제니터(genitor)적 부모의 성격은 자녀와 수평적 관계를 유지하면서 인격적인 애정과 친애의 성격을 지니는 부모를 의미한다. 참조, 박철호, 『효윤리학』(인천: 도서출판좋은세상, 2000), p.69.

37) 부모의 뜻을 적극적으로 따른다는 것에는 다시 두 가지 형태, 즉 절대적으로 부모의 뜻을 따르는 것과 부모의 뜻에 따르면 좋지만 따르지 않는다 하더라도 불효의 허물을 벗을 수 있는 상대적인 효가 있다. 전자, 즉 절대적인 효는 자녀라면 누구나 지켜야 할 효이다. 따라서 이러한 절대적인 효는 일반적으로 부모라면 누구나 자녀들이 지키기를 원하는 것이다. 이러한 절대적 효는 십계명의 6~10계명에 해당하는 바와 같이 살인, 도둑질, 사기 등의 죄를 범하지 않는 것이다. 따라서 반사회적 행위로 부모의 명예를 떨어뜨리는 것이 여기에 해당한다. 이러한 절대적인 효는 최소한의 효로서 자녀라면 최소한 반사회적 범죄를 짓지 않는 것을 의미한다. 그런데 부모의 뜻에는 위와 같은 절대적인 효가 있을 수 있지만 지키면 좋고 비록 지키지 못하더라도 불효자로서 낙인이 되는 것이 아닌 효의 유형이 있다. 이 효의 형태는 부모의 뜻과 자녀의 뜻이 비록 어긋나더라도 반사회적 문제를 일으키는 것이 아닌 경우이다. 예를 들어 진로문제나 결혼문제에서 부모가 원치 않는 결정을 자녀가 하는 경우이다. 물론 자녀가 부모의 뜻에 자기의 뜻을 부합시키게 되면 효를 더욱 잘 행하는 것이다. 바로 최대의 효를 지향하게 된다. 그러나 상대적인 효의 문제로 부모와 의견일치를 보지 못해 자녀가 자신의 결정을 밀고 나간다고 하더라도 이것이 자녀의 인격과 자유를 보장하는 의미에서 사회 통념상으로 수용함이 타당하다.

효는 동양의 유교에서도 가장 중시하는 덕목이다. 이런 의미에서 성경의 효와 유교의 효가 순종의 덕목에 의해 대화가 가능함을 이해할 수 있다.

2. 친애의 효

한편 브리태니커 사전에 의한 바와 같이 부모와 자녀의 관계에는 페이터적 부모와 자녀 관계 외에 제니터적 부모와 자녀의 관계가 있다. 제니터적 부모와 자녀 관계는 원칙이나 약속 앞에 상호 평등적으로 이루어지는 관계이다. 따라서 부모－자녀 관계는 수평적이고 인격적이며 애정과 사랑의 성격을 지닌다. 동일한 인격체로서 서로 존중하며 친구와 같은 우정을 나누는 것이 제니터적 부모와 자녀의 관계이다.38) 이는 부모와 자녀 관계에 있어서 상호주의적 대응 관계를 구축하고자 한 것에서 비롯된다. 이러한 제니터적 부모와 자녀 관계에 의한 효의 덕목은 '친애'이다.

친애의 효는 순종의 효가 수직적이며 권위적인 것과 대조적으로 보다 자율적이고 인격적이며 수평적인 성격을 지닌다. 브루스(F. F. Bruce)가 지적한 바와 같이 에베소서 6장 2절의 '공경'은 부모의 삶을 통해 얻어진 존경과 비례한다. 불명예스럽고 부정직하며 법을 지키지 않는 부모는 자녀에게 자신이 지키지 않는 원칙과 명령을 강요

---

38) 제니터란 '생산자'의 의미를 가지고 있다. 부모는 자녀의 생산자이다. 그러나 이 부모는 자기 자녀가 생산자의 위치에 있게 되면 서로 간 생산자로서 동등한 성격을 지니게 된다. 이런 의미에서 궁극적인 생산자이며 창조주인 하나님, 즉 진리 앞에서 양자는 동등하고 평등한 위치를 갖게 된다. 따라서 이러한 부모와 자녀가 동등하고 평등한 관계에 의한 '친애'의 정서를 서로 교환하는 시기는 대체로 자녀가 결혼하여 또 다른 생산자로 위치할 때이다. 물론 결혼하지 않은 자녀도 성인으로서 이러한 관계를 갖게 된다. Ibid., p.68.

할 수 없다는 것이다.[39] 술주정뱅이 아버지가 아들에게 금주를 강요할 수 없듯 정숙하지 못한 어머니가 딸에게 순결을 강요할 수 없다는 것이다.[40]

에베소서 6장 4절의 내용도 바로 부모가 자녀를 인격적 관계로 대하는 친애의 효를 내포하고 있다. 즉, 부모가 자녀의 분노를 일으키는 것은 무엇보다 비인격적 대우에 기인한다. 따라서 에베소서 6장 4절은 부모와 자녀 간에 서로 동등한 인격적 인간관계가 존재함을 드러낸 것이다. 그리고 이러한 제니터적 부모에 대한 자녀의 효의 내용은 친구 사이에 맺어지는 우정의 성격을 지니는 '친애'인 것이다. 따라서 자녀는 부모를 친애로서 효도할 때가 필요하고 부모도 이를 통해 기쁨을 누리게 된다.[41]

이런 성경적 친애의 효는 우리 전통 사회에서 거의 찾아보기 힘든 효이다. 이 친애의 효는 순종의 효가 대가족 사회에서 주로 행해진 것과 달리 핵가족적이며 현대 민주사회에 잘 부합하는 효의 내용이다.[42] 성경의 효가 다른 종교나 사회 규범의 효와 가장 큰 차이를 두는 성격이 있다면 바로 이러한 친애의 효이다.

특히 친애의 효 특징은 전통 사회의 순종의 효가 부모 중심적 효체계인 것과 대조적으로 자녀 중심적 효체계이다. 즉, 자녀가 어떻게 효를 해야 할 것인가에 초점을 둔 것이다. 즉, 자녀의 측면에서 효를 어떻게 이해하며 효를 행하는가에 초점을 둔다. 이런 의미에서 성경

---

39) F. F. Bruce, *The Epistle to the Ephesians*, p.121.

40) 웨슬리주석번역위원회, 『Wesleyan Commentary』(서울: 임마누엘, 1992), p.194.

41) 박철호, "체계윤리의 가족화 검증의 논리에 의한 효 연구", 『효윤리학』(인천: 도서출판좋은
세상, 2000), pp.33-37.

42) 윤태림, "충효사상론", 『동서양의 명논설문』(서울: 성지, 1985), p.115.

적 효의 특징인 친애의 효는 자녀가 부모와 오랫동안 친근하게 지내
며 제대로 효를 행하도록 하는 것에 관심을 가지고 있다. 이는『논
어』의 부자유친(父子有親)에서 유사하게 드러난다. 불교의『부모은
중경(父母恩重經)』에서도 부모의 자녀에 대한 애틋한 사랑이 잘 드
러나며 이를 통해 자녀와 부모의 깊은 친애를 그려 낸다.

부모와 자녀의 친근함이 제대로 표현한 것이 미국의 가족 윤리학자인
렌츠(Elinor Lenz)의 저서『어제는 나의 아이, 오늘은 내 친구(Once
my child, Now my friend)』이다. 여기서 렌츠는 부모들은 자녀들을
친구로 삼을 때 가장 오랫동안 함께 지낼 수 있음을 강조한다.[43]

그런데 친애의 효에 있어서 부모는 자녀와 모든 면에서 평등한 것
은 아니다. 아리스토텔레스(Aristoteles)가 언급한 바와 같이[44] 친애
의 효에서 부모의 위치는 평등함 속에서 주도력을 가지는 위치이다.
또한 밀러(John W. Miller)가 제대로 설명한 바와 같이 성경에 의한
친애의 효는 하나님 아버지의 명칭과 관련하여 볼 때, 하나님 아버
지가 자비로우심과 부드러움으로 우리 인간들을 인도하심과 같이 부
모 특히 아버지는 이러한 자비로움과 부드러움 속에 가족의 인도자
로 위치함이 중요하고 자녀들도 이러한 부모의 위치를 제대로 섬기
는 것이 중요하다.[45]

---

43) Elinor Lenz, *Once My Child, Now My Friend*, 을지번역실 역, 『어제는 나의 아이, 오늘
　　은 내 친구』(서울: 을지출판사, 1983), p.80.

44) 물론 부모와 자녀가 인격적 평등함이 있다고 하여 부모의 위치가 단지 자녀의 친구 위치로
　　규정되지 않는다. 아리스토텔레스(Aristoteles)가 지적한 바와 같이 부모와 자녀의 친애는
　　불평등적 친애이다. 즉, 친애 속에서 상황에 따라 필요한 경우 불평등적 관계가 관련된다
　　는 것이다. 친애의 효에는 부모의 주도력이 인정된다는 것이다. 이렇게 부모의 주도력이
　　필요한 이유는 가족 간의 다양한 분쟁이 발생할 경우 이를 해결하는 권위적 배분이 필요하
　　기 때문이다. 참조, Aristoteles, *Nicomachean Ethics*, 1108a 27, 1125b pp.19-25.

45) John W. Miller, *Calling God "Father"*(New York: Paulist Press, 1999), pp.3-7.

3. 존속의 효

한편, 동서양의 효에 있어서 효를 행하는 자, 즉 순종과 친애의 효를 부모에게 행하는 자는 축복을 받게 되어 있음이 곳곳에 드러난다. 즉, 성경의 효에 관한 내용에는 이 땅에서 잘된다는 물질적 축복과 장수한다는 육체적 축복이 제시되어 있다.

또한 동양의 도교에서도 효자는 본인이나 그 부모 모두 장수한다는 축복을 역시 제시하고 있다. 즉, 『태평경』은 유교적 관념인 효를 중시함으로써 유교와 다름없는 사상을 보여 주지만 효의 실천 이념을 장수에 두고 있다는 점에서 차이가 나는데 『태평경』에 의하면 부모의 장수를 염려하는 것이 효의 일차적인 의미이지만 그러한 효의 실천을 통하여 자신의 장수를 얻을 수 있다는 효의 이차적 의미가 주어진다.46)

이러한 효자 축복의 분명한 내용은 에베소서 6장 3절에 잘 나타난다. 즉, 효자는 이 세상에서 잘되고 장수한다는 것이다. 그런데 이러한 물질적 축복과 육체적 축복은 최소한 생명이 살아남아 이 땅에서 '존속'해 간다는 의미를 내포하고 있다. 여기서 성경 효체계의 주요 변수 중 하나로서 '존속'의 효가 드러난다.

그런데 엄밀한 의미에서 효자 존속의 축복인 물질적 축복과 육체적 축복은 부모에 대한 물질적 봉양과 부모의 육체적 건강이나 장수를 위한 효자의 노력에서 비롯된다. 결코 무작위의 방관적 태도 속에서 이러한 물질적 그리고 육체적 축복이 주어지지 않는다. 따라서 자녀는 부모의 양구(養口), 즉 의식주의 물질적·경제적 필요를 채

---

46) "然, 上善第一孝子者, 念其父母且老去也, 獨居閒處念思之, 常痴下也"(券47, '上善臣子第子爲君父師得仙方訣'), pp.134-135.

우도록 노력해야 할 것이며 또한 부모의 양체(養體), 즉 육체적 건강을 위한 노력을 게을리 하지 말아야 한다.

그런데 이러한 양구와 양체는 부모의 마음을 평안하게 하는 양안(養安)과 상호 관련을 갖는다. 즉, 양구와 양체의 외적인 봉양은 심리적 안정인 양안으로 연결되어 부모의 존속이 더욱 강화된다. 물론 존속의 효와 관련된 양구체안의 효행은 세속적 삶과 관련하여 의미가 있다. 그러나 인간은 세속적 삶과 더불어 종교적 삶을 추구하기도 한다. 따라서 자기 부모의 종교적 삶을 섬기는 양영(養靈)의 효는 부모의 영적인 면을 보살피는 것으로서 효행의 중요한 또 한 측면을 구성한다. 부모가 내세를 잘 준비하고 영적인 평강을 누리게 도와주는 것은 보다 심층적인 효를 이룬다. 따라서 존속의 효는 양구체안영의 효를 실천하는 것이다.

지금까지 살펴본 양구와 양체의 효 그리고 양안과 양영의 효 이외에 이러한 효의 내용들 모두와 관계하는 존속의 효로서 양생의 효가 있다. 양생의 효에서 '생'은 하나님께서 창조하시고 지키시는 생명을 의미한다. 양생의 효는 부모의 생명을 대를 이어 지속시켜 나가는 것을 의미한다. 물론 부모의 생명은 우리의 조상으로부터 시작되었다. 이러한 생명은 우리에게 이어졌고 뒤에 우리의 후손에게 전해진다. 그리고 부모는 이러한 생명의 지속을 통해 이 세상 속에 계속 존속해 간다. 우리는 이러한 생명의 지속을 위해 효를 실천함이 필요하다. 좀 더 자세히 살펴보면 앞에서 이야기한 양구와 양체 그리고 양안과 양영의 효도 결국 양생의 효의 한 부분임을 알 수 있다.

양생의 효에서는 우선 결혼하여 자녀를 출생시켜 가문을 이어 가게 하는 것이 중요하다. 물론 사정에 따라 결혼과 출생을 할 수 없을 경우가 있다. 그러나 특별한 경우를 제외하고 결혼을 통해 자녀를 양육하여 대를 이어 가는 것이 자녀로서의 도리이다. 우리 옛 조상들은 이러한 양가(養家), 즉 가문을 이어 가게 하는 효를 중시하여 자녀 특히 아들을 낳는 것을 매우 중시하였다. 그러나 아들이든 딸이든 생명을 이어 갈 수만 있다면 양생의 효를 실천한다고 할 수 있다.

양생의 효를 실천해 가는 데는 생명을 존속시키기 위해 생명의 그릇인 사회나 국가를 지켜 가는 것도 필요하다. 따라서 사회나 국가를 위해 봉사하는 것도 궁극적으로 생명의 존속을 위한 양생의 효이다. 이런 의미에서 특히 애국심은 효심의 한 형태라 할 수 있다. 전통적으로 효는 충과 연결시켜 생각하였다. 그런데 여기서 충은 당시 나라의 임금을 섬기는 것이었다. 나라를 바로 임금 자신이라고 생각했던 것이다. 따라서 부모를 섬기는 마음을 임금을 섬기는 마음과 같은 것으로 보았다. 그러나 오늘날 충은 나라의 임금이 아니라 국가 그 자체이다. 따라서 과거로부터 지속되어 온 현재의 우리 생명을 미래에도 지키기 위해 국가에 충성하는 것이 필요하다. 결국 충은 양생의 한 형태라고 봄이 타당하다.

양생과 관련하여 마지막 한 가지 더 고려해야 할 것은 자연을 사랑하는 것이다. 엄격히 말하면 우리가 살고 있는 환경은 우리의 생명을 보전시키는 것이다. 생명을 사랑하고 지켜 나가고자 하는 양생의 효는 당연히 자연환경을 고려하지 않을 수 없다. 자연이 파괴되면 생명의 존속이 위협받게 된다. 이는 결국 생명을 지켜 가고자 하는 존속의 효를 다하지 못하는 것이다. 생명 사랑과 생명 존속을 중시하는 양생의 효는 자연환경을 보전하고 이를 깨끗이 사용하여 후손에게 잘 물려주는 것과 상호 관련이 있음을 이해할 수 있다.

그런데 존속의 효가 내포하고 있는 효자가 이 세상에서 잘되고 장수한다는 하나님의 복 내용은 성경적 효가 현대 민주 사회의 가치관과 상통할 수 있음을 보여 준다. 왜냐하면 전통적 효가 부모 중심적 또는 부모를 위한 효체계로 구성된 것과 달리 성경적 효는 효 하는 자녀 중심 그리고 그 자녀를 위한 효체계임을 전제하고 있기 때문이다. 이는 성경적 효가 효를 받고자 하는 사람들에 의해 강압적으로 효를 강요하는 것보다 효 하는 자의 인격을 존중하고 자율적으로 효를 행하도록 그들을 독려하고 장려하는 방법을 취하고 있기 때문이다. 이런 의미에서 성경적 효는 보다 현대적이고 민주적이다.

4. 대리의 효

그런데 성경의 에베소서 6장 1절에 의하면 부모에 대한 순종이나 친애 그리고 존속의 효 모두 '주' 안에서 행해져야 함이 강조되고 있다.[47] 성경적 효가 갖는 또 하나의 특징으로서 '주' 안에서의 효는 어떻게 이해되어야 하는가?

우선 유대교에서 부모의 자녀에 대한 위치는 월터 카이저(Walter C. Kaser)가 언급한 바와 같이[48] 하나님의 대리자이다. 따라서 부모

---

47) '주 안에서'라는 공식구는 P46, ℵ, A, K, vg, sy 사본에는 나오지만, B, D*, it. 사본과 Markion, Clemens v. Alexandreia, Tertullian의 책에는 나오지 않는다. 이 어구가 빠져 있었음을 가장 일찍 보여 주는 것은 마르시온 사본인데, 아마도 마르시온은 이 어구를 삭제하였을 것이다. 왜냐하면 십계명의 제4계명과 주를 연결시키는 것은 그로서는 적절하지 않다고 생각하였기 때문이다. 하지만 Beare, Masson, Wette는 이 어구를 그대로 두는 것이 필요하다고 본다. 왜냐하면 이 어구는 이 구절 전체와 관련되며 단순히 부모와 관련되지 않는다고 보기 때문이다. 즉, 자녀들은 주에 대한 믿음과 복종을 표현하기 위해 부모에게 복종하여야 한다는 것이다. 참조, Joachim Gnilka, 강원돈 역, 『국제성서주석』(서울: 국제신학연구소, 1971), pp.434-435.

48) Walter C. Kaser, 홍용표 역, 『구약성경윤리』(서울: 생명의 말씀사, 1990), p.179.

에 대한 반역을 하나님에 대한 반역과 연관을 짓고 있다. 왜 부모는 하나님의 대리자인가? 이는 성경에서 언급한 바와 같이 부모로부터 하나님의 법을 배우기 때문이다. 즉, 하나님 말씀을 대변하는 부모에게 효를 행하지 않는 사람은 하나님의 말씀을 따를 수가 없게 된다.

그런데 이러한 하나님의 대리자로서 부모의 위치와 대응하여 에베소서 6장 1절은 자녀들도 '주' 안에서 효를 행할 것을 명령하여 자녀도 주님, 즉 하나님의 대리자임을 분명히 한다. 이런 의미에서 유대교의 하나님 '대리'로서 효체계를 설명하는 틀은 기독교에도 동일하게 적용할 수 있다. 즉, 기독교의 효체계도 이 부분에서 구약의 유대교의 효체계와 크게 차이가 나지 않기 때문이다. 다만 신약의 에베소서의 '주 안'은 카이저가 지적한 바와 같이 대리자로서 부모나 자녀가 하나님의 말씀을 대적하는 것을 금지하는 의미도 포함한다. 즉, 자녀는 자신의 이익이나 감정에 의해서가 아니라 하나님의 뜻과 명령에 따라 효를 행하는 것이 진정한 효를 실천하는 것이다. 이런 의미에서 하나님의 뜻과 명령에 어긋나는 형태로 효를 행하는 것은 금지된다.

물론 기독교를 믿지 않는 타 종교의 사람들도 그들의 종교가 제시하는 효의 원리에 따라 효를 행하는 것이 가능하며 그 밖에 사회의 관습이나 윤리와 같은 사회의 규범에 의한 효의 원리에 따라 효를 행하는 것도 가능하다. 이런 의미에서 유교의 효에 대한 원리나 불교의 효에 대한 원리들은 이러한 종교를 가진 사람들이 대리의 효를 행하는 데 행위의 기준이 된다.

5. 환경

　마지막으로 성경을 통한 보편화 가능성의 효체계 구축과정을 분석하기 위한 틀에서 주목할 것은 효체계의 외적 체계로서 환경이다. 이 환경은 성경적 효가 현실적 삶 속에서 구체적으로 형태를 마련해 가는 데 직접적으로나 간접적으로 영향을 미친다. 환경은 하나의 체계가 속한 다양하고 복합적인 또 하나의 체계이다. 이러한 환경들은 하나의 이데올로기 또는 제도 등의 형태로 효체계와 상호 대면(interface)한다.[49] 따라서 효체계의 환경인 효체계를 둘러싼 정치, 경제, 사회, 문화 등은 지속적으로 성경적 효가 제대로 현실 세계 속에 정착해 가는 데 영향을 미친다.

　모든 체계는 자생적(autopoeisis)으로[50] 스스로 구성요소들을 조직화하며 역동적으로 존속해 가기에[51] 이러한 체계는 '실재하는 체계(real system)'이다. 이 체계는 늘 '변화'와 '과정'에 있기 때문에 환경과의 관계 속에 성찰(reflection)과 자기 합리화(self rationalization)를 통해 자기 정체성(identification)을 마련하고자 한다. 이런 의미에서 성경적 효는 효가 존속하려는 항상성(homeoastasis)과 자생성에 의해 인류 사회에 있어서 효의 유질동상(isomorphism)적[52] 모습으

---

49) Timothy Arthur Lines, *Systemic Religious Education*(Birmingham: Religious Education Press, 1987), p.51.

50) 여기서 자생적(autopoeisis)이란 그리스어로 'auto'는 '스스로'를 의미하며 'poeisis'는 '만들다'라는 의미를 지니고 있다. 따라서 자생적 체계란 스스로 어떤 내적 구성요소를 구성할 것이며 그리고 이 요소들이 어떻게 작동할 것인가를 스스로 결정하는 체계이다. 참조, Maturana, H. R., *Erkennen Die Organisation und Verkoerperung von Wirklichkeit*(Brunschweig－Wiesbaden, 280). 재인용, 최재정, "니클라스 루만의 '체계이론'과 그 교육학적 수용의 문제", 『교육철학』.

51) Roeland J., *Autopoiesis and Configuration Theory: New Approaches to Societal Steering*(Dordrecht: Kluwer Academic Publishers, 1992), Ch. Ⅲ.

52) 유사한 성질은 비슷한 형태를 갖고 있으며 같은 원리가 적용가능하다는 것이다.

로 규명될 수 있다.

IV. 결론

기독교의 성경에 의한 효가 보편화 가능성의 효체계를 구축하는 과정을 살펴보았다. 기독교 효체계는 하나의 틀로서 네 가지 변수, 즉 순종, 친애, 존속 그리고 대리의 상호 작용으로 구축되고 있다. 그리고 이러한 네 가지 변수들은 여타 종교나 사회 관습 속에 효의 중요한 내용으로 내포되어 있다.

물론 이러한 변수들은 성경에 그리고 유교의 논어나 효경 그리고 불교의 부모은중경 등에 골고루 내포되어 있지만 이러한 경전들을 주축으로 하는 기독교, 유교, 불교 등은 환경에 따라 이러한 변수들의 강약이 차이가 있어 왔다.

앞으로 이러한 보편화 가능성의 효체계는 효학의 기초를 정립하는 중요한 매개가 된다. 즉, 보편화 가능성의 효체계는 종교나 사회 관습 속에 내포된 효의 성격을 분석하고 이러한 효가 환경에 의해 어떻게 작동하고 변화하는지를 규명하는 분석의 틀이 된다. 이런 의미에서 보편화 가능성의 효체계를 정치하게 구축하는 방안이 더욱 필요하다.

가족화 검증의 논리에 의한 효연구

Ⅰ. 서론

1. 연구의 목적

현대에 와서 인류는 과거에 비해 결코 낙관적이거나 진보적이지 못하다. 그 이유는 무엇보다 자연환경의 파괴에 의해 잘 드러난다. 자원의 고갈과 함께 공기, 물, 땅의 오염은 자연계의 엔트로피를 더욱 증대시켜 인류의 삶의 질을 고양시키는 데 심각한 도전이 됨을 부인할 수 없다. 사회 공동체의 파괴도 또한 심각하다. 동서양을 불문하고 이혼과 가족의 해체, 폭력을 비롯한 각종 범죄율의 증가, 알코올과 같은 각종 약물 중독과 정신 질환의 증가 등은 개인과 사회 공동체의 침식을 동시에 발생시키고 있다. 결국 현대에 와서 자연환경과 사회 공동체에 대한 위기가 현저해졌음을 이해하게 된다. 과연 이러한 위기의 출발은 어디인가?

현대에 와서 제기된 인류 위기의 근원은 무엇보다 근대에 부각된 개인주의적 윤리이론과 그에 입각한 자연 파괴 그리고 사회정책적 시행 착오에 있다는 것에 대체적으로 공감을 한다.

개인주의적 윤리의 대표적 인물로서 칸트(Immanuel Kant), 벤담 (Jeremy Bentham) 그리고 밀(James Mill) 등에 의해 제기된 도덕규 범으로서 칸트의 보편화 가능성의 원리나 벤담과 밀의 공리주의적 원리들은 사회적 맥락에서 개인주의적 윤리를 기반으로 사회체계를 수립하고자 하였지만 개인의 성찰에 의한 도덕규범의 독자적 추론과 정은 자연환경의 문제나 사회 공동체 문제를 지나치게 사적 문제로 처리함으로써 복합적이고 전체적인 맥락에서의 윤리문제 해결보다는 오히려 문제의 악화를 더욱 초래했던 것이다.

이제 개인주의적 윤리가 노출한 문제점에 대해 이를 해소할 윤리 학적 새로운 시도가 여러 측면에서 제기됨을 보면서[53) 보다 포괄적 이고 전체적인 관점에서 문제해결을 시도함이 긴요함을 인정하게 된 다. 과연 이러한 포괄적이고 전체적인 관점을 어떻게 찾을 것인가?

체계론적 관점은 기존의 개인주의 윤리가 가지고 있는 문제점을 해소하기 위해 새로운 윤리체계를 제시하는 면에서 큰 관심을 끌고 있다. 특히 윤리의 체계론적 접근, 즉 체계윤리는 복합적이고 다차원 적인 윤리문제들이 단편적인 이론체계로서는 해결될 수 없음을 규정 하고 보다 포괄적이고 전체론적인 시각에서 문제에 접근하고자 한 다.[54) 개인의 현재적 삶의 공간[卽時性]과 시간[同時性]에 초점을 둔 개인주의적 윤리에 대해 체계윤리는 탈현재성으로 현재적 시공간을

---

53) 개인주의적 윤리를 극복하는 방안으로 철학적 인간학의 관점에서는 인간의 본성을 달리 보 고자 한다. 그러나 인간의 본성이 고정된 것인가 또는 하나의 계속적인 탐구 과제로 볼 것 인가 하는 것은 여전히 개인주의 윤리를 극복하는 데 한계가 있다. 왜냐하면 인간의 본성 을 논하는 것은 여전히 개인주의 윤리의 차원에 머무는 것이기 때문이다.

54) Werner Ulrich, "Critical Systems Thinking and Ethics: The Role of Contemporary Practical Philosophy for Developing an 'Ethics of Whole System'" in Bela H. Banathy and Bela A. Banathy(eds.), *Toward A Just Society for Future Generations*, Vol.1, (Portland, Oregon: International Society for The Systems Science, 1990).

극복하고자 하는 면에서 분명 새로운 윤리체계로서 특징을 지닌다.

그러나 워필드(J. N. Warfield)가 지적하고 있듯 체계윤리는 삶과 행동의 의미에 있어 자기를 넘어 확대되는 통찰을 제공하지만 개체를 넘어 확대하는 일반화의 원리가 자칫 구체적 사례에의 적용을 소홀히 하여 결국은 공리공론적 추론에서 끝날 위험성도 있다.55)

본 연구는 위와 같은 관점에서 근대의 개인주의적 윤리를 극복하는 체계윤리적 관점을 기반으로 새로운 윤리체계를 구축함이 필요하다는 것을 인식하고, 이 구축의 과정에서 체계윤리가 가지고 있는 내적 문제인 추상화된 일반화를 극복하기 위해 체계윤리를 효와 관련하여 규명하며 아울러 효를 체계론적 관점에서 새롭게 정립하는 데 본 연구의 목적을 둔다.

2. 연구의 방법

본 연구는 보편화 원리의 추상적 합리성이 경험적 실천원리로 구체화되어 전환하는 과정을 분석하기 위해 가족화 검증(Familiarization test)의 논리에 의해 효를 연구하였다. 여기서 가족화 검증이란 도덕적 판단을 행하는 데 필요한 인지적 요소를 우리에게 가장 친숙한 경험의 영역, 즉 가족에서 출발하는 것을 의미한다.56) 성경에는 가족화 검증의 논리를 잘 드러내는 곳이 있다. 즉, 디모데 전서가 그러한 데 여기에는

---

55) J. N. Warfield, "Thinking About Systems", *Systems Practice*, Vol.4, No.4, 1987, pp.227–234.
56) 디모데 전서 5장 1~3절.

"늙은이를 꾸짖지 말고 권하되 아비에게 하듯 하며 젊은이를 형제에게
하듯 하고 늙은 여자를 어미에게 하듯 하며 젊은 여자를 일정 깨끗함으
로 자매에게 하듯 하라"

고 하고 있다.

도덕 판단에 필요한 인지적 요소를 가족에서 구하는 가족화 검증
의 논리는 효를 통해 체계윤리를 규명하는 작업에 중요한 방법론적
구도를 제시한다. 말하자면 어떤 도덕 판단에 부딪혀서 이 일이 '나
의 아버지에게 일어난다면 어찌 하겠는가?' 하는 관점에서 고려하는
것은 우리의 부모에게 마땅하지 않은 일이라면 타인에게도 타당치
못하다는 것을 의미하기 때문이다. 여기서 가족화 검증의 논리가 적
용되는 과정은 흔히 생각하게 되는 나와 나의 부모와의 관계를 타인
(타인의 부모)에게 유추, 적용하는 것이 아니다. 가족화 검증의 논리
는 나와 타인(타인의 부모)의 관계를 타인과 나의 부모의 관계에 유
추, 적용하는 것이다.

예를 들어 내가 지금 어떤 노인(타인의 부모)에 대해 경멸과 모욕
을 줄 경우, 이 상황을 역으로 타인이 나의 부모에 대해 경멸과 모
욕을 주는 것으로 대체시켜 보는 것을 의미한다. 자기 부모가 젊은
사람에게 경멸과 모욕을 당하는 것에 대해 이유 여하를 불문하고 분
노를 느낀다면 자신도 타인의 부모인 노인을 함부로 대할 수 없다는
것을 의미한다. 이러한 인식과정을 통해 보편화 원리의 추상성이 우
리의 가장 밀접한 인지적 영역 속에 투입되어 도덕적 판단의 준거점
으로 전환한다.

본 연구는 위와 같은 관점에 의해 3가지 차원의 분석과정을 설정하였

다. 그리고 그 분석의 구체적 순서는 체계윤리 ⇒ 가족화 검증 ⇒ 효
(孝)로 하였다.

II. 근대윤리의 한계와 체계윤리로의 전환

1. 근대윤리의 한계

근대적인 윤리는 한스 요나스(Hans Jonas)가 지적하듯57) 몇 가지
묵시적인 가정을 전제하고 있다. 즉, 인간과 자연의 본성이 고정되어
있기에 불변적이고 따라서 인간의 조건도 기본적으로 주어진 것으로
본다. 여기서 중요한 것은 인간의 본성이 무엇인가를 인간 스스로
자각할 수 있다는 것이다. 윤리적 선(good)도 이러한 본성에 기초하
고 있기에 명확하고 이해 가능한 것이며 고정된 본성에 기초한다는
의미에서 선과 악을 식별하는 것이 가능하다는 것이다.

선과 악의 분명한 식별이 가능하다는 것은 인간의 행위와 책임의
범위가 명확히 한정되어 선의지나 욕망 충족의 경험을 가진 사람은
누구나 자기 행위의 도덕적 속성을 판단하는 데 어려움이 없고 결국
에는 도덕적 선을 실천할 수 있다는 것이다.

칸트의 보편화 가능성의 원리와 연관된 실천 이성이나 공리주의가
가지고 있는 쾌락의 유용성과 연관하여 전제하게 되는 본래적 가치
(intrinsic value)는 우리에게 옳은 것과 좋은 것에 대한 정확한 정보
를 제공하고자 한다. 즉, 양자는 합리적 예측과 상식을 이용한 상상

---

57) Hans Jonas, "Technology and Responsibility: Reflections on the New Tasks of
Ethic", *Social Research*, Vol.40, 1973, pp.31-54.

력의 동원으로 도덕규범이 요구하는 궁극적 목적을 만족시킬 수 있다고 본다. 그러나 이러한 근대적 윤리는 오늘날 요구되는 윤리에 있어서는 한계를 노출한다. 도대체 그 한계란 무엇인가?

근대윤리의 전제와 그에 따른 논리의 전개는 행위 규칙의 적용 맥락이 행위자의 직접적인 사회적 삶의 세계에 제한되어 있기 때문에 그 행위의 사회적 의미를 판단하는 데 필요한 지식이란 개인의 경험과 보통 시민의 상식에 기초한 관찰 범위를 넘지 않아도 좋다고 보았다. 이러한 관념에 의해 반복적으로 강조되는 것은 도덕적 행위란 결국 선을 행하려는 의지, 소위 선의지만을 강조해도 무리가 없다는 것이다.

오늘날 선의지를 통한 보편화 가능성을 주장하는 윤리이론들은 효에 대해 상당히 부정적 시각을 가지고 있다. 가치의 보편성과 관련하여 볼 때 효란 보편성을 상실할 여지가 있다는 것이다. 따라서 보편성을 강조하는 윤리체계는 신빙성을 갖춘 가치란 보편성을 지녀야 하고 이러한 보편성에 근거한 무사공평이라는 합리성은 인정을 기반으로 하는 효를 거부하는 것이다. 보편적 도덕의 합리성, 자율성, 참여의식을 기반으로 하여 효가 파괴되어 다시 복구할 수 없는 것으로 본다.58)

그러나 오늘날 인간 행위에 영향을 미치는 환경의 복합적 요인을 고려한다면 단지 선의지만으로 보편성을 추구하는 것이 곧 훌륭한 도덕 판단이 된다고 볼 수 없다.59) 인간 행위와 환경과의 복합적 관계를 인식하는 지식이 요청되는 것이다. 비록 복잡하고 장기간에 걸

---

58) 여성한국사회연구회, 『한국가족문화의 오늘과 내일』(서울: 사회문화연구소, 1994), p.375.
59) Werner Ulrich, "Critical Systems Thinking and Future Generation", op.cit., p.58.

쳐 일어나는 행위들의 영향을 놓고 볼 때 이론적 전문성과 미래와 관련된 지식을 갖는 것은 하나의 행위 결과를 예상하고 평가하는 데 필수적인 것이 된다. 개인의 양심과 선의지만을 중시하면서 윤리적 행위의 정당성을 논하던 종래의 도덕에 관한 제 이론들의 한계가 노출된다.

2. 새로운 윤리로서 체계윤리

행위의 잠재적 결과에 대한 지식은 자신이 행한 행위의 결과가 어떠한 과정을 거쳐 환경(자연과 인간 체계)에 영향을 미치게 되는가 하는 환류(feedback) 과정에 관한 복합적 지식과 밀접한 관련을 지닌다. 이 과정에서 윤리적 판단에 관한 지식은 다른 체계에 관한 지식과 연결됨을 우선적으로 파악하는 것이 중요하다.

이제 지식은 오늘날 중요한 도덕적 의무로 되어 가고 있으며 지식이 결여된 도덕 판단은 근대적 관점에서 본다면 도덕적 양심이 결핍된 것으로 간주될 수 있다. 울리히가 언급한 바와 같이 양심을 뜻하는 conscience가 공동체의 공유된 이해로서의 필요한 지식이 결합되어야 한다는 의미에서 conscience가 함축되어 있는 것으로 양심을 새롭게 규정할 수 있다.[60]

체계윤리(system ethics)가 근대적 윤리와 대비하여 가장 큰 구별 기준은 윤리 행위에 지식을 강조한다는 점이다. 도덕적 의무에 대한 통찰은 지식을 겸비하여야 가능하다는 것이다. 즉, 체계윤리는 올바른 도덕적 판단을 위해 양심을 가져야 함을 인정하면서 동시에 지식

---

60) Ibid., p.59.

의 결합을 강조하는 것이다.

엄격히 말해 윤리도 생산성을 지녀야 한다. 여기서 생산성이란 다른 지식과 결합하여 문제해결을 가능케 하는 것을 의미한다. 윤리적 문제란 어떤 순수한 형태로 존재하는 것이 아니다. 하나의 사회 현상으로서 윤리적 사태란 윤리체계와 관련된 환경으로서 윤리체계 이외의 자연체계, 경제체계, 정치체계 등과 복합적으로 관련되어 있다. 이러한 복합적 환경 속에 존재하는 윤리문제의 해결을 위해서는 지식에 지식을 적용하는 것을 요구하고 있다.61) 이제 양심이라는 것도 지식에 의해 영향을 받음을 인정할 수 있다. 마치 우리가 어릴 때 가지고 있던 옳고 그름에 대한 도덕적 판단기준이 새로운 사실을 이해하고 이에 따른 새로운 지식을 갖게 됨에 따라 양심의 변화를 갖게 되는 것과 같다.

도덕적 판단기준에 지식이 관여함을 인정하게 될 때 여기서 근대윤리가 가지고 있는 한계를 극복하는 체계윤리의 하부체계적 속성을 밝혀낼 수 있다. 그 속성이란 시·공간과 관련된 것으로서 탈동시성(lost-simulaneity)과 원격성(remoteness)이다. 탈동시성이란 도덕적 행위에 의해 실질적으로든 잠재적으로든 한 행위가 현재의 시간적 제약을 넘어서 타 존재에게 미치는 영향에 관한 책임, 즉 정당화의 대상이 무한정 확대되는 것을 의미한다.

칸트의 개인주의적 윤리가 주로 현재 생존하는 인간에게만 초점을 둔 것과는 달리 체계윤리는 미래의 세대와 미래의 세계를 관심의 대상으로 삼고 있다. 우리의 후손에 대한 관심은 바로 우리의 후손들이 높은 삶의 질을 누리면서 살 수 있도록 하는 것으로서 이는 우리

---

61) Peter F. Drucker, 이재규 역, 『자본주의 이후의 사회』(서울: 한국경제신문사, 1993), p.76.

의 조상들이 우리에게 가르치려고 애썼던 것들을 바탕으로 한다. 여기에서 체계윤리가 공동체 윤리의 성격을 지니고 있음을 알 수 있다.

이러한 미래세대를 위한 체계윤리의 관점에서 볼 때 오늘날 지배적인 윤리체계로서 인정되는 공리주의 윤리와 이에 기초한 경제적 이데올로기는 비판을 받을 수 있다. 공리주의는 미래보다 현재를 쾌락 산정의 기초로 삼는다. 벤담은 이와 같은 관점에서 쾌락에서 고통을 뺀 총량의 극대화라는 쾌락의 계산법을 제시하여 현재의 쾌락과 미래의 쾌락이 있다면 현재의 것을 택하는 것이 바람직하다고 본다. 왜냐하면 미래는 무슨 일이 일어날지 모르기 때문이며 따라서 고통과 비용은 뒤로 미룰수록 좋다고 본 것이다. 벤담이 말하는 유용성은 미래의 세대까지 포함한 계산을 바탕으로 한 것은 아니다.

밀도 공리주의에서 말하는 선한 행위의 기준을 이루는 쾌락이란 어떤 개인의 단일한 쾌락이 아님을 인정한다. 그러나 그는 타인과의 관계에서 공리주의가 요구하는 선행의 대상은 아무리 넓혀도 공적 공리주의로서 현 인류나 보다 확대된 사회로 한정된다.[62] 이러한 논리에 의하면 쾌락은 지금 여기의 세대를 위한 것이며 현 세대의 비도덕적 비용은 미래세대가 치르게 된다.

체계윤리의 원격성이 갖는 공간적 확대는 칸트의 보편화 가능성의 원리가 진정하게 실현되는 것으로 볼 수 있으며 공리주의의 한계도 극복되는 것으로 볼 수 있다. 공리주의가 내세우는 최대다수의 최대 행복은 그 행위의 결과를 행위자의 생활세계나 그 직접적인 환경의 내적 경험으로부터 알 수 있고 판단될 수 있는 대상으로 한정된다. 칸트의 보편화 가능성의 원리도 행위의 대상이 현 행위자의 생활세

---

62) John Stuart Mill, *Utilitarianism*(gopher://gopher.vt.edu:10010/02/122/3), p.11.

계와 연관된 인간관계에 한정된다.

그러나 체계윤리가 가지고 있는 관심의 확대는 인간을 넘어서 생태계의 존재까지, 즉 인간과 상호 유기적 관계를 갖는 존재에로까지 발전하게 된다. 체계윤리가 가지고 있는 인식의 망이 상호 관련된 제 요소의 집합이라는 데까지 나아가기 때문에 이러한 논리가 가능한 것이다.[63]

결국 체계윤리는 전통적으로 한 개인의 행위나 사회의 한 부분에만 초점을 맞춰 정당하다고 내려진 도덕 판단이라 할지라도 그것이 전체 체계적 관점에서 볼 때는 정당치 못한 것이 될 수 있다는 것을 전제한다. 처치맨(C. West Churchman)이 언급한 바와 같이 이와 같은 단편화된 도덕적 판단이 가능하게 되는 이유는 체계의 환경에 대한 무관심 때문이다.[64]

근대적인 윤리는 하나의 체계를 상정할 때면 고려될 수 있는 많은 상호 관련된 요소들과 그 환경을 고려하지 않았다. 반면 체계윤리는 어떤 윤리문제이든 단순히 그 자체에 의해 해결될 수 없다는 것을 인정하기 때문에 그 문제와 관련된 제 요소들과 그 환경을 복합적으로 인지하고 이에 대처하고자 하는 것이다.

처치맨이 또다시 언급한 바와 같이 모든 윤리문제는 체계적 환경을 가지고 있으며 이로 인해 복합적으로 연결되어 있다. 즉, 어떤 윤리문제의 해결을 위해 하나의 요소를 증대시키면 다른 요소가

---

63) 이러한 관점은 칸트가 말한 윤리적 행위의 정당화 대상이 인간에게만 한정된다는 논리를 초월한다. 즉, 수단이 아니라 목적으로 대해야 할 대상이 인간뿐만 아니라 동물과 식물 심지어 무생물에게로까지 확대되는 것이다.

64) C. West Churchman, *The Systems Approach and Its Enemies*(New York: Basic Books, Inc., Publishers, 1979), p.5.

그에 의해 발생하고 이에 의해 문제가 더욱 복잡해질 수 있다.[65]

이와 같이 체계의 환경을 무시한 근대적인 윤리이론들은 사실에만 집착하거나 어떤 연구결과를 무조건 수용하거나 또는 문제에 대한 심사숙고 없이 즉각적으로 대처를 서두르게 됨으로써 더욱 악화되어 왔다. 체계윤리는 이러한 체계 환경에 대한 잘못된 오류를 방지하기 위해 윤리적 문제를 해결하는 데 있어 사고와 행동의 적절성을 확보하기 위해 체계윤리의 하부체계인 지식체계와 또 다른 하부체계로서 탈동시성과 원격성을 근간으로 한 윤리체계를 정립시키고 있다. 따라서 체계윤리는 근대적 윤리와 달리 지적 탐구를 매우 강조하여 박식한 윤리 행위자(well-informed behaviorist)를 요구한다.

III. 가족화 검증(familiarization test)[66]을 통한 체계윤리와 효

1. 체계윤리의 심화를 위한 가족화 검증의 논리

앞에서 우리는 체계윤리의 지식 확산이 근대적 윤리의 관점을 벗어나게 함을 살펴보았다. 이는 동시대 중심적이고 개인 중심적이며 인간 중심적 관점에서 벗어남을 의미한다. 이러한 체계윤리의 특성은 자기 행동의 의미가 자기를 넘어 확대되어 가는 것이기에 전체적 조망을 가지게 하는 통찰력을 가져다준다.

그러나 워필드(J. N. Warfield)가 지적하듯 체계윤리가 가지고 있는 전체적 조망의 무한정한 확대는 체계윤리의 일반화된 원리가 자

---

65) Ibid.
66) Werner Ulrich, "Critical Systems Thinking and Future Generation", op.cit., p.295.

첫 구체적 사례에의 적용에 실패하여 결국은 공리공론적 추론에서 끝 날 위험성이 있게[67] 한다. 이는 체계윤리가 가지고 있는 실천 지향성 에 배치되는 측면이다. 체계윤리가 가지고 있는 사회적 맥락 속에 보 편성을 적용하려는 시도는 보편성과 실천성을 동시에 만족시켜야 하 는 딜레마를 갖게 된다. 이 딜레마를 해결하는 방법은 무엇인가?[68]

울리히는 바로 이러한 딜레마를 극복하는 것으로서 가족화 검증 (familiarization test) 원리를 가지고 보편성을 추구하는 체계윤리의 전체론적 관점에 보다 구체성을 실현하는 방안을 제시하고 있다.[69] 여기서 가족화 검증이란 도덕적 판단을 행하는 데 필요한 인지적 요 소를 우리에게 가장 친숙한 경험의 영역, 즉 가족에서 출발하는 것 을 의미한다.

예를 들어 구체적으로 설명하면 어떤 윤리적 문제에 부딪혀서 도 덕 판단을 내린다고 볼 때 이 일이 "나의 부모에게 일어난다면 어찌 하겠는가?" 또는 "이런 행동이 나의 자녀에게 일어난다면 과연 이를 허용할 수 있을 것인가?" 등에 의해 행위에 앞서 도덕적 판단에 의 한 행위의 결과를 미리 검증해 보는 것을 의미한다. 이는 자기의 부 모나 자녀에게 마땅치 않은 행동이라면 타인에게도 타당치 못하다는

---

67) J. N. Warfield, "Thinging About System", *Systems Practice*, Vol.l. 4, No.4, 1987, pp.227-234.

68) 혹자는 이러한 딜레마는 칸트가 언급한 바와 같이 개인이 보편적 이성을 소유하고 있기 때문 에 이에 의해 실천성은 자연히 해결된다고 본다. 그러나 칸트의 도덕적 원리의 보편성은 인 간이 보편적 이성을 소유함을 전제한다. 만일 개인이 이러한 추상적인 보편적 이성을 가지고 있지 못하다면 각각의 개인이 소유한 도덕의 원리는 상호 모순되고 이것이 도덕적 아노미 현 상을 가져올 것임은 너무나 분명하다. 이렇게 될 경우 어떠한 도덕적 준칙을 제시하지 않고 개인을 도덕적 진공상태에 방기하는 상황을 초래한다는 비판을 받을 수 있다. 개인의 보편적 이성이 과연 존재하는가 않는가의 논의는 또다시 공리공론에 그치게 될 가능성이 높기 때문 에 체계윤리는 다른 차원으로 이 문제에 접근하는 것이다. 박철호, "도덕교육의 목적으로서 의 보편적 삶의 형식 연구", 『사회와 사상』(서울: 서울대국민윤리교육과, 1993) 참조.

69) Werner Ulrich, "Chitical Systems Thinking and Future Generation", op.cit., p.295.

것이다. 가족 관계의 윤리가 보다 확대된 여타 사회관계의 윤리에 기초가 됨을 이해하게 된다.

이렇게 하여 보편화 원리의 추상성이 우리의 가장 밀접한 지적 영역 속에 도입되어 도덕적 판단의 준거점으로 전환되는 것이다. 결국 체계윤리에 있어 인지적 요소의 확대는 윤리적 행위자의 인지적 한계를 고려하고자 하며 또한 이러한 한계를 극복하는 방안을 제시하고자 한다.

체계윤리는 칸트가 언급한 보편화 가능성의 원리로서 흔히 황금률이라 일컬어지는 "너 행위의 준칙이 동시에 보편적인 법칙이 될 수 있도록 하라."는 체계윤리에 의해 수정된 형태를 지닐 때 진정한 보편화 가능성의 원리가 된다. 즉, 체계윤리의 가족화 검증의 원리가 하나의 중간 매체로서 개별성과 보편성과의 중간 단계로 연결고리가 될 때 비로소 구체적으로 그 가능성이 마련된다.

2. 가족화 검증의 논리와 도덕의식

체계윤리적 관점에서 윤리의 보편성을 견지하면서 구체적 실천성을 동시에 마련하고자 하는 시도는 선의지에 의한 도덕의 보편화 가능성을 구성하는 칸트주의적 관점과 상이한 출발선을 가진다. 즉, 체계윤리는 가족화 검증의 논리를 통해 보편적 윤리를 체계화하려고 한다. 그런데 이러한 가족화 검증에 의한 윤리원칙을 정립하는 과정은 도덕규범의 기초가 자신의 자유로운 결단, 즉 자율성에 의한 윤리의 원칙을 정립하는 과정과 매우 상이하다.

간혹 인간의 도덕의식을 규명하는 데 '선의지' 등 인간의 자율성을 기반으로 설명하는 윤리이론이 있다. 이는 앞에서 언급한 바와 같이 근대 계몽주의적 철학에 기초하여 인간 이성의 보편성을 기초로 한 것이다.

그러나 이러한 주장들과 맥락을 같이하는 칸트나 피아제(Piget) 그리고 콜버그(Kohlberg) 등에서 보다시피 이러한 이론들은 도덕의 최후 판단단계 또는 최고의 도덕적 판단수준에 이르러 결국 어떤 도덕적 지침이 부재한 가운데 유일하게 도덕적 판단자의 자율에 맡김으로써 불완전한 인간의 이성에 의해 얼마든지 착오나 착각 그리고 감정 등에 의해 매우 불안정한 도덕상태, 즉 도덕적 아노미 현상을 초래할 가능성이 높은 것이다. 인간의 자율성에 기초한 도덕원리는 인간을 지나치게 피상적으로 보는 잘못이 있다.

체계윤리의 가족화 검증 윤리는 도덕성의 형성과정을 강화의 과정으로 인식한다. 이는 인간의 자율성을 거부하는 것으로 인간은 유전적 요인과 환경에 의해 자기 이해의 인식과정을 지니며 윤리의식도 이러한 환경의 지속적 자극에 의해 형성되는 것으로 본다.[70] 인간은 도덕성을 지니며 윤리의식을 가지고 삶 속에서 지속적인 도덕적 판단을 통해 행위를 평가한다.

그런데 이러한 도덕적 판단의 기저에는 판단자의 강화사가 연관을 지니고 있다. 인간은 수시로 자신의 행동 방향을 선정하기 위해 자기의 의식에 의존하기 마련이다. 따라서 인간은 자신의 행동에 대한 평가를 할 경우 그러한 행동을 유발한 의식의 구조를 스스로 성찰하고 이에 대한 반성적 사고를 하게 된다. 결국 인간은 윤리적 판단

---

70) 이는 인간이 선천적으로 자율성을 지니고 태어나며 도덕성이란 태어나면서 지니고 있다고 하는 칸트적 인간이해와 정반대의 논리라 할 수 있다.

의식을 분석하기 위해서는 자신의 의식을 형성한 환경과 그 強化史를 규명하게 된다.

도덕적 판단자의 강화사에 필연적으로 그리고 가장 강력한 강화의 조건을 마련한 것은 역시 가족이라 할 수 있다. 인간은 사회의 구성원이 되기 전에 가족 구성원으로서 가족이라는 환경에 의해 도덕성을 발달시키게 된다. 아동의 최초 접촉 상대가 부모를 비롯한 가족이다. 그리고 이 가족은 그 구성원이 죽음에 의해 관계가 단절되기까지 지속적으로 강화의 조건을 형성하게 된다.

여기서 중요한 것은 가족이 구성원들에게 하나의 환경으로서 단지 자극과 영향만 끼치는 것이 아니라는 것이다. 환경도 지속적으로 그 구성원에 의해 영향을 받기 마련이다. 즉, 구성원과 그 구성원의 가족 환경은 상호 작용을 통해 상호 간에 영향을 미치며 각각의 강화사를 형성하게 된다. 따라서 체계윤리가 단지 피동적인 인간성을 전제한다는 것은 오해이다. 이처럼 개인의 도덕의식은 환경과의 상호 작용 속에 매우 복합적인 과정을 통해 형성된다. 환경 중에서도 밀접한 연관을 맺고 서로 미치는 영향의 강도가 큰 경우에 도덕의식의 강화에 결정적인 힘을 갖는다. 가족은 이런 의미에서 도덕성 형성의 가장 강력한 요소이다. 가족 구성원들은 상호 간에 깊은 관계를 맺어 상호 작용 속에 강력한 영향을 주고받으면서 도덕의식을 강화시켜 나간다.

가족 관계가 도덕의식 형성의 결정적인 요소이며 그리고 환경과의 상호 작용 속에 도덕의식이 형성된다고 할 때 도출되는 새로운 정보는 도덕의식이란 인간 본성적인 것과는 관련이 적다는 것이다. 간혹 인간이 자신 안에 또 하나의 자기를 가지고 있고 이것이 도덕의식 형성에 주요한 변수가 됨을 주장하기도 한다.

이 논리는 인간을 본질적으로 '그대로의 인간', '인간성을 갖춘 인간'과 같이 어떠한 통제를 벗어난 자율적 인간으로 상정하고 있다. 이러한 인간관은 인간에 관한 행동의 연구를 제약하기 때문에 성장과정 속에 도덕의식의 새로운 변화는 배제하고 있다. 이는 교육에 의한 도덕성의 새로운 형성을 무시하는 것이다. 이 논리는 가족 관계도 아동에 대한 부모의 영향이 일방적인 것으로 보아 이를 문제 삼기도 한다.

그러나 이러한 논리는 체계론적 관점에서의 부모와 자녀 관계의 복합적인 과정을 통한 도덕의식의 형성과정 분석을 이해 못 한 것이다. 이러한 논리는 스키너(Skinner)도 지적한 바와 같이 너무나 피상적이며 어떠한 과학적 토대도 마련하지 못하고 있다.[71] 체계윤리에서 가족화 검증의 논리가 보편성을 조직화하기 위해서는 결국 개인이 갖고 있는 강화사의 확산이 필요하다. 강화의 확산은 체계윤리가 전통윤리와 비교하여 가장 차이를 갖게 하는 지적 체계의 확대와 관련된다. 그리고 지적 확대를 통한 윤리적 인식의 확대는 탈동시성과 탈현재성으로 연결되는데 이러한 탈동시성과 탈현재성의 인식 확산도 가족화 검증의 논리가 없이는 공허하게 될 가능성이 매우 높다. 즉, '내 자식' 그리고 '내 손자'에게 해당될 수 있다는 인식만이 이러한 현재의 자기 행동의 통제를 가져올 수 있다. 이처럼 체계윤리적 관점에서의 도덕의식이 지적 요소를 포함한다고 할 때 바로 이러한 가족화 검증의 논리를 전제한 것이다.

---

71) B. F. Skinner, 차재호 역, 『자유와 존엄을 넘어서』(서울: 탐구당, 1990), p.184.

3. 체계윤리에 있어서의 효 분석

체계윤리적 관점에서 가족화 검증의 논리를 전제로 효를 분석할 때 우리에게 중요한 시사점을 제공하는 사람이 아리스토텔레스(Aristotle)이다. 아리스토텔레스는 가족화 검증의 논리를 통해 윤리를 수립하고자 하는 시도를 행하였을 뿐만 아니라 특히 윤리를 정치와 관련지어 체계론적 사고를 함으로써 체계윤리의 기초를 마련한 사람으로 인정할 수 있다. 즉, 아리스토텔레스는 가족화 검증의 논리를 통해 도덕성을 수립하고 이를 기초로 윤리를 정치적인 것과 통합해 설명하려고 했던 것이다. 비록 그의 체계론적 인식의 범위가 한계를 지니고 있지만 이러한 시도는 체계윤리적 성격을 지닌 것으로 인정할 수 있다. 그렇다면 과연 아리스토텔레스는 가족화 검증을 통해 윤리 체계를 어떻게 정립했으며 이는 효와 어떤 관련을 갖는가?

아리스토텔레스가 인정하는 바와 같이 도덕성의 주요한 속성은 '친애'이며 이는 가족 관계에서 기원한다. 아리스토텔레스가 언급한 바와 같이 우리가 살아가는 데 가장 필수적인 도덕성은 친애이다.[72] 친애는, 아리스토텔레스에 의하면, 젊은이에게는 과실을 범하지 않게 하며 연로한 사람들에게는 여러 가지 신변의 일을 보살펴 보게 하며 힘이 약하여 할 수 없는 일을 대신 해 줌으로써 도와주며, 한창 일할 장년기에 있는 사람에게는 온갖 고귀한 일을 하도록 격려해 준다.[73]

---

72) 여기서 '친애'라 한 것의 원어는 '필리아(φιλια)', 영어로는 보통 friendship이라 옮겨지고 있다. 그러나 '필리아'는 '우애'보다는 좀 더 넓은 의미를 가지고 있다. 그런 의미에서 '친애'라 할 수 있다. 간혹 경우에 따라 '우애' 또는 '우정'이라고도 쓸 경우가 있다. *Nicomachean Ethics*, 1108a 27, 1126b 19–25 참조. 이후에 표시되는 숫자는 니코마코스 윤리학에 나타나는 숫자를 의미한다.

73) 1155a.

"둘이서 함께 가면"이라고 한 것처럼 이것은 '친애하는 사람'과 함께하면 사람들은 더 잘 생각하고 더 잘 행동할 수 있기 때문에 '친애'는 인간 삶의 기본 가치(fundamental value)라 할 수 있다.

아리스토텔레스는 친애가 형성되는 과정을 유용성에 의한 친애와 쾌락에 의한 친애 그리고 서로 닮은 사람(특히 가족)들에 의한 친애가 있다고 본다. 그러나 서로 닮은 사람(특히 가족)들에 의해 형성된 친애가 다른 파생적 친애의 기초로서 윤리적 덕목이 된다.

즉, 완전한 친애로서 서로 닮은 사람(특히 가족) 간의 친애는 다른 친애의 원천이 된다. 물론 아리스토텔레스가 언급한 바와 같이 극히 드문 경우이지만 참된 의미의 친구 사이에도 이러한 친애가 가능하다고 본다. 하지만 특히 부모와 자식 간의 친애가 두드러진 것이다. 부모와 자식 간에는 각자에 대해 무조건적으로 좋으며 즐겁기도 하다. 여기에는 비트겐슈타인이 언급한 바와 같이[74] 가족 유사성(family resemblance)이 관련된다고 본다. 서로 유사한 삶의 경험과정을 거치면서 부모와 자식은 비슷한 행동 습관을 가지게 되는데 아리스토텔레스는 이러한 행위의 유사성이 친애의 근본이라고 한다.[75] 무조건적으로 즐거우며 무조건적으로 사랑하게 된다는 것이다.

아리스토텔레스가 언급한 바와 같이 이러한 친애는 부모와 자식이 아니면 갖기 힘든 것이다. 왜냐하면 이러한 친애는 오랜 시간과 친숙함을 요하기 때문이다. 친애를 바라는 것은 금방 생기지만 친애는 그렇지 않기 때문이다.[76]

---

74) Wittgenstein, *Philosophical Investigations*, Sections 66-71 참조.

75) Ibid.

76) Ibid.

부모와 자식 간의 친애에도 부모의 자식에 대한 친애와 자식의 부모에 대한 친애가 있다. 그런데 아리스토텔레스가 지적한 바와 같이 자식은 무슨 일을 한다 해도 자기가 받은 것만큼을 보답할 수 없고 언제나 빚진 상태에 있다. 따라서 자식이 그 부친을 절연하는 것은 용납할 수 없으나 부친은 그 자식을 절연해도 괜찮은 것이다. 따라서 부모의 자식에 대한 친애보다 자식의 부모에 대한 친애, 즉 효는 더 필연적이고 기본적이다. 따라서 우리는 모든 친애의 기본은 역시 효에 있다고 할 수 있다.[77]

성경에도 효의 우선성을 강조하는 부분이 있다.

> "만일 어떤 과부에게 자녀나 손자들이 있거든 저회로 먼저 자기 집에서 효를 행하여 부모에게 보답하기를 배우게 하라 이것이 하나님 앞에 받을 만한 것이니라"(디모데 전서 5장 4절)

가족의 친애가 가족 외의 사회관계로 확대되면서 상대방의 유용성 때문에 형성되는 친애가 있게 된다. 이는 상대방을 위해서가 아니라 상대방으로부터 얻을 어떤 좋은 것 때문에 갖게 되는 것이다. 이러한 친애는 우리의 일상적 삶 속에서 매우 흔하다. 이들은 상대방의 인품을 사랑하는 것이 아니라 그가 유용하거나 유쾌한 한에서 그를 사랑한다. 따라서 이러한 친애는 부수적인 성격을 지닌다. 이때 사랑을 받는 사람은 그 사람됨 때문이 아니라 어떤 좋은 것, 혹은 쾌락을 제공하기 때문에 사랑을 받는 것이다. 그러므로 이러한 친애는, 만일 상대방이 그전과 달라지면, 쉽사리 해소된다. 한쪽이 그를 사랑

---

77) 1163a.

하기를 그치기 때문이다. 그런데 유용성은 영속적인 것이 아니라 늘 변하는 것이기 때문에 이런 친애는 그 동기가 사라지면 곧 소멸하는 것이다.

또한 가족의 친애가 사회관계 속에서 확대되면서 쾌락 때문에 갖게 되는 친애를 파생시킨다. 흔히 젊은이 사이에 형성되는 친애가 그러하다. 그러나 젊은이들이 갖게 되는 친애는 빠르게 형성되고 또한 빠르게 소멸된다. 왜냐하면 우애라고도 할 수 있는 이러한 친애는 쾌락이 시간이 지남에 따라 변하게 되고 이에 따라 서로 가졌던 친애는 급격히 사라지게 된다. 아리스토텔레스는 젊은이들이 갖는 육체적 또는 성적인 친애의 대부분은 쾌락을 목적으로 삼은 것이기 때문에 쉽게 변화하는 성격을 지닌다고 한다.[78]

이러한 유용성과 쾌락의 친애는 지속적으로 가족화 검증의 과정을 통해 강화를 필요로 한다. 즉, 유용성과 쾌락은 그 자체만으로는 지나친 갈등과 공동체적 사회적 삶의 심각한 파괴를 초래할 수 있다. 이를 해소하기 위한 방안으로 유용성과 쾌락에 수반되는 친애를 가족의 친애에 의해 점검하고 이를 보강할 필요가 있다. 이러한 보강의 과정 속에서 이 사회의 윤리적 삶의 틀이 보다 안정적으로 정착하는 것이다.

아리스토텔레스가 언급한 바와 같이 친애에는 균등성을 내포한 것과 불평등을 내포한 것이 있다. 균등성을 내포한 친애는 앞에서 언급한 유용성과 쾌락에 의한 친애라 할 수 있다. 왜냐하면 친구들은 피차 상대방으로부터 같은 것들을 얻으며 피차간에 서로 다른 것을 교환하기 때문이다. 유용성과 쾌락은 교환 가능한 것이다. 이미 언급

---

78) 1156b.

한 바와 같이 이와 같은 유용성과 쾌락을 위한 친애는 참된 의미의 친애가 아니며 영속적인 것도 아니다. 그러나 이러한 것들이 친애라고 생각되는 것은 참된 의미의 친애에서 파생되었기에 그와 닮은 면도 있기 때문이다. 그러나 가족의 친애에서 파생한 친애는 불완전하다.

불평등을 내포한 친애는 부모와 자녀 사이의 친애이다. 특히 자녀들이 이 세상에 자신들이 나오게 해 준 부모에게 해야 할 의무를 다하며, 부모들은 부모대로 자녀에 대해 해야 할 의무를 다할 때 이런 친애는 영속적이고 참된 것이 된다. 이러한 친애 속에서는 사랑을 받는 것 자체 때문에 기쁨을 느끼며 존경을 받는 것보다도 존경받는 것 자체가 더 좋은 것이다. 여기서 자식의 부모에 대한 친애, 즉 효는 효도하는 방법이나 내용에 의해 효가 부모를 기쁘게 하는 것이 아니라 효 그 자체에 의해 부모는 기쁨을 갖게 된다. 바로 이러한 부모와 자녀의 기쁨과 존경에 의한 관계 형성은 효의 참된 의미가 된다.

그러나 엘리노 렌츠(Elinor Lenz)가 언급한 바와 같이[79] 불평등한 부모와 자녀 간의 친애는 궁극적으로 균등한 친애로 전환될 때보다 참된 친애가 된다.[80] 물론 이 경우 균등한 친애란 친구 사이에 형성된 균등함과 다른 의미를 지닌다. 즉, 부모와 자녀가 갖게 되는 균등함에는 불평등함과 함께 공존하며 조화를 이룬 균등함이다. 비록 시간이 흘러 균등함이 부모와 자녀 사이에 큰 비중을 차지할지라도 또한 불평등함의 관계도 지속된다. 그렇다면 왜 균등함의 관계가 더 큰 비중을 차지하는 부모 - 자녀 관계로 진행되어야 할까?

---

79) Elinor Lenz, 을지번역실 역, 『어제는 나의 아이 오늘은 나의 친구』(서울: 을지출판사, 1983), p.80.

80) 물론 여기서 균등성의 친애란 유용성과 쾌락을 기반으로 한 것은 아니다.

왜냐하면 불평등에 기초를 둔 친애에는 여러 가지 분쟁이 생길 가능성이 높기 때문이다. 즉, 아무리 혈연적 친애라도 상호 작용이 빈번하지 못할 경우 친애는 줄어들 가능성이 높다. 이렇게 되면 불평이 많게 되는 유용성에 기초한 친애가 드러나게 될 가능이 있다.[81]

렌츠는 이러한 위기를 극복하기 위한 방안으로 부모와 자녀 간의 균등한 친애로의 전환을 주장한다. 이러한 균등한 친애로의 전환이야말로 부모 – 자녀 간의 빈번한 상호 작용을 가능하게 할 것이며 이를 통해 친애가 지속해 간다는 것이다. 진정한 효는 부모와의 관계가 균등한 친애가 되도록 그 관계를 정립해 가는 것이다. 이는 참된 친구 사이의 친애와 동일한 성격을 지닌다. 이러한 균등화된 가족적 친애는 소위 유질동상(isomorphism, 유사한 성질은 같은 종류의 체계에 같은 원리가 적용가능하다는 것)[82]의 성격으로 여타 친애와 쉽게 접촉하는 맥락을 형성하여 가족화 검증이 자연스럽게 이루어지게 된다.

IV. 결론

앞에서 언급한 바와 같이 인간의 본성에 근거한 윤리체계는 개인주의적이며 이를 통한 보편성의 확보는 현대 사회의 위기 상황, 즉 개인과 사회의 해체, 자연환경의 파괴 등에서 보다시피 또다시 도덕적 아노미 현상을 초래할 가능성이 높다. 체계윤리는 이러한 개인 중심의 윤리를 극복하고자 등장한 것이다. 도덕성에 인지의 개입을 허용

---

81) 1162b.

82) 유질동상(isomorphism)이란 유사한 성질은 같은 종류의 체계에 같은 원리가 적용 가능하다는 것이다.

하여 자연과 미래의 사람들에게까지 도덕적 책임성을 구하는 것이다.

그러나 체계윤리는 근대의 개인 중심 윤리체계를 극복하지만 인식의 확대 속에 전개된 일반화의 추상성으로 인해 구체적 실천성을 상실할 위험성이 있다. 이러한 위험성을 해소하기 위한 것이 가족화 검증의 논리이다. 가족화 검증의 논리는 체계윤리의 단점을 보완하면서 구체적으로 체계윤리의 실천 가능성을 심화시킨 것이다.

아리스토텔레스는 가족화 검증의 논리를 구체적으로 정립하였는데 그는 가족 관계 속에서 특히 부모와 자녀, 보다 근본적으로 자녀의 부모에 대한 친애, 즉 효에서 윤리적 필수요소를 찾고 이를 사회와 국가에로 확대시킨 것이다.

한국에서의 효의 중요성은 전통적으로 가족 관계로부터 사회 그리고 국가적 차원에까지 널리 인식되어 한국인의 습성 속에 독특하게 반영되어 왔다.[83]

그러나 그동안 윤리학적 연구의 대상으로서 효에 대한 관심이 저조했는데 그 근본적인 원인은 우리의 이성 중심 개인주의 윤리관의 팽배에 있다고 본다. 특히 보편성을 잘못 이해하여 공허한 논리 속에 구체적인 인간의 정서에 기인한 효를 경시해 온 것이다.

이제 현대 사회 속에서 제기되는 윤리적 위기 상황을, 효를 통한 체계윤리를 확대 심화함으로써 극복해 가는 것이 윤리학의 선결문제라 본다.

---

83) 홍강의, 박선자, "발달학적 측면에서의 효의 기능과 의미", 소아 - 청소년 정신의학, 1991, 2, pp.176-169.

상호보험의 효

I. 문제제기

2000년 11월 22일자 조선일보에 의하면 아버지가 아들을 상대로 "교육비와 결혼자금으로 준 돈 38,750,000원을 되돌려 달라."며 소송을 제기했으나 기각을 당했다고 한다.

이 판결은 현대 사회의 가족 관계와 관련하여 우리의 관심을 끈다. 그 이유는 무엇보다 판사가 내린 판결의 요지에 포함된 효에 대한 이데올로기가 과연 오늘날에도 타당한가에 대한 의문이 제기되기 때문이다. 여기서 판결의 구체적인 내용은 무엇인가가 궁금하다.

판결에 의하면 우선 아버지가 아들을 상대로 제기한 부당이득금 반환 및 손해배상청구소송은 원고, 즉 아버지의 패소라고 한다. 그 이유는 "아버지가 아들에게 준 교육비 등은 원고인 아버지의 주장처럼 혈연관계를 유지하고 노후에 아들로부터 보답을 받는 등 조건을 전제로 한 것으로 볼 수 없기 때문에 돈을 돌려주지 않아도 된다."는 것이다.

여기서 중요한 쟁점은 아버지의 주장인 아들에 대한 지출이 노후 보답을 전제로 한 것인가에 있다. 여기에 대한 구체적 논의는 우선 부모, 즉 아버지가 자녀들에게 왜 지출을 하는가에 대한 해답을 구하는 것에서 시작함이 타당하다.

II. 자녀 양육에 관한 두 가지 이유

부모가 자녀에게 베푸는 지출은 양육비, 즉 먹이고 입히는 비용과 교육시키는 비용, 즉 교육비를 합친 것이다. 따라서 양육비는 자녀가 스스로 독립하여 먹고살 수 있기까지 의식주를 돌봐 주는 것과 자녀의 보다 나은 사회생활을 위해 자녀의 지적·정신적 성장을 돕는 데 사용되는 교육에 관한 비용을 포함한다.

그런데 부모는 다양한 이유로 자녀의 양육비 부담을 지니고 있다. 그러나 대체로 그 이유에 대해 크게 두 가지로 나누어 살펴볼 수 있다. 즉, 자연적 이유설과 사회적 이유설이 그러하다.[84] 자연적 이유설은 부모는 인간 본성적으로 자녀를 양육하려는 심성이 있고 이에 따라 자연적으로 자녀를 양육하게 된다는 것이다.

여기에 대해 사회적 이유설은 우선 자연적으로 인간에게 자녀를 양육하려는 심성이 있다는 전제를 부인한다. 사회적 이유설은 단지 사회의 유지 존속과 관련하여 사회 구성원으로서 자녀를 양육할 필요성에 의해 부모에게 양육의 의무를 지게 하고 자녀에게는 양육 청구권을 허용한다.[85]

---

84) 자연적 그리고 사회적 이유 이외에 종교적 이유를 들 수 있다. 즉 기독교, 불교, 유교 등의 가르침에 의하면 자녀에 대한 부모의 양육이 당연시되고 있기 때문이다.

85) 우리나라 현행 민법 제913조는 "친권자는 자를 보호하고 교양할 권리의무가 있다."라고 하여 위 두 가지 이유 중 어느 것에 의해 적용되는지 명료하게 드러나지 않는다.

위 두 이론 중에서 우리나라 민법학에 있어서는 일치된 의견이 없다.[86] 그렇다면 앞에서 언급된 판결은 어떤 논리에 따라 판결을 내렸는가? 판결의 내용에는 자세한 것이 드러나지 않았지만 "조건을 전제로 한 것으로 볼 수 없기 때문에"라는 문장에서 알 수 있듯 자연적 이유설이 강하다.

부모의 자녀에 대한 양육이 자연적 이유에 근거한다면 부모의 자녀에 대한 양육은 무조건적이고 당연한 이치이며 자녀들은 이에 대해 반대급부 의무를 지니지 않는다. 과연 이러한 논리가 현대 사회의 가족체계를 유지, 존속하는 데 정당한 근거를 갖는가?

Ⅲ. 자연적 이유설의 문제

단적으로 말해 그렇지 못하다. 그 이유는 그동안 부모의 양육은 자연적인 것으로 규정되어 관습적으로 인정된 전근대적 양육체계는 전근대 사회의 사회 존속과 관련되어 있기에 오늘날 사회에 그대로 적용하기에 무리가 있기 때문이다.

이러한 자연적 이유설에 대한 거부를 보다 분명히 알기 위해서는 이 자연적 이유설에 내포된 이데올로기적 배경을 분석하는 작업이 필요하다. 자연적 이유설의 이데올로기적 배경은 무엇인가에 대한 다양한 논의가 있을 수 있지만 대체로 유가적 사상체계가 그 배경임을 부인할 수 없다.

---

86) 어인의, "한국민법상 부모에 대한 자녀의 의무", 『효사상과 미래사회』(성남: 한국정신문화연구원, 1995), p.255 참고.

즉, 베리(W. T. de Bary)가 언급한[87] 바와 같이 유가에 의하면 부모-자식 관계는 하늘의 도덕적 본성에 그 뿌리를 두고 있는데 여기서 하늘의 도덕적 본성이란 인간에게 부여된 자연적 심성을 의미한다. 이러한 하늘의 이치 속에 부모는 당연히 자녀 부양 의무를 지니게 된다.

그동안 우리 사회에서는 자연적 인간 본성 등을 근거로 한 유가적 가족 이데올로기가 강력한 힘을 유지하여 왔다. 그리고 이러한 유가적 이데올로기에 의한 부모와 자녀의 관계는 나름대로 통합성을 유지하여 가족의 존속을 성공적으로 이루어 왔다.

즉, 중국 고대에서부터 우리나라의 조선시대에 이르기까지 유가적 이데올로기에 의한 가족체계는 당시의 정치사회적·경제적 상황과 맞물려 나름대로 존속 기반을 가졌고 다양한 문제점이 제기되었지만 나름대로 존속을 했었다.

IV. 사회보험적 효윤리체계의 필요성

하지만 현대 사회의 자유민주주의 체계가 가지고 있는 합리적이고 계약론적인 이데올로기 속에서 자연적 심성에 근거한 유가적 가족 이데올로기가 단지 자연적 본성이라는 논리로서 그 정당성을 인정받기에 한계가 있다.[88]

---

87) W. T. de Bary, 『유교적 효 사상에 대한 소고』(성남: 한국정신문화연구원, 1997), p.47.
88) 비트겐슈타인(L. Wittgenstein)은 인간 본성에 기초한 논의 전개를 부당한 것으로 거부한다. 여기에 대한 자세한 내용은 L. Wittgenstein, *Philosophical Investigations*(Oxford: Basil Blackwell, 1958)을 참조.

왜냐하면 쿤(T. Kuhn)이 언급한 바와 같이 지적 공동체에 의한 하나의 패러다임으로서 자유민주주의 이데올로기가 오늘날 지배적 이데올로기이며 이러한 지배적 이데올로기의 틀을 벗어나는 것은 이 시대에 그 정당성을 인정받기 힘들기 때문이다.

이 시대의 정치, 경제, 사회, 문화, 교육 등의 사회 하부체계에는 이러한 자유민주적 이데올로기가 정상적 작동 규범으로 내면화되어 있어 체계 가동력의 근간이 되고 있다. 따라서 가족체계도 하나의 사회적 하부체계로서 현 사회체계 속에 존속의 기반을 마련하기 위해서는 이러한 지배적 이데올로기에 의한 정상적 작동 규범을 내면화하는 과정이 필요하다. 만일 이러한 작업이 원활하게 이루어지지 않는다면 가족체계의 통합에 균열이 생기고 존속의 위기가 초래되게 된다.

위와 같은 관점에서 법의 집행도 사회 구성원의 요구와 지지 그리고 전체 사회체계의 균형을 유지하고 이에 의한 체계 존속의 기반을 마련하는 과정과 이를 위한 노력이 필요하다. 따라서 사회 여타 하부체계가 시대적 지배이데올로기에 의한 정상적 작동 규범에 의해 균형과 가동력을 가지고 있는데 뚜렷한 이유 없이 가족체계를 여전히 과거의 이데올로기적 산물 속에 고착시켜 놓으려는 법 집행에는 문제가 있다. 따라서 현대적 지배이데올로기에 의한 가족 존속의 원리에 기초한 부모-자녀 관계를 재정립하는 작업이 필요하다. 그렇다면 새로운 지배이데올로기에 의한 가족 존속을 위한 부모-자식 관계의 통합원리는 무엇인가?

현대 사회의 지배이데올로기인 자유민주적 이데올로기에 의한 부모자녀통합(Parents-Children Integration: P.C.I)의 원리는 한마디로 상호보험적 부모자녀통합(P.C.I)원리라 할 수 있다.

상호보험적 부모자녀통합원리는 사회 존속과 관련하여 오랜 역사를 지닌 것이다. 즉, 자유민주주의의 기초인 아테네 소피스트의 계약론적 사고로부터 근대 계몽주의 논리에 내포된 부모자녀통합의 논리이다.

계약론적 사고에 의한 상호보험적 부모자녀통합체계에 의하면 부모의 자식에 대한 양육에는 계약론적 사고가 들어 있으며 궁극적으로 부모의 자녀에 대한 양육에는 노후 부모의 보호가 전제된 상호보험적 논리가 관련된다. 따라서 효라는 것도 이러한 상호보험적 차원에서 부모에 대한 보답의 행위이다.

이러한 상호보험적 논리에 의해 부모자녀통합관계를 강화하기 위해서는 부모에게 양육의 책임과 자녀에게는 효의 책임을 갖게 하는 것이 필요하다. 따라서 상호보험적 부모자녀통합을 보다 확실히 실현시키는 방법은 부모에게는 양육의 의무를 법적으로 규정하고 자녀에게는 효도법의 제정을 통해 자녀의 책무를 입법화하는 것이 필요하다.

효도법은 어릴 때 부모가 베풀어 준 은혜를 보답하는 것은 당연한 것이며 노년인 부모 또한 이를 근거로 자녀에게 보답할 것을 요구하는 것도 당연함을 법으로 규정한 것이다. 부모의 양육 의무와 자녀의 보답 의무가 균형을 이루게 한 것이다.

이러한 상호보험적 부모자녀통합원리에 의한 효윤리체계는 오늘날 지배적 이데올로기인 자유민주주의하에서 가족체계의 존속과 관련하여 다수의 지지를 얻을 수 있는 효리(孝理)로 받아들여지고 있는데 이는 현대 사회의 개인적이고 자유주의적인 이데올로기 체계하에서 약화된 부모의 상황을 보강하고 가족을 통합하여 가족 존속을 도모하기 위해서는 상호보험적 효윤리체계가 이에 적절한 대안이 되기 때문이다.

분명한 것은 자연적 또는 전통적 사회체계에 있어서는 도덕 관습적인 가족 관념에서 자녀의 효 의무가 강조되었다. 그러나 시대의 변화 속에 자유민주적 이데올로기하에서 자녀들은 개인주의적 성향에 의해 부모에 대한 효의 의식이 약화되었다.

그런데 이런 상황에서도 부모에게 일방적으로 전통적·자연적 부자 관계를 이유로 양육의 의무만 여전히 강조한다면 이는 균형이 상실된 것이다. 이러한 균형의 상실은 가족 구성원의 한편이 다른 편에 대한 부당한 대우를 초래하게 한다. 이것은 가족 존속을 위한 통합의 가동력을 제대로 작동 못 하게 하며[89] 결국 가족체계의 존속에 위기를 초래한다.

이런 의미에서 상호보험적 부모자녀통합논리에 의한 효윤리체계는 가족체계 존속을 보다 확산시킨 사회 존속적 차원에서 볼 때에도 중요한 의미를 지닌다. 왜냐하면 부모의 자녀에 대한 양육은 전체 사회 존속을 위해 필요한 요소가 될 뿐 아니라 자녀의 노부모에 대한 효라는 것도 사회 존속을 위해 중요한 의미를 지니기 때문이다.

V. 결론

그동안 한국 사회는 효에 있어서 지나친 유가적 이데올로기의 지배를 받았다. 물론 부모자녀통합의 원리로서 과거에 이러한 유가적

---

89) 자유민주적 이데올로기하에서도 자녀나 부모 양자는 가족의 통합과 존속을 유지하기 위한 노력이 필요한데 바로 상호보험적 효윤리체계는 이러한 상황에 부모나 자녀가 상호 통합을 위해 노력하게 하는 동기를 부여한다.

이데올로기가 가족 통합의 한 과정으로서 전통적 효체계에 있어서 순기능을 담당했음을 부인할 수 없다. 또한 현재에도 유가적 이데올로기에 의한 효윤리체계가 어느 영역에서는 여전히 순기능을 담당할 수 있다.

그러나 앞에서 언급된 바와 같이 현대 사회의 지배적 이데올로기인 자유민주적 체계하에서 이러한 전통적 논리를 그대로 지속시키기에는 한계가 많다. 사회 전체적 맥락에서 가족체계도 다른 사회의 하부체계와 균형을 유지하는 것이 필요하며 또한 가족 내부 구성원 사이의 체계에도 균형을 유지함이 필요하기 때문이다. 이런 의미에서 앞에서 언급한 판결은 이러한 균형이 상실된 잘못된 것임을 부인할 수 없다. 따라서 이 판결에는 앞에서 언급한 상호보험적 부모자녀통합원리가 적용되어야 했음을 이해하게 된다.

제 3 장

효윤리의 사회학적 분석 : 사회효학

도교 효윤리의 체계론적 연구

I. 서론

윤찬원 교수가 언급한 바와 같이[1] 일반적으로 중국 도교[2]를 연구하려고 할 때 부딪히는 문제는 도교[3]와 같은 고대 종교 형식에 대한 철학적 연구가 과연 필요한가라는 것이다.[4] 이는 최근까지 철학계에

---

1) 윤찬원, "후한시대 초기도교철학사상에 관한 연구", 『도교문화연구 제14집』(서울: 도서출판 동과서, 2000), p.194.

2) 도교를 이해하기 위해 그의 성격을 도가와 관련하여 규명하는 방법이 있다. 첫째, 도교는 도가의 철학과 동질성이 있기 때문에 아무런 갈등도 없고, 도가의 철학이 도교의 사상들 안에 무리 없이 포함될 수 있다고 보는 견해가 있다. 둘째, 양자는 전혀 이질적인 요소로 구성되어 있다는 설이 있다. 도가는 순자연의 사상이고 도교는 역자연의 사상이라는 것이다. 셋째, 도가와 도교는 서로 이질적일 뿐만 아니라 후대의 도교에서 노장 사상을 어떤 틀에 억지로 꿰맞추어 원용해 왔을 뿐이라는 견해가 있다. 넷째, 도교는 도가 철학 및 다양한 요소들을 그 안에 포함하고 있기는 하나, 그것은 단순한 절충이나 혼합이 아니라 거기에 어떤 일관성이 흐른다고 보는 견해이다. 참조, 한국철학사상연구회, 『강좌 한국철학』(서울: 예문서원, 2001), p.90. 그러나 도가 철학을 체계적으로 분석해 보면 어떤 부분은 단순히 이론 집단으로서 그치지 않고 종교화의 길을 걸어왔으며, 특히 육조 이후에는 도가와 도교라는 말이 동의어로 사용되었음을 이해할 필요가 있다. 이런 관점에서 보면 도가 철학과 도교는 정치사회적 변화 속에서 상호간 사상적 발전, 전개과정을 지니고 있다는 것을 이해하게 된다.

3) 도교는 노장 사상이 귀족 지식인을 중심으로 유행하던 무렵 그것과 평행하여 민간신앙을 모체로 하면서 급속히 교의를 정돈, 이윽고 유·불에 견줄 정도로 성장한 종교다. 도교라는 말은 본래 도(道), 즉 진리에 관한 가르침이라는 뜻의 보통명사이다. 이것이 하나의 종교 명칭으로 나타난 것은 5세기 무렵 남북조 이후의 일로 기록되어 있다. 참조, Ibid., p.91.

4) 그러나 四川大學의 경희태(卿希泰) 교수는 도교가 과거의 사상에 그치지 않고 오늘날까지 그 생명력을 지니고 있는 사상 형태라고 주장한다. Ibid.

서 도교에 대한 철학적 연구를 부정하는 경향에서 잘 알 수 있다.[5]

그런데 이러한 도교 연구의 필요성 여부에 대한 논의에는 문제가 있다. 왜냐하면 학문적 연구에는 그 연구의 필요성이 필연적으로 내재되어야 할 필요가 없기 때문이다. 즉, 자연현상에 대한 연구이든 사회현상에 대한 연구이든 연구의 필요성이 제기되기 이전에 자연이나 사회현상에 대한 사실, 즉 연구대상 자체에 대한 과학적 규명작업을 우선 시작할 수 있기 때문이다.

하나의 사회 현상으로서 도교를 연구대상으로 할 때 관심의 대상이 되는 것은 도교의 교리 속에 내포된 '장수'의 문제이다. 막스 칼텐마크(Max Kaltenmark)가 지적한 바와 같이[6] 도교 교리의 주요한 내용으로서 '장수', 즉 '오래 살기'는 도교의 최대 관심이라 해도 과언이 아니다.

특히 장수의 문제와 관련하여 도교의 효윤리도 장수와 관련지어 설명한다. 즉, 도교의 경전인 「태평경」에 의한 바와 같이[7] 도교는 효를 중시함으로써 유가적 효와 유사한 측면을 보여 주고 있지만 효실천의 이유를 장수에 둠으로써 유가와 다른 성격을 분명히 한다.

위와 같은 사실을 고려할 때 우리의 관심을 끄는 것은 도교의 효윤리가 갖는 장수의 문제를 포함한 복합적 성격의 내용과 십계명에 보다시피 기독교 효윤리의 장수문제를 포함한 복합적 성격의 상관관계이다.

---

5) 윤찬원, op.cit., p.194.

6) Max Kaltenmark, "The Ideology of the T'ai-p'ing ching", Hlmes Hinkely Welch & Anna Seidel(eds.), 윤찬원 역, 『도교의 세계』(서울: 사회평론, 2001), p.79.

7) "然 上善第一孝子者, 念其父母且老去也, 獨居閒處念思之, 常疾下也, 於何得不死之術, 嚮可與親往居之(卷47 '上善臣子爲君父師仙方訣', pp.134-135), 재인용, 윤찬원, op.cit., p.180.

한편 양자의 관계에 관심을 갖게 되는 또 다른 이유는 윤성범 교수에 의한 바와 같이[8] 기독교의 효윤리를 유가의 효윤리와 연관하여 기독교의 토착화 작업이 행해져 왔지만 그동안 제기된 비판에서 보다시피[9] 제대로 성공을 거두지 못하였다. 따라서 이제 한국의 민간신앙 속에 깊이 내면화된 도교와 그 효를 기독교 관점에서 규명함으로써 이를 통한 새로운 한국 사회의 기독교 토착화를 재정립할 수 있기에 도교 효윤리와 기독교의 효윤리의 상관성에 관심을 갖게 된다.

본 연구는 위와 같은 관점에서 도교적 효윤리를 기독교 효윤리적 관점에서 체계론적으로 분석하고 도교의 효와 기독교 효의 접합점을 재구성하여 기독교의 토착화에 대한 전략을 구축하는 데 연구의 목적을 둔다.[10]

II. 기독교 효윤리체계에 의한 분석 틀 구축

기독교적 관점에서 도교의 효윤리를 제대로 분석하기 위해서는 분석의 대상인 도교의 효윤리를 분석하기 위한 기독교적 효윤리에 의한 분석 틀을 마련하는 작업이 선행되어야 한다. 그렇다면 기독교적 효윤리에 의한 분석 틀을 어떻게 구축할 것인가?

기독교 효윤리에 의한 분석 틀을 구축하는 것과 관련하여 우리의 관심을 끄는 것은 성경의 에베소서 6장 1절부터 4절까지에서 나타난

---

8) 참조, 윤성범, 『효』(서울: 서울문화사, 1973).

9) 이종성, 『복된 말씀』(1972, 12월호); 박아론, "한국적 신학에 대한 이론", 『기독교 사상』 제 17권 8호(1973, 8월호).

10) 그런데 본 글은 도교체계를 하나의 종교 형태로 규정하여 분석한 점에 연구의 범위가 제한된다.

효윤리의 내용이다. 왜냐하면 에베소서 6장 1절부터 4절까지에서 나타난 효윤리의 잘 짜인 내용은 위에 언급한 도교의 효윤리를 분석하기 위한 분석 틀, 즉 기독교 효윤리체계의 내용을 제대로 내포하고 있기 때문이다.11)

즉 에베소서 6:1 - 4의 효윤리에는 동서양의 인간 중심적 효윤리 내용과 신 중심적 효윤리 내용이 동시에 적시되고 있다. 따라서 에베소서 6장 1~4절에 의해 효윤리의 일반 원리를 내포한 이상적 틀인 보편화 가능성의 효윤리체계를 마련할 수 있다.12) 구체적으로 에베소서 6장 1절부터 4절까지의 내용을 살펴보면 다음과 같다.

> "자녀이신 여러분, 주 안에서 여러분의 부모에게 '복종'하십시오. 이것이 옳은 일입니다(1절). '네 부모를 공경하여라'고 한 계명은 약속이 딸려 있는 첫째 계명입니다(2절). '네가 잘되고, 땅에서 오래 살 것이다'고 한 약속입니다(3절). 또 아버지이신 여러분, 여러분의 자녀를 노엽게 하지 말고, 주님의 훈련과 훈계로 가르치십시오(4절)"(표준새번역)

위와 같은 사항을 고려하여 도교 사상에 나타난 효윤리를 분석하기 위한 분석 틀로서 보편화 가능성의 효윤리체계를 아래 그림과 같이 네 가지 변수, 즉 순종, 친애, 존속, 대리 등을 중심으로 구축할 수 있다.13)

---

11) 여기서 보편화 가능성의 효체계를 구축하는 작업과 관련하여 고려할 것은 유교나 불교 그리고 동서양 철학의 일부에서 도출되는 효에서 보다시피 신의 관념이 배제되고 부모와 자녀의 관계를 비롯한 인간 중심적 차원에서 효가 논해지는 경우가 있는가 하면 이러한 인간 관계 외에 유대교나 기독교 그리고 도교 등에서 보다시피 신의 관념을 포함하여 효를 논하는 경우가 있다는 점이다. 이런 점들을 고려하여 효를 제대로 이해하기 위한 포괄적인 보편화 가능성의 효체계를 구축하려 한다면 최소한 부모와 자녀 관계와 같은 인간 중심적 효 관계와 아울러 신과 인간과의 관계도 포함한 효체계를 마련하는 것이 중요하다.

12) 참고, 박철호, 『성경적 효윤리의 이해』(인천: 도서출판좋은세상, 2001).

13) 이 네 변수로서 순종과 친애 그리고 존속은 동서양 효윤리체계에 공동적으로 내포된 부모 - 자

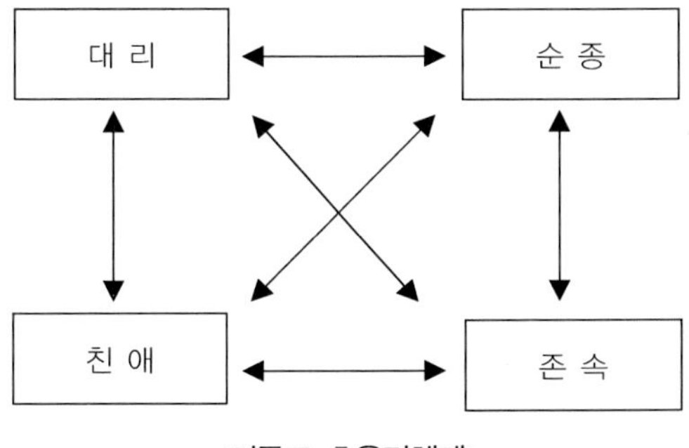

<기독교 효윤리체계>

그런데 기독교 효윤리체계를 위와 같이 네 가지 변수로서 구성할 수 있는 근거는 어디에 있는가? 이러한 네 가지 주요 변수로서 기독교 효윤리체계를 구축한 근거, 즉 이유는 다음과 같다.

우선 위에서 보다시피 에베소서 6장 1절부터 4절까지의 효윤리체계에는 동서양의 효윤리 일반 원리인 부모공경과 부모에 대한 '순종'이 강조되고 있다(1~2절). 이러한 부모에 대한 복종 또는 순종은 동서양의 효에 있어서 대표적으로 강조되는 내용이다.[14]

그런데 에베소서에서 염두에 둘 것은 부모에 대한 효로서 부모공경이나 부모에 대한 순종을 강조하면서 부모의 자녀에 대한 도덕적 의무를 또한 강조하고 있다는 점이다(4절). 이는 부모와 자녀 관계에 있어서 상호주의적 대응 관계를 구축하고자 한 것이다.[15]

녀 관계의 내용이며, 대리는 신의 관념이 포함된 것이다.

14) 유교에서는 가장 기본적인 인간관계가 부모 - 자녀 관계이고 따라서 순종의 효를 『효경』 등을 통해 지극히 강조하고 있다. 이해영, "유학이란 무엇인가?", 『강좌 한국철학』(서울: 예문서원, 2001), p.30. 도교에서는 유교의 효와 거의 일치하게 순종의 효를 강조한다. 이러한 사실은 무엇보다도 사회를 구성하는 기본 단위로 가족을 강조하는 『태평경』에 잘 나타난다. 참조, 윤찬원, 『도교의 철학』(서울: 돌베개, 1998), p.181. 불교도 『부모은중경』을 통해, 유대교도 십계명을 통해 순종의 효를 강조하고 있다.

15) Ibid., p.123.

이러한 부모와 자녀 관계에 의한 도덕적 의무의 양면성은 부모의 일반적 성격에 따라 제시되었다고 볼 수 있다. 즉, 브리태니커 사전에 의한 바와 같이[16] 전통적으로 부모는 페이터(pater)적 성격과 제니터(genitor)적 성격이 있고[17] 바로 이러한 부모의 성격에 따라 도덕적 내용을 달리하고 있기 때문에 부모와 자녀 관계의 양면성이 존재하게 되었다.

페이터적 부모는 자녀와의 불평등 관계에 의해 권위적이고 명령적이다. 왜냐하면 이러한 부모의 위치는 자녀의 도덕적 불완전성과 위법 가능성에 기초하여 자녀에게 도덕성을 내면화하는 작업과 관련되기 때문이다.[18]

자녀들이 페이터적 부모의 훈육, 즉 육효(育孝)[19]에 순종함으로써 이를 통해 사회질서를 존중하고 이를 준수하는 기본적 사회질서 의식을 갖게 된다. 이러한 페이터적 부모에 대해 갖추어야 할 자녀의 효 내용은 한마디로 공경이요, 복종이며 보편화 가능성 효윤리체계의 하위변수인 '순종'이다.

그러나 제니터적 부모와 자녀의 관계는 페이터적 부모와 자녀의 관계와 달리 원칙이나 약속 앞에 상호 평등적으로 이루어지는 관계이다. 따라서 부모－자녀 관계는 수평적이고 인격적이며 애정과 '친

---

16) Encyclopaedia Britannica, Ⅶ(1973～1974), p.754.

17) 페이터적 부모의 성격은 자녀를 훈육하여 사회화를 통해 공동사회의 구성원으로 자라게 하는 것을 의미한다. 이러한 부모는 가부장제(patriarchy)에서 보다시피 권위적이고 위계적이다. 반면 제니터(genitor)적 부모의 성격은 자녀와 수평적 관계를 유지하면서 인격적인 애정과 친애의 성격을 지니는 것을 의미한다. 참조, 박철호, 『효윤리학』(인천: 도서출판좋은세상, 2000), p.69.

18) Ibid., p.68.

19) 박철호, "효학의 학문적 기반 구축을 위한 체계론적 연구", 『효학개론』(인천: 성산효도대학원대학교, 2001), p.44.

애'의 성격을 지닌다.

페이터적 부모가 갖는 위계적이고 권위적인 것이 아닌 동일한 인격체로서 서로 존중하며 친구와 같은 우정을 나누는 것이 제니터적 부모와 자녀의 관계이다.[20] 에베소서 6장 4절의 내용은 바로 부모가 자녀를 인격적 관계로 대하는 것을 의미한다.

즉, 부모가 자녀의 분노를 일으키는 것은 무엇보다 비인격적 대우에 기인한다. 따라서 에베소서 6장 4절은 부모와 자녀 간에 서로 동등한 인격적 인간관계가 존재함을 드러낸 것이다. 이러한 제니터적 부모에 대한 자녀의 효 내용은 친구 사이에 맺어지는 윤리인 '친애'이다. 즉, 자녀는 부모를 친애로서 효도할 때가 필요하고 부모도 이를 통해 기쁨을 누리게 된다.[21]

한편, 기독교의 효윤리에 있어서 효를 행하는 자, 즉 순종과 친애의 효를 부모에게 행하는 자는 축복을 받게 되어 있음이 곳곳에 드러난다. 즉, 성경의 구약과 신약의 효윤리에 관한 내용에는 이 땅에서 잘된다는 물질적 축복과 장수한다는 육체적 축복이 제시되어 있다.

이러한 효자에 대한 축복 내용은 에베소서에서도 잘 나타난다. 즉, 이 세상에서 잘되고 장수한다는 것이다(에베소서 6장 3절). 그런데 이러한 물질적 축복과 육체적 축복은 최소한 생명이 살아남아 이 땅에서 '존속'해 간다는 의미를 내포하고 있다. 따라서 보편화 가능성

---

20) 제니터란 '생산자'의 의미를 가지고 있다. 부모는 자녀의 생산자이다. 그러나 이 부모는 자기 자녀가 생산자로의 위치에 있게 되면 서로 간 생산자로서 동등한 성격을 지니게 된다. 이런 의미에서 궁극적인 생산자이며 창조주인 하나님, 즉 진리 앞에서 양자는 동등하고 평등한 위치를 갖게 된다. 따라서 이러한 부모와 자녀가 동등하고 평등한 관계에 의한 '친애'의 정서를 서로 교환하는 시기는 대체로 자녀가 결혼하여 또 다른 생산자로 위치할 때이다. 물론 결혼하지 않은 자녀도 성인으로서 이러한 관계를 갖게 된다. Ibid., p.68.

21) 박철호, "체계윤리의 가족화 검증의 논리에 의한 효 연구", 『효윤리학』(인천: 도서출판좋은세상, 2000), pp.33-37.

효윤리체계에 '존속'이라는 변수가 포함된다.

그런데 이러한 효윤리체계의 변수로서 '순종'과 '친애' 그리고 '존속'은 일반적으로 인간적 차원에서 논해질 수 있는 인간 중심적 효윤리의 성격을 지닌다. 그런데 에베소서 6장 1절부터 4절까지의 내용에서 드러난 것은 부모에 대한 공경, 즉 '순종'이나 부모와의 '친애' 그리고 이를 통한 '존속'도 '주' 안에서 행해진다고 하여 신의 관념이 내포된 효윤리체계가 구축되고 있다. 이것은 유대교와 기독교 그리고 동양의 도교22) 등의 효윤리에 적용가능한 것이다. 그렇다면 유대교나 기독교 그리고 도교 등에서 효윤리는 신과 어떤 관계를 맺고 있는가?

우선 유대교에서 부모의 자녀에 대한 위치는 월터 카이저(Walter C. Kaiser)가 언급한 바와 같이23) 하나님의 대리자이다. 따라서 부모에 대한 반역을 하나님에 대한 반역과 연관을 짓고 있다. 왜 부모는 하나님의 대리자인가? 이는 성경에 언급한 바와 같이24) 부모로부터 하나님의 법을 배우기 때문이다.

이러한 이유로 자녀는 하나님의 대리자인 부모에게 '순종'하여야 하며 부모는 또한 하나님의 대리자로서 자녀를 하나님의 뜻 가운데서 '친애'로서 육효하여야 한다. 이를 보다 확대하여 보면 자녀도 역시 하나님의 대리자로서 부모를 섬기기 위해 '순종'하고 '친애'로서

---

22) 『태평경』에 나타난 효윤리의 내용은 주로 여섯 명의 진인들이 천사에게 묻고, 천사가 그것에 대답하는 천사와 여섯 진인 간의 대화 형식으로 기록되어 있다. 천사는 하늘로부터 이 세상을 구제하기 위해 보내진 존재이다. 하늘이란 곧 황천을 가리키며, 따라서 도교의 효윤리 내용은 황천 곧 신의 가르침이자 진리로 간주된다. 참고, 윤찬원, op.cit., p.189.

23) Walter C. Kaiser, 홍용표 역, 『구약성경윤리』(서울: 생명의 말씀사, 1990), p.179.

24) "오늘날 내가 네게 명하는 이 말씀을 너는 마음에 새기고 네 자녀에게 부지런히 가르치며 집에 앉았을 때에든지 길에 행할 때에든지 누웠을 때에든지 일어날 때에든지 이 말씀을 강론(대화)할 것이며"(신명기 6장 6~7절).

효를 행하여야 한다.

이러한 유대교의 하나님 '대리'로서 효윤리체계를 설명하는 틀은 기독교에도 동일하게 적용할 수 있다. 즉, 기독교의 효윤리체계도 이 부분에서 구약의 유대교의 효윤리체계와 크게 차이가 나지 않기 때문이다. 다만 신약의 에베소서의 '주 안'은 카이저가 지적한 바와 같이[25) 대리자로서 부모나 자녀가 하나님의 말씀을 대적하는 것을 금지하는 의미도 포함한다.[26)

그런데 여기서 구축되는 효체계에서의 '순종'과 '친애' 그리고 '존속'이 '주 안'과 맺는 관계를 어떻게 이해할 것인가? 체계론적 관점에서 보면 상호 작용에 의한 관계의 망을 형성하는 네 개의 변수들은 상황에 따라 그리고 분석의 수준에 따라 다양한 형태를 지니게 된다.

즉, 체계론에 의한 보편화 가능성의 효윤리체계에서는 네 개념이 서로 관련을 맺되 서로의 관계는 소위 막스 베버(Max Weber)의 선택적 친화력(elective affinity)[27)의 관계와 유사한 형태가 된다.

즉, '순종', '친애', '존속' 그리고 '주 안'은 각각 보편화 가능성의 효윤리체계 하부체계로서 서로 간 필요와 관심(interest)에 따라 그리고 상황에 따른 친화력의 정도에 따라 '인식의 망'을 달리 형성하게 된다.

---

25) Walter C. Kaiser, op.cit.

26) 몰트만(J. Moltmann)이 언급한 바와 같이 기독교적 관점에서 보면 '대리' 행위에 의해 인간 역사와 사회의 윤리적 기초가 형성되었다. 왜냐하면 바로 그리스도의 '대리' 행위 속에 새로운 인류사가 시작되었고 교회 공동체의 개인적이며 사회적인 구조가 근거하고 있기 때문이다. 즉, 그리스도의 대리 행위에 의해 모든 인간의 대리 행위가 의미를 갖는다. 왜냐하면 이러한 그리스도의 대리 행위는 모든 인간의 대리 행위의 전형적인 모형이 되기 때문이다. 참조, J. Moltmann, 김균진 역, 『본 훼퍼의 社會倫理』(서울: 대한기독교서회, 1993), p.39.

27) 참조, H. H. Gerth and C. Wright Mills, *From Max Weber*(London and Boston: Routledge & Degan Paul Ltd., 1974), p.62.

이제 이러한 기독교의 효윤리체계를 분석의 틀로 하여 도교에 나타난 효윤리를 분석하기로 한다. 과연 도교에 나타난 효윤리는 어떤 성격을 지니는가?

Ⅲ. 도교의 복합체계와 효윤리체계

도교의 효윤리체계를 분석하기 위해서는 우선 도교의 성격을 개괄적으로 분석하는 것이 필요하다. 왜냐하면 도교의 효윤리체계도 이러한 도교의 전체적 체계 속에서 그 위치를 제대로 파악할 수 있기 때문이다.

1. 도교의 이중적 복합체계

임계유가 언급한 바와 같이,[28] 종교의 형성은 그 산출의 형식에 있어서 네 가지 조건을 갖추어야 한다. 즉, 일정한 종교신앙, 종교이론, 종교활동, 종교실체 등이 그러하다.

이런 기준에 따라 도교의 산출을 고찰하며, 太平經, 周易參東契, 老子想爾注 등 세 권의 책은 신앙과 이론의 표적으로 볼 수 있으며, 태평교와 오두미도는 종교활동과 실체를 출현시킨 표적으로 볼 수 있다.

그런데 후한 말 이후 도교는 커다란 사회사조가 되었을 뿐만 아니라 일종의 사회활동에 적극적으로 참여하여 비록 불완전하였지만 하

---

28) 任繼愈 主編, 『中國道敎史』(上海: 上海人民出版社, 1990), p.8.

층계층에서 호응을 얻는 업적을 이루어 내기도 하였다. 한편 후한 시대와 더불어 위진남북조 시대에는 상류계층의 도교가 형성되고 통치자가 그것을 정식으로 승인하는 계기도 마련되었다. 이러한 도교의 상층체계와 하층체계의 보다 구체적인 내용은 무엇인가?

역시 중국 도교의 변화과정 속에 관심을 끄는 사실은 중국 도교가 상층도교와 하층도교로 분리되어 변천되어 왔다는 점이다. 여기서 상층도교란 도교가 조정과 같은 상층에 종속되어 황제 개인이나 귀족의 장생불사의 정신적 욕구를 만족시키거나 왕권 강화를 위한 정치적 도구로서 그 왕권을 신격화시켜 황권(皇權)으로서 장기집권을 가능하게 하는 기능을 담당한 도교의 형태를 의미한다.

이에 반해 하층도교란 사회 개혁의 기치 아래 태평도가 태평경이라는 경전을 통해 중국역사에 등장함으로써 드러난 도교의 형태를 의미한다. 오두미도 역시 태평도와 함께 하층교로서 그 성격을 지니고 있다.29)

그런데 이 하층도교는 지속적으로 봉건왕조에 저항하는 세력으로 민란의 주요 원동력이 되기도 하였다. 김승혜 교수가 지적한 바와 같이30) 이들은 소생산자들, 즉 하층계층으로서 계층적 시각 속에 재산의 공유와 노동 및 사회적 평등성을 지향하는 면에서 정치 변혁적 성격이 강하였다. 그렇다면 이렇게 중국도교가 이중적 형태를 지니

---

29) 그런데 하층도교에는 태평도의 난(황건적의 난)에서 보다시피 사회개혁에 적극적이어서 급진적인 성격을 지닌 것이 있는가 하면, 온건하게 민중의 병을 고쳐 주기 위해 신에게 참회의 용서를 빌게 하는 온건한 하층도교도 있었다. 오두미교는 초기에 비록 태평도와 같이 난을 일으키기도 했지만 태평도와 달리 뒤에 '각각 정해진 위치에서 최선을 다하면, 저절로 태평하게 된다'는 이상을 제시하여 수련을 강조하는 온건한 하층도교의 모형을 가지게 되었다. 이제 오두미도를 중심으로 온건한 하층도교체계를 우선 살펴보고 뒤에 급진적 하층도교를 분석하기로 한다.

30) 김승혜, "사천성 도교의 위치와 특성", 『한국도교문화학회』(서울: 도교문화연구원, 1997), p.33.

게 된 원인은 무엇인가?

중국도교가 위와 같이 상층도교와 하층도교로 분리되어 이중적 형태를 지니게 된 이유는 다양하게 규명될 수 있다. 그러나 상층도교와 하층도교가 사회계층과 관련하여 성격이 드러난 것을 전제할 때 정치사회적 관점에서 그 원인을 도출하는 것이 타당하다.

따지고 보면 황제나 귀족에게 적용되는 상층도교와 민간 피지배층에게 적용되는 하층도교가 본질적으로 분리되어 각각 존재했다고 볼 수 없다. 왜냐하면 임계유(任繼愈)가 중국도교체계를 제대로 분석한 바와 같이[31] 중국도교는 유교와 불교의 합류 속에 존속하여 중국도교에서는 처음부터 본질적인 요소를 도출하는 것이 거의 불가능하기 때문이다.

이런 의미에서 중국도교는 시대와 상황에 따라 도교체계 속에 포함된 유교나 불교 그리고 민간신앙 등이 복합적으로 작동하여 때로는 상층도교로서 때로는 하층도교로서 형태를 달리하며 역사적 맥락 속에 등장하였다고 봄이 타당하다.[32]

즉, 임계유가 지적하는 바와 같이[33] 민란이 일어나거나 왕조가 교체될 때 도교는 언제나 적절한 유·불과 민간신앙의 복합체로서[34]

---

31) 任繼愈, 권덕주(역), 『중국의 유가와 도가』(서울: 동아출판사, 1993), p.382.

32) 결국 도교는 중국의 동한 말엽에 출현하여 위진남북조를 거쳐 수당시기에 흥성의 정점에 도달하였다. 그러나 송·원 양대에 새로운 전환을 시도하였음에도 불구하고 명·청에 들어온 후 정체되어 퇴영을 면치 못하였다.

33) Ibid., p.384.

34) 중국 도교는 일반적으로 고대의 민간신앙을 기반으로 하여 신선설을 그 중심에 두었고, 거기에다 도가, 역리, 음양, 오행, 참위, 의술, 점성 등의 논법 또는 이론과 무술적인 신앙을 보태었다. 그리고 도교는 불로장생을 주요한 목적으로 삼아 불교의 체계와 조직을 모방하여 종합화하였으며 현세의 이익과 관련하여 이를 위한 기복을 추구하는 자연발생적인 종교로서 매우 복잡한 내용을 가지고 있다. 막스 베버는 도교는 유교와 마찬가지로 중국인 및 중국 사회의 문화복합체로서 거기에는 철학, 사상, 미신, 종교, 민중의 생활, 관행, 도덕, 문

새로운 봉사 대상을 정하여 정치 참언을 만들거나 민란을 정당화하였다.

그렇다면 이러한 도교의 복합적 구조 속에 내재한 효윤리는 어떤 내용을 지니고 있는가가 궁금해진다. 이제 도교의 효윤리의 내용을 살펴보고 기독교 효윤리체계로써 분석을 시도해 보기로 한다.

2. 도교의 효윤리체계

「태평경」에서 보다시피 도교 윤리체계의 최고덕목은 도·덕·인(仁)이다. 이렇게 최고의 덕목을 도·덕·인이라는 세 가지로 나누고 있는 것은 천·지·인(人)이라는 삼통의 관점에서 비롯되었다.[35]

즉, 도교도 자연계의 구성요소를 하늘과 땅, 사람 셋으로 분류하는 삼분법적 사고방식은 도덕적 덕목을 선택함에서도 채택되었다. 이것이 의미하는 것은 자연과 인간은 구조상으로 동일하다는 것이다. 이러한 구조는 플라톤 철학에서 등장하는 삼분법적 차원에서 정치와 인간을 유비한 것과 유사하다.

그런데 이러한 삼분법적 분류는 인간 사회의 기초 단위인 가족 구조에 적용하여 가족 안의 부와 모 그리고 자식과 대응한다. 즉, 「태평경」에 의하면 하늘은 삶을 맡은 아버지이고 땅은 기르기를 맡은 어머니이며 사람은 그것을 다스리는 일을 맡은 자식이라 칭한다. 아버지는 때를 맞추어 교화를 맡고 어머니는 어버이를 따라 기르는 일을 맡으며 자식은 아버지로부터 생명을 받아 어머니로부터 길러지니, 자식 된

학, 예술, 과학 등의 요소가 들어 있다고 하였다. 참조, 한국철학사상연구회, op.cit., p.92.
35) 윤찬원, op.cit., p.178.

자는 마땅히 아버지를 공경하고 어머니를 사랑해야 한다고 한다.[36)]

바로 여기에서 「태평경」은 가정 안에서의 효라는 덕목의 형이상학적 당위성을 도출한다. 태평경은 유가적 윤리 덕목과 거의 유사하게 가족 윤리에 있어서 효에 대해 관심을 갖고 있다.

즉, 유가적 가족 윤리와 같이 효를 모든 윤리적 덕목 중 가장 최고의 윤리적 덕목이라고 한다. 왜 부모를 존귀하게 여겨야 하는가? 여기에 대해 태평경은 아버지와 어머니는 똑같은 인격적 존재이며 마치 하늘과 땅은 둘 다 자연의 두 국명이며 유사한 감정을 갖는 특징을 지닌 '천상의' 것과 같다는 것이다.[37)] 효가 중시되는 가장 큰 이유가 바로 여기에 있다.

즉, 효가 천하의 일 중에서 위로 제일의 것이며 사람이 쉽사리 미치지 못하는 바이다. 공을 쌓고 행동을 반복하면 앞과 뒤가 서로 이어받아 잃는 것이 없다는 것이다.[38)] 이 말은 사람이 다시 태어나더라도 부모의 은혜를 이어받게 되며 다시 효순하게 된다는 의미이다. 하늘이 그 기록과 장부를 정하여 불사자의 항에 있게 하니 이것이 효를 이룬 집안이라는 것이다.[39)]

---

36) “供養萬物, 天者主生, 稱父. 地者主養, 稱母. 人者主治理之, 稱子. 父當主敎化以時節, 母主隨父所爲養之, 子者生受命於父, 見養食於母. 爲子乃當敬事其父而愛其母”(卷45 ‘起土出書訣’, p.113.)

37) Max Kaltenmark, op.cit., p.23. 재인용, 윤찬원, op.cit., p.179.

38) 이런 의미에서 태평경은 전통적인 신선의 이념에서 나타나는 개인주의적이며 은둔적인 따라서 세상을 도피하는 경향을 배제하고 가족의 일원으로서 그리고 사회 구성원으로서 개인의 역할을 중시하는 현실에로의 지향성을 강하게 표출한 것으로 볼 수 있다. 여영시가 이 점에 관하여 언급하듯 태평경에 의하면 단지 개인적 구제를 위하여 도를 배우는 자는 저속한 사람이며 도를 찾기 위해 자신의 양친과 아내 그리고 아이들을 등지는 사람들은 참된 도에 반하는 자라 한다. 참조, Yue, Ying-shih, “Life and Immortality in the Mind of Han China”, Harvard Journal of Asiatic Studies, Vol.25, Cambridge, 1965, p.119.

39) “天下之事, 孝爲上第一, 人所不及. 積功累行, 前後相承, 無有所失, 名復生之人, 得承父母之恩, 復見孝順之文. 天定其錄籍, 使在不死之中, 是孝之家也.”(卷114 ‘其訣’,

이러한 도가의 효에서 두드러지게 드러나는 것은 효의 원인을 장수에 둔다는 점이다. 즉, 효는 우선 부모의 장수를 염려하는 것으로 정의된다는 것이다. 효는 연로하신 부모님의 죽음을 염두에 두고 장수를 위하여 실천하는 것을 의미한다.

이런 의미에서 모범적 효자란 부모가 늙어서 죽을지를 염두에 두고 홀로 한가한 곳에 거처하여 부모가 늙어서 죽는 것을 염려하며, 어디선지 불사의 기술을 얻을 것인가를 생각하며, 부모가 거기에 몸소 가서 거처할 수 있게 한다.[40]

그런데 태평경에서 효와 관련하여 주목할 것은 부모의 장수를 염려하는 것이 효의 일차적 의미이지만, 그러한 효의 실천을 통하여 자신의 장수도 얻을 수 있다는 것이다. 왜 효 하는 사람이 장수를 하게 되는가?

여기에 대해 태평경은 언급하기로 천지는 성스러운 밝음에 힘쓰는 곳과 함께하며 이를 행하는 것은 당연히 크게 얻는 것이 있게 된다. 수와 효는 급함을 이룬다. 수는 천지와 더불어 같이 걱정하는 것이다. 효는 천지와 더불어 힘을 함께하는 것이다. 따라서 수한 사람은 오래 살고 하늘과 더불어 정을 같이 한다. 또한 효는 아래에서 그 위를 이어 따르고 땅과 더불어 소리를 같이 한다는 것이다.[41]

결국 효 하는 사람은 천지의 뜻과 정을 이해하고 따르는 사람이기에 마음과 행동이 자연의 순리에 따르며 인간으로서 마땅히 해야 할

---

pp.593–594).

40) "然 上善第一孝子者, 念其父母且老去也, 獨居閒處念思之, 常疾下也, 於何得不死之術, 嚮可與親往居之(卷47 '上善臣子爲君父師仙方訣', pp.134–135).

41) "天地與聖明所務, 當推行而大得者, 壽孝爲急 壽者, 乃與天地同優也. 孝者, 與天地同力也. 故壽者 長生. 與天同精. 孝者, 下承順其上, 與地同聲"(鈔 戊部 卷73–85, p.310).

일을 행하는 사람이다. 이런 사람은 육체적 건강과 함께 오래 살게
된다.

윤찬원 교수가 언급한 바와 같이[42] 태평경은 인간의 도덕적 행위
를 통하여 장수 또는 불사의 가능성을 보여 줌으로써 인륜적 도덕
(효)과 전통적 선(仙)의 이념을 통합한다. 이는 은둔적, 피세적 선의
관념이 현실화한 것이다. 선, 즉 불사자의 관념은 사회적·현실적 존
재로 전환되었다.

그런데 효가 이처럼 강조되는 것은 효의 실천이 승부(承負)[43]의
책임을 해소함에 있어서 중요한 것이라고 보기 때문이다. 인간에게
승부가 있다는 것은 조상들의 잘못된 행위에 의한 것이지만 자기 스
스로 이러한 승부의 부담을 해소해야 한다고 본다.

또한 태평경에 의하면 이러한 승부의 해소와 장수의 실현은 수일
(守一)을 통해서라고 한다. 수일이란 무엇인가? 수일의 일은 태평경
에 의하면 자연 안에서 만물이 생성되는 근원이다. 또 일은 곧 세계
의 근본이다. 일은 수의 처음이고, 삶의 도이다. 일은 원기가 일어나
는 바이고 하늘의 벼리라고 한다.[44]

또 수일의 일은 인간의 마음과 정신의 근본이다. 태평경에 의하면
"일이란 마음이고 뜻이며 의지이니, 이 한 몸 안에 있는 신을 염두

---

42) 윤찬원, op.cit., p.181.

43) 승부란 태평경의 인과응보 개념이다. 승은 앞이 되고, 부는 뒤가 된다. 승이란 앞사람이 본
래 천심을 이어받아 행위해야 하는데 조금씩 그것을 상실하고 스스로 알지 못한 채 날로
쌓임이 오래되고 서로 모이는 바가 많아지면, 지금 뒤에 태어나는 사람이 오히려 무고하게
도 그 허물을 입어 그 재앙을 이어받는 것을 일컫는다. 한마디로 승부란 이어받아서 짐 지
우게 되는 것이다. 칼덴마크에 의하면 악은 무수한 세대를 거쳐 '죄의 계승(승부)'을 통해 축
적된다. 흥부는 계승되는 세대에 의한 선 또는 악의 계승을 포함할 뿐 아니라 어떤 행위나
사건이 그것을 유발한 사람이 아닌 사람에게 영향을 미치는 그러한 것이다. Max
Kaltenmark, op.cit., p.24.

44) "一者, 數之始也. 一者, 元氣所起也. 一者, 天之綱紀也"(卷37 '五事解承負法', p.60).

에 둔다."45) 즉, 사람의 마음과 정신은 도에 따라서 주어진 것이므로 이런 말을 할 수 있다.

한마디로 일은 세계의 본질이면서 사람의 본질이 된다. 따라서 수일이란 인간의 본질을 찾는 것을 의미하며 동시에 세계의 본질을 획득하는 것이다. 수일은 '근본을 지키는 것'(守本)이다.

이렇게 수일은 자신이 범한 허물을 고치는 것이며 그렇게 함으로써 사람은 삶의 길이를 늘릴 수 있다고 본다. 이런 의미에서 효란 수일과 서로 관련을 짓는다. 가족 윤리의 핵심인 효는 일, 즉 황천의 뜻에 따라 원기로부터 주어진 인간의 생명력을 보장하는 인륜성 실현의 기초이기 때문이다. 이제 이러한 도교의 효윤리체계를 기도교적 효윤리체계에 의해 분석을 시도해 본다.

IV. 기독교 효윤리체계에 의한 도교 효윤리체계의 분석

대리, 순종, 친애 그리고 존속이라는 개념 틀로 구성되는 기독교 효윤리체계에 의해 도교의 효윤리를 분석하게 되면 우선 도교의 효윤리는 기독교 효윤리와 상당히 유사한 내용이 포함된다는 것을 알 수 있다.

우선 기독교 효윤리가 강조하는 존속에 있어서 장수의 문제는 도교에 있어서도 동일하게 중요시된다. 그런데 도교의 효에 의한 장수는 기독교의 효보다 상호주의의 관점에 의한 장수의 과정이 그려지고 있다. 즉, 기독교의 효윤리는 효를 행하는 자가 장수의 축복을 누

---

45) "一者, 心也, 意也, 志也, 念此一身之中之神也"(卷92 '萬二千國始火始氣訣', p.369).

린다는 면만을 적시하고 있으나 도교의 효윤리는 효를 행하는 자와 받는 자가 모두 장수의 축복을 누림을 강조한다.

또한 도교의 효윤리는 효가 장수로 연결되는 과정에 있어서 기독교 효윤리체계보다 더 구체적이다. 즉, 도교의 효윤리는 효 하는 자와 효를 받는 자가 장수하게 되는 인과관계가 보다 분명히 제시된다.[46] 즉, 도교의 효윤리에 의하면 효는 '승부의 해소'와 일(一), 즉 근본을 지킨다(守一)는 의미가 포함되어 있다.[47]

그러나 도교는 더 나아가 일을 지키는 '수일'과 '승부의 해소'를 강조함으로써 효의 실천적 행위를 통해 장수에 장애를 주는 요소들이 제거되고 이를 통해 장수가 실현된다는 점을 구체적으로 밝히고 있다.[48]

그러나 존속의 변수와 관련하여 도교의 효윤리는 장수의 문제에 초점을 두고 있으나 기독교 효윤리는 장수뿐만 아니라 이 땅에서 잘되는 것, 즉 부귀영화도 효의 축복으로 주어지고 있다. 이런 의미에서 기독교 효윤리체계는 도교보다 더욱 현실적이고 실천력이 강한 효윤리 유인책을 제시한다.

한편, 도교의 효윤리에 나타난 부모에 대한 순종의 강조는 기독교 효윤리체계의 순종과 맥락을 같이한다. 즉, 도교나 기독교 모두 부모에 대한 순종이 효의 주요한 내용임을 강조한다. 특히 도교는, 부모

---

46) 도교의 효윤리가 갖는 구체성은 도교의 효윤리가 고답적이거나 추상적인 점이 없이 이를테면 살인, 절도, 도박, 낙태 등을 금한다는 것같이 구체적이고 실천적이며 평민적이다. 참고, 차주환, 『한국의 도교사상』(서울: 동화출판사, 1984), p.30.

47) 물론 기독교 효윤리도 '주 안'에서 도교의 황천과 같이 하나님의 뜻을 따른다는 의미가 포함된다.

48) 그러나 승부, 즉 세대 간의 죄와 허물이 누적된다는 점은 기독교 윤리에서 쉽게 수용될 수 없는 점이다. 각자의 죄와 허물은 연대적인 차원이 아닌 개인에게 돌아감이 기독교의 기본 가치관이기 때문이다.

는 천과 지에 해당하며 또한 부모에 대한 순종은 군주에 대한 충과 동일하다고 본다.[49)]

그런데 이러한 도교 효의 순종에 대한 강조는 기독교 효윤리체계에 있는 친애의 문제와 관련하여 볼 때 도교의 효에는 거의 친애의 성격이 드러나지 않는다. 즉, 부모나 자녀가 진리 앞에서 인격적 평등 관계에 있다는 내용은 도교에 없다. 이는 여전히 도교의 효윤리가 동양의 효에 내재된 권위주의적 성격으로 구성되어 있음을 보여 준다.

도교의 효윤리를 분석하는 틀로서 기독교 효윤리체계에 있어서 소위 '대리'의 개념은 도교의 효윤리를 분석하는 데 있어서 의미가 크다. 왜냐하면 도교에서는 효윤리가 기독교 효윤리체계의 '대리'적 개념이 포함되어 있기 때문이다.

'대리'란 자기 뜻에 따라 효를 행하는 것을 의미하지 않는다. 즉, '대리'란 신이나 자연법, 부모나 이웃 또는 사회의 뜻에 따라 효를 행하는 것을 의미한다. 도교의 효윤리에는 과연 대리적 행위가 있는가?

태평경에는 선악과 상응의 관념이 있다. 즉, 인간의 선악에 대하여 하늘이 보상한다는 응보의 관념이 있다. 선한 행위에 대해서는 선한 응보, 악한 행위에 대해서는 악한 응보가 주어진다.

자연과 인간이 선과 악으로 상응한다는 사고는 인간의 세계가 자연계의 구조를 반영한다는 사상으로부터 나온 것이다. 바로 이런 점에서 태평경은 윤찬원 교수가 지적하듯 철저히 종교적이다.[50)]

태평경에 의하면 하늘과 땅 그리고 사람은 선하면 다 같이 즐거워

---

49) 卷47 '上善臣子弟子爲君父師得善方訣', p.136.

50) 윤찬원, op.cit., p.183.

하고 흉하면 다 같이 고통을 받는다. 그러므로 같이 우려한다는 것이다.51) 따라서 사람은 서로 원망하거나 허물하지 않아야 하며 신중하게 행동해야 한다. 여기서 수일의 중요성이 강조된다.

수일이 일(一), 즉 사물의 근본에 따라 행한다는 것이기에 수일의 차원에서 효윤리를 행한다는 의미로 보면 분명 도교의 효윤리에는 대리적 내용이 내포되어 있다. 즉, 수일에 의한 효윤리는 자기의 뜻대로 행한 허물이나 잘못을 생각하며 고치는 것이며 이렇게 함으로써 사람은 삶의 길이를 늘릴 수 있다는 것이다.

또한 태평경에 의하면 황천의 가르침을 따르기 위한 위계질서가 있다. 즉, 하늘의 세계와 인간의 세계 사이에는 신인, 진인, 선인, 도인, 성인, 현인, 인민, 노비의 순으로 이루어지는 위계질서가 있는데 이는 황천이 자신의 의지로써 이 세상에 태평의 이상을 실현하기 위해 구성된 서열이다.

위와 같은 사실에서 도교의 효윤리는 결국 황천의 뜻과 의지를 실천하는 데 의미가 있음을 알 수 있다. 그런데 황천의 뜻은 사람에게 직접 전해지지 않는다. 즉, 황천의 가르침을 전하는 신인인 천사가 있다. 따라서 효자는 황천의 가르침과 뜻을 전하는 대리자로서 천사의 뜻을 받아 효를 행한다는 의미에서 효자는 황천의 대리자인 천사의 도움으로 황천의 뜻을 대리하여 효를 행한다고 할 수 있다.52)

결국, 기독교 효윤리체계에 의해 도교의 효윤리를 분석할 때 드러나는 것은 도교의 효윤리는 순종의 면에서 강하나 친애가 약하다는

---

51) “天地人民萬物, 本共治一事, 善則俱樂, 凶則俱苦, 苦同憂也”(卷53 ‘分別四治法’, p.200).

52) 淺野裕一, “太平經に於ける究極者”, 『東方宗敎』 第六十號(1982), p.20.

것이다. 그러나 존속의 차원에서 보면 도교의 효윤리는 기독교 효윤리보다 장수의 내용에 있어서 더욱 구체적이다. 여기서 구체적이란 장수와 효윤리가 어떤 과정으로 연결되는가를 밝히고자 했다는 점이다.

그러나 도교의 효윤리는 기독교 효윤리체계가 가지고 있는 존속의 내용 중 이 세상에서 잘된다는 영화의 차원이 생략되어 있다. 이것은 도교의 효윤리가 효에 대한 유인책으로서 물질적 면에 있어서 무관심했다고 할 수 있다. 이런 의미에서 기독교 효윤리가 효를 장려하는 데 있어서 더 강력한 유인책이 됨을 알 수 있다.

한편 대리적 행위와 관련하여 볼 때 도교의 효윤리에는 대리적 행위가 강하다. 즉, 황천의 뜻에 따라 효를 행한다는 의미에서 기독교의 주 안에서 효를 행하는 대리적 행위의 형태를 볼 수 있다.

위와 같은 사실에서 드러나는 것은 도교의 효윤리 내용이 기독교 효윤리체계와 몇 가지 점에서 유사한 부분이 있음을 알 수 있다. 여기서 이제 우리의 관심이 되는 것은 이러한 도교의 효와 기독교 효의 유사성을 통해 기독교의 토착화와 관련하여 한국적 도교의 효윤리가 어떤 의미를 지니는가이다.

V. 도교의 효윤리체계에 의한 기독교 토착화 전략

1. 유교의 효윤리에 의한 기독교 토착화의 한계

효윤리를 통한 기독교 토착화 시도에 있어서 그동안 주로 행해진 것은 유교적 효윤리를 통한 기독교 토착화 작업이다. 이러한 작업에 있어서 특히 주목을 받는 사람이 윤성범 교수이다.

윤성범 교수는 그의 저서 「효」에서 왜 효로써 기독교의 토착화 작업이 가능한지를 설명한다. 즉, 윤성범 교수는 오늘날 자본주의 산업사회의 심각한 전통윤리 경시 상황에서 '효'는 여전히 기독교인이나 비기독교인 모두에게 수용되는 윤리적 덕목으로 본다.

실제 한국의 그리스도인들은 십계명의 제5계명인 "네 부모를 공경하라"는 말씀을 한국 전통의 '효'와 같은 의미로서 거부감 없이 수용하고 있다. 또한 비기독교인들도 '효'를 통한 윤리질서의 회복은 절실한 시대적 요청으로 받아들인다.[53] 이런 의미에서 윤성범 교수는 유교적 효를 통한[54] 기독교의 토착화 작업이 용이할 것으로 본 것이다.

그런데 이러한 윤성범 교수의 효를 통한 기독교의 토착화 작업은 몇 가지 문제점을 지니고 있다. 우선 그는 김경재 교수가 지적하듯[55] 유교적 효가 가지고 있는 폐쇄적 권위주의 성격을 무비판적으로 수용하여 기독교 효가 가지고 있는 주 안에서 부자간의 인격적 상호 존중의 '친애'의 요소를 무시하였기에 단편적인 유교적 효에 기독교 효를 담는 오류를 발생시켰다. 이러한 효를 통해 기독교의 토착화를 기도하는 것은 왜곡된 기독교를 노출할 위험성이 많아 기독교의 토착화에 장애가 된다.

또한 윤성범 교수는 우리가 예수로부터 배울 것은 바로 부자 관계에서 일어난 사실들을 통해 효자로서 예수의 뛰어남을 배우는 것이

---

53) 이을호, "현대사회에 있어서의 충효사상", 대한교육문화연구소 편, 『현대인의 충효사상』
　　(서울: 대한교육문화연구소, 1977), p.174.
54) 윤성범, op.cit., pp.19–23.
55) 김경재, 『하늘과 땅의 변증법』(서울: 한신대학출판부, 1980), p.393.

라고 하였다. 그러나 여기서 윤성범 교수는 예수 그리스도 복음사역의 중요성보다 마치 아버지 하나님께 효도한 아들 예수의 모습을 닮아 가야 한다는 윤리적 교훈의 측면이 더 부각되어 기독교의 핵심과는 거리가 멀다. 이런 오류의 원인은 윤성범 교수가 인식한 유교적 '효'에는 기독교 효의 '대리'적 성격이 배제되어 있기 때문이다.

기독교 효윤리의 당사자는 예수 그리스도를 모범 효자로서 닮을 것이 아니라 예수 그리스도의 가르침에 따라 효를 행하여야 하는 대리자의 모습을 갖는 것이 중요하다. 윤성범 교수의 유교적 효에는 이러한 기독교의 대리적 효에 대한 관심이 없는 것에서 기독교의 토착화에 한계를 갖게 된다.

더구나 윤성범 교수는 성(誠)의 개념을 효와 仁의 결합으로 설명하면서 성은 '말씀이 이루어짐'의 의미를 지니고 있기에 성은 바로 진실함을 실현해 보고자 노력하거나 바라는 것이라고 한다.[56]

그러나 이종성 교수나, 박아론 교수가 비판하는 바와 같이[57] 이러한 성과 관련된 효에는 근본적으로 유신론적 그리고 구원론적 차원이 결여된 수신치세의 성격이 강하며 인본주의적이다. 이는 인간의 자율성을 강조한 것으로 자력으로 구원을 얻고 효를 실천하고자 한다.

그러나 이는 앞에서 언급한 기독교 효윤리가 가지고 있는 '대리'에 있어서 자기의 뜻대로 효를 행하는 것이 아닌 하나님의 뜻대로 효를 행하는 것과 차이가 난다. 이러한 기독교 효윤리와 다른 유교적 성과 효 관계의 불일치는 유교적 효를 통한 기독교 토착화에 문제를 발생시킨다.

---

56) 윤성범, op.cit., p.122.
57) 이종성, op.cit.; 박아론, op.cit.

또한 윤성범 교수는 유교적 효를 통해 이를 사회, 국가의 존속에까지 확대시켜 나간다. 그러나 기독교는 '존속'의 차원이 가족 구성원의 장수와 이 세상에서 잘되는 것이다. 이러한 국가에까지 확대된 유교적 효가 갖는 폐단은 권위주의, 비민주화 등임은 그동안 밝혀진 바이다. 따라서 존속의 차원을 가족에 한정하려는 기독교의 효윤리를 통한 토착화에 유교적 효윤리의 적용은 문제가 있다. 그렇다면 이런 유교적 효에 의한 기독교 토착화 전략과 다른 도교의 효에 의한 기독교 토착화 방향은 무엇인가?

2. 도교적 효윤리를 통한 기독교 토착화 전략

도교의 효윤리를 통한 기독교 토착화 전략은 한국인의 심성 속에 내재된 도교의 효윤리 관념과 기독교 효윤리의 보다 확대된 유사성을 기초로 한다. 즉, 도교의 효윤리 속에 내포된 효윤리를 기독교 효윤리의 네 가지 요소와 상호 관련시키면서 한국인의 삶 속에 기독교의 효윤리적 관념을 내재화시키고 이를 통해 이 땅에 기독교의 확산을 시도하는 것이다.

이미 앞에서 언급한 바와 같이 도교의 효윤리는 기독교 효윤리와 비교하여 기독교 효윤리가 갖는 네 가지 변수 중 '권위'와 '존속' 그리고 '대리' 면에서 상당히 유사한 면을 갖는다. 이런 의미에서 기독교 효윤리와 관련하여 도교의 효윤리는 유교의 효윤리가 갖는 단지 '권위'에서의 유사성과 비교하여 어느 정도 상호 유사한 폭이 넓다.

도교의 효윤리와 관련하여 기독교 효윤리를 통한 토착화 전략에서 우선할 것은 특히 '존속'에 있어서 장수의 측면과 현실에서의 유익성을 강조하는 것이다. 왜냐하면 자본주의 틀과 함께 현대인들 속에 내재된 욕구로서 무병장수와 재물과 명예의 획득은 여전히 강력한 행위의 동인이 된다.

이런 의미에서 한국인의 내면에 내재된 도교적 성향과 관련하여 기독교 효의 이러한 현실적 유인책은 기독교의 토착화에 도움을 준다. 그런데 중요한 것은 이러한 장수와 현실적 유익성의 강조만으로 기독교의 토착화를 이루어 가는 데 한계가 많다는 점이다. 왜냐하면 결코 기독교는 현실적 기복주의만이 아니기 때문이다. 그렇다면 어떻게 이에 대한 돌파구를 마련할 것인가?

일단 이러한 장수와 현실적 유익성으로 유인된 사람들에게 필요한 것은 기독교 효윤리체계의 '대리'의 변수를 이해시키는 것이다.[58] 즉, 기독교 효윤리체계의 대리에서 '하나님'과 '예수 그리스도'의 우리에게 향한 진정한 뜻이 무엇인지 이해시키는 과정이 필요하다. 이런 작업은 장수와 유익성이 대리적 행위와 연관됨을 이해하는 것과 관련된다. 또한 이러한 작업을 통해 효 하는 사람은 하나님의 뜻을 제대로 이해할 때 올바른 효를 실천하게 됨을 이해하게 된다.

이러한 대리적 행위를 통한 효의 실천에서 하나님과의 진정한 만남과 기독교인으로서 결단이 이루어진다. 따라서 대리적 행위의 보다 철저한 이해는 제대로 된 기독교 토착화를 이루는 데 도움이 된다. 더구나 한국인의 심성 속에 내재된 도교의 수일 차원은 이러한 대리적 행위를 지키고자 하는 행동 양식을 강화하는 데 도움을 준다.

위와 같은 작업과 함께 필요한 작업은 하나님에 대한 이해에서 도교의 수일과 관련하여 일(一)의 의미를 체계화하여 토착화를 시도하

---

58) 동시에 윤리적 덕목으로 심화시키는 작업이 필요하다.

는 것이다. 과연 한국인의 심성 속에 하나님을 이해하는 방법으로 수일은 어떤 도움을 줄 수 있는지에 대한 연구는 이러한 작업의 한 방법이 된다.

여기서 빼놓을 수 없는 것이 기독교 효윤리체계의 '친애'이다. 친애는 도교에서 쉽게 찾아볼 수 없는 효윤리 내용이다. 물론 민주화와 개별화로 특징짓는 현대 사회에서 자유와 인권적 평등과 연관된 '친애'의 요소를 강조하는 것은 필요하다.

그러나 효윤리체계의 또 하나의 요소로서 한국인의 도교적 성향속에 내재된 권위와 관련하여 친애는 적절한 조화를 이루면서 전개되어야 한다. 이러한 조화의 방안을 기독교 효윤리체계가 성공적으로 제시할 때 토착화는 보다 유연하게 이루어진다.

결국 도교의 효윤리를 통한 기독교의 토착화는 도교와 기독교 효의 '존속'과 관련된 '장수'의 측면과 '대리'와 관련된 '수일'의 측면 그리고 '권위'와 '친애'의 적절한 조화 속에 이루어질 것이다.

VI. 결론

우리나라에서 중국의 도가와 도교사상의 흔적은 매우 일찍부터 나타난다. 단군이 신선이 되었다는 단군신화의 내용도 중국의 도가사상이 우리 민족에게 얼마나 커다란 영향을 미쳤는가를 상징적으로 잘 보여 준다. 문헌상으로 볼 때에도 삼국시대의 을지문덕 등과 같은 무장들이 「노자」의 문장을 이용해 적을 격퇴하였다는 기록이 나온다.[59]

---

59) 한국철학사상연구회, op.cit., p.99.

우리나라에 종교로서의 도교가 전래된 연대는 연개소문의 건의에 의해 당에서 수입했다는 643년이다. 이러한 도교는 이후 조선시대에 들어와 주자학이 세력을 잡기 전까지 때로는 무속적인 요소와 결합하고 때로는 지리도참 사상과 결합하면서 정치적인 측면에서 많은 영향력을 발휘하였다.60)

위와 같은 사실들을 고려할 때 우리 땅에 자리 잡은 도교사상의 특징으로 우선 관심을 갖게 되는 것은 차주환 교수가 언급한 바와 같이61) 중국의 도교가 도입되기 이전의 단군 설화를 주로 본원으로 하여 선파(仙派) 중심의 도교가 전개되었다는 점이다. 선파의 계보를 보면 신라 사선(四仙)의 하나인 영랑(永郎)이 들어 있는 것을 보아도 그 유래가 오래되었음을 알 수 있다.

선파는 대체로 불우한 은자들이 그 주종을 이루고 있었다. 그러나 선파는 주체적인 사관을 확립하여 중국 문화에로의 동화를 경계하며 자주적인 문화 건설을 모색하려는 경향을 나타내었다. 특히 이 선파는 우리 민족에게는 무한한 저력의 신심과 세계 영도의 지위를 차지할 영광의 장래가 있다고 주장하였다.

선파가 영향을 미친 또 하나는 신선과 결부시킨 예술 분야를 부각시킨 점이다. 이들은 우리 민족의 순결한 의식 등을 통해 미적 감각이 뛰어남을 강조하였고 음악이나 미술 등에서 고유한 능력이 있음을 밝히고자 하였다.

이러한 선파의 민족적 주체성의 부각은 과의적(科儀的) 도교와 관련되어 더 확산된다. 이러한 과의적 도교는 국가를 위해 양재기복(禳

---

60) Ibid., p.100.
61) 차주환, op.cit., 머리말.

災祈福)하는 재초(齋醮)를 중심으로 한 것이었다. 그런데 유가에서는 천자만이 하늘에 제사할 수 있고 제후는 그것을 못 한다는 관념이 있었는데 도교의 재초에는 재천의 행사가 있었고 고려에 와서 이러한 행사가 빈번하게 행해졌다.

이러한 제천(祭天) 행사를 통한 도교의 재초는 조선에 와서 유교 숭배의 유신들에 의해 일개 제후국에 불과한 조선에서 하늘을 제사한다는 것은 참월한 짓이라고 하여 극렬하게 반대에 부딪혀 좌절되었다. 결국 조선시대에 와서 도교의 영향력은 매우 약화되었다.

위와 같은 사실에서 고구려 연개소문이 가지고 있던 하늘을 숭배하며 국력을 배양하여 옛 강토를 회복하려는 한국적 도교의 애국심에 관심을 갖게 된다. 이러한 도교의 애국심은 유교의 충이 갖는 사대주의와 왕권 강화의 한계를 벗어나지 못한 애국심과 다르다.

현대 사회의 세계화는 지구촌화를 강화시키고 있지만 세계화가 진행되는 만큼 피터 드러커(P. Drucker)가 언급한 바와 같이[62] 민족이나 나라마다의 주체성에 더욱 관심을 갖게 된다. 오늘날 점차 확대되는 효에 대한 관심도 이러한 추세의 발로이다. 따라서 점차 민족적 주체성과 애국심에 한국인의 관심이 확대될 가능성이 높다.

이런 의미에서 한국의 기독교는 한국인의 삶 속에 내재되어 있지만 여전히 탐구가 제대로 되어 있지 않은 제천과 연관된 도교적 충(애국심)의 요소를 기독교 토착화와 관련하여 새롭게 도출하고 이를 체계화하는 작업이 필요하다.

---

62) Peter Drucker, 이재규 역, 『자본주의 이후의 사회』(서울: 한국경제신문사, 1993), pp.232-235.

북한 주체사상에 나타난 효윤리의 체계론적 연구

― 보편화 가능성의 효윤리체계에 의한 분석 ―

Ⅰ. 서론

1. 연구의 목적

1994년 김일성 사후 북한 정치체제의 존속과 붕괴에 대한 다양한 논의가 있었지만 지금까지 김정일 정권은 붕괴하지 않고 지속되고 있다.[63] 정권 출발 초기의 다양한 위기에도 불구하고 김정일 정치체제가 붕괴하지 않고 존속하고 있는 이유는 무엇인가? 데이비스 이스턴(Davis Easton)이 언급한 바와 같이[64] 하나의 정치체제가 존속하기 위해서는 권위당국자, 체제 그리고 정치 공동체로 구성된 정치체제의 가동력이 제대로 작동하는 것이 필요하다.

김정일 정치체제의 존속과 관련하여 이미 발표된 논문에 의한 바와 같이[65] 김정일 정치체제는 권위 당국자들의 정치적 능력이나 체

---

63) 1994년 김일성 사망 직후에 몇몇 북한문제 전문가들이 "북한이 1년 안에 스스로 자멸할 것이다" 또는 심지어 "북한은 100일이 못 가서 무너질 것"이라고 매스컴 등에서 예언하기도 하였지만 그로부터 만 7년이 지난 현재 북한의 정치체제는 여전히 존속하고 있다.

64) David Easton, *A Systems Analysis of Political Life*, 이용필 역, 『정치생활의 체계분석』 (서울: 박영사, 1988), p.363.

제의 구조나 가동력이 뛰어나 존속이 이루어진 것은 아니다.

김정일 정치체제의 존속에는 무엇보다 정치 공동체가 가지고 있는 이데올로기, 즉 정치적 신념이 큰 기여를 했다고 봄이 타당하다. 즉, 김정일 정치체제의 존속은 김정일과 그 측근 그리고 당, 군, 정의 고위층에 대해 북한 주민들이 사실과 무관하게 이들의 능력과 인격적 성품을 인정하고 지지하여 정치체제의 정통성이 부여되고 있기 때문이다. 그렇다면 북한 주민이 김정일 측근과 그 체제에 대해 이러한 정당성을 부여하는 이유는 어디에 있는가?

바로 이데올로기에 있다. 이스턴이 언급한 바와 같이 정치체제의 가장 기저에 있으면서 권위당국자와 체제에 그 정당성을 인정하는 최후의 보루가 되는 것은 정치 공동체이다. 그리고 이 정치 공동체가 그 가동력을 제대로 작동하기 위해서는 튼튼한 통합성이 마련되어야 하는데 바로 이데올로기가 이러한 통합성을 마련하는 중요한 기제가 되며 이렇게 마련된 이데올로기의 통합성에 의해 정치체제의 정당성이 부여된다.

현 김정일 정치체제에 의한 정치 공동체로서 북한 주민의 통합성을 구축하는 이데올로기는 주체사상이다. 즉, 주체사상은 현재의 북한 주민의 통합성을 마련하고 있을 뿐만 아니라 이를 통한 김정일 정권의 정당성을 제공하고 있다.

위와 같은 관점에서 본 연구는 현재 북한 주민의 통합성과 김정일 정권의 정당성의 기제로서 작동하는 주체사상을 제대로 규명하기 위해 이 주체사상에 내포된 효를 체계론적 관점에서 분석하고 이를 통

---

65) 박철호, "북한 정치체제의 존속가능성과 변화 가능성 분석", 『통일문제와 국제관계』(인천: 인천대학교평화통일연구소, 1995), pp.107-122.

해 김정일 정권의 존속 가능성을 밝히는 데 연구의 목적을 둔다.

2. 연구의 방법

지금까지 북한의 정치체제의 변화와 주체사상에 대한 분석에는 여러 가지 개념적 구도가 제시되었다고 할 수 있다. 그러나 이러한 기존의 연구방법들은 정치적 과도기간의 위기나 적응에 있어서 정치체제와 환경과의 지속적인 상호 작용을 불완전하게 다루었음을 지적할 수 있다.

즉, 이론적 틀 자체에 여러 가지 결함이 내포되어 있기 때문에 정치체계의 존속과정에 제기되는 다양한 복합적 요인들을 구체적으로 드러내는 데 한계를 지녔다.

그러나 체계이론은 하나의 정치체계가 그 존속을 유지하는 틀을 포괄적으로 또는 체계적으로, 그리고 통합된 방법으로 설명하는 이론이기 때문에 정치체제의 복합적 요인들을 비롯한 체계 존속의 다차원적인 내용을 분석할 수 있다.

정치체제를 비롯한 복잡한 사회 현상을 설명하는 데 있어서 근본적으로 중요한 점은 다소 불완전한 중간적 이론들이라든지 또는 이전의 연구들에 의하여 산출된 명제들을 통합시키는 체계적이며 또한 포괄적인 이론이 필요하다.

바로 이러한 체계적이며 포괄적인 이론이야말로 정치체계의 동적 및 안정된 진폭을 포함해서 체계의 존속과정(persistence process)에서 일어나는 각 단계 간의 사태를 명확하게 해명해 줄 수 있다.

이런 의미에서 북한 정치체제의 복합적 사회 현상은 체계이론에 의해 분석하는 것이 적절하다고 본다. 따라서 본 연구는 위와 같은 체계론적 관점에서 주체사상과 관련된 북한 정치체제의 존속과정을 분석하고자 한다.

또한 본 연구는 북한 체제의 존속과 관련된 주체사상 속에 내재된 효를 도출하고 그 효를 성경적 효윤리와 비교, 분석하기 위한 분석의 틀로서 보편화 가능성의 효윤리체계를 구축하였다. 그리고 이러한 보편화 가능성의 효윤리체계도 체계론의 개념적 구도를 중심으로 마련하였다.

왜냐하면 보편화 가능성의 효윤리체계 역시 하나의 복합적이고 다차원적인 성격을 내포한 것으로 단편적인 변수로 규명한 것이기 때문이다. 이제 이러한 분석의 틀을 구축하고 이를 이용하여 주체사상의 효를 분석하기로 한다.

하나 더 언급할 것은 이 글에서 '효'와 '효윤리'의 용어는 뚜렷한 구별 없이 혼용하여 쓰기로 한다.

II. 보편화 가능성의 효윤리체계 구축

북한의 존속 가능성과 관련하여 주체사상에 나타난 효를 제대로 분석하기 위해서는 분석의 도구가 되는 분석의 틀을 마련하는 작업이 필요하다. 물론 다양한 분석의 틀을 설정할 수 있다. 특히 시공간을 초월한 보편성이 있는 분석의 틀을 마련하는 것이 무엇보다 중요하다.

이렇게 효에 대해 보편적인 틀을 구축할 가능성이 있는 것은 효윤리가 동서양을 걸쳐 거의 세계적 보편성을 지닌 주요한 윤리적 덕목이기 때문이다.[66] 따라서 유대교, 기독교나 불교, 유교, 도교 그리고 동서양의 철학 등에서 정도의 차이가 있지만 효의 내용을 빼지 않고 다루고 있다.

그러나 현실적으로 모든 사람들을 만족시키는 시공간을 초월한 효에 관한 보편적 분석 틀을 마련하는 작업은 사실상 어려운 일이다. 따라서 이러한 보편적 분석의 틀을 마련하기 어렵기 때문에 차선책으로 보편화의 가능성[67]이 높은 분석의 틀을 마련하는 것이 필요하다.[68] 그렇다면 차선책인 보편화 가능성의 효윤리체계는 어떤 것인가?

우선 보편화 가능성의 효윤리체계가 분석의 틀로서 제대로 그 기능을 수행하려면 관련된 서양 철학을 비롯한 유대교, 기독교 그리고 동양 철학을 비롯한 유교나 불교 그리고 도교에 있어서의 효윤리 내용을 대체로 포함하여야 한다.

위와 같은 사항을 고려하여 북한 주체사상에 나타난 효윤리를 분석하기 위한 분석 틀로서 보편화 가능성의 효윤리체계를 아래 그림과 같이 네 가지 변수, 즉 순종, 친애, 존속, 대리 등을 중심으로 구축할 수 있다.[69]

---

66) 高橋進, "효의식의 역사적 변천과 현대에 있어서의 변용", 『효사상과 미래사회』(성남: 한국정신문화연구원, 1995), p.107.

67) '보편화 가능성'의 개념은 칸트(E. Kant)가 그의 도덕 법칙을 마련하는 과정에서 언급한 것이다. 칸트는 그의 도덕 법칙을 성경의 황금률인 "네 이웃을 네 몸같이 사랑하여라"(마태복음 22장 39절)에 기초를 두면서 이 황금률이 보편적인 도덕 법칙이 될 가능성이 높음을 제시하였다. William S. Sahakian, *Ethics*(N.Y: A Division of Harper & Row. Publishers, 1974), p.110.

68) 효가 부모-자식 간의 윤리에 해당하기 때문에 부모에 대한 공경의 뜻을 지닌 효는 동서양의 종교나 철학에 있어서 거의 유사한 내용을 가지고 있다. 따라서 조금씩 내용의 차이가 나는 다양한 종교나 철학의 효를 전체적 관점 속에 통합하는 보편화 가능성을 지닌 효체계를 마련하는 작업이 효의 학문적 발전을 위해서라도 필요하다.

69) 이 네 변수로서 순종과 친애 그리고 존속은 동서양 효윤리체계에 공동적으로 내포된 부모-자녀 관계의 내용이며, 대리는 신의 관념이 포함된 것이다.

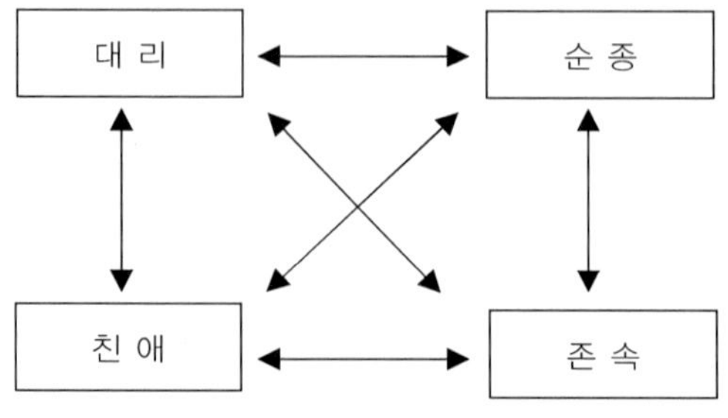

<보편화 가능성의 효윤리체계>

그런데 보편화 가능성의 효윤리체계를 위와 같이 네 가지 변수로서 구성할 수 있는 근거는 어디에 있는가? 이러한 네 가지 주요 변수로서 보편화 가능성의 효윤리체계를 구축한 근거, 즉 이유를 설명하는 데 있어서 우리의 관심을 끄는 것은 성경의 에베소서 6장 1절부터 4절까지에 나타난 효윤리의 내용이다. 왜냐하면 에베소서 6장 1절부터 4절까지에 나타난 효윤리의 잘 짜인 내용은 위에 언급한 보편화 가능성의 효윤리체계 내용을 제대로 내포하고 있기 때문이다.[70]

즉 에베소서 6:1－4의 효윤리에는 동서양의 인간 중심적 효윤리의 내용과 신 중심적 효윤리의 내용이 동시에 적시되고 있다. 따라서 에베소서 6장 1～4절에 의해 효윤리의 일반 원리를 내포한 이상적 틀인 보편화 가능성의 효윤리체계를 마련할 수 있다.[71] 구체적으로 에베소서 6장 1절부터 4절까지의 내용을 살펴보면 다음과 같다.

---

70) 여기서 보편화 가능성의 효체계를 구축하는 작업과 관련하여 고려할 것은 유교나 불교 그리고 동서양 철학의 일부에서 도출되는 효에서 보다시피 신의 관념이 배제되고 부모와 자녀의 관계를 비롯한 인간 중심적 차원에서 효가 논해지는 경우가 있는가 하면 이러한 인간 관계 외에 유대교나 기독교 그리고 도교 등에서 보다시피 신의 관념을 포함하여 효를 논하는 경우가 있다는 점이다. 이런 점들을 고려하여 효를 제대로 이해하기 위한 포괄적인 보편화 가능성의 효체계를 구축하려 한다면 최소한 부모와 자녀 관계와 같은 인간 중심적 효 관계와 아울러 신과 인간과의 관계도 포함한 효체계를 마련하는 것이 중요하다.

71) 참고, 박철호, 『성경적 효윤리의 이해』(인천: 도서출판좋은세상, 2001).

"자녀이신 여러분, 주 안에서 여러분의 부모에게 '복종'하십시오. 이것이 옳은 일입니다(1절). '네 부모를 공경하여라'고 한 계명은 약속이 딸려 있는 첫째 계명입니다(2절). '네가 잘 되고, 땅에서 오래 살 것이다'고 한 약속입니다(3절). 또 아버지이신 여러분, 여러분의 자녀를 노엽게 하지 말고, 주님의 훈련과 훈계로 가르치십시오(4절)"(표준새번역)

위에서 보다시피 에베소서 6장 1절부터 4절까지의 효윤리체계에는 동서양의 효윤리의 일반 원리인 부모공경과 부모에 대한 '순종'이 강조되고 있다(1～2절). 이러한 부모에 대한 복종 또는 순종은 동서양의 효에 있어서 대표적으로 강조되는 내용이다.[72]

그런데 에베소서에서 염두에 둘 것은 부모에 대한 효로서 부모공경이나 부모에 대한 순종을 강조하면서 부모의 자녀에 대한 도덕적 의무를 또한 강조하고 있다는 점이다(4절). 이는 부모와 자녀 관계에 있어서 상호주의적 대응 관계를 구축하고자 한 것이다.[73]

이러한 부모와 자녀 관계에 의한 도덕적 의무의 양면성은 부모의 일반적 성격에 따라 제시되었다고 볼 수 있다. 즉, 브리태니커 사전에 의한 바와 같이[74] 전통적으로 부모는 페이터(pater)적 성격과 제니터(genitor)적 성격이 있고[75] 바로 이러한 부모의 성격에 따라 도

---

[72] 유교에서는 가장 기본적인 인간관계가 부모－자녀 관계이고 따라서 순종의 효를 『효경』 등을 통해 지극히 강조하고 있다. 이해영, "유학이란 무엇인가?", 『강좌 한국철학』(서울: 예문서원, 2001), p.30. 도교에서는 유교의 효와 거의 일치하게 순종의 효를 강조한다. 이러한 사실은 무엇보다도 사회를 구성하는 기본 단위로 가족을 강조하는 『태평경』에 잘 나타난다. 참조, 윤찬원, 『도교의 철학』(서울: 돌베개, 1998), p.181. 불교도 『부모은중경』을 통해 유대교도 십계명을 통해 순종의 효를 강조하고 있다.

[73] Ibid., p.123.

[74] Encyclopaedia Britannica, Ⅶ(1973～1974), p.754.

[75] 페이터적 부모의 성격은 자녀를 훈육하여 사회화를 통해 공동사회의 구성원으로 자라게 하는 것을 의미한다. 이러한 부모는 가부장제(patriarchy)에서 보다시피 권위적이고 위계적이다. 반면 제니터(genitor)적 부모의 성격은 자녀와 수평적 관계를 유지하면서 인격적인 애정과 친애의 성격을 지니는 것을 의미한다. 참조, 박철호, 『효윤리학』(인천: 도서출판좋은

덕적 내용을 달리하고 있기 때문에 부모와 자녀 관계의 양면성이 존재하게 되었다.

페이터적 부모는 자녀와의 불평등 관계에 의해 권위적이고 명령적이다. 왜냐하면 이러한 부모의 위치는 자녀의 도덕적 불완전성과 위법 가능성에 기초하여 자녀에게 도덕성을 내면화하는 작업과 관련되기 때문이다.[76]

이를 통해 자녀들이 페이터적 부모의 훈육, 즉 육효(育孝)[77]에 순종함으로써 이를 통해 사회질서를 존중하고 이를 준수하는 기본적 사회질서 의식을 갖게 된다. 이러한 페이터적 부모에 대해 갖추어야 할 자녀의 효의 내용은 한마디로 공경이요 복종이며 보편화 가능성의 효윤리체계의 하위변수인 '순종'이다.

그러나 제니터적 부모와 자녀의 관계는 페이터적 부모 - 자녀 관계와 달리 원칙이나 약속 앞에 상호 평등적으로 이루어지는 관계이다. 따라서 부모 - 자녀 관계는 수평적이고 인격적이며 애정과 '친애'의 성격을 지닌다.

페이터적 부모가 갖는 위계적이고 권위적인 것이 아닌 동일한 인격체로서 서로 존중하며 친구와 같은 우정을 나누는 것이 제니터적 부모와 자녀의 관계이다.[78] 에베소서 6장 4절의 내용은 바로 부모가

세상, 2000), p.69.

76) Ibid., p.68.

77) 본서의 '효학의 학문적 기반 구축을 위한 체계론적 연구' 참조.

78) 제니터란 '생산자'의 의미를 가지고 있다. 부모는 자녀의 생산자이다. 그러나 이 부모는 자기 자녀가 생산자의 위치에 있게 되면 서로 간 생산자로서 동등한 성격을 지니게 된다. 이런 의미에서 궁극적인 생산자이며 창조주인 하나님, 즉 진리 앞에서 양자는 동등하고 평등한 위치를 갖게 된다. 따라서 이러한 부모와 자녀가 동등하고 평등한 관계에 의한 '친애'의 정서를 서로 교환하는 시기는 대체로 자녀가 결혼하여 또 다른 생산자로 위치할 때이다. 물론 결혼하지 않은 자녀도 성인으로서 이러한 관계를 갖게 된다. Ibid., p.68.

자녀를 인격적 관계로 대하는 것을 의미한다.

즉, 부모가 자녀의 분노를 일으키는 것은 무엇보다 비인격적 대우에 기인한다. 따라서 에베소서 6장 4절은 부모와 자녀 간에 서로 동등한 인격적 인간관계가 존재함을 드러낸 것이다. 이러한 제니터적 부모에 대한 자녀의 효 내용은 친구 사이에 맺어지는 윤리인 '친애'이다. 즉, 자녀는 부모를 친애로서 효도할 때가 필요하고 부모도 이를 통해 기쁨을 누리게 된다.[79]

한편, 동서양의 효윤리에 있어서 효를 행하는 자, 즉 순종과 친애의 효를 부모에게 행하는 자는 축복을 받게 되어 있음이 곳곳에 드러난다. 즉, 성경의 구약과 신약의 효윤리에 관한 내용에는 이 땅에서 잘된다는 물질적 축복과 장수한다는 육체적 축복이 제시되어 있다.

또한 동양의 도교에서도 효자는 본인이나 그 부모 모두 장수한다는 축복을 역시 제시하고 있다. 「태평경」은 유교적 관념인 효를 중시함으로써 유교와 다름없는 사상을 보여 주지만 효의 실천 이념을 장수에 두고 있는 점에서 차이가 난다.

태평경에 의하면 부모의 장수를 염려하는 것이 효의 일차적인 의미이지만 그러한 효의 실천을 통하여 자신의 장수를 얻을 수 있다는 효의 이차적 의미가 주어진다.[80]

이러한 효자에 대한 축복의 내용은 에베소서에서도 잘 나타난다. 즉, 이 세상에서 잘되고 장수한다는 것이다(에베소서 6장 3절). 그런데 이러한 물질적 축복과 육체적 축복은 최소한 생명이 살아남아 이

---

79) 박철호, "체계윤리의 가족화 검증의 논리에 의한 효연구", 『효윤리학』(인천: 도서출판좋은세상, 2000), pp.33-37.

80) "然, 上善第一孝子者, 念其父母且老去也, 獨居閒處念思之, 常痴下也"(券47, '上善臣子第子爲君父師得仙方訣'), pp.134-135.

땅에서 '존속'해 간다는 의미를 내포하고 있다. 따라서 보편화 가능성 효윤리체계에 '존속'이라는 변수가 포함된다.

이러한 효윤리체계의 변수로서 '순종'과 '친애' 그리고 '존속'은 일반적으로 인간적 차원에서 논해질 수 있는 인간 중심적 효윤리의 성격을 지닌다. 그런데 에베소서 6장 1절부터 4절까지의 내용에서 드러난 것은 부모에 대한 공경, 즉 '순종'이나 부모와의 '친애' 그리고 이를 통한 '존속'도 '주' 안에서 행해진다고 하여 신의 관념이 내포된 효윤리체계가 구축되고 있다. 이것은 유대교와 기독교 그리고 동양의 도교[81] 등의 효윤리에 적용가능한 것이다. 그렇다면 유대교나 기독교 그리고 도교 등에서 효윤리는 신과 어떤 관계를 맺고 있는가?

우선 유대교에서 부모의 자녀에 대한 위치는 월터 카이저(Walter C. Kaiser)가 언급한 바와 같이[82] 하나님의 대리자이다. 따라서 부모에 대한 반역을 하나님에 대한 반역과 연관을 짓고 있다. 왜 부모는 하나님의 대리자인가? 이는 성경에서 언급한 바와 같이[83] 부모로부터 하나님의 법을 배우기 때문이다.

이러한 이유로 자녀는 하나님의 대리자인 부모에게 '순종'하여야 하며 부모는 또한 하나님의 대리자로서 자녀를 하나님의 뜻 가운데서 '친애'로서 육효하여야 한다. 이를 보다 확대하여 보면 자녀도 역시 하나님의 대리자로서 부모를 섬기기 위해 '순종'하고 '친애'로서

---

81) 『태평경』에 나타난 효윤리의 내용은 주로 여섯 명의 진인들이 천사에게 묻고, 천사가 그것에 대답하는 천사와 여섯 진인 간의 대화 형식으로 기록되어 있다. 천사는 하늘로부터 이 세상을 구제하기 위해 보내진 존재이다. 하늘이란 곧 황천을 가리키며, 따라서 도교의 효윤리 내용은 황천 곧 신의 가르침이자 진리로 간주된다. 참고, 윤찬원, op.cit., p.189.

82) Walter C. Kaiser, 홍용표 역, 『구약성경윤리』(서울: 생명의 말씀사, 1990), p.179.

83) "오늘날 내가 네게 명하는 이 말씀을 너는 마음에 새기고 네 자녀에게 부지런히 가르치며 집에 앉았을 때에든지 길에 행할 때에든지 누웠을 때에든지 일어날 때에든지 이 말씀을 강론(대화)할 것이며"(신명기 6장 6~7절).

효를 행하여야 한다.

이러한 유대교의 하나님 '대리'로서 효윤리체계를 설명하는 틀은 기독교에도 동일하게 적용할 수 있다. 즉 기독교의 효윤리체계도 이 부분에서 구약의 유대교 효윤리체계와 크게 차이가 나지 않기 때문이다. 다만 신약 에베소서의 '주 안'은 카이저가 지적한 바와 같이[84] 대리자로서 부모나 자녀가 하나님의 말씀을 대적하는 것을 금지하는 의미도 포함한다.[85]

그런데 여기서 구축되는 효체계에서의 '순종'과 '친애' 그리고 '존속'이 '주 안'과 맺는 관계를 어떻게 이해할 것인가? 체계론적 관점에서 보면 상호 작용에 의한 관계의 망을 형성하는 네 개의 변수들은 상황에 따라 그리고 분석의 수준에 따라 다양한 형태를 지니게 된다.

즉 체계론에 의한 보편화 가능성의 효윤리체계에서는 네 개념이 서로 관련을 맺되 서로의 관계는 소위 막스베버(Max Weber)의 선택적 친화력(elective affinity)[86]의 관계와 유사한 형태가 된다.

즉 '순종', '친애', '존속' 그리고 '주 안'은 각각 보편화 가능성의 효윤리체계 하부체계로서 서로 간 필요와 관심(interest)에 따라 그리고 상황에 따른 친화력의 정도에 따라 '인식의 망'을 달리 형성하게 된다.

이제 이러한 보편화 가능성의 효윤리체계를 분석의 틀로 하여 북

---

84) Walter C. Kaiser, op.cit.

85) 몰트만(J. Moltmann)이 언급한 바와 같이 기독교적 관점에서 보면 '대리' 행위에 의해 인간 역사와 사회의 윤리적 기초가 형성되었다. 왜냐하면 바로 그리스도의 '대리' 행위 속에 새로운 인류사가 시작되었고 교회 공동체의 개인적이며 사회적인 구조가 근거하고 있기 때문이다. 즉 그리스도의 대리 행위에 의해 모든 인간의 대리 행위가 의미를 갖는다. 왜냐하면 이러한 그리스도의 대리 행위는 모든 인간의 대리 행위의 전형적인 모형이 되기 때문이다. 참조, J. Moltmann, 김균진 역, 『본 훼퍼의 社會倫理』(서울: 대한기독교서회, 1993), p.39.

86) H. H. Gerth and C. Wright Mills, *From Max Weber*(London and Boston: Routledge & Degan Paul Ltd., 1974), p.62. 참조.

한의 주체사상에 나타난 효윤리체계를 분석하기로 한다. 과연 북한의 주체사상에 나타난 효윤리체계는 어떤 성격을 지니는가?

III. 보편화 가능성의 효윤리체계에 의한 주체사상의 효 분석

1. 주체사상에 나타난 효

주체사상에 내재된 효를 보편화 가능성의 효윤리체계로 분석하기 위해서는 우선적으로 주체사상의 주요 내용 속에 효가 어떤 양식으로 내재화되고 표현되어 있는지 이해할 필요가 있다. 이 작업은 주체사상을 제대로 파악하는 것에서 시작된다.

오늘날[87] 북한 정치체제의 지배적 이데올로기로서 기능하는 주체사상을 제대로 분석하기 위해서는 주체사상을 작동시키는 주요한 변수들을 도출하여 분석의 틀을 마련하는 것이 필요하다.

현재 김정일 정권의 체제 유지와 관련된 김정일[88] 주체사상[89]이

---

87) 그런데 주체사상이 1955년 사상에서의 주체를 강조한 후 지속적으로 북한 체제의 지배적 이데올로기로서의 위치를 구축해 왔지만 시기별로 그 성격을 조금씩 달리하고 있다. 따라서 분석의 시기를 어디에 두는가에 따라 주체사상의 주요 변수 설정도 달리할 수밖에 없다. 그러나 본 글에서 분석할 주체사상은 현재의 김정일 정권의 지배이데올로기로서 주체사상이다.

88) 김정일 주체사상은 김일성 주체사상과 대동소이하다. 다만 김정일은 김일성과 달리 충과 효를 더욱 강화시킨 우상화 전략을 구사했는데 이런 의미에서 김정일 정권의 존속과 관련된 지배이데올로기로서 김정일 주체사상이라 할 수 있다. 그러나 김정일 주체사상은 김일성 우상화에 초점을 둔 김일성 주체사상을 배제하거나 거부하지 않는다. 오히려 함께 상호작용하여 지배체제를 강화하고 있기 때문에 김일성·김정일 주체사상이라고도 할 수 있다. 여기서 김정일 주체사상의 의미는 김정일 정권 수립 이후의 주체사상을 지칭하는 것이다. 참조, 이헌경, "북한의 유교문화 실태 연구", 『통일과 북한 사회문화(하)』(서울: 민족통일연구소, 1995), p.68.

89) 북한의 주체사상에 대해 김정일 정권이 수립된 후 그 기능이 약화되었다고 보는 관점이 있다. 즉, 소위 '혁명적 수령론'이 주체사상을 대체하여 북한의 지배적 통치이데올로기로 정착했다고 한다. 참조, 안찬일, 『주체사상의 종언』(서울: 을유문화사, 1997), p.142. 그러

김정일 정권의 형성기인 1994년에 태동한 것은 아니다. 이미 김일성 주체사상에서 그 기초가 마련되었으며 40여 년의 시기를 거치면서 현재의 틀로서 구체화되었다.

이러한 의미에서 김정일 주체사상의 주요 내용은 역사적 변천 속에 구체화된 것이다. 그렇다면 주체사상의 주요 내용은 무엇인가? 여기에 대한 다양한 논의가 가능하나 대체적으로 크게 네 가지 변수로서 그 성격을 드러낼 수 있다.[90] 즉, 사회정치적 생명체론, 사회주의 大家庭論, 혁명적 수령론, 혁명적 도덕관 등이다. 이러한 김정일 주체사상의 주요 변수들을 체계론적 관점에서 그림으로 그려 보면 다음과 같다.

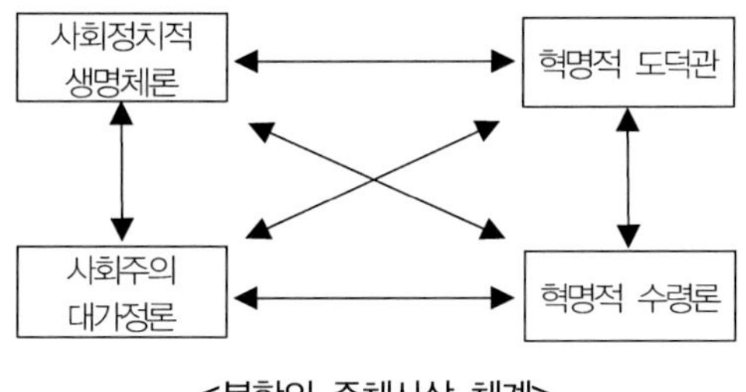

<북한의 주체사상 체계>

나 안찬일도 지적한 바와 같이 북한이 주체사상을 공식으로 포기한다는 선언을 하지도 않았고 북한의 어떤 법령이나 규정에도 '수령'이란 직제가 존재하지 않는 것을 볼 때 '혁명적 수령론'을 북한의 지배이데올로기로 보기에는 무리가 있다. 오히려 여전히 공식적 이데올로기인 주체사상의 하부체계로서 '혁명적 수령론'을 규명함이 타당하다.

90) 김정일 주체사상의 주요 내용에 대해 조금씩 차이를 보이고 있지만 그동안 북한에서 발행되는 문건을 중심으로 크게 정치사회적 생명체론, 가부장적 대가정론, 혁명적 수령론, 혁명적 도덕관 등을 들고 있다. 참조, 오일환·정순원, 『김정일시대의 북한정치경제』(서울: 을유문화사, 1999), pp.36-57. 이헌경, op.cit., p.20. 고성준, "북한정치이념과 전통정치문화의 상호 연관성 연구", 『국민윤리연구, 제30호』(서울: 한국국민윤리학회, 1991), pp.153-174. 안찬일, op.cit., pp.138-320. 조용관, "북한의 가정문화정책과 가정윤리", 『북한 및 통일연구 논문집』, 제2권(1994). p.24. 고영환, 『우리민족제일주의』(평양: 평양출판사, 1989), p.23. 김정일(1), "주체사상에 대하여(위대한 수령 김일성 동지 탄생 70돐 기념 전국 주체사상 토론회에 보낸 론문, 1982. 3. 31)", 『친애하는 지도자 김정일동지의 문헌집』, pp.16-7.

이제 이러한 네 가지 변수를 중심으로 김정일 주체사상에 나타난 효를 체계론적 관점에 의해 복합적이고 다차원적인 분석을 시도해 보기로 한다.

가. 혁명적 수령관과 사회정치생명체에 나타난 효

1992년 출판된 「조선말 대사전」에 의하면 '수령'이란 인민대중의 자주적인 요구와 이해관계를 분석, 종합하여 하나로 통일시키는 중심인 동시에 그것을 실현하기 위한 인민대중의 창조적 활동을 통일적으로 지휘하는 중심이다.[91]

그러나 북한의 어떤 법령이나 규정에도 '수령'이라는 직제는 존재하지 않는다. 따라서 북한의 공식 통치체계에 수령의 지위는 포함되어 있지 않다. 그럼에도 북한 주민 사이에서 수령은 지도자로서 인민의 의식주를 책임지는 '어버이'로 인식되고 있다.[92]

또한 북한은 수령을 단순한 지도자의 모습으로 그려 놓고 있지 않다. 즉, 북한은 수령을 혁명 전통의 기반하에서 당, 정, 군의 지도자로 부각하면서 사회정치적 생명의 중심으로 규정한다.

김정일에 의하면[93] 사회를 떠나서는 살 수 없듯이 그 누구도 수령과 혈연적으로 연결될 수 없다면 영생하는 사회정치적 생명을 지닐 수 없다. 즉, 아무리 풍부한 지식과 뛰어난 재능을 가진 사람이라 하더라도 수령과 조직적으로 결합되지 않고는 수령이 안겨 주는 사회정치적 생명을 지닐 수 없다는 것이다. 그렇다면 과연 사회정치적

---

91) 『조선말 대사전』(평양: 사회과학출판사, 1992), p.1831.

92) 오늘날 북한에서의 수령은 가정마다에 걸려 있는 초상화와 인민들 모두의 가슴에 달고 있는 초상 배지를 통해 인민들과 더불어 사는 '친근한' 존재로 그 권위를 보장받고 있다. 안찬일, op.cit., p.143.

93) 김정일(1), op.cit. p.6.

생명체는 구체적으로 무엇을 의미하는가?

김정일이 언급한 바와 같이[94] '사회정치적 생명체'로서 인간은 육체적 생명과 함께 사회정치적 생명을 가진다. 그리고 이 논리에 의하면 육체적 생명보다 사회정치적 생명이 더 귀중하게 된다. 그 이유는 무엇인가?

왜냐하면 사회정치적 생명체론에 의하면 인간은 자연의 변화발전 법칙에 복종되어 자연과 운명을 같이하는 존재인 것이 아니라 인간 사회에 고유한 사회적 운동법칙에 따라 자기 운명을 자주적으로, 창조적으로 개척해 나가는 사회적 존재이기 때문이다.[95]

이렇게 되면 육체적 생명을 가지고 있어도 자주성을 잃어버리면 그 인간은 사회적 존재로서는 죽은 몸이나 다름없게 된다.[96] 즉, 사회정치적 생명은 자주성을 가지게 될 때 의미를 지니게 된다.

그런데 육체적 생명과 달리 사회정치적 생명체는 저절로 얻어지는 것이 아니다. 수령의 혁명사상에 의해 정신적 무장을 하고 정치사회적 생명의 어버이인 수령과 당에 대해 절대적 그리고 무조건적으로 복종하고 따를 때 정치사회적 생명을 부여받게 된다.[97]

위와 같은 혁명적 수령관과 사회정치적 생명체론의 관계를 김정일의 발언을 중심으로[98] 보다 구체적으로 종합하면 수령은 사회정치적

---

94) 김정일(2), "주체사상 교양에서 제기되는 몇가지 문제에 대하여(당중앙위 책임일군들과 한 담화, 1986, 7. 15)", 『친애하는 지도자 김정일동지의 문헌집』(평양: 평양로동당출판사, 1992), pp.148-149.

95) Ibid., p.146.

96) 고영환, op.cit., p.23.

97) 박영철, 『수령에 대한 충실성과 사회정치적 생명체』(평양: 조선로동당출판사, 1990), p.78.

98) 김정일(3), "사회주의 건설의 력사적 교훈과 우리 당의 종로선"(조선로동당 중앙위원회 책임일군들과 한 담화, 1992. 1. 3), 통일원, 『김정일 주요논문집』(서울: 통일원), p.295.

생명체의 중심이며 인민대중의 의사를 체현하는 최고의 뇌수이고 수령과 대중의 관계는 사회정치적 생명체 안에서 혈연적 관계가 된다. 즉, 생명체와 뇌수를 떼어 놓고 생각할 수 없듯이 인민대중을 떠난 수령이나 수령을 떠난 인민대중을 생각할 수 없게 된다.

이런 사회정치적 생명체의 사회관은 모든 당원들과 인민들을 정치 사회적 조직체에 결속시켜 수령의 명령에 따라 일사분란하게 움직이는 통제력을 행사하려는 데 주목적이 있다.

또한 사회정치적 생명의 중심으로서 혁명적 수령관에 의하면 김정일과 그 부하들 사이에는 생사고락을 같이하는 '혈연적 관계'로 표현된다. 그리고 이 혈연적 관계는 김정일이 강조하다시피[99] 수령과 당원 그리고 근로 인민대중이 전통사상의 군위신강(君爲臣綱)의 차원을 넘어 부위자강(父爲子綱)의 관계가 된다. 바로 효의 원리가 적용된다.

더욱이 사회정치적 생명체론에 의하면 육체적 생명은 친부모가 주었지만 정치적 생명은 수령이 준다는 의미이다. 더 정확히 말하면 정치적 생명은 '어버이 수령'과 '어머니 당'이 함께 준다고 한다. 따라서 수령은 육체적 생명보다 더 귀중한 정치적 생명의 제공자이고 당은 그 생명의 모태이다.

이런 의미에서 수령, 당, 대중은 사회정치적 생명체 내에서 '혈연적 관계'로 맺어지는 가족 공동체로 규정되고 대중에게는 '생명의 은인'이며 '어버이'인 수령에 대하여 효성을 다할 것이 요구된다.[100]

---

99) 김정일(4), "주체의 혁명관을 튼튼히 세울 데 대하여(노동당 중앙위원회책임일꾼들과 한 담화, 1987. 10. 10)", 『근로자』1988년 12호, p.7.

100) 김정일(5), "사회주의 건설의 역사적 교훈과 우리 당의 총로선", 『로동신문』1992년 2월 4일자.

이러한 수령론과 사회정치적 생명체론에 내포된 효를 보다 분명히 보여 주는 것이 바로 김정일의 인민의 수령에 대한 효와 배신의 관계 설명에서이다. 즉, 김정일에 의하면[101] 자식들이 자기 부모를 사랑하고 존경하는 것이 자기 부모가 반드시 다른 부모들보다 낫거나 그들로부터 어떤 덕을 입을 수 있기 때문이 아니라고 한다. 자식들이 부모에게 효도하는 것은 자기를 낳아 준 생명의 은인이기 때문이라고 한다.

마찬가지로 혁명적 의리를 지키는 사람은 좋을 때나 나쁠 때나 변함없이 오직 자기 생명의 모체인 수령, 당, 대중과 생사 운명을 같이 해 나간다고 한다. 예를 들어 만일 누가 자기 나라가 뒤떨어졌다고 하여 실망하고 자기 조국에 대해 다른 마음을 먹거나 조국이 위협에 처했을 때 자기를 키워 준 어머니 조국을 배반하고 자기 한 몸만을 건지려고 한다면 그 어느 나라 인민도 그러한 인간을 양심을 가진 인간이라고 보지 않을 것이라고 한다.

이상에서 보다시피 사회정치적 생명체론의 핵심적 개념이나 원리들은 황장엽이 언급한 바와 같이[102] 봉건 유교적 형태와 동일한 논지를 전개하고 있다. 그리고 이러한 체계는 단순히 이론적 차원에 머무는 것이 아니라 인민대중의 정치사회적 삶의 과정 속에서 광범한 대중적 교양, 반복되는 학습을 통해서 하나의 근본 가치관으로 형성된다.[103]

수령에 대한 무조건적 효성은 이미 90년대 초반부터 북한 사회의

---

101) 김정일(6), "주체사상의 고양에 제기되는 몇 가지 문제에 대하여", 『근로자』1987년 7호, p.17.

102) 황장엽, 『개인의 생명보다 귀중한 민족의 생명』(서울: 시대정신, 1999), p.101.

103) 안찬일, op.cit., p.161.

최고의 도덕규범으로 강조되고 있다. 이러한 효는 북한이 후계자를
선정하는 과정에서 정당성 확보를 유리하게 했으며 김정일 권력세습
과 그 개인숭배를 확보하는 데 중요한 기능을 담당하였다.

그런데 이러한 혁명적 수령관과 사회정치적 생명체론에 나타난 효
는 혁명적 양심에 기초하여 신념화되기 위해서 사회주의 대가정론과
혁명적 도덕관과 결부되어야 한다고 김정일은 강조한다.104) 따라서
이제 이러한 수령론과 사회정치적 생명체론에서 부각된 효가 사회주
의 대가정론과 혁명적 도덕관에서는 어떻게 드러나는지를 규명해 보
기로 한다.

나. 사회주의 대가정론과 혁명적 도덕관에 나타난 효

「로동신문」에 의한 바와 같이105) 북한의 인민들은 하나의 대가정
에서 살고 있다. 즉, 소위 위대한 수령, 위대한 영도자를 모시고 전
체 인민이 혈연적 연계를 이룬 사회가 북한이라는 것이다.

이 노동신문에 의하면 북한의 이러한 대가족은 지금까지 역사가
전혀 알지 못하는 새로운 인간 세계라고 한다. 그리고 북한 인민은
위대한 어버이를 모신 대가정 속에서 사는 것을 더없는 행복으로 여
기고 있으며 우리의 사상과 도덕을 견결히 지키고 화목하고 보람찬
생활을 해 나가고자 하는 일념에 불타고 있다고 한다.

이런 의미에서 북한은 아버지인 김일성 원수님, 어머니인 당, 그리
고 친형제인 인민들이 화목하고 단합된 사회, 즉 하나의 대가정을
이루고 있다고 주장한다.106) 그렇다면 이러한 대가족론은 어떤 논리

---

104) 김정일(7), "혁명적 주체관을 튼튼히 세울데 대하여", op.cit., p.10.
105) 「로동신문」 1993년 2월 1일자, 1면.
106) Ibid.

에서 비롯되는가?

이는 사회정치적 생명체라는 공동체 안에서 그 모태인 수령과 당 그리고 인민대중의 상호 관계를 통해 혼연 일체로써 유기적이며 전일적인 관계인 가족 관계를 이루고 있다는 것에서 비롯된다.

북한의 대가정화 논리는 더 나아가 진짜 부모는 이러한 대가정화에 의한 가족의 부모, 즉 김일성 수령이라고 할 정도이다.[107] 김일성 수령이 생부모보다 더 진짜 부모라는 이유는 김일성이 빼앗겼던 나라를 찾아 주고 노예처럼 살던 인민들을 나라의 주인으로 내세워 주었기 때문에 그에게 '어버이'라는 찬사가 당연하다는 것이다.[108]

김정일은, 이러한 김일성 수령을 어버이로 모시는 대가정의 참된 아들딸들은 수령 어버이에게 충성을 다하는 효성만이 혁명 전사의 도리요 품성이라고 주장한다.[109]

김정일이 언급한 바와 같이 북한의 대가정론에 의하면 어버이 수령의 효자는 어버이 수령의 명령을 높이 떠받들고 어버이 수령의 정치사상적 뜻을 이루기 위해 목숨을 바쳐 충성을 다한다고 한다.[110]

또한 대가정의 효자는 어버이 수령의 혁명 사상을 견결히 고수하

---

107) 이현덕, 『벼꽃』(평양: 문예출판사, 1986), pp.51-52.

108) 이러한 것이 잘 나타난 것이 이현덕의 『벼꽃』이다. 그 내용을 살펴보면, "사람이란 자기를 낳아주고 길러준 부모의 은덕을 모르고 배반하면 사람이 아니다. 그럼 부모는 누구겠니? 네 할아버지, 할머니? 아니다. 네 할아버지, 할머니는 나를 낳기는 했어두 밥 한 끼 변변히 못 먹여 주었구 글 한 자 배워 주지 못했다. 해방되는 그 날까지 내 어깨에서 짐 승살이보다 더 못한 머슴의 멍에를 벗겨주지 못했어…… 그랬던 것을 우리 수령님께서 나라를 찾아 주시고 나한테 평생 소원이던 땅을 주신 다음부터 난 진짜루 세상에 사람으로 다시 태어날 수 있었다. 그리구 너두 역시 수령님과 당의 품이 없었다면 그렇게 세상 부러운 것이 없이 자라구 배운다는 건 꿈에도 생각 못할 일이야. 그러니 너나 나나 진짜 부모는 누구겠니? 바로 수령님과 당의 품이다". 참고, Ibid.

109) 『김정일선집』11, p.303.

110) Ibid., p.304.

며 어버이 수령의 명령 지시를 무조건 철저히 관철하는 신념을 가져야 한다. 그리고 어버이 수령을 무한히 존경하고 흠모하며 어버이 수령의 안녕과 만년 장수를 보장하며 수령의 뜻을 높이 받들고 꽃피우며 업이 수령의 심려를 덜어드리고 수령에게 언제나 기쁨과 만족을 주는 효자가 되어야 한다는 효자론을 김정일은 펼치고 있다.[111]

또한 북한은 지배이데올로기에 내재된 효를 북한 주민에게 보다 심화시키고 확산시키기 위해 도덕의 절대적 덕목 중 하나로 이를 강화하고 있다. 이것이 바로 1990년대 북한의 체제 위기에 등장한 효를 중심으로 한 혁명적 도덕관이다.

북한은 체제 유지를 위해 지속적으로 북한 주민에 대한 '혁명'의 동원체제에 의한 심리적 긴장을 강화하고 있다. 그런데 김정일은 소위 '우리식 사회주의'[112]를 구축하기 위한 혁명[113]의 지속을 위해서는 '혁명적 의리와 동지애'라는 규범·가치관을 필요로 한다고 본다.

그런데 이러한 인민대중이나 혁명가의 도덕적 기초는 수령의 모든 노선과 정책에 절대적으로 순종하는 효이다. 바로 수령이신 어버이 김일성·김정일[114]에 대한 효가 혁명가의 기본적 도덕관이라는 것이다.[115]

즉, 북한의 중앙방송논설이 언급한 바와 같이[116] 이제 북한에 있

---

111) Ibid.

112) 오일환·정순원, op.cit., p.59.

113) 여기서 북한이 추진하는 혁명이란 "민족의 주체성을 억제하고 민족성을 말살하는 제국주의자들의 책동을 경계하면서 반제투쟁의 지속"을 의미한다. 참조, 고유환, "북한의 체제 변화와 남북한 관계 개선 전망", 『남북한 관계의 분야별 현황과 과제: 쟁점과 대책』, 한국정치학회 통일문제 특별학술회의(1997. 11. 8) 자료집, pp.13-14.

114) 김정일은 김일성 3주기 당시에 수령으로 불리기 시작했으나 그는 수령보다는 '아버지', 즉 인민의 '어버이'로 불러 주기를 바랐으며, 북한의 선전 기관들은 김정일 호칭을 그렇게 변화시켜 왔다. 참조, 조영환, 『매우 특별한 인물 김정일』(서울: 지식공작소, 1996), p.92.

115) 백주상, "수령에게 충실하는 것은 혁명하는 사람들의 도덕적 관계", 『철학연구』, 1990년 3호, p.32.

어서 당과 수령에 대한 효의 문제는 노동계급의 혁명 위업을 실현하기 위한 전 역사적 과정의 근본문제이며 혁명의 운명을 좌우하는 사활적 문제가 되었다.

또, 「근로자」에서는 어버이 수령에 대한 효가 집단과 개인 사이에 맺어지는 공산주의 도덕 관계의 최고 표현이며 혁명가들 사이에 이루어지는 자주적 관계의 기초라고 하고 있다.[117] 즉, 어버이 수령에 대한 효가 혁명 전사들 사이에 서로 사랑하고 도와주는 혁명적 동지애의 관계를 규정하는 척도라는 것이다.

이처럼 어버이 수령에 대한 효는 북한 인민대중과 소위 혁명 운동가들 사이에서 하나의 절대적인 도덕적 규범으로 수용되어 있다. 그런데 북한 주민들에게 이러한 효를 중심으로 한 혁명적 도덕성을 더욱 강력하게 내면화시키는 방법으로 김정일이 택한 효의 사회화 전략이 있다. 그것은 무엇인가?

바로 김정일 자신이 효의 화신으로 등장하는 것이다. 즉, 김정일이 자신의 아버지 김일성에 대해 행한 효의 모범을 북한 주민들에게 선전하여 북한 주민들이 김일성을 어버이로 숭배하듯이 그 후계자인 김정일 자신에게도 그 숭배심을 갖도록 한 것이다.[118]

이러한 '효의 화신'으로서 김정일에 대한 부각은 안찬일이 언급한

---

116) 중앙방송논설(1993년 1월 27일), "당과 수령에 대한 충효는 주체형의 공산주의 혁명가의 기본 풍모", 「내외통신」 1993년 1월 28일자.

117) 류순찬, "수령에 대한 충실성은 공산주의 도덕의 최고 표현", 「근로자」, 1989년 3월호.

118) 이와 같은 사례는 김정일이 1965년 인도네시아를 방문하는 김일성 일행을 따라가 현지에서 생일을 맞는 김일성에게 직접 냉면을 만들어 대접한 사실(참조, 「로동신문」 1995년 11월 26일자). 또 70년대에는 김일성에게 대원수 칭호를 주기로 하고 대원수복까지 만들어 놓은 사실로 이어지고 있다. 그리고 김정일은 이 김일성의 대원수복을 "생전에 쓰던 집무실에 걸어놓고 힘겨울 때마다 그것을 보며 힘을 얻곤 하겠다."고 함으로써 스스로 효자임을 강조하였다. 참조, 「내외통신」 10317호, 1996년 11월 6일자.

바와 같이119) 1994년 7월 8일 김일성 사망으로 극치를 이루었다. 북한은 예상을 뒤엎고 김정일으로의 권력 승계를 3년이나 미루었으며 이는 전통적 유교 원리에 입각한 '3년상'을 '유훈통치' 기간이라고 주장했다.120)

이와 같이 김정일은 북한 주민들에게 효를 사회의 도덕규범 중 최대의 덕목으로서 그리고 혁명의 수행을 위한 최고의 도덕적 지침으로서 북한 주민들에게 각종 사회화의 전략을 통해 이를 내면화시키고 있다.121)

이러한 효의 북한 주민에 대한 내면화 전략에는 앞에서 언급된 혁명적 수령관과 사회정치적 생명체론 그리고 사회주의 대가정론 등이 함께 복합적으로 작용하여 그 효능을 더욱 가중시켰다.

즉, 혁명적 수령관을 통해 어버이 수령에 대한 효의 대상을 구체화하고 사회정치적 생명체에 의해 어버이 수령이 주민에게 사회정치적 생명을 부여한 부모 중에서 진짜 부모이며 대가정론에 의해 하나의 가족성원으로 가져야 할 도덕성의 정당성을 마련하게 했던 것이다.

그런데 이러한 북한의 주체사상에 나타난 효는 과연 북한 사회의

---

119) 안찬일, op.cit., p.246.

120) 김정일·김일성을 영원한 주석으로 남기고 그 자리에 오르지 못하는 것은 김정일 정권의 잘못을 김일성에게 전가시키는 것이라고도 할 수 있다. 김일성이 가진 인민으로부터의 최소한의 신망을 이용하는 것이다. 적어도 1980년대 이후의 북한 정치와 경제에 대하여 김정일은 전면적 책임 위치에 있다. 그런 그가 김일성 유훈 통치의 형식을 빌린 것은 사실 그 자체가 기만이지만 북한의 위기를 김정일이 타개하는 하나의 방법이 될 수도 있었다. 참조, 이주철, 『김정일의 생각 읽기』(서울: 지식공작소, 1992), p.55.

121) 북한 주민들에게 반복적으로 강화시키는 효의 내면화 내용으로 대표적인 것은 다음과 같다. "충효는 혁명가의 최고 인격이다. 효성을 떠나 명인이 없고 충성을 떠나 위인이 없다. 충효가 혁명의 보약이라면 야심은 혁명의 사약이다. 행복의 높이는 충성과 효성의 높이이다. 옥에는 티가 있을 수 있어도 충효심에는 한 점의 티도 있어서는 안 된다. 충성은 돈으로 살 수 없고 마음으로 얻는다. 어려울 때 충신을 안다. 충신의 입은 마음에 있고 간신의 마음은 혀끝에 있다. 충신의 삶은 영생하지만 간신의 목숨은 단명한다." 『철학연구』 1996년 10호, p.1. 재인용, 안찬일, op.cit., pp.246-247.

존속과 관련하여 제대로 그 기능을 하고 있는가가 궁금하다. 이는 앞으로 북한 사회의 변화와 관련이 있다.

이제 북한 사회의 존속과 관련하여 과연 이러한 북한 주체사상의 효의 논리로써 김정일 정권의 정당성 확보와 그에 따른 김정일 정권의 존속 가능성은 어느 정도인가에 관심을 갖게 된다.

이러한 관점에서 이후부터 현대 사회의 삶과 관련하여 적실성이 있는 효체계를 성경과 관련하여 새롭게 도출하고 이에 의해 주체사상의 효를 체계적으로 분석하기로 한다.

2. 보편화 가능성의 효윤리체계에 의한 주체사상의 효 분석

앞에서 도출한 주체사상의 효를 분석하기 위한 분석의 틀로서 보편화 가능성의 효윤리체계에 의해 북한의 주체사상을 분석하게 되면 우선 드러나는 것은 주체사상의 효가 보편화 가능성의 효윤리체계의 하부체계에 있어서 주로 '순종'의 변수와 깊이 관련된다는 점이다.

즉, 주체사상의 주요 변수인 '혁명적 수령론', '사회정치적 생명체론', '사회주의 대가정론' 그리고 '혁명적 도덕관' 등에서 나타난 효는 무엇보다 '순종'의 의미를 강하게 내포하고 있다. 이렇게 주체사상이 순종의 효를 강조하는 이유는 무엇인가?

황장엽이 언급한 바와 같이[122] 북한의 주체사상은 통치자를 무조건 숭배하고 충성과 효성을 다해야 한다는 봉건사상이 서로 얽혀 있다. 즉, 북한의 주체사상은 봉건사상의 효가 가진 특징을 강하게 지니고 있다.

---

122) 황장엽, op.cit., p.101.

그렇다면 북한의 주체사상이 내포한 봉건사상의 효의 주된 내용은 어디에서 유래되는가? 한마디로 조선시대의 유교에서 비롯된다. 송영배 교수가 언급한 바와 같이[123) 조선시대에는 소위 신유학 또는 도학, 성리학으로 불리는 유교적 도덕 형이상학이 500년간 한국인의 정신세계에 깊이 내재화되었다.

그런데 이러한 유교적 통치 원리는 한국인의 삶 속에 강력한 권위주의적 인간관계의 속성으로 나타나게 되었다. 따라서 윤천주 교수도 지적한 바와 같이[124) 유교적 윤리 규범은 세습적 가부장적 지배(patrimonialism)를 형성하여 피지배자는 지배자에게 복종과 순종하는 것이 당연시되었다.

이런 의미로 주체사상의 하위체계로서 수령론과 사회정치생명체론, 도덕론, 그리고 대가정론에 있어서의 효는 황장엽이 언급한 바와 같이[125) 유교에 의한 봉건적 가부장제의 효의 내용을 그대로 유지하고 있다. 따라서 그 주요한 덕목인 '순종'이 북한 주민에게 내재화되어 주체사상에 의한 김정일 정권의 정당성이 확보된 것이다.

그런데 북한은 수령의 무오류성과 완전성을 뛰어넘어 신격화를 주장하여 조선조 봉건적 통치 이념을 단순히 복원하는 데 그친 것이 아니라 더욱더 강화하였다.[126) 이러한 과정 속에 주체사상의 '순종'에 대한 강조는 극한 것이 되었다.

한편, 이러한 주체사상의 효에 있어서 극도의 '순종'에 대한 강조는 보편화 가능성의 효윤리체계에 있어서 또 하나의 하위체계인 '친

---

123) 송영배, 『유교적 전통과 중국 혁명』(서울: 철학과 현실사, 1992), p.460.

124) 윤천주, 『한국정치 체계 서설』(서울: 문우당, 1962), pp.279-280.

125) 황장엽, op.cit.

126) 안찬일, op.cit., p.22.

애'와는 거리가 멀게 만들었다. 즉, 수령과 북한 주민 간의 평등에 의한 인격적 존중의 문제는 북한에서 거의 실현되지 못하고 있다. 즉, 강력한 카리스마적 존재로서 신의 위치에 있는 김정일이 북한 주민들과 동등한 위치에서 인격적 평등으로 친애의 관계를 유지한다는 것은 거의 불가능하다. 이러한 북한 주민과 김정일과의 관계를 안찬일이 지적한 바와 같이[127] 마치 일제 때 천황과 황민과의 관계와 같은 것이라 할 수 있다. 이런 관계에는 '친애'가 들어설 자리가 없다.

그런데 보편화 가능성의 효윤리체계의 하부체계로서 또 다른 변수인 '존속'과 관련하여 '순종'과 '친애'의 조화 상실은 문제를 발생시킨다. 즉, 보다 바람직한 사회는 인간관계의 형성이 불평등한 면과 평등한 면이 옷감의 씨줄과 날줄같이 조화롭게 이루어져 있음을 의미한다.

이스턴이 언급한 바와 같이 어떤 사회든지 권위구조가 있기 마련이고[128] 이에 따른 불평등한 인간관계가 형성된다. 그러나 두 사람의 인간관계에서도 불평등한 면이 있는가 하면 역시 평등한 면이 또한 있기 마련이다. 즉, 모든 인간관계에는 이러한 불평등한 것과 평등한 것이 복합적으로 이루어져 있다.

만일 이러한 복합적인 두 개의 변수가 지나치게 하나로 편중하여 적절한 균형을 유지하지 못한다면 인간관계에 중압이 가해지고 이것이 그 관계 붕괴의 원인이 되기도 한다.

이런 의미로 북한의 주체사상이 가지고 있는 효체계는 위기의 요

---

127) 안찬일, op.cit., pp.210-211.

128) D. Easton, *A Framework for Political Analysis*(Chicago and London: The University of Chicago Press, 1979), p.96.

소를 가지게 된다. 즉, '순종'의 효를 강력하게 추진할 경우 사회체계의 불평등한 면이 지나치게 부각되어 권위주의 체계가 지닌 폐단을 발생시킨다. 이런 경우 인격의 침해가 일어날 가능성이 높으며 자발적 참여에 의한 창조적 활동이 어렵게 된다. 오늘날 북한 체계의 경제적 후진성과 대외 관계의 경색성은 이러한 주체사상의 효가 지닌 문제에서 그 원인을 추적할 수 있다.129)

위와 같은 사실에서 드러나는 것은 현재의 북한 상황은 체계의 '존속'과 관련하여 물질적 생산 그리고 사회 구성원의 왕성한 생명력과 건강의 보존성 등을 통한 사회 안정의 구축에는 한계가 있음을 알 수 있다. 이러한 상황을 더욱 악화시키는 것은 주체사상의 효가 그 대상으로 하는 김정일의 신격화 문제이다.

물론, 부모가 자녀를 위한 대리자로서 역할을 할 경우 그 무엇에 의한 대리인지는 각 부모의 사정에 따라 다양할 수밖에 없다. 즉, 부모 중에는 자녀와의 관계에서 어떤 대리 행위를 전제하지 않고 자신이 왕으로서 위치할 수 있다. 바로 로마 시대의 부모들은 이러한 위치에서 자녀들을 가정에서 추방시킬 수 있을 뿐만 아니라 자녀들의 생명 여탈권도 가지고 있었다.130)

그러나 이렇게 대리 행위를 배제하고 스스로 왕으로 위치한 부모들이 자녀와의 관계에서 가족 존속을 위한 기능을 제대로 수행하지 못했음은 로마제국 멸망 시 가족제도의 붕괴와 그들의 도덕적 타락

---

129) 물론 지나친 '친애'에 의한 평등의 강조도 희소한 사회적 생산물의 배분에 있어 권위에 의한 그 정당성을 확보하지 못할 경우 사회 안정의 발판인 법과 질서의 유지에 문제가 발생할 수 있다. 로크는 그의 시민 국가론에서 이를 적시하고 있다. 박철호, "효윤리의 변천과정 분석", 『효윤리학』(인천: 도서출판좋은세상, 2000), p.17.

130) Ibid., p.11.

에서 잘 살펴볼 수 있다.

김정일 자신의 신격화는 마치 스스로 왕이 된 부모와 자녀의 관계처럼 김정일이 하나의 대리자로서 북한 주민을 위해 봉사하고 또한 북한 주민이 대리자로서 김정일을 공경하는 것을 방해하고 있다.

이렇게 되면 북한 주민이 왕이나 신으로서의 김정일을 모신다는 것은 대리 행위를 배제한 채 일방적으로 김정일에게 복종만 강요당하기 때문이다. 이렇게 되면 자연히 '친애'적 효의 의미는 사라진다. 이것은 윤리적 차원의 효 관계가 아니라 마치 하나님의 뜻에 따라 하나님을 모신다는 신앙적 차원의 종교 관계가 된다.[131]

왜냐하면 보편화 가능성의 효윤리체계의 대리 행위는 제3자의 뜻에 따라 대리 행위가 행해지는데 종교적 신앙 관계의 김정일과 북한 주민의 행위 사이에는 제3자가 간여할 가능성이 없기 때문이다.

민주정치가 체계 존속과 관련하여 나름대로 작동하는 것은 권위당국자들이 국민의 대리자로서 역할, 즉 적절한 권위 행사와 그에 따른 국민의 순종이 행해지기 때문이다. 그리고 국민의 '친애'가 유교의 '간언' 등과 같은 요구의 효[132] 형태로 정책을 비판하고 새로운 대안을 제시한다는 것은 권위당국자들이 행하는 정책의 독단을 억제하는 효과를 갖는다.

그러나 김정일의 신격화에 의해 대리 행위가 없는 상황에서 효윤리의 강요 사태는 왜곡된 효, 즉 김정일에 대한 효성만이 절대화되

---

131) 따라서 인간과 인간 사이의 효를 다루는 보편화 가능성의 효윤리체계의 분석 차원을 벗어나게 된다.

132) 효의 유형으로서 크게 지지(support)의 효와 요구(demand)의 효가 있다. 참조, 박철호, "상대적 효와 절대적 효", 『성산학보』(인천: 성산효도대학원대학교, 2001). 여기서 요구의 효는 부모에게 문제가 있는 것을 자녀가 부모에게 개선을 구하는 것을 의미한다. 유교의 간언의 효와 유사하다.

어 김정일은 스스로 모든 것을 최종 결정하는 위치에 있게 된다. 이러한 독단에 의해 김정일은 마치 오류가 없는 정책 결정을 한다는 착각에 빠질 위험성이 높아진다. 이러한 과정 속에 북한의 존속 가능성은 서서히 약화되고 체계 붕괴의 가능성은 높아지게 된다.

IV. 결론

북한의 주체사상에 나타난 효는 보편화 가능성의 효윤리체계로 분석하게 되면 '순종'의 효가 강조된 반면 '친애'의 효는 거의 드러나지 않는다. 또한 김정일에 대한 신격화는 '대리' 행위가 가지고 있는 제3자의 뜻을 고려하거나 북한 주민으로부터의 요구의 효를 수용할 가능성을 배제한다.

이러한 사실들이 결국 북한 체계의 존속에 위기를 가져오고 있다. 이런 의미에서 북한은 새로운 효의 논리를 구축할 필요가 있다. 그렇다면 새로운 효의 논리는 어디에서 발견할 것인가?

바로 성경에 의한 보편화 가능성의 효윤리체계를 수용하는 것이다. 이러한 보편화 가능성의 효윤리체계는 지금까지의 효윤리가 가지고 있던 전통적이고 봉건적인 효윤리체계의 문제점을 해소하고 보다 나은 이상 사회를 건설하는 데 주요한 원동력이 될 수 있다.

이런 의미에서 북한이 제대로 된 사회를 구축하기 위해서는 현재의 '순종' 중심적 효윤리체계에 '친애'와 '대리'의 효윤리 요소를 도입하고 이들이 적절한 조화를 이루게 될 때 북한 체제의 '존속'이 가능하게 된다.

이러한 보편화 가능성의 효윤리체계는 우리 사회에도 필요하다. 왜냐하면 현재 한국 사회가 겪고 있는 가족 해체와 사회 윤리 문제 중에는 여전히 봉건적이고 유교의 권위주의적인 효윤리체계에 기인하는 면이 많다.

이런 의미에서 아직도 한국 사회의 효윤리체계에 부족한 '친애'의 효와 '대리'의 효를 확산시켜 가족 공동체와 사회 공동체의 '존속'을 보다 강화시켜 나갈 필요가 있다.

제3절
세계화에 대한 대응으로서 한국 기업의 효문화 연구

Ⅰ. 서론

임성빈 교수가 지적한 바와 같이 세계화의 시원(genealogy)에 대한 다양한 논의가 있다.[133] 그러나 본격적으로 세계화에 대한 논의가 시작된 것은 역시 1990년대로부터라고 할 수 있다.

한스 퀑(Hans Küng)이 지적한 바와 같이 세계화는 이제 더 이상

---

133) 임성빈, "가속화되는 세계화와 그리스도인의 사회윤리적 과제", 『장신논단』 제15집(서울: 장로회신학대학교 출판부, 1999), p.375.

선택의 문제가 아니다.[134) 즉, 현재 작동하는 세계화의 흐름에서 벗어나기란 쉽지 않다. 개인이나 사회, 국가 그 어느 곳도 세계화의 영향을 받지 않을 수 없다. 그 개인이 속한 곳이 선진국이든 미개국이든 말이다. 그렇다면 이 세계화의 흐름의 주요 동력은 무엇인가?

현재 세계화를 가속시키는 추동력은 다양하게 논해질 수 있지만 임성빈 교수가 지적하는 바와 같이[135) 무엇보다 기업의 확산력이 세계화의 주요변수가 된다.[136) 즉, 기업의 이익 창출을 위한 무한 경쟁은 기업들에게 다국적 성격을 구축하게 하고 다국적 기업의 자유로운 활동을 위한 환경 조성에 박차를 가하게 하였다. 이러한 기업의 막강한 역할은 자유시장의 철학 확산과 그 궤를 같이하면서 세계화의 프레임을 구축하는 것이다.

문제는 이러한 세계화의 추동력으로서 다국적 기업이 개별 국가에 대한 영향력이다. 즉, 다국적 기업들은 개별 국가의 전통문화 등에 대한 주체적 정체성을 희석시켜 문화의 획일화를 초래하고 있다는 의심을 받고 있다. 다국적 기업의 문화적 힘의 집중화를 통해 개별 국가의 기업문화 등을 주변문화로 전락시켜 이들 기업들에 대한 통제력을 강화한다는 점이다.

위와 같은 관점에서 본 글은 세계화의 강력한 추진 세력인 다국적 기업이 지닌 경쟁력과 그 문화의 획일성이 개별 국가 특히 한국의 기업문화에 미치는 영향력을 분석하고 이에 대한 대응으로서 한국

---

134) Hans Küng, *A Global Ethic for Global Politics and Economics*(New York: Oxford Press, 1998), pp.160–162. 재인용, 임성빈, op.cit., p.374.

135) Ibid., p.378.

136) 세계화의 가속화 요인으로 기업 이외에도 금융자본, 컴퓨터 기술의 확산을 들기도 한다. 참고, 임성빈, op.cit., p.376.

기업의 문화로서 특히 효문화가 어떠한 기능을 하는가를 탐구하는
데 연구의 목적을 두었다.

II. 다국적 기업의 세계화 추동력과 문화 획일화

세계화는 컴퓨터를 비롯한 기술의 발달에 의한 생산 조직의 변동
과 그로 인하여 파생되는 국제적 노동분업의 새로운 형태, 그리고
경제의 초국가화, 세계금융자본의 증가, 정치 결정과정의 국제화 등
에 의해 특징지어진다. 그런데 이러한 세계화를 추진하는 다양한 변
수 중에서 특히 다국적 기업은 세계화를 보다 심화시키는 주요 변수
이다. 그렇다면 다국적 기업은 어떤 과정에 의해 세계화를 추진하며
그 영향력은 어느 정도인가?

1. 다국적 기업의 세계화 추동력

디켄(Peter Dicken)이 언급한 바와 같이[137) 다국적 기업이란 많은
국가들에서의 경영을 의미한다. 이러한 다국적 기업들은 알맞은 가
격의 원자재와 생산에 투입되는 노동을 찾아서 세계 도처를 탐색한
다. 그리고 투자된 것을 회수하기 위해 현실적으로 최대의 잠재력을
지닌 세계적 시장화를 구축하고자 한다. 그러므로 공급, 제조, 시장의
네트워크는 집합적으로 되며 동시에 이것들은 기업의 생존 기반인
'이윤중심지'가 된다. 이러한 과정 속에서 세계의 압축(compression)

---

137) Peter Dicken, *Global Shift: the internationalization of economic activity*, 2nd ed.(London:
 Paul Chanpman, 1992), pp.47-48.

과 전체로서 세계에 대한 의식의 강화로서 정의될 수 있는 세계화가 행해진다.[138]

이와 같이 다국적 기업의 세계화 추동력은 최대 이윤의 확보라는 기본 전제하에 진행되고 있지만 '자유시장의 철학'이 기업의 세계화 추진에 기초적인 배경을 이루고 있다. 자유시장의 철학은 국가를 자유시장의 억압체계로 보고 이를 배제하고자 한다. 즉, 기업들은 효율적인 이익 창출을 위해 무한 경쟁을 전제하고 국경의 의미를 희석시키고자 한다. 자유시장의 철학에 의하면 국가는 기업의 자유로운 활동을 위한 환경을 규제하는 장애물이라고 규정한다.[139]

그런데 이러한 기업의 세계화 추진력은 디킨슨(Richard Dickinson)이 지적한 바와 같이[140] 국가적 통제력의 약화를 초래하여 노동시장의 구조적 문제를 더욱 악화시키는 문제를 발생시킨다. 즉, 저임금 노동자의 확대와 노동자들의 이주 현상을 가속화시키게 된다. 이러한 외부로의 노동력 이주는 결국 개별 국가 기업의 노동공급을 악화시키고 노동자들의 공동체적 노동 윤리의식을 피폐시킬 가능성이 높다.[141]

이러한 기업의 세계화를 추진시키는 데 함께 기여한 것이 컴퓨터를 중심으로 하는 기술의 급격한 발전과 급속한 금융자본의 이동이다. 우선 컴퓨터는 제리 맨더(Jerry Mander)가 언급한 바와 같이[142]

---

138) Roland Robertson, "Globalization as a problem", *Globalization*(Sage Publications, 1992), 참조.

139) 국가는 지속가능한 개발과 자원의 정의로운 배분이라는 주요한 정치경제적 현안을 해결하고자 자유시장의 철학이 가지고 있는 성장의 논리에 한계를 설정하고자 한다.

140) Richard Dickinson, *Economic Globalization: Deepening Challenge for Christians*(Geneva: WCC, 1998), p.10 재인용, 임성빈, op.cit., p.376.

141) 이러한 현상은 노동자의 소외도 증가시킨다고 한다. Ibid.

142) 참조, Jerry Mander, *Four Arguments for the Elinination of Television*(New York: Morrow, 1977) 그리고 Jerry Mander, "세계화의 기술", Jerry Mander & Gold

기업의 세계화를 가속시키는 주요한 변수이다.[143]

다국적 기업은 그들의 강력한 경제력을 세계적으로 확산시키는 데 컴퓨터로부터 결정적인 도움을 받았다. 이러한 컴퓨터를 이용한 통신 기술과 인터넷을 이용한 분석도구들의 출현은 다국적 기업으로 하여금 자체의 통합력을 배가시키며 경쟁력을 증가시키게 한다. 따라서 이러한 기술의 개발과 도입에 뒤지는 기업은 위기를 맞게 된다.

또한 이러한 기술의 개발과 도입은 전통적으로 기업이 가지고 있던 문화를 약화시킨다. 따라서 이러한 기술의 확산은 다국적 기업의 문화로 하여금 개별 국가의 기업문화에 영향을 미치게 한다.

다국적 기업의 세계화를 강력하게 추진하는 원동력으로서 역시 무시할 수 없는 것이 바로 금융자본의 역할이다. 컴퓨터와 통신 기술의 급속한 발달로 가능하게 된 시간과 거리의 축약[144]은 세계적인 금융거래의 실시간 처리가 가능하게 하였다.

그런데 문제는 외환시장에서의 1조에서 1조 5천억 달러의 급속한 자본 흐름 중에서 재화와 서비스를 위한 지출은 오로지 2%일 뿐이라는 사실이다. 또한 5%만이 자본재에 대한 주식 증가에 해당한다. 나머지는 이차적인 금융상품에 해당한다. 이렇게 실제적인 생산과 분배와는 상관없는 거대한 금융자본의 흐름이 결국 개별 국가의 기업들에게 심각한 타격을 가할 위험이 있다.

Smith, 윤길순 · 김승욱 공역, 『위대한 전환』(서울: 동아일보사, 2001), p.427.

143) 컴퓨터와 같이 과학기술의 중요한 의미는 단순한 기술의 편리함이나 혜택이 아니라 그것이 가져오는 세계의 변화이다. Ibid., p.429.

144) David Harvey, *The Condition of Postmodernity*(Oxford: Blackwell, 1989), pp.239-259.

2. 다국적 기업의 문화 획일성

다국적 기업의 세계화 추진은 퀑이 언급한 바와 같이[145] 특히 개도 국에게 유래 없는 경제적 발전을 이룩하게 하기도 하였다. 그래서 아시아의 경우 10년 전에 비해 전 세계 생산량의 10%가 증가된 40%에 이르고 있다.

그러나 이러한 다국적 기업의 세계화 추진은 개별 국가의 기업들이 주체적 결정을 하는 데 장애를 주기도 한다. 이는 개별 국가 기업들의 문화를 소외시켜 동질성 또는 획일성을 초래한다. 지식과 정보의 세계적 확대와 함께 문화적 다양성이 붕괴되고 있다.

문제는 이러한 기업문화의 획일화는 개별 국가 기업의 문화에 문화의 혼합화(hybridization)를 초래한다는 점이다. 이러한 문화의 혼합화는 개별 기업문화에 긍정적인 면을 가져다주기도 하지만 다국적 기업의 문화가 중심에 서고 개별 기업문화가 주변에 있게 되는 결과를 가져오게 된다. 따라서 이러한 현상 속에 다국적 기업에 유리한 문화가 구축된다.

즉, 디킨슨이 지적한 바와 같이 이러한 현상은 기업 간의 경쟁에 있어 개별 국가의 기업에 불리한 상황을 가져와 다국적 기업이 유리해지는 바로 세계 경제의 양극화 현상이 초래될 가능성이 높다.[146]

최근 다국적 기업의 세계화와 관련하여 문화의 획일성에 대한 논의가 보다 구체화되고 있다. 이런 논의는 '문화제국주의'로 요약될

---

145) Hans Küng, op.cit., p.162.

146) 디킨슨이 지적한 바와 같이 이러한 현상은 기업 간의 경쟁에 있어 개별 국가의 기업에 불리한 상황을 가져와 다국적 기업이 유리해지고 개별 국가의 기업이 불리해지는 양극화의 현상이 초래될 가능성이 높다. 참조, Richard Dickinson, op.cit., p.10.

수 있다.[147) 이러한 문화제국주의적 다국적 기업문화의 특징은 기업의 공동체보다는 개인에 중점을 둔다. 따라서 노동과 자본의 관계를 보다 분절된 것으로 파악하여 양자의 통합성을 저해한다.

또한 기업의 전인적 공동체의 복지보다 물리적 복지에 초점을 두게 되어 기업의 존속 이념과 역사성이 배제되고 기업 활동의 과정이 단지 물질적 가치 배분에 초점을 두게 된다.

III. 다국적 기업문화의 세계화와 한국 기업의 효문화

1. 다국적 기업문화에 대한 유럽의 대응

임성빈 교수가 지적한 바대로[148) 다국적 기업이 추진하는 세계화의 기업문화는 전문화를 통한 경영혁신, 규제완화를 통한 민족국가의 역할 축소, 경쟁적인 제도와 정책의 도입 등이다.[149) 그런데 유럽 각국은 이러한 신자유주의적 기업문화를 무조건 도입한 것이 아니다.

즉, 독일에서의 기업문화는 전통적인 '사회적 시장 경제'의 틀 안에서 강조되어 왔던 복지국가, 포괄적 산업관계정책, 강력한 노조를 유지하면서도 빈곤 증가를 억제하였으며 사회정의와 형평성의 확보

---

147) Jonathan Friedman, "Global system, Globalization and the paraeters of Modernity", Mike Featherstone(eds.), *Global culture: nationalism, globalization, and modernity: a Theory, culture & society special issue*(London, Newbury Park: Sage Publications, 1990).

148) 임성빈, op.cit., p.379.

149) 이른바 '맥도날드화(Macdonaldization)'로 상징되는 미국적인 상업 및 소비문화가 전 세계적인 기업문화로 획일화되고 있는 상황에서 다양한 형태의 대응전략이 등장하였다. 그 중에서 특히 유럽의 대응전략은 미국적 기업문화에 대한 강력한 대응전략으로 그 성격을 드러낸다.

를 이루어 보려는 노력이 지속되었다.

네덜란드에서 기업문화는 노·사·정 연합과 같은 공공 권위체계의 역할이 축소되지 않고 강화되었다. 따라서 네덜란드는 임금인하, 복지개혁, 적극적 노동시장 정책을 동시에 모색함으로써 국가적 경쟁력을 확보하고 사회안정을 확보하여 세계화로 인하여 야기되는 과제들에 대응하였다.

그러나 여기서 우리의 관심을 끄는 것은 유럽식 모델도 시장 경제를 근본으로 하여 세계화를 추진하는 신자유주의적 기업문화에 대해 뚜렷한 대안을 갖고 있지 못하다는 점이다.[150]

2. 세계화 대응으로서 한국 기업의 효문화

앞에서 유럽의 다국적 기업의 문화전략에 대한 대응을 살펴보았지만 신자유주의적 기업문화에 대한 뚜렷한 대응이 제대로 마련되지 못하고 있다. 그동안 아시아 제국도 이러한 다국적 기업의 세계화에 대한 다양한 대처 방안이 제기되었다. 그러나 한국을 비롯한 대만, 일본 등 아시아 경제의 주요 국가들의 기업들은 나름대로 세계화의 대처에 어느 정도 성공을 거두고 있다. 그렇다면 이러한 국가들의 기업들이 세계화에 대한 대응전략은 무엇인가가 궁금하다. 그런데 이러한 동아시아 기업들의 문화적 대응전략을 구체적으로 분석하기 위해서 어떠한 접근법을 취할 수 있는가이다.

여기서 우리가 관심을 갖게 되는 것은 문화에 대한 제도적 접근의 장점이다. 워스너(Robert Wuthnow)가 언급한 바와 같이[151] 기업문

---

150) Ibid., p.380.

화이든 여타 어떤 문화이든 문화라면 개별 행위자의 주관에 초점을 두기보다 개별 행위자 상호 작용에 의한 보다 객관적인 측면에 초점을 두어야 한다. 이러한 문화 제도 속에는 객관성이 명확히 드러나기에 과학적 분석이 가능하게 된다.[152] 이런 의미에서 개별 행위자들의 상호 경험을 포함하여 역사적인 성격을 고려하는 문화의 제도적 접근이 기업문화 이해에서 더욱 중시된다. 기업문화에 대한 제도적 접근법으로서 최근에 관심을 끄는 것은 새로운 접근법인 신제도주의이다.

신제도주의(new institutional theory)란 표준적인 신고전파 경제이론(standard neoclassical economic theory)의 근본적인 한계의 인식 속에서 이를 극복하기 위한 불연속적인 발전을 해 왔기에[153] 기존의 틀로서 설명할 수 없는 현상을 이해하는 데 중요한 기제가 된다. 즉, 신제도주의는 존 커먼스(J. R Commons)가 언급한 바와 같이 경제 분석의 기본 단위는 상품이 아니라 거래이다.[154] 거래는 그 당사자들의 복잡한 상호 관계를 수반한다. 이런 의미에서 커먼스가 기업의 인간들이 서로 상호 의존과 갈등의 양면성을 갖고 있다는 것을 파악한 것은 매우 뛰어난 통찰이다.[155] 그렇다면 동아시아 주요 국가 기업들은 다국적 기업문화의 세계화에 어떤 대응이 가능한가?

---

151) Robert Wuthnow, *Meaning and Moral Order*(Berkeley: University of California Press, 1987), p.16.

152) Ibid.

153) 송현호, 『신제도이론』(서울: 민음사, 1999), p.35.

154) J. R. Commons, *Legal Foundations of Capitalism*, reprinted ed.(New Brunswick: Transaction Publishers, 1995), p.67.

155) 특히 커먼스는 인간 행동에는 사회과정을 촉진하는 일정한 규칙화된 관행(regularizing convention)이 필요한데 그는 그것을 운용 규칙(working rules)이라고 불렀다. 송현호, op.cit., p.37.

물론 아시아 주요 국가 기업들의 다국적 기업문화 세계화에 대한 대응은 국가마다 조금씩 차이가 난다. 그러나 신제도주의에 따라 분석할 때 특히 한국, 일본, 대만 등의 기업들에 있어서 다국적 기업문화의 세계화에 대한 대응전략은 크게 '전문화(professionalization)'의 시각과 '가족문화'적 시각으로 나누어 볼 수 있다.156)

우선 신제도주의자로서 디마지오와 파웰(Dimaggio and Powell)은 한국과 일본, 대만 등 동아시아 기업문화의 성격을 '전문화'로 규정한다.157) 이들은 다국적 기업을 포함한 보다 보편화된 기업의 문화는 기술적 효율성에 근거한 '전문화'라고 주장한다. 이들의 논거는 한국을 비롯한 동아시아 기업의 엘리트들이 미국에서의 교육경험을 가지고 있거나 대학을 통해 유입된 미국식 교육내용으로 교육을 받았다는 것이다. 따라서 미국을 중심으로 하는 기업의 문화가 세계화되면서 이들 동아시아 기업 엘리트들이 '전문화' 중심으로 하는 다국적 기업의 문화를 도입한다는 것이다.

한편 다국적 기업의 세계화 문화 전략에 대한 또 하나의 대응인 '가족문화'로서 '기업의 효문화'는 한국, 대만, 일본 등 국가가 제 나름대로 특징과 유사성을 고수하면서 세계화에 대응하고 있다. 특히 한국 기업이 대만과 일본 기업의 효문화와 어느 정도 유사성을 갖지만 나름대로 특성 있는 '효문화'를 형성하여 세계화에 대응하고 있는 점은 우리의 관심대상이 된다.

한국 기업의 효문화의 형성 배경은 자본 시장의 발달이 미약한 상

---

156) 장덕진, "가족경영의 제도적 논리", 『경제와 사회』 통권 제51호, 2001년 가을호, p.162.
157) DiMaggio, Paul J. and Walter W. Powell, "Introduction", in Walter W. Powell and Paul J. DiMaggio(eds.), *The New Institutionalism in Organizational Analysis*(Chicago, IL: University of Chicago Press, 1991a), pp.1-38.

태에서 기업을 일구고자 가족 자본을 동원하는 것에서 비롯된다. 따라서 초창기에 가족 자본에 의존하고 그 대가로 가족 구성원을 고용하는 현상은 한국의 기업문화에만 있는 것은 아니지만 한국 기업의 문화를 형성시키는 중요한 계기가 되었다. 그리고 무엇보다 이러한 가족 중심의 기업문화를 형성하는 과정 속에 아버지가 가지는 권위, 경제 활동의 기본 단위로서 가족, 남성계보, 그리고 가족이라는 개념 속에 특히 부모와 자녀만이 아니라 돌아가신 선조로부터 미래의 후손까지를 포괄하는 부모에 대한 효의 강조가 특히 한국 기업의 문화적 특징이 되었다.

이러한 한국의 기업문화의 주요한 특성인 효문화를 보다 구체적으로 분석하기 위해서는 장덕진 교수가 언급한 바와 같이 승계규칙, 상속규칙, 계보규칙 그리고 가산(家産)의 개념을 주의해 볼 필요가 있다.158)

먼저 승계규칙과 관련하여 볼 때 한국의 기업 효문화에서 아버지의 승계자는 당연히 장남이다. 이 장남의 능력이 아들들 중 가장 뛰어나느냐 하는 것은 중요한 고려 사항이 아니다.

또한 혈연관계가 중시된다. 따라서 어떤 이유로든 장남이 승계자가 되지 못할 경우 다른 아들들이 승계자 후보가 될 수 있으나 혈연관계가 전혀 없는 사람은 결코 승계자가 될 수 없다. 만일 아들이 없는 경우에는 입양을 고려할 수 있는데 입양의 대상자는 혈연관계가 전제된 아버지의 조카들이 첫 번째 고려의 대상이 된다.159)

---

158) 장덕진, op.cit., p.167.

159) 이러한 승계규칙은 대만에서도 유사하다. 다만 한국과 달리 모든 아들들이 승계자의 대상이 되나 대체로 장남에게 승계가 이루어진다. 참고, Siu-lun Wong, "Chinese family firm: A model", *British Journal of Sociology* 54, 1985. Tamio Hattori, "The relationship

상속규칙에 있어서 한국 기업의 효문화는 일본처럼 정당한 승계자로 선택된 아들이 모든 재산을 상속받는다는 상당히 엄격한 단독 상속(primogeniture) 유형과 대만처럼 모든 아들들이 부모의 재산을 나누어 가진다는 소위 균분상속 유형의 중간형을 택하고 있다.160) 즉, 장남이 큰 몫을 받고 다른 아들들이 나머지를 나누어 받는 형태를 취하고 있다.

한국 기업 효문화의 요소로서 가산은 현재 가장으로서 아버지의 의사에 가족사가 달려 있다. 즉, 앞에서 언급한 상속규칙이나 승계규칙의 보다 구체적인 내용은 아버지의 결정에 달려 있다. 따라서 가산의 처분과 관련하여 부에 대한 효의 정도가 처분에 있어서 주요한 변수가 된다.

또한 기업의 효문화와 관련하여 계보의 규칙도 중요한 의미를 지닌다. 기업의 주인인 부가 자신의 뜻에 의해 상속규칙을 정하게 되면 새로운 파의 시조가 형성될 수 있다. 즉, 효의 정도에 의해 장남 아닌 다른 아들에게 상속이 있게 되면 이 상속자는 뒤에 이 기업의 상속을 자신의 아들에게 상속하는 것이 당연시된다.

결국 계보상의 상위에 위치하는 것은 그 사람의 지위를 결정하는 데 있어서 한 가지 요소일 뿐이고 연령, 항렬, 재산, 교육, 그리고 유명한 직계 조상의 존재 등이 복합적으로 영향을 미치게 된다.

---

between Zaibatsu and family structure: The Korean case", in Akio Okochi and Shigeaki Yasuoka(eds.), *Family Business in the Era of Industrial Growth: Its Ownership and Management, Proceedings of the Fuji Conference*(Tokyo: University of Kokyo Press, 1984), pp.121 - 142. Susan Greenhlgh, "Families and networks in Taiwan's economic development", in Edwin A. Winckler and Susan Greenhalgh(eds.), *Contending Approaches to the Political Economy of Taiwan*(Armonk, N.Y.: M. E. Sharpe, 1988), pp.224-248.

160) 이를 변형단독상속(modified primogeniturer)형이라고도 한다. 참조, 장덕진, op.cit., p.168.

이러한 한국 기업의 효문화는 나름대로 독특한 기업의 생존 방식을 가지게 한다. 우선 이해할 수 있는 것은 한국 기업의 효문화가 전문화된 기업의 형태를 가져오게 한다. 그런데 이 전문화는 다국적 기업의 세계화에 의한 기술적 효율성에 의한 전문화와 다르다. 왜냐하면 한국 기업의 전문화는 창업주에 대한 효에 의해 도출되기 때문이다. 즉, 한국의 대표적 기업 중 하나인 풍산 그룹에 대한 연구[161]는 이러한 사실을 잘 드러낸다.[162]

그러나 이렇게 한국 기업의 부모의 뜻에 순종하는 효문화를 통해서 전문화를 설명할 수 있지만 동일한 효문화가 계보 승계와 관련하여 형성되기도 한다. 즉, 한국 가족 기업의 가장 핵심적인 요소가 부와 자의 이자관계(significant dyad)이다. 따라서 이 핵심적인 이자관계의 젊은 쪽을 구성하는 아들이 그룹회장으로 승계하게 되면 여기에 속하지 못한 이전 세대인 삼촌들은 2선으로 후퇴하면서 기존 기업에 속해 있던 한 기업을 인수하면서 보다 '전문화' 기업을 창업하게 된다. 이렇게 하여 경제적인 의미에서 새로운 시조(focal ancestor)가 형성된다. 동일한 전문화 현상이 한 가족의 형제들 중 장남이 그룹회장으로 승계하여 차남들이 계열사의 기업을 인수받아 새로운 그룹을 창건하는 경우에도 발생한다. 그렇다면 이러한 한국 기업의 효문화는 다국적 기업의 세계화에 어떤 현상을 초래했는가?

---

161) Chong-Soon Kim, *The Culture of Korean Industry: The Ethnography of Poongsan Cororation*(Tucson and London: University of Arizona Press, 1992).

162) 풍산그룹의 창업자는 서애 유성룡의 후손이다. 왜 다른 재벌과는 달리 풍산그룹은 사업의 다각화를 시도하지 않고 오직 금속분야에 치중을 하느냐에 대해 풍산그룹의 창업자는 자신이 유성룡의 후손임을 상기시키면서 금속을 만들어야 무기를 만들 수 있고, 나라를 지킬 수 있기 때문이라고 대답하였다. 중요한 것은 500년 전의 조상을 상기시키면서 효를 가지고 현재의 기업에 대한 정당화(legitimation)의 논리로 사용하고 있다는 점이다.

우선 한국 기업의 이러한 효문화는 경영에 있어서 후쿠야마가 지적한 바와 같이 계층 구조적이고 권위주의적이며 중앙 집중적이다.163) 이는 미국 기업을 중심으로 하는 다국적 기업의 분권적 구조와 다르다. 한국 기업의 창업주에 의한 경영의 경우 이러한 현상은 더욱 두드러지게 나타난다. 한국 재벌 대기업의 경우 기업 총수는 경영상의 주요한 결정을 스스로 내려야 한다. 때문에 이러한 결정에 대한 복종은 거의 절대적이다.164)

한국 기업의 이러한 효문화는 의사결정의 신속성과 결단성 그리고 이러한 의사결정에 따른 강력한 실천이 뒤따르게 만든다. 이러한 현상은 경제상황의 급격한 변화에 신속한 대처를 가능하게 하며 필요한 사업을 강력하게 추진하게 하는 원동력이 된다.

이는 분권적이고 민주적인 미국적 기업의 문화와 다른 특징을 지니고 있지만 위기관리가 뛰어나기에 한국의 정치경제적 상황에 의해 국제 경쟁력이 다국적 기업과 비교하여 다소 불리한 위치에 있는 한국 기업들에게 보완책을 제공하기도 한다.

또한 한국 기업의 이러한 효문화가 갖는 특징으로서 개인주의는 기업의 생존력을 증가시키는 역할을 하였다. 물론 한국 기업의 효문화가 갖는 개인주의는 진정한 개인주의가 아니라 가족 혹은 가문끼리의 경쟁이다.165)

이러한 가문 중심의 개인주의는 인력 고용과 관련하여 일본 기업

---

163) Francis Fukuyama, 구승회 역, 『트러스트』(서울: 한국경제신문사, 1996), p.188.

164) 대기업 그룹 계열사 사장들의 회합은 종종 사장과 그룹 회장 간의 거리가 사장과 신입 사원들 간의 거리만큼 크다는 점을 일깨워 준다. ……그리고 그들 모두와 심지어 과거 정부의 고위 관료였거나 그룹 창업자의 동료들까지 그룹 회장이 회의장에 들어설 때는 차렷 자세를 취해야 하며 그 회장이 30대 젊은이일지라도 마찬가지다. 참조, Ibid.

165) Ibid., p.184.

이 지니고 있는 공동체적 결속력의 형태를 형성하지 않았다.[166] 한국 기업의 효문화는 가문이나 가족 중심이기에 회사에 강한 연대감을 느끼는 핵심 종업원 집단이 일본 기업에 비해 적다.

이러한 독특한 한국 기업의 효문화는 불문율적인 상호 책임에 입각한 종신 고용제가 없으며, 일본에 비해 다량 해고가 한층 일반적이게 한다. 따라서 한국 기업의 주변에는 소모성 종업원 집단이 존재하며 이 때문에 한국에서는 이직률이 높고 다른 회사 숙련 인력을 스카우트 같은 유의 일들이 일본에 비해 아주 심하다.

이러한 한국 기업의 효문화는 노사관계를 일본에 비해 훨씬 대립적이며 북미와 서유럽의 노사관계와 한층 유사하게 만들었다. 이 때문에 한국 기업은 드러커(Peter. F. Drucker)가 언급한 바와 같이[167] 기업 구조 조정에 유리한 면을 갖고 있다.[168]

이러한 한국 기업의 효문화는 다국적 기업문화의 세계화와 관련하여 다국적 기업에 쉽게 동화되지 않는 성격으로 다국적 기업에 유리하게 구조 조정이 진행되지 못하게 하는 요인이 되었다. 이는 한국 기업이 나름대로 독자성을 지니며 경쟁력을 갖게 되는 계기가 되었다.

---

166) 한국인들은 비교적 집단지향적이기도 하지만, 동시에 대다수 서양인들처럼 강한 개인주의적 성향을 갖고 있다. 한국인들은 자주 개인으로서 한국인은 일본인을 이길 수 있지만 집단으로서 한국은 일본을 이길 수 없다는 얘기를 한다. Ibid., p.189.

167) Peter F. Drucker, 안중호 역, 『자본주의 사회 이후의 사회』(서울: 한국경제신문, 1998), 서문 참조.

168) Ibid.

IV. 결론

지금까지의 분석에서 파악된 것은 한국 기업의 승계, 상속, 계보 등과 관련하여 발생하는 기업의 효문화 현상이 갖는 성격은 매우 복합적이라는 사실이다. 즉, 한국의 효문화는 기업에 있어서 나름대로 독특한 모습을 지니고 있지만 이에 의해 파생되는 내용은 독자적인 것도 있지만 미국이나 서유럽적인 것도 있다.

이러한 한국 기업의 효문화가 갖는 복합적인 성격은 세계화에 의한 환경으로부터의 다양한 투입 요소에 나름대로 기업 생존을 위한 전략을 구사하는 데 주요한 변수로 작용한다. 즉, 가족과 가문을 중시하는 한국 기업의 효문화는 관련 기업에 위기가 발생할 때 기업의 자금을 조달하고 사업부문을 상호 보조하는 데 몇 가지 이점을 가지고 있다.

또한 세계화 진행과정 속에서 제기되는 기술 혁신의 전문화 과정과 그 성격을 달리하지만 계보의 규칙에 따른 전문화 과정은 단지 기술적 효율성을 위해 기업을 강제적으로 분리하거나 해체하여 진행시키는 데 따른 위험을 줄이는 데 도움을 주기도 한다.

이런 의미에서 한국 기업의 효문화는 기업의 다운사이징(downsizing)과 민첩성을 요하는 상황에 적절한 대처를 가능케 한다. 특히 구조조정을 통한 기업 혁신에 나름대로 도움을 주기 때문에 한국 기업이 변화에 더욱 적극적임을 간파할 수 있다.

그러나 이러한 한국 기업의 효문화는 기업 승계 시 다양한 불안요소와 혼란이 발생하기도 한다. 이는 한국 기업이 규모가 크지 않으면서 일본의 기업에 비해 장기간에 걸쳐 회사 규모를 유지하는 데 어려움이 있음을 의미한다. 특히 장남을 우선하는 상속 규칙은 장남이 제대로 기업 총수로서 역할 수행을 못 할 경우 기업의 위기를 초래할 수 있다.

또한 한국 기업의 효문화에 있어서 기업의 그룹 회장이 갖는 권위주의적 의사결정과 이에 대한 절대적 순종의 강요는 상대적으로 참모들이 충분한 내용 검토를 할 수 없게 만들고 불충분한 정보에 기초하여 의사결정이 내려지고 있다. 이는 결국 기업의 위기를 초래할 가능성을 높인다.

마지막으로 기독교적 관점에서 보면 한국 기업이 갖는 효문화가 지나치게 가족과 가문 중심적이어서 여기에 벗어나는 기업의 종사자들도 여전히 노동자들을 소모품으로 간주하여 대량해고 등을 강행한다. 이는 극한적인 노사 대립으로 치달을 위험성이 있다.

하나님의 형상인 인간의 삶을 보다 안정적으로 보장하기 위해 임성빈 교수가 지적한 바와 같이[169] 기독 경영자들은 세계화 속에서 어떤 역할을 담당해야 할지 구체적인 준비가 필요하다. 여기서 기독 경영자들은 기독교적 효문화를 인식할 필요가 있다. 즉, 기업 경영자도 하나님을 섬기는 효를 실천하며 기업의 경영도 하나님의 대리자로서(신약성경, 에베소서 6:1 - 3) 수행함이 필요하다.

---

169) 임성빈, op.cit., p.385.

'나라사랑' 윤리와 효연구

Ⅰ. 서론

1. 연구의 목적

현대 사회에 강력하게 대두된 신자유주의는 다양하고 복합적인 성격을 지니고 있다. 그 주요한 성격으로 들 수 있는 것은 무엇보다 지식과 정보의 생산성 확대와 이와 관련된 세계화이다. 세계화란 무엇인가? 한마디로 주권국가 중심의 국민 국가의 경계를 초월하여 범국제주의를 지향하는 것이 바로 세계화이다.

그런데 이러한 세계화의 추세는 드러커(Peter Drucker)가 지적한 바와 같이 초국가적 세계 경제체계의 형성과 관련된다. 왜냐하면 이러한 초국가적 세계 경제체계가 형성되기 위해 필요한 원동력은 바로 정보와 돈의 자유로운 유통인데 이는 범국제주의, 즉 세계화에 의해 가능하기 때문이다.

그런데 세계화의 기본 전제인 돈과 정보의 자유로운 유통은 국민 국가의 경계, 즉 국경을 거의 무의미하게 만들었고 그동안 한 개별 국가에 소속된 구성원들에게 그 활동 범위를 과거와 비교할 수 없을 정도로 확대시켰다. 예를 들어 정보의 자유로운 유통은 인터넷 등을 통해 안방에서 얼마든지 가능한 시대가 되었다. 이러한 상황에서 국가의 경계 설정은 무의미하다.

돈 또한 자유로운 유통을 통해 국가의 경계를 초월한다. 이는 돈의 흐름이 국가의 통제를 벗어남을 의미한다. 왜냐하면 국민 국가의 중앙은행이 이러한 돈의 흐름을 더 이상 통제할 수 없기 때문이다. 따라서 국민 국가들 혼자 또는 그들의 공동의 노력에 의해서도 이러한 돈의 흐름을 통제할 수 없다.

이러한 범국제화된 정보와 돈은 국민 국가의 '문화적' 정체성인 '민족적' 동질성을 붕괴하거나 약화시키고 있다. 국민 국가의 국민들이 가지고 있는 정체성은 국가의 외부 환경인 다른 국가들과 구별 기준을 가지고 자기가 소속된 국가에 대해 애정의 감정을 갖는 것을 의미한다. 그리고 동질성은 개별 국가에 소속되어 그 구성원들 사이에 공유된 '우리라는 감정'의 정서를 의미한다. 하지만 이러한 세계화의 추세 속에 국민 사이에 내재하는 정체성과 동질성이 약화되거나 붕괴되어 자기가 속한 기존의 국민 국가에서 쉽게 탈퇴하는 것이 빈번하다. 이는 자신의 필요에 따라 국적의 전환이나 이민이 빈번한 것에서 쉽게 알 수 있다.

이러한 현상을 윤리적 차원에서 설명하면 자기가 속한 '국민 국가에 대한 애정', 즉 '애국심' 또는 '나라사랑'의 약화와 붕괴 등이라 할 수 있다. 여기서 관심을 갖는 것은 이러한 현상이 가져오는 결과이다. 즉, 이러한 국가와 관련된 윤리체계의 약화 또는 붕괴가 지금까지 국민 국가가 가지고 있던 기능에 어떤 변화를 가져오며 이것이 국민 국가의 존속에 미칠 영향력은 무엇인가이다.

위와 같은 관점에서 본 연구는 윤리학적 관점에서 현대 사회 국민 국가의 존속과 관련하여 '애국심', 즉 '나라사랑'의 윤리체계를 새롭게 정립하는 데 연구의 목적을 둔다.

2. 연구의 방법

'나라사랑'의 윤리를 분석하기 위해서 본 연구는 체계론적 관점을 적용하였다. 왜냐하면 '나라사랑'이라는 윤리개념은 복합적인 개념구도를 가지고 있고, 체계론은 이러한 복합적인 변수들이 상호 작용하는 윤리체계를 제대로 설명하는 데 유리하기 때문이다.

나라사랑, 즉 애국심의 윤리체계를 체계론적으로 분석하기 위해서는 애국심의 윤리체계를 구성하는 몇 가지 변수들을 도출할 필요가 있다. 왜냐하면 이러한 변수들에 의한 상호 작용 틀을 구성하여 이러한 틀에 의해 구체적으로 나라사랑의 윤리체계를 분석할 수 있기 때문이다. 그렇다면 나라사랑의 윤리체계를 분석하기 위해 도출할 수 있는 변수들은 과연 어떤 것들이 있는가?

본 연구는 크게 국가관, 국제환경, 국내환경, 정치사회화 등 네 가지를 나라사랑을 분석하기 위한 주요 변수로 규정하였다. 여기에 대해 보다 자세한 내용은 제3장에서 다루기로 한다.

그런데 나라사랑을 제대로 이해하기 위해서는 나라사랑의 그 역사적 전개과정을 제대로 파악하는 것이 필요하다. 이제 이 문제를 우선 다루어 보기로 한다.

II. 나라사랑의 역사적 전개과정 분석

애국심은 인간이 태어나서 생활하는 지역에 대한 자연적인 애정에 그 근원이 있다. 고대 공동체사회에서는 원시적 형태의 애국심을 흔히 발견할 수 있다. 이러한 형태의 애국심을 에스노센트리즘(ethnocentrism)이라 할 수 있는데, 이 애국심은 외부집단에 대하여 공포심 및 적대감을 갖고 자기가 속하는 내부집단을 이상적으로 생각하는 태도를 가지고 있다. 고대 아테네 사회나 고대 중국에서 다른 이방 민족에 대해 야만인이라는 명칭을 붙인 것에서 이러한 애국심의 전형을 살펴볼 수 있다.

그러나 근대적 애국심은 고대의 도시국가와 같은 소사회에 대한 애정과는 많은 차이가 난다. 그 차이의 원인은 무엇인가? 그것은 유럽 봉건제도의 몰락, 민주주의의 발달로 신흥 부르주아지의 등장과 밀접한 관련이 있다. 1789년 프랑스 혁명에서 신흥 부르주아들은 계몽주의의 사회계약론에 의해 민주주의 혁명을 전개하였다. 이들은 봉건체제의 모순을 비판하고 혁명이 성공하자 봉건체제의 해체를 시도하였다.

이러한 과정 속에서 중세 가톨릭과 봉건체제가 가지고 있었던 소위 보편성이 타파되고 개별 국가의 형성과 관련된 국민(nation)이라는 용어가 확산되었다. 동시에 개별 국가의 나라사랑이라는 애국심의 용어가 사용되었다. 이처럼 프랑스 혁명과 함께 확산된 근대적 애국심, 즉 나라사랑의 의미는 '조국을 위해 국민들은 서로 적대하지 않고 평화적으로 공존하며 가족적으로 상부상조하는 마음'이었다.

그러나 이렇게 형성된 애국심이 절대주의국가의 권력에 의하여 조작되거나 자본주의국가의 내부모순 속에 이용되면서 침략주의의 성격을 띠게 되었다. 절대주의정부는 국민의 애국심을 국가 통치자의 의지에 종속시키는 한편, 가부장제적 가족주의에 기초하는 사회유기체설을 도입하여 가족국가관을 형성시켰다.

이러한 상황 속에서 민주주의 세력은 항상 비(非)애국자나 국가의 적 등으로 몰려 배척되고, 교화된 국민의 애국심은 일본의 예에서 보다시피 군국주의의 침략도구로 이용되었다. 그 밖에도 나치 독일을 비롯한 여러 전체주의국가의 지배층은 국민교육을 통하여 또는 매스커뮤니케이션 등의 기구(機構)를 이용하여 애국심을 조작, 제국주의적 침략을 정당화하였다.

그러나 현대 민주주의에서의 민주 시민이 갖는 애국심은 국가가 전체 국민의 이익을 대표한다는 국가관과 관련된 애국심이다. 이 애국심은 뒤에서 언급되지만 개인의 이익과 국가의 이익의 조화라는 논리 속에서 정당성을 갖는다. 따라서 이 애국심은 직장이나 가족 그리고 향토에 대한 애정과 모순됨이 없이 결부된다.

그러나 이러한 현대 민주주의 국가의 애국심도 20세기 후반의 동구와 소련의 사회주의 체제 해체 속에 새로운 전기를 맞고 있다. 즉, 냉전 시대와 다른 새로운 국제환경의 형성 속에 등장한 신자유주의 이데올로기는 기존의 국가 모습과 그 구성원으로서 국민들의 정서와 태도에 많은 변화를 초래하였다. 이러한 사실 속에서 과연 앞으로 하나의 윤리체계로서 나라사랑은 어떻게 전개되는지 궁금하다. 이제 이러한 면을 좀 더 자세히 규명하기로 한다.

Ⅲ. '나라사랑' 윤리체계의 분석 틀

현대 국민 국가의 존속과 관련하여 '나라사랑'의 윤리체계가 가지고 있는 의미를 제대로 분석하기 위해서는 '나라사랑' 윤리체계의 구성요소로서 관련 변수들을 체계론적으로 적절하게 설정하는 것이 필요하다. 왜냐하면 '나라사랑'의 윤리체계는 지식체계와 가치체계에 의한 복합 개념적 구성요소에 의해 구축되기 때문이다. 그렇다면 '나라사랑'의 윤리체계가 가지고 있는 기본적인 구성요소, 즉 주요변수들은 무엇인가?

하나의 국민 국가 구성원으로서 개인이 갖는 '나라사랑'의 윤리체계 변수는 앞에서 언급한 바와 같이 크게 '국가관', '국제환경', '국내 상황', '사회화' 등으로 나누어 볼 수 있다. 여기서 '국가관'은 국가에 대해 갖는 관념으로서 국가의 개념, 기능 그리고 성격에 대한 지식, 판단, 그리고 신념을 의미한다.

'국제환경'이란 개별 국가로서 국민 국가들의 집합에 의해 형성된 체계이다. 개별 국가는 국제환경과의 상호 작용 속에 존속한다. 즉, 상호 협력하고 상호 갈등하면서 개별 국가들은 국제환경에 적응한다.

국제환경은 국내체계의 환경으로서 개별 국가의 정체성 마련과 관련이 있다. 즉, 개별 국가의 구성원들은 국제환경에 지나치게 노출되어 자기가 소속된 개별 국가의 구성원으로서 정체성이 국제환경에 매몰되어 붕괴되거나 약화된다. 그러나 이러한 국제환경의 자극 속에 자기가 속한 개별 국가의 주체성을 자각하고 오히려 국가에 대한 소속감, 즉 정체성을 강화할 수 있다.

'국내 상황'도 나라사랑에 상당한 영향력을 미친다. '국내 상황'이

좋을 경우 나라사랑의 정도도 좋아질 가능성이 높다. 그러나 국내 상황이 좋지 못할 경우 나라사랑은 정도가 나빠질 수도 있고 역으로 더 높아질 가능성도 있다. 그 구체적인 결정과정은 나라사랑과 관련된 복합적 변수들의 상호 작용에 의한다.

마지막으로 나라사랑의 윤리체계를 분석하기 위한 변수로서 '사회화'를 들 수 있다. 사회화란 무엇인가? 사회화란 바로 하나의 사회가 존속하기 위해 필요한 것들을 그 구성원들에게 내면화하는 것이다. 국가도 하나의 사회로서 제대로 존속하기 위해 이러한 사회화의 작업을 그 구성원들에게 행하지 않을 수 없다.

이런 의미에서 하나의 국가에 적합한 사람들을 교육하는 사회화는 국가 구성원들에게 정체감을 불어넣기 위해 나라사랑 교육을 하게 마련이다. 독일 등에서 발달한 정치교육이나 미국 등에서 발달한 민주시민교육은 성격이 조금씩 다르지만 이러한 나라사랑의 사회화를 통한 내면화 작업과 직접 관련이 있다.

분명 나라사랑은 나라마다, 사람마다 차이가 난다. 왜냐하면 나라사랑을 국가 구성원들에게 내면화하는 데 성공적인 나라가 있는가 하면 그렇지 못한 나라가 또한 있기 때문이다. 따라서 국가 구성원 개개인들에 대한 사회화는 가정이나 학교, 그리고 사회기관 등의 사회화 동인들을 통해 제대로 행하는 것이 필요하다.

나라사랑을 제대로 내면화하기 위해서는 가정, 학교, 사회기관 등 사회화 동인들의 가동력을 제고하는 것이 필요하다. 특히 가정은 사회화 동인의 주요한 의미를 지닌다. 이는 어릴 때 내면화된 정서가 오랫동안 지속하기 때문이다. 이제 지금까지 설명한 나라사랑을 체계론적 관점에서 분석하기 위한 분석 틀을 다음 그림과 같이 그려 볼 수 있다.

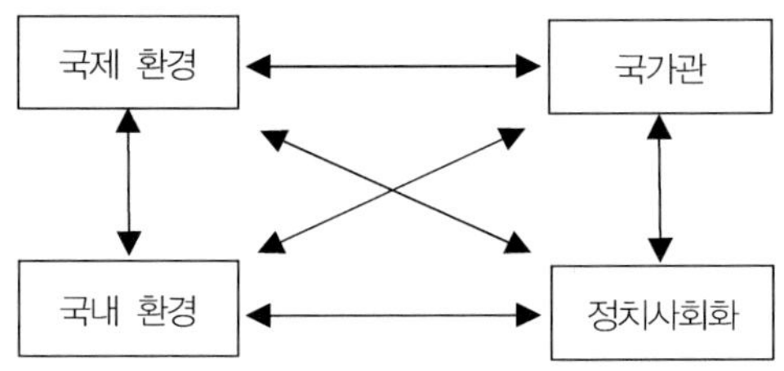

IV. 새로운 국제환경과 국가관에 의한 '나라사랑' 윤리체계의 약화

1. 현대 국제사회의 환경 변화 분석

현대 국제사회의 환경은 냉전 시대와 비교하여 보면 상당한 차이가 있다. 구 소련체계와 동구 공산권의 붕괴는 냉전 이데올로기의 쇠퇴 속에 신자유주의 이데올로기에 의한 새로운 국제환경으로 들어서게 되었다.

신자유주의는 냉전 시대의 적과 동지의 이분법적 사고의 붕괴 속에 전 세계를 하나의 지배이데올로기에 의한 통합체계로 구축하려는 논리 속에서 확산되었다. 이와 같이 세계를 하나의 체계로 통합하려는 세계화의 추세는 정보와 자본의 자유로운 유통 속에서 가속화되고 있다. 그리고 이러한 세계화는 개별 국가 사이의 경계를 의미 없게 만들고 있다.

즉, 어떤 개별 국가의 정부도 개인 사이의 자유로운 정보나 돈의 흐름을 제대로 통제하지 못하기 때문에 국경을 설정하고 이를 통해 구성원들을 통제한다는 것은 거의 불가능하게 되었다.

현재 진행되는 인터넷을 통한 정보의 흐름에서 알 수 있듯 시간과 공간의 제약 없이 순식간에 이루어지는 정보의 교환은 정부 통제의 불가능을 보여 준다. 또한 돈의 흐름도 개별 국가 경제의 통제를 벗어난다. 한국이 IMF외환위기 초래 시에 경험했듯 주식시장을 통한 국제 금융의 자유로운 유입과 유출은 정부 통제 범위를 벗어나고 있다.

세계화의 진행 속에 문제가 되는 또 하나의 커다란 흐름은 다국적 기업의 진출이다. 다국적 기업이 국내에 들어오게 되어 여기에 소속된 사람들은 다국적 기업을 위해 봉사하게 된다. 이러한 과정 속에 국가 간의 경계에 관한 관념은 불명확하게 된다.

이러한 국제환경의 변화와 국가 경계의 퇴색은 하나의 국가에 소속되어 있다는 소속감에 의해 형성된 정체성에 타격을 주게 된다. 즉, 하나의 국가에 소속되어 자신의 삶의 의미를 찾던 것이 퇴색되어 필수적으로 하나의 국가에 소속되어 있다는 소속감 없이도 자신의 삶의 의미를 추구할 수 있다는 관념을 갖게 된다.

이는 자기가 속한 나라에 대한 애정과 그에 따른 나라사랑의 약화를 가져오게 된다. 즉, 현대 사회 국제환경의 변화는 국가 구성원 개인이 일정한 국적과 이와 관련된 자신의 정체성을 당위적으로 수용하는 것을 거부하여 자기 나라에 대한 무조건적인 애정은 축소되거나 퇴장되어 사라진다.

2. 신자유주의 국가관에 의한 나라사랑의 감정 축소

신자유주의 이데올로기에 의한 국제환경의 변화는 냉전의 산물인 사회복지 지향의 국가 형태에 또 다른 충격을 주었다. 즉, 신자유주의는 보다 개인의 자유를 극대화하는 방향에서 오히려 근대 초기적 형태의 자유주의 모습이 점차 드러나고 있다. 따라서 신자유주의가 지향하는 국가의 모습도 개인 중심의 자유방임적 국가관과 거의 유사하다.

자유방임적 국가관의 출발은 근대의 계몽주의 국가관에 의해서다. 프랑스 혁명을 시작으로 확산된 자유민주주의적 기치는 자유와 개인의 합리성을 기반으로 전 세계로 확대되었다. 따라서 전통적인 봉건시대의 공동체적 삶과 관련된 정신적 기반은 자유민주주의적 논리에서는 더 이상 그 힘을 발휘할 수 없게 되었다.

개인주의, 합리성, 자유 등에 가치를 부여하는 자유민주적 삶의 태도는 국가관에도 독특한 형태를 지니고 있다. 왜냐하면 자유민주적 국가관은 전제국가나 공산국가와 달리 그 존립의 정당성을 개인들의 합의에 두기 때문이다. 계몽주의자들의 사회계약설은 근대 국가의 존속과정이 그 구성원들의 지속적인 합의, 즉 다수결에 의해 이루어진다는 것을 보여 준다.

계몽주의의 사회계약설은 국가를 비롯한 사회 공동체는 개인의 이익과 부합할 경우 그 존속의 의미가 있지만 만일 개인들의 이익과 부합하지 않는 경우 새로운 계약으로 새로운 국가의 형태를 구성할 수 있다는 것이다. 여기에서는 국가가 그 나름대로의 독자적 영역을 확보할 여지가 없다. 궁극적으로 국가는 개인의 이익과 관련하여 존재 의미를 갖기에 개인의 헌신에 의해 국가의 생명력을 이어 간다는 국가 유기체적 논리와 크게 대립된다. 과연 이러한 자유민주주의 더 나아가 신자유주의 국가관에서 나라사랑은 어떤 의미를 지니는가?

물론 신자유주의의 국가관도 나라사랑을 필요로 한다. 비록 이들은 사회유기체적 국가관의 나라사랑과 차이를 갖지만 신자유주의 국가의 존립을 위해 나라사랑을 필요로 하지 않을 수 없다. 왜냐하면 사회계약설의 논리에서 드러나듯 개인들도 타인과 함께 공동작업을 통해 더 많은 이익을 얻을 수 있고 개인들의 이익을 보호할 수 있기 때문이다. 국가란 바로 이러한 개인들의 공유된 목적을 위해 존립 근거를 갖게 된다.[170)]

이렇게 국가를 계속 존립시키기 위해서 공동체에 대한 헌신과 관련한 나라사랑을 필요로 하게 된다. 그러나 축소된 국가의 기능을 고려해 볼 때 하나의 공동체로서 국가를 위해 헌신을 요구하는 나라사랑의 의미는 별로 크지 않다. 여전히 이러한 국가관에서는 개인의 이익이 국가, 즉 공동체적 이익보다 더 강하게 부각되기 때문이다.

V. 국내 상황과 정치사회화를 통한 '나라사랑'의 강화

1. 국내 상황과 나라사랑

위에서 살펴본 바와 같이 신자유주의에 의한 국제환경의 새로운 변화와 새로운 국가관의 형성은 전체적으로 나라사랑을 그렇게 부각시키지 못하고 오히려 축소하거나 무시하게 된다.

그런데 이러한 신자유주의의 거센 흐름을 통해 정치, 경제 등에서 보다 유리한 위치를 차지하는 국가들이 있는가 하면 그렇지 못한 국

---

170) 이러한 신자유주의 국가는 그 기능을 과거 복지국가와 비교하여 대폭 축소할 수밖에 없다. 주로 범죄와 테러리즘을 억제하는 것에 초점이 두어지게 된다.

가들도 있다. 또한 동일한 국가 안에서도 이러한 흐름 속에 유리한 위치를 차지하는 사람들이 있는가 하면 그렇지 못한 사람들이 있다.

문제는 이러한 흐름에 불리한 위치에 처하는 나라와 이러한 나라 안에서 또한 불리한 위치에 처하는 사람들이다. 이들은 아직도 소위 제3세계 등에 속하는 나라의 노동계급을 비롯한 다수 민중들이다. 이들 중 다수는 국가를 통해 현재 당하고 있는 불리한 위치를 개선하고자 한다. 즉, 여전히 이러한 사람들에게 국가는 공동선을 위한 주요한 기능을 갖는 것으로 간주된다.

세계화의 흐름에 불리한 나라와 그 민중은 그들 삶의 터전인 국가를 통해 개별적으로 대응할 수 없는 문제를 해결하고자 한다. 따라서 이들은 하나의 공동체로서 국가를 내세워 집단적인 힘의 축적을 통해 자신들의 이익을 보호하고자 한다. 이러한 사람들에게 국가는 단순히 범죄나 테러의 억제 기능만 갖는 것이 아니다. 보다 적극적으로 경제와 문화, 교육 등에 관여하고 이를 통해 국가의 공동선을 구축하여야 한다.

이처럼 국내 사정은 국제환경으로부터의 자극과 투입에 대해 대응하는 전략을 다르게 할 뿐 아니라 그에 따른 국가관도 상이하게 형성된다. 즉, 개별 국가가 처한 국내 상황은 그 구성원들에게 국가에 대한 태도를 다르게 갖게 한다. 앞에서 언급한 바와 같은 계약론적 국가관과는 달리 세계화에 의해 불리한 위치에 있는 국가들은 국가를 유기체적 성격을 지니는 것으로 보는 성향을 크게 한다.

이러한 유기체적 국가관에 의하면 국민 개개인을 국가와 하나의 공동 운명적 연대관계로 보며 국가의 발전과 퇴보는 자신의 발전과 퇴보와 보다 긴밀하게 연관되어 있다는 것이다. 결국 이러한 유기체적 국가관에 의하면 나라사랑은 더욱 강조되어야 할 부분이 된다. 나라사랑을 더욱 강화하는 또 하나의 방안으로 들 수 있는 것이 바로 사회화이다. 이제 사회화와 나라사랑과의 관련을 살펴보자.

2. 정치사회화를 통한 나라사랑의 강화

사회화(socialization)란 사회 구성원들에게 사회 존속과 관련하여 그 사회에 적응하며 살아가게 하는 교육과정이다. 사회화의 과정을 통해 사람들은 사회가 필요로 하는 구성원이 되어 간다.

현대 모든 사회는 사회 존속과 관련하여 사회화를 추진하고 있다. 이들은 사회화의 담당 기관인 가정과 교회, 학교, 사회단체 등을 통해 지속적으로 사회 존속에 필요한 정보를 제공하고 필요한 가치체계를 형성하고 있다.

하나의 사회 공동체로서 국가도 그 존속을 위해 지속적으로 사회화 이 중에서 특히 정치사회화(political socialization)를 통해 국민들을 하나의 공동 운명체로서 굳게 다지고 국가 존속을 위한 협력을 끌어내고자 한다.

이러한 정치사회화의 대상은 유치원에서 노인에 이르기까지 전 국민을 포함한다. 따라서 어린아이들은 가정에서 가족 특히 부모로부터 정치사회화를 통해 국가와 민족에 대한 초보적 지식과 정서를 습득한다. 학동기에 처한 아이들은 학교에서 다양한 교육과정을 통해 나라사랑의 가치관을 형성해 간다.

특히 초등학교에서의 정치사회화는 아동들에게 나라사랑과 관련된 국가나 민족에 대한 사랑을 보다 심도 있게 형성할 수 있다. 왜냐하면 학교의 집단생활 속에서 아동들은 개인의 이익과 공동체의 이익을 조화시키는 방법을 학습하고 이를 통해 국가나 민족의 존속이 자신의 이익과 긴밀한 연관을 짓게 됨을 지적으로, 정서적으로 그리고 행동적으로 학습할 수 있기 때문이다.

물론 중·고등학교와 대학교에서의 정치사회화도 필요하다. 이들에 대한 교육의 내용은 정서적인 면보다 지적인 면에 강조를 둘 필요가 있다. 고학년생일수록 지적인 탐구를 통해 현재 국제사회의 특징과 국내 상황에 대한 정보를 획득하고 이를 기반으로 나라사랑에 대한 가치관을 재정립할 수 있는 기회를 갖게 된다.

기타 사회의 각종 공공기관 등에서 평생 교육적 차원에서 행해지는 정치사회화도 중요하다. 여기에서 행해지는 교육은 주로 성인을 대상으로 이루어진다. 중요한 것은 성인도 교육을 통해 새로운 가치 태도를 형성할 수 있다는 사실이다. 따라서 성인에 대해서도 다양한 교육 매체를 통해 국가와 민족에 대한 애국심의 강도를 강화할 수 있다.

VI. 현재 한국 사회의 '나라사랑' 실태 분석

위와 같이 나라사랑에 대한 윤리체계의 분석을 통해 드러난 것은 현대 사회에 와서 신자유주의의 국제환경과 그에 따른 국가관은 나라사랑을 크게 약화시킨다는 사실이다.

그러나 이러한 신자유주의의 강력한 흐름 속에서 간파할 수 있는 것은, 신자유주의는 처해진 상황에 따라 국가마다 다른 영향을 미친다는 점이다. 즉 신자유주의에 의해 유리한 면과 불리한 면을 비교하여 유리한 국면을 갖는 국가가 있는가 하면 반대로 불리한 위치에 처하는 국가가 있게 된다.

만일 신자유주의에 의해 불리한 위치에 처하는 국가는 그 국내 사정에 의해 구성원들의 다수 불이익을 방어하기 위한 노력을 보다 적극적으로 전개할 것이다. 따라서 이러한 국가들은 국민 개개인의 미약한 힘을 통합하여 국가가 중심이 된 대내외 정책을 추진하게 된다. 동시에 국민 통합을 이루는 방법으로 정치사회화를 실시한다.

이런 국가들이 국민들에게 행하는 사회화의 내용은 국민들의 에너지를 동원할 수 있는 사상 교육과 가치관 교육이다. 제3세계의 많은 국가들은 이러한 국가적 의지를 관철하기 위해 보다 강력한 소위 나라사랑 함양을 적극 추진하고 있다.

한국도 그동안 정권하에서 이러한 정치사회화를 강력하게 추진하였다. 소위 국민윤리교육 등을 통해 초등학교에서 대학교에 이르는 학교 교육과 새마을 운동 등을 통한 일반 사회 교육을 실시하였다. 한국의 그동안 경제 성장과 대외 정책의 강력한 추진은 이러한 나라사랑을 골자로 하는 정치사회화 교육의 성공과 관련이 있다. 그렇다면 군사정권의 퇴장과 민주화를 이룬 오늘의 한국 사회 나라사랑 교육은 어떠한 상황에 처해 있는가?

물론 그동안 한국은 박정희를 비롯한 위와 같은 강력한 군사정권의 애국심 운동을 통해 경제 성장을 이루어졌지만 민주화 이후 지속적으로 애국심 교육과 관련된 정치사회화, 즉 국민윤리 등의 추진 사업은 거의 약화되었다. 이러한 추세는 1980년대 후반에서부터 더욱 강하게 드러났다.

그러나 한국은 IMF외환위기에서 보다시피 아직도 경제적으로 안정된 국가로 이해하기에 한계가 있다. 여전히 국민 공동체 전반의 노력과 힘을 동원시킬 수 있는 경제 정책과 외교 전략이 필요한 상황에 있다. 이런 의미에서 비록 제3세계의 이미지는 벗어났지만 여전히 선진국가의 대열에 온전히 접어들었다고 보기에는 시기상조이다.

더구나 한국은 북한과의 대치 상황에 있다. 물론 많은 교류가 과거보다 활성화되었지만 남북 관계의 개선과 언젠가 해야 할 통일을 염두에 둔다면 국민의 뜻을 결집하고 통일의 추진력을 구축하기 위해서 정치사회화를 통한 나라사랑 배양 운동이 여전히 필요하다. 그렇다면 한국의 나라사랑 운동은 어떻게 추진되어야 할 것인가?

VII. 결론

한국 사회는 역사적으로 외침이 잦았던 곳이다. 따라서 이러한 외침에 의한 국가적 위기 속에 나라를 구하겠다는 애국심은 그동안 지속적으로 국민 사이에 심화, 확산되었다. 특히 임진왜란 당시의 의병과 승병의 봉기는 비록 당시의 조선이 봉건군주체제였지만 오로지 나라를 살리려는 자발적 애국심에서 비롯되었다. 결코 조작되거나 강요된 애국심은 아니었다.

3·1운동이라는 거족적인 항일독립운동도 어떤 정치적 세력에 의한 종용이나 조작에 의해 발생된 것은 아니다. 오히려 국가의 지배권을 되찾으려는 애국운동이었다. 이 점에서 근대 한국 사회의 애국심은 절대주의 국가 등에서 다른 나라에 대한 침략을 위해 인위적으로, 조작적으로 행해졌던 애국심과는 그 근원을 달리한다.

물론 그동안 군사정권에 의해 이러한 애국심을 동원하기 위한 인위적 노력도 행해졌음을 부인할 수 없다. 그러나 한국 민족에 자리 잡은 자연적 애국심은 이제 학교뿐만 아니라 가정에서 공동체 정신의 함양을 통해 자연스레 심화, 확산할 수 있도록 해야 한다.

한국의 애국심은 한국 사회의 강력한 민족적 정서인 소위 '정(情)'에 기초함이 필요하다. 한국 민족의 정서로서 '정'은 이웃과 우애하고 친하게 지내는 것뿐만 아니라 공동체가 서로 '무엇인가 잘해 보자'는 의미도 포함하고 있다.171) 따라서 국가도 이러한 한국적 정서에 의한 '정'의 애국심을 더욱 강화시켜 발전적 측면에서 서로 통합하도록 하는 노력이 필요하다.

특히 이러한 한국 민족의 정서로서 '정'은 어릴 때 부모와의 관계 속에서 기본적으로 형성된다. 왜냐하면 부모와의 통합 정서로서 부모의 사랑과 자녀의 부모에 대한 사랑, 즉 효가 가족 윤리로서 한국 가정에 중시되기 때문이다. 따라서 가족 윤리로서 부모의 사랑과 효를 중심으로 한 가족 유대의 '정'이 가족체계 속에 강화되고 사회체계로 확산되어 갈 때 한국 사회의 나라사랑도 심화, 확산되어 갈 것이다.

마지막으로 오늘날 나라사랑은 다른 나라와 적대 관계를 초래하지 않아야 한다. 왜냐하면 개별 국가의 이익을 위해서라도 국제사회와 협력을 해야 할 부분이 있기 때문이다. 즉, 인구와 자원, 환경과 에너지 등 여러 부분에서 공존·공영해야 할 필요성이 있다.

---

171) 세리프(Sherif)가 언급한 바와 같이 인간관계에 조화를 가져오는 결정적인 요인은 상위 목표(super ordinate goal), 즉 무엇인가 잘해 보자는 공동 목표가 있을 때 공동체의 적의는 사라지고 협력의 공동체가 이루어진다. 참고, M. Sherif, O. J. Harvey, B. J. Hyt, W. R. Hood, and C. W. Sherif, *Intergroup Conflict and Cooperation: the Robbers Cave Experiment*(Norman: University of Oklahoma Book Exchange, 1961).

결국 현재의 한국적 상황은 나라사랑을 더욱 필요로 한다. 그러나 보다 복합적 차원에서 나라사랑은 국제주의와 대립할 수 없다. 세계를 떠난 개별 국가의 존속은 불가능하기 때문이다. 따라서 국제주의의 이상과 세계 일반적 가치를 전혀 불필요한 것으로 배제할 것은 아니며 필요한 경우 적절히 수용하여 한국의 세계체계 속에서의 존속과 남북한 통일을 이룩하는 노력이 더욱 긴요하다.

막스 베버의 사회변동론에 의한 효의 사회학적 연구

Ⅰ. 서론

1. 연구의 목적

효를 사회이론에 의해 탐구하는 학문이 효사회학이라 할 수 있다. 그런데 효라는 것이 거의 모든 종교, 즉 기독교, 불교, 유교, 도교, 이슬람교 등에서 언급되지 않는 경우가 없다. 이런 의미에서 효는 종교학과 밀접한 관련이 있으며 따라서 효를 사회학적으로 연구하는 효사회학은 결국 종교사회학과 깊은 관련을 짓는다.

효를 사회학적으로 연구할 때 종교사회학의 대표적인 인물인 베버
(Weber)를 빼놓을 수 없다. 베버는 사회통합이론으로 유명한 뒤르켕
(Durkheim)과 사회갈등이론으로 유명한 마르크스(Marx)와 함께 종
교사회학의 형성에 기초를 놓은 사람이다.172) 특히 베버는 뒤르켕의
사회통합이론과 마르크스의 사회갈등이론을 제대로 적절히 통합한
이론으로서 사회변동이론을 제시하여 종교사회학의 새로운 장을 열
었다.173)

무엇보다 베버는 통합된 사회가 변동하는 과정을 제대로 분석하였
기 때문에 사회통합과정과 변동과정에 관계하는 변수들이 어떻게 작
동하는지를 이해하는 데 도움을 준다. 그렇다면 베버가 관심을 가지
고 있었던 사회변동과 통합의 변수는 무엇인가? 바로 종교이다. 따
라서 베버는 종교가 사회통합과 변동에 관계하는 하나의 변수임을
전제로 이를 통한 사회변동론을 구축하였다.

위와 같은 관점에서 본 연구는 베버의 종교에 의한 사회변동론을
기초로 종교가 내포하는 효가 하나의 사회체계로서 이러한 사회의
통합과 변동에 관련되는 과정을 규명하고 이를 통해 효의 사회학적
이론 체계를 구축하는 데 연구의 목적을 둔다.

2. 연구의 방법

그동안 종교적 효, 즉 종교에 내포된 효에 대한 다양한 논의들은
효를 환원론적 또는 단편적인 변수로서 설명해 왔다. 그러나 종교적

---

172) 물론 이 세 사람 중 마르크스가 상대적으로 종교사회학에 끼친 영향은 나머지 두 사람에
비해 적은 편이다.
173) Walter H. Capps, 김종서 외 역, 『현대종교학 담론』(서울: 까치, 1977), p.235.

효와 같이 다양한 요소들이 관련된 복합적 개념구도는 단순한 한두 가지 변수들로 분석하고 규명하기에는 한계가 있다. 따라서 종교적 효를 하나의 체계로 규명함이 타당하다.

종교적 효를 체계로 규명한다 함은 체계론적 접근을 시도함을 의미한다. 체계론은 종교적 효와 같이 복합적이고 다차원적인 개념구도를 분석하고 종교적 효가 하나의 체계로서 통합하는 과정과 그 변화과정을 분석하는 데 적합하다. 왜냐하면 체계론은 지속적 존속을 목적으로174) 외부 환경과의 상호 관계를 사회변동을 통해 정체성을 마련하며175) 내적으로 하위변수들의 복합적 상호 작동을 통해 통합성을 구축하는 과정을 제대로 규명하는 데 있어서 여타 접근법보다 탁월하기 때문이다.

본 연구는 위와 같은 관점에서 종교와 연관한 효가 하나의 체계로서 사회를 통합하는 과정과 다시 사회변동과 관련되는 과정이 어떻게 진행되었는가를 규명하기 위해 종교적 효의 일반화된 분석 틀로서 기독교에 의한 보편화 가능성의 효체계를 설정하고 이 체계의 변수 네 가지(순종, 친애, 존속, 대리)를 도출하여 이를 통해 사회가 통합하는 과정과 변동하는 과정을 규명하는 작업을 시도한다. 이를 위해 기독교의 보편화 가능성의 효체계와 사회통합과 변동과정을 하나로 묶는 체계, 즉 효사회체계를 구도하는 것이 필요하다. 효사회체계는 다음 그림과 같이 그려 낼 수 있다. 여기서 화살표는 상호 작용의 과정을 의미한다.

---

174) C. West Churchman, *The Systems Approach*, rev. ed.(New York: Dell, 1972), p.29.

175) Arther Koestler, *Janus*(London; Hutchinson, 1978), p.57; Fritjof Capra, The *Turning Point*, p.43.

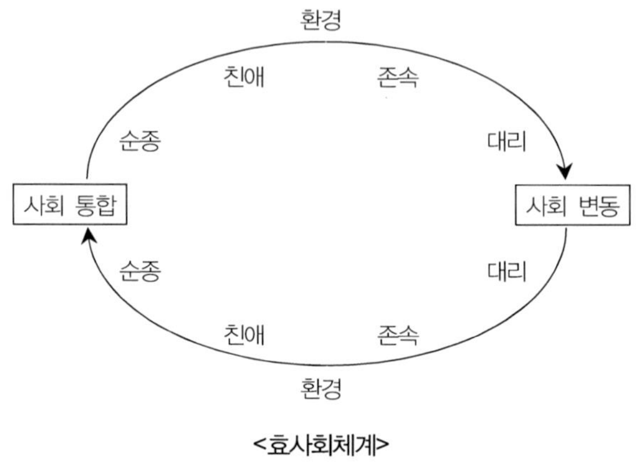

<효사회체계>

　보다 구체적인 연구의 진행과정은 우선 기독교의 보편화 가능성 효체계를 구축한다. 그리고 이를 통해 사회통합과 사회변동을 살펴보기 위해 분석의 대상을 베버의 저서인 『유교와 도교』를 선택하였다. 이렇게 베버의 『유교와 도교』를 분석 대상으로 한 이유는 이 자료에 베버의 사회통합과 변동과정이 구체적으로 드러나며 더구나 이러한 사회변동과 사회통합의 과정에 효가 관련되는 과정이 제대로 밝혀지기 때문이다. 이제 기독교 보편화 가능성 효체계의 변수인 순종, 친애, 존속, 대리를 통해 중국 사회의 통합과 변동과정에 어떻게 종교적 효와 관계하는지를 구체적으로 살펴보기로 한다. 이를 위한 선결문제로서 먼저 분석의 틀인 기독교에 의한 보편화 가능성의 효체계를 구축하기로 하고 다음에 효사회체계의 사회통합과 사회변동의 상관관계를 밝힌다.

II. 효사회체계

1. 기독교적 보편화 가능성의 효체계

앞에서 언급한 바와 같이 효사회체계는 두 개의 하위체계가 통합하여 구축된 체계이다. 두 개의 하위체계는 기독교적 보편화 가능성의 효체계와 사회통합과 변동의 체계이다. 먼저 기독교적 보편화 가능성 효체계가 무엇인지 규명해 보자

먼저 염두에 둘 것은 기독교란 보편주의적 사상과 관행의 종교라는 사실이다.176) 노치준 교수가 지적한 바와 같이177) 기독교 속에는 이웃 사랑, 봉사, 희생, 인간 존중, 공동체 생활 등 어느 부류 사람이나 민족들에게도 받아들여지는 의미와 관행과 사상을 풍부히 가지고 있다.

이러한 보편주의적 사상과 관행을 더욱 세련화하고 사상과 구체적인 프로그램으로 만들며 그 원리에 근거하여 사회를 구성하려고 노력할 때, 기독교 사상은 종교적 신념이 다른 사람들에게도 거부감 없이 공동보조를 맞추어 보다 나은 사회를 구축할 수 있다.

이런 의미에서 자연법적 성격을 지닌 구약의 십계명과 신약에서 도출된 기독교의 효도 보편화 가능성이 있다. 따라서 기독교의 보편화 가능성의 효체계는 비기독교적 문화에 적용과 적응가능한 체계이다. 그렇다면 먼저 성경의 어떤 내용이 기독교의 보편화 가능성의 효체계의 의미를 구축하는가? 바로 바울의 서신으로서 에베소서이다.

---

176) 노치준, "뒤르케임과 베버의 종교사회학", 『사회학 연구』, 다섯째책, 1987, p.127.
177) Ibid.

에베소서 6장 1절부터 4절까지에는 인간 중심적 효의 내용과 신 중심적 효의 내용에 동시에 적용될 수 있는 효의 변수들이 적시되고 있다. 따라서 에베소서 6장 1∼4절에 의해 효의 일반 원리로서 보편 화될 가능성이 있는 기독교의 보편화 가능성 효체계를 마련할 수 있 다.178) 구체적으로 에베소서 6장 1절부터 4절까지의 내용을 살펴보 면 다음과 같다.

> "자녀이신 여러분, 주 안에서 여러분의 부모에게 '복종'하십시오. 이것이 옳은 일입니다(1절). '네 부모를 공경하여라'고 한 계명은 약속이 딸려 있는 첫째 계명입니다(2절). '네가 잘되고, 땅에서 오래 살 것이다'고 한 약속입니다(3절). 또 아버지이신 여러분, 여러분의 자녀를 노엽게 하지 말고, 주님의 훈련과 훈계로 가르치십시오(4절)."(표준새번역)

이러한 에베소서 6장 1절부터 4절까지에서 기독교적 보편화 가능 성 효체계를 구성하는 변수들이 구축되는데 먼저 동서양의 효에 일 반적으로 언급되는 부모공경과 부모에 대한 '순종'의 변수를 도출할 수 있다(1∼2절). 이러한 부모에 대한 복종 또는 순종은 동서양의 효에 있어서 대표적으로 강조되는 내용이다.179)

에베소서에서 염두에 둘 것은 부모에 대한 효로서 부모공경이나 부모에 대한 순종을 강조하면서 부모의 자녀에 대한 도덕적 의무를 또한 강조하고 있다는 점이다(4절). 이는 부모와 자녀 관계에 있어서

---

178) 참고, 박철호, 『성경적 효윤리의 이해』(인천: 도서출판좋은세상, 2001).

179) 유교에서 가장 기본적인 인간관계는 부모 – 자녀 관계이고 따라서 순종의 효를 『효경』 등 을 통해 지극히 강조하고 있다. 이해영, "유학이란 무엇인가?", 『강좌 한국철학』(서울: 예 문서원, 2001), p.30. 도교에서는 유교의 효와 거의 일치하게 순종의 효를 강조한다. 이 러한 사실은 무엇보다도 사회를 구성하는 기본 단위로 가족을 강조하는 『태평경』에 잘 나타난다. 참조, 윤찬원, 『도교의 철학』(서울: 돌베개, 1998), p.181. 불교도 『부모은중 경』을 통해, 유대교도 십계명을 통해 순종의 효를 강조하고 있다.

상호주의적 대응 관계를 구축하고자 한 것이다.[180]

이러한 부모와 자녀 관계에 의한 도덕적 의무의 양면성은 부모의 일반적 성격에 따라 제시되었다. 즉, 브리태니커 사전에 의한 바와 같이[181] 전통적으로 부모는 페이터(pater)적 성격과 제니터(genitor)적 성격이 있고[182] 바로 이러한 부모의 성격에 따라 도덕적 내용을 달리하고 있기 때문에 부모와 자녀 관계의 양면성이 존재하게 된다.

페이터적 부모는 자녀와의 불평등 관계에 의해 권위적이고 명령적이다. 왜냐하면 이러한 부모의 위치는 자녀의 도덕적 불완전성과 위법 가능성에 기초하여 자녀에게 도덕성을 내면화하는 작업과 관련되기 때문이다.[183]

이를 통해 자녀들이 페이터적 부모의 훈육, 즉 육효(育孝)[184]에 순종함으로써 이를 통해 사회질서를 존중하고 이를 준수하는 기본적 사회질서 의식을 갖게 된다. 이러한 페이터적 부모에 대해 갖추어야 할 자녀의 효 내용은 한마디로 공경이요 복종이며 '순종'이다.

그러나 제니터적 부모와 자녀의 관계는 페이터적 부모 – 자녀 관계와 달리 원칙이나 약속 앞에 상호 평등적으로 이루어지는 관계이다. 따라서 부모 – 자녀 관계는 수평적이고 인격적이며 사랑의 애정이 깊

---

180) 박철호, 『성경적 효윤리의 이해』, p.123.

181) Encyclopaedia Britannica, Ⅶ(1973~1974), p.754.

182) 페이터적 부모의 성격은 자녀를 훈육하여 사회화를 통해 공동사회의 구성원으로 자라게 하는 것을 의미한다. 이러한 부모는 가부장제(patriarchy)에서 보다시피 권위적이고 위계적이다. 반면 제니터(genitor)적 부모의 성격은 자녀와 수평적 관계를 유지하면서 인격적인 애정과 친애의 성격을 지니는 부모를 의미한다. 참조, 박철호, 『효윤리학』(인천: 도서출판좋은세상, 2000), p.69.

183) Ibid., p.68.

184) 박철호, "효학의 학문적 기반 구축을 위한 체계론적 연구", 『효학개론』(인천: 성산효도대학원대학교, 2001), p.44.

이 관련된다. 여기서 기독교의 보편화 가능성 효체계의 또 하나의 변수인 '친애'의 성격이 도출된다.

페이터적 부모에 대한 순종의 효에는 위계적이고 권위적인 것이 있지만 동일한 인격체로서 서로 존중하며 친구와 같은 우정을 나누는 제니터적 부모와 자녀의 관계에서는 바로 친애의 효가 내재된다.[185] 에베소서 6장 4절의 내용에서 바로 부모가 자녀를 인격적 관계로 대하는 친애의 효가 도출된다. 특히 기독교 가족문화의 한 부분으로서 기독교 효문화에서 특히 강조될 수 있는 것이 바로 친애의 효이다. 이 친애의 효는 다른 종교의 효문화에서 찾아보기 힘든 덕목이다.

사실 따지고 보면 부모가 자녀의 분노를 일으키는 것은 무엇보다 비인격적 대우에 기인하는 경우가 많다. 따라서 에베소서 6장 4절은 부모와 자녀 간에 서로 동등한 인격적 인간관계가 존재함을 드러낸 것이다. 이러한 제니터적 부모에 대한 자녀의 효 내용은 친구 사이에 맺어지는 덕목인 '친애'인 것이다. 즉, 자녀는 부모를 친애로서 효할 때가 필요하고 부모도 이를 통해 기쁨을 누리게 된다.[186]

한편, 성경에는 효를 행하는 자, 즉 순종과 친애의 효를 부모에게 행하는 자는 축복을 받게 되어 있음이 곳곳에 드러난다. 즉, 성경의 구약과 신약에는 효윤리에 관한 내용에 이 땅에서 잘된다는 물질

---

185) 제니터란 '생산자'의 의미를 가지고 있다. 부모는 자녀의 생산자이다. 그러나 이 부모는 자기 자녀가 생산자의 위치에 있게 되면 서로 간 생산자로서 동등한 성격을 지니게 된다. 이런 의미에서 궁극적인 생산자이며 창조주인 하나님, 즉 진리 앞에서 양자는 동등하고 평등한 위치를 갖게 된다. 따라서 이러한 부모와 자녀가 동등하고 평등한 관계에 의한 '친애'의 정서를 서로 교환하는 시기는 대체로 자녀가 결혼하여 또 다른 생산자로 위치할 때이다. 물론 결혼하지 않은 자녀도 성인으로서 이러한 관계를 갖게 된다. Ibid., p.68.

186) 박철호, "체계윤리의 가족화 검증의 논리에 의한 효 연구", 『효윤리학』(인천: 도서출판좋은세상, 2000), pp.33-37.

적·정신적 축복과 장수한다는 육체적 축복이 제시되어 있다.

물론 동양의 도교에서도 효자는 본인이나 그 부모 모두 장수한다는 축복을 역시 제시하고 있다. 즉, 도교의 경전인 『태평경』은 유교적 관념인 효를 중시함으로써 유교와 다름없는 사상을 보여 주지만 효의 실천 이념을 장수에 두고 있는 점에서 차이가 난다. 태평경에 의하면 부모의 장수를 염려하는 것이 효의 일차적인 의미이지만 그러한 효의 실천을 통하여 자신의 장수를 얻을 수 있다는 효의 이차적 의미가 주어진다.[187]

이러한 효자에 대한 축복 내용은 에베소서에서도 잘 나타난다. 즉, 이 세상에서 잘되고 장수한다는 것이다(에베소서 6장 3절). 그런데 이러한 물질적 축복과 육체적 축복은 최소한 생명이 살아남아 바로 이 땅에서 '존속'해 간다는 의미를 내포하고 있다. 따라서 기독교 효 문화체계에 있어서 또 하나의 변수인 '존속'이라는 변수가 포함된다. 그런데 엄밀한 의미에서 효자에 대한 축복인 물질적 축복과 육체적 축복은 부모에 대한 물질적 봉양과 부모의 육체적 건강이나 장수를 위한 효자의 노력에서 비롯된다. 결코 무작위의 방관적 태도 속에서 이러한 물질적 그리고 육체적 축복이 주어지지 않는다. 따라서 자녀는 부모의 양구(養口), 즉 의식주의 경제적 필요를 채우도록 노력해야 할 것이며 또한 부모의 양체(養體), 즉 육체적 건강을 위한 노력을 게을리 하지 말아야 한다.

그런데 이러한 기독교의 보편화 가능성 효체계 구성의 기반이 되는 에베소서 6장 1절부터 4절까지의 내용에서 드러난 것은 부모에

---

187) "然, 上善第一孝子者, 念其父母且老去也, 獨居閒處念思之, 常痴下也"(券47, '上善臣子第子爲君父師得仙方訣'), pp.134-135.

대한 공경, 즉 '순종'이나 부모와의 '친애' 그리고 이를 통한 '존속'
도 '주' 안에서 행해진다고 하여 예수 그리스도 중심의 효체계가 구
축되고 있다. 이렇게 주 안에서 효를 행한다는 것, 주를 대신하여 효
를 행한다는 것은 무엇을 의미하는가?

　유대교에서 부모의 자녀에 대한 위치는 월터 카이저(Walter C.
Kaser)가 언급한 바와 같이[188] 하나님의 대리자이다. 따라서 부모에
대한 반역을 하나님에 대한 반역과 연관을 짓고 있다. 왜 부모는 하
나님의 대리자인가? 이는 성경에 언급한 바와 같이[189] 부모로부터
하나님의 법을 배우기 때문이다. 이러한 이유로 자녀는 하나님의 대
리자인 부모에게 '순종'하여야 하며 이를 보다 확대하여 보면 자녀
도 역시 하나님의 대리자로서 부모를 섬기기 위해 '순종', '친애' 그
리고 '존속'으로서 효를 행하여야 한다는 것이 당연시된다. 따라서
기독교 효문화에는 에베소서 6장 1절에서 보다시피 효는 하나님의
명령에 의해 마땅히 행해야 함을 강조하게 된다.

　이러한 유대교의 하나님 '대리'로서 효를 설명하는 틀을 동일하게
적용한 기독교의 효문화체계도 유대교의 효와 크게 차이가 나지 않
는다. 다만 신약 에베소서의 '주 안'은 카이저가 지적한 바와 같
이[190] 대리자로서 부모나 자녀가 하나님의 말씀을 대적하는 것을 금
지하는 의미도 포함한다.[191]

---

188) Walter C Kaser, 홍용표 역, 『구약성경윤리』(서울: 생명의 말씀사, 1990), p.179.

189) "오늘날 내가 네게 명하는 이 말씀을 너는 마음에 새기고 네 자녀에게 부지런히 가르치
　　며 집에 앉았을 때에든지 길에 행할 때에든지 누웠을 때에든지 일어날 때에든지 이 말씀
　　을 강론(대화)할 것이며"(신명기 6장 6～7절).

190) Walte C Kaser, 홍용표 역, 『구약성경윤리』, p.179.

191) 몰트만(J. Moltmann)이 언급한 바와 같이 기독교적 관점에서 보면 '대리' 행위에 의해
　　인간 역사와 사회의 윤리적 기초가 형성되었다. 왜냐하면 바로 그리스도의 '대리' 행위

그런데 여기서 구축되는 기독교 보편화 가능성 효체계에서의 '순종'과 '친애' 그리고 '존속'이 '주 안'과 맺는 관계를 어떻게 이해할 것인가? 체계론적 관점에서 보면 상호 작용에 의한 관계의 망을 형성하는 네 개의 변수들은 상황에 따라 그리고 분석수준에 따라 다양한 형태를 지니게 된다.

즉, 기독교의 보편화 가능성 효체계의 네 변수가 서로 관련을 맺되 서로의 관계는 소위 막스 베버(Max Weber)의 선택적 친화력(elective affinity)[192]의 관계와 유사한 형태가 된다. 즉, '순종', '친애', '존속' 그리고 '주 안'은 각각 기도교의 보편화 가능성 효체계의 하부체계로서 서로 간 필요와 관심(interest)에 따라 그리고 상황에 따른 친화력의 정도에 따라 '인식의 망'을 달리 형성하게 된다.

2. 사회통합과 변동체계

하나의 사회체계가 존속해 가는 형태는 지속적인 통합과 변동의 과정이다. 그리고 보다 강력한 사회체계의 통합은 사회변동 속에 구축되며 이를 통해 체계의 항상성을 유지한다. 따라서 사회변동이 사회체계의 혼란을 초래하는 것은 아니다. 왜냐하면 모든 변동 속에는 질서를 가지고 있기 때문이다.[193] 이런 의미에서 사회체계는 통합과

속에 새로운 인류사가 시작되었고 교회 공동체의 개인적이며 사회적인 구조가 근거하고 있기 때문이다. 즉, 그리스도의 대리 행위에 의해 모든 인간의 대리 행위가 의미를 갖는다. 왜냐하면 이러한 그리스도의 대리 행위는 모든 인간의 대리 행위의 전형적인 모형이 되기 때문이다. 참조, J. Moltmann, 김균진 역, 『본 훼퍼의 社會倫理』(서울: 대한기독교서회, 1993), p.39.

192) H. H. Gerth and C. Wright Mills, *From Max Weber*(London and Boston: Routledge & Degan Paul Ltd., 1974), p.62. 참조.

193) James Gleick, 박배식 · 성하운 역, 『카오스』(서울: 동문사, 1987).

변동을 반복하여 순환시켜 자기조직화, 즉 체계의 항상성을 구축한다. 그렇다면 사회체계의 존속을 가능케 하는 사회통합은 어떻게 이루어지며 또한 사회변동은 어떤 과정으로 진행되는가가 궁금하다.

먼저 사회통합은 베버나 뒤르켕과 같이 종교적 심성을 통해 사회통합이 이루어짐을 이해하는 것이 중요하다.[194] 물론 이데올로기나 그 밖에 다양한 신념체계에 의해 사회의 통합이 이루어질 수 있지만 가장 강력한 사회통합은 역시 종교에 의해서다.[195]

뒤르켕도 동의하는 바와 같이 사회통합의 기능을 담당하는 종교에 있어 그 종교가 갖는 의식(ritual)은 사회통합의 중요한 수단이 된다. 왜 의식이 사회통합의 기제가 되는가? 일단 의식은 사람들을 모이게 하며 그 모임 속에서 공동의 감정을 유발한다. 그리고 종교 의식은 사회 구성원이 주기적으로 자신의 정체성을 확인하는 수단이 된다.[196]

의식은 주기적으로 이루어져 공동의 신념과 공동의 전통, 조상에 대한 추억, 그 사회적 이념이 마음속에 이루어지게 한다.

마치 교회의 구성원이 친교를 교회 공동체 사이에 나누지 않으면 자신의 믿음체계가 약화되어 다른 사람들과의 관계가 소원해지고 소외되며 갈등의 요소를 갖게 된다. 따라서 교회는 예배와 같이 주기적인 종교적 의식에 교회 공동체 구성원들을 참가시켜 교회 공동체를 통합하는 집합적 감정과 집합적 관념을 지속적으로 부여하여 구성원들의 결속과 통합을 강화시켜 가는 것이 중요하다.

---

194) Max Weber, *Economy and Society*(New York: Bedminster Press, 1963), p.411.

195) Anthony Giddens, *Capitalism and Modern Society Theory*(London: Cambridge University Press, 1971).

196) Emile Durkheim, *Elementary Forms of Religious Life*(New York: Collier Book, 1961), pp.431-432.

사회통합을 이룩하는 데는 뒤르켕이 언급한 바와 같이 종교의식, 즉 금기의식(negative cult)과 장려의식(positive cult)이 있다. 금기의식은 어떤 특정한 방식의 행동을 금하는 금지의 형태 곧 흔히 말하는 타부의 형태를 가진다.197) 뒤르켕이 제대로 지적한 바와 같이198) 특정한 사람이나 사물, 장소, 시간, 말, 행동 등에 대한 금지 조항을 많이 가지고 있는데 이것들은 거룩한 것과 속된 것을 구분하기 위한 목적으로 이루어진 것이다. 금기의식에서 사회 구성원들은 금기와 희생의 사회적 요구를 수용하여 사회가 개인보다 중요하다는 생각과 사회에 대한 의무를 충실히 수행한다는 생각을 갖게 만든다.

하나의 사회로서 교회 공동체는 교회 구성원들을 통합하기 위한 금기의식을 가지고 있다. 예를 들어 교회에서는 유행가를 부르지 않는다든가 주일에 교회에서 술이나 담배를 먹거나 피우지 않는 것 등이다. 이러한 금기의식을 통해 교회의 정체성을 마련하고 구성원들의 통합성을 또한 구축한다.

장려의식에는 먼저 기념의식을 들 수 있다. 뒤르켕이 언급한 바와 같이199) 종교에 관한 기념의식은 사회 구성원들의 공동의 추억과 감정을 유발시켜 사회의 통합을 용이하게 한다. 이러한 기념의식을 통해 친밀한 교제를 나누어 회중들은 서로 강하게 결속을 하게 된다.

장려의식 중 모방의식은 종교적 인물의 행동이나 그 가르침을 그대로 실천하려는 것을 의미한다. 그런데 뒤르켕은 이를 종족의 토템을 모방하는 것으로 설명한다. 그러나 통합을 위한 토템의 사용으로

---

197) Emile Durkheim, *Elementary Forms of Religious Life*, p.338.
198) Ibid., p.351.
199) Ibid., p.368.

일으키게 되며 이러한 갈등은 사람들이 내적 생활 속에서나 외적 세계와의 관계를 설정하는 데서 긴장을 불러일으킨다. 이러한 긴장과 갈등이 사회변동의 원동력이 된다.

예언자는 베버가 언급하듯[202] 자신을 활동적인 신의 도구라고 생각하면서 모든 사람들은 신의 뜻을 이루기 위해 이 세상에서의 생활을 활동적이면서도 금욕적으로 합리화시키고자 한다. 이러한 합리화된 금욕 생활은 기존 삶의 양식과 전통에 대한 반성과 비판을 초래하며 새로운 사회변동이 일어나게 하는 가능성을 높인다.

이러한 예언자가 가진 종말론적 하나님의 대리자로서 가르침은 일반 대중으로 하여금 자신의 삶을 새로이 재구성하는 강력한 동기화를 제공해 준다. 이스라엘 예언자의 경우 야웨의 날이 임박하였음을 계속 외쳐 그날에는 모든 죄인이 심판을 받기에 심판에서 구원을 받는 길은 이 세상의 삶을 야웨의 뜻에 따라 재구성하는 것이라고 하였다. 이러한 예언자들이 제시하는 신은 그의 계획을 성취하기 위해 역사를 끊임없이 바꾸어 가는 모습을 띤다. 따라서 이러한 예언을 따르는 일반 대중은 이 세상에서의 삶을 신의 뜻에 맞추어 살기 위해 신의 뜻에 어긋난다고 생각하는 생활 습관과 전통을 타파하고 새로운 삶의 형태를 재구성하게 되어 사회변동의 기초를 마련하였다.

또한 사회변동과 관련하여 관심을 갖게 되는 종교 성향은 사회계층과의 관계이다. 그렇다면 어떤 계층의 종교 성향이 사회변동의 변인으로 작동하는가? 여기서 관심을 갖게 되는 계층이 바로 상공업 종사자들의 종교적 성향이다. 이들은 베버가 지적한 바와 같이[203]

---

202) H. H. Gerth and C. Wright Mills, *From Max Weber*, p.285.
203) Ibid., p.283.

다른 계층에서 뿌리내리기 어려운 윤리성이 강한 구원 종교의 윤리관을 갖고 있다. 이들은 특권이 없는 계급으로서 성격은 인격적 동등성에 기초한 친애의 윤리관을 내면화시키며 기존의 체계가 가지고 있는 계급적 차이와 권위적 윤리에 대해 불만을 가진다. 이 결과 급진적 성격을 띠면서 사회변동의 주도적 세력으로 등장한다.

이는 노치준 교수가 지적한 바와 같이 포로로 끌려간 이스라엘 백성들이 동료들에게 서로 의지하는 친애적 윤리관으로 응집력이 높으며 천민으로서의 지위를 벗어나고 싶어 하는 강한 구원에 대한 소망을 지니고 있었다. 이스라엘의 경우 야웨의 날에 실현될 혁명적인 지위 변화, 즉 하나님 앞에서 누구나 인격적 동등함을 인정받는 날을 희망하였다. 이들이 원하는 사회적 변동이 또다시 누구를 억압하는 불평등한 계급사회의 반복이 아니었던 것은 베버가 잘 분석한 바와 같이204) 이들은 자신들의 억압자에 대한 증오심을 표현하고 이들에 대한 신의 징벌을 탄원하는 시편들을 만든 것에서 명백히 드러난다.

이제 순종, 친해, 존속, 대리를 변수로 하는 기독교의 보편화 가능성 효체계와 사회통합과 변동체계를 연결한 하나의 분석 틀로서 효사회체계에 의해 실제 문헌에 나타나는 사회를 대상으로 이러한 분석을 실시하여 그 사회의 실체를 규명해 보기로 한다.

본 연구가 연구의 대상으로 삼은 것은 중국 사회이다. 이렇게 중국 사회를 연구의 대상으로 삼은 이유는 중국 사회가 종교적 효를 제도적으로, 관념적으로 구체화한 사회이기에 효사회체계의 분석이 보다 용이하기 때문이다.

---

204) Max Weber, *Economy and Society*, pp.492-497.

Ⅲ. 효사회체계에 의한 중국 사회 분석

1. 사회통합의 기제로서 순종과 존속

중국 사회의 통합에는 앞에서 언급한 바와 같이 주로 종교적 의식이 주요한 역할을 담당하였다. 중국의 대표적 종교는 유교와 도교이다. 따라서 이러한 종교들이 중국 사회의 통합과정에 깊이 관련된다. 그렇다면 유교와 도교의 종교의식과 보편화 가능성 효체계의 변수들은 어떤 관계를 구축하며 중국 사회의 통합에 개입했는가? 중국 사회가 통합이 제대로 구축된 것은 봉건사회이다. 물론 봉건사회에도 다양한 사회 존속의 과정이 있지만 궁극적으로 갈등이나 변동보다 사회통합을 위한 사회 전반적 추세가 강하였다. 이제 중국의 봉건사회를 중심으로 이러한 과정을 구체적으로 규명해 보기로 한다.

종교의식은 앞에서 언급한 바와 같이 사회통합의 주요한 수단인데 여기에는 금기의식과 장려의식이 있다. 중국 사회의 통합과 관련한 금기의식과 장려의식은 유교와 도교에도 제대로 내포되어 있다.

우선 유교의 종교의식을 살펴보면 여기에는 보편화 가능성의 효체계 변수 중 순종이 깊이 관련됨을 알 수 있다. 즉, 유교의 종교의식으로서 금기의식이나 장려의식은 복합적으로 상호 작용하면서 순종의 효를 강조하고 있다. 즉, 부모에 대한 자식의 무제한적 효행의 강조는 다른 어떤 덕보다 효가 중시되었음을 보여 준다.[205]

아버지의 허물을 드러내지 않는 금기의식은 공자의 가르침을 통해 잘 드러난다. 즉, 어느 고위 관리가 그의 아버지가 동일한 지위에 있

---

205) Max Weber, 이상률 역, 『유교와 도교』(서울: 문예출판사, 1996), p.231.

었을 때 용서하였던 뚜렷한 악습을 아버지를 민망스럽게 하지 않겠
다고 하는 효심에서 계속 용서해 주었다는 것을 공자는 칭찬했던 것
이다.

또한 공자의 가르침을 통한 효의 장려의식은 부모의 장례를 자식
이 어떻게 치르는가에 따라 그의 신용등급이 달리된다는 것에서 잘
드러난다. 또 장려의식의 하나로 효가 인간 행위의 근본임을 강조하
였다. 즉, 효를 그 밖의 덕목의 핵심으로 여겨 효를 지니는 것은 관
료제의 가장 중요한 신분상의 의무, 즉 무조건적 규율의 이행을 실
증하고 보증하는 것이라고 하였다.

이처럼 효가 모든 복종 관계에 전용되어 소위 사회 전반에 순종의
도를 확산시킨 순종의 사회화가 확립되었다. 순종의 효를 사회화하
는 과정은 금기의식이든 장려의식이든 복합적으로 작동하였다. 이러
한 순종의 사회화는 부모, 스승 및 관직 서열에서의 장과 관공서 일
반에 대한 순종으로 강화되었다. 이렇게 순종이 가정에서 사회로 전
환된 것에는 그 순종의 성격이 동일했기 때문이다. 봉건제 사회통합
에서 강조된 윤리적 덕목인 충성은 이러한 순종 효의 사회화에 기초
한다.

사회통합과 관련하여 중국 사회에 강조된 보편화 가능성 효체계의
또 하나의 변수는 존속이다. 존속의 효는 생명과 관련된다. 즉, 부모
의 생명이 오래 지속될수록 효의 평가는 높다. 이러한 생명 존속의
강조는 오랜 역사를 지닌 것이다. 점술용으로 거북의 존중과 덕의
수양과 학습은 유교적 신념에 따르면 장생술의 효력이 있다.206) 도
교도 생명 자체의 존속은 선이고 죽음은 절대적으로 해라고 한다.

---

206) Ibid., p.273.

특히 도교는 장생을 위해 호흡과 식물의 중요성을 강조하였다. 그렇다면 존속의 효가 어떤 과정으로 사회통합의 기제로서 작동하였는가?

유교나 도교는 똑같이 공통된 존속의 효에 대한 성격을 지니고 있다. 두 종교는 공통된 귀령설을 통해 그 명제를 더욱 발전시켰다. 일단 장생술의 체계화가 이루어지면 제마적이고 치료술적인 주술이 행하여졌는데 유교는 덕만으로 윤리적 통일성을 마련한다는 고전적 사회통합의 이론을 벗어났는데 이는 황제의 주술을 통한 사회통합의 논리를 수용했기 때문이다. 즉, 황제의 건강을 도모하는 존속 효의 사회화가 유교에도 내면화된 것이다.207)

도교도 존속 효의 사회화를 통해 사회통합을 이루는 도구가 되었다. 도교의 경전인 『태평경』에 의하면 효를 하는 자는 장수하고 효를 받는 자도 장수한다. 따라서 부모에게 장수의 효를 하는 것에서 비롯하여 상층도교로서 황제의 건강과 장수를 도모하는 다양한 제사들이 행해졌다. 이러한 행사에 참가하는 사람들은 자신의 장수와 황제의 장수 등을 위한 제사를 통해 상호간의 친밀성과 이해의 정서를 확산하여 존속의 효를 통한 사회통합을 구축하였다.

도교의 이러한 존속 효의 사회화는 다양한 관직을 형성하였다. 도교도들은 국가에 의해 관직에 등용되었다. 도교의 세습교주인 장천사의 지위와 감원, 감재, 방사, 도사 등의 지위는 이를 잘 설명한다. 이들의 존속 효의 사회화 작업은 중국 사회를 통합하는 기제가 되었다.

물론 이 밖에 보편화 가능성의 친애와 대리의 효도 어느 정도 봉건사회에 작동하였지만 그 힘은 미미하였다. 더구나 봉건사회의 계급적 특성은 친애 효의 사회화를 억압하여 그 기능은 거의 드러나지

---

207) Ibid., p.274.

않았다. 다만 대리의 효에 있어서 유교나 도교의 신 관념은 기독교 신과 비교하여 대체로 비인격적이며 자연적인 상태의 신이었다.

유교는 효를 행하는 이유로서 하늘의 통치자, 즉 上帝를 전제한다. 그런데 바빙크가 비판하듯[208] 이 상제는 결코 영원하신 능력의 창조주 하나님이 아니다. 허다한 비기독교인들이 하나님께 예배드리고 있는 듯이 보이지만 실상 그들이 섬기는 하나님은 실제의 하나님이 아니다. 이는 고린도 전서 10장 20절에서 보다시피 대체로 이들이 하는 제사는 귀신에게 하는 것이었다.[209] 이러한 비인격적이고 자연 상태적인 신은 사회를 변혁하는 기능을 담당하지 못한다.

2. 사회변동의 기제로서 대리와 친애

중국 사회의 변동과 관련하여 보편화 가능성의 효체계의 변수로서 대리와 친애가 관심을 끈다. 왜냐하면 두 변수는 사회화의 과정을 통해 효사회체계로서 작동하게 될 때 사회변동을 촉발하는 기능을 담당했기 때문이다. 이러한 사회적 효체계와 관련하여 중국 사회의 변동으로서 주목받는 것이 바로 태평천국 시기이다. 먼저 사회변동과 관련된 대리의 효를 살펴보자.

부분적으로 기독교 교리를 택한 태평천국 운동은 유교적 통치와 윤리에 대해 가장 강력하고 철저한 교권적인 정치적·윤리적 반란이

---

208) J. H. Bavincker, 권순태 역, 『기독교 선교와 세계 문화』 (서울: 성광문화사, 1990), p.110.
209) 유교의 효문화에 의하면 부친들과 선조들은 신들의 영광에 동참하거나 어떤 의미로 이들 스스로가 신들이다.[1] 이들이 부모에게 순종하고 천상의 존재로 조상을 섬기는 것은 죽은 이들에 대한 두려움과 복이 밀접하게 연관된다. 그러나 이러한 부모공경과 조상 숭배는 이기심과 우상 숭배적이다. 이는 중국 고대 철학 연구가인 호적(胡適)이 제대로 분석한 바와 같이[1] 유교는 효의 종교로서 부모를 상제나 귀신과 다름없이 섬긴다. 비록 유교는 귀신을 믿지 않는다고 하지만 인간이 귀신을 만들어 내어 숭배하는 것을 당연시한다. p.397.

었다. 태평천국은 이슬람교 비잔틴의 우상타파자처럼, 그리고 부분적으로는 프로테스탄트의 전도와 성서의 영향에 자극받아 귀신 신앙과 우상 숭배를 철저히 또 청교도적으로 배척하였다.

이 체계는 기독교적 신의 뜻에 순종하여 십계명을 신조로 하였다. 이들은 부모에 대한 효도 하나님 아버지인 인격적 신에 의해 인정된 효도 당연히 여겼다. 이러한 대리의 효는 사회화되어 인격적 하나님의 뜻을 받들어 유교적 의식에 대한 비판을 제기하였다. 유교의 추기급인에 대한 반발로서 적을 사랑하고 싶지 않다고 말해서는 안 된다는 것을 실천하였다. 또 유교와 달리 하나님 아버지에 대한 복종으로 인간의 본성은 혼자 힘으로는 모든 계명을 이행할 수 없다는 것을 선언하였다. 참회와 기도는 속죄의 수단이었다.

이 체계는 도교에 대해서도 도교의 정령제사를 우상 숭배라고 하여 배척하였다. 이러한 주술적, 우상 숭배적 속박에 대해 파괴 작업을 하면서 인격적이고 자비롭고 보편적이며 민족적 제한이 없는 신을 수용하였다. 이 신은 모든 중국 종교의식과 관계가 없다.

태평천국운동은 부모와 자녀가 인격적 동등함이 전제된다는 친애 효의 성격을 사회화하였다. 즉, 유교의 권위적이고 순종을 강요하는 효에 대한 가르침과 결렬했다. 이러한 친애의 효가 사회화되어 금욕적이고 전사적이며 공산주의적 그리고 초기 기독교적인 사랑의 공동체를 지향하였다.210)

국제적 친교를 위해 민족주의적인 요소를 배격하였다. 관리는 봉건적 성격을 배제하여 카리스마적이고 도덕적인 확증에 의해 선발되었다. 예배당, 국립학교, 도서관 등에서 심지어 군대에서조차 퓨리턴

---

210) Max Weber, 이상률 역, 『유교와 도교』, 참조.

처럼 여성들도 인격적 동등함 속에 채용되었다. 이러한 급진적이고 진보적인 친해효의 사회화는 태평천국운동에 의한 중국 사회의 사회변동을 초래하였다.

IV. 결론

지금까지 본 연구는 베버의『유교와 도교』에 나타난 중국 사회를 연구대상으로 한정하였다. 여기서 베버가 연구한 중국 사회는 사회학적 접근으로 분석한 것이기에 적용하여 사회통합과 변동에 개입하는 순종, 친애, 존속, 대리의 기능을 규명하여 효의 사회학적 성격을 구축해 보았다.

살펴본 바와 같이 효의 사회학적 연구는 종교사회학을 배제하고 행할 수 없다. 이런 의미에서 베버와 뒤르켕은 효사회학을 위해 의미 있는 작업을 행하였다. 특히 이들이 사회변동과 사회통합의 기초를 구축함으로써 효의 사회적 이론을 마련하는 계기가 되었다.

이제 이러한 베버와 뒤르켕의 종교사회학을 기초로 효의 사회학적 의미를 충실히 하기 위해 효의 보편화 가능성의 네 가지 변수에 대한 사회체계와의 관계를 더욱 보강할 필요가 있다.

이런 의미에서 종교와 윤리 그리고 효에 대한 복합적 연구가 절실하다. 이를 위해 체계론에 의한 종교와 윤리 그리고 효에 관한 접근법에 대한 새로운 안목이 필요하다. 이를 위해 학제적 연구를 행하는 연구방법이 더욱 강화될 필요가 있다.

제4장

효교육 : 교육효학

보편화 가능성의 효교육체계

Ⅰ. 효윤리 교육과 효성(孝性)

효윤리[1] 교육체계는 앞에서 설명한 보편화 가능성의 효윤리체계에 의한 효성[2]을 학습자에게 내면화시키고 이를 행동으로 이끌기 위해 마련된 복합적 교육의 관계망이다. 따라서 보편화 가능성의 효윤리체계에 의한 교육체계를 구축하기 위해서는 보편화 가능성의 효윤리체계에 의한 교수와 학습의 과정을 마련하는 작업이 필요하다.

그렇다면 효윤리체계에 의한 교육체계는 어떤 형태를 지니고 있는가? 보편화 가능성의 효윤리체계에 의한 교육 형태와 관련하여 우리의 관심을 끄는 것은 '효행'과 '효행위자' 문제이다.

'효행' 교육은 선과 악의 규범에 의해 규정되는 행위 자체에 관심을 가지고 있다. 따라서 효행의 산출이 어떤 형태를 지니고 있으며 이것이 관련 환경적 요소에 어떤 영향을 미치게 되는가가 중시된다.

---

1) 여기서 '효윤리'와 '효'는 특별히 구별하지 않고 혼용하여 사용하였다. 이는 두 용어가 의미에 있어서 대차가 없다고 보았기 때문이다.
2) 여기서 '효성'은 도덕교육의 '도덕성'과 유사하다. 즉, 도덕성이 도덕적 행동을 하기 위해 내면화된 성향 또는 의도를 의미한다면 효성은 효를 행하기 위해 내면화된 성향이나 의도를 의미한다.

따라서 선과 악의 규범과 관련된 효행의 구체적 성격과 형태 그리고 그 수준의 변화 등이 효교육의 주요 연구대상이다.

이러한 이유로 효행에 의한 효교육은 효행의 분석을 통해 효행을 구성하는 요소가 무엇이며 이러한 요소의 성격을 고려하여 보다 차원 높은 수준의 효행을 실천하게 하는 데 관심을 가진다.

분명 이러한 효행 분석을 통한 효교육은 효실천과 관련하여 피교육자의 행동 변화를 가져오는 데 효과가 있음을 부인할 수 없다. 특히 효행의 단계적 변화를 위해 인지적 요인을 중시하여 합리적 선택을 통한 효성을 구축하는 시도는 의미가 있다.

그러나 이러한 효행에 대한 효교육의 관심은 지속적이고 보다 안정적인 효의 실천을 구현하는 데 미흡한 점이 있다. 왜냐하면 효성의 구성요소에는 인지적인 면을 무시할 수 없지만 또한 다른 요소들, 즉 정서적이거나 영적인 면도 중요한 의미를 지니고 있기 때문이다. 여기에서 우리는 효교육을 통해 효성을 제대로 구축하기 위해서 효행교육과 함께 효행위자에게 관심을 둔 효교육이 또한 필요함을 이해하게 된다.

효교육이 효행위자에 대한 관심을 갖게 되는 이유는 윌슨 우켄 (Wilson Ukken)이 지적한 바와 같이3) 효윤리를 행하는 데 있어서는 "내가 무엇을 하여야 하는가"보다 "내가 무엇이 되어야 하는가"가 더 중요하다고 보기 때문이다.

행위자 중심의 효교육은 효행의 동기로서 인격 및 성품의 중요성을 강조한다. 이는 선과 악의 규범적인 것을 판단하는 데에만 관심

---

3) Wilson Ukken, "Turn to the Subject: A Study for the Formation of the Christian Moral Person in the Writings of James M. Gustafson", Ph.D. Dissertation(Rome: Academia Alfonsiana, 1979), p.330. p.340. p.359.

을 갖기보다 효행을 이끌어 내는 메커니즘(mechanism)에 중점을 두
는 것을 의미한다. 물론 이는 행위자를 강조한 나머지 선과 악의 규
범에 의한 효행 자체를 무시한다는 것을 의미하지 않는다. 다만 선
과 악의 규범에 관해 이성적이고 지적인 판단을 강조하는 효행교육
이 오늘날 복합적이고 다원화된 사회에 적용하기에는 무리가 있기
때문이다.

그렇다면 이렇게 효행을 중심으로 하는 효교육의 문제를 전향적으
로 극복하는 방안으로 행위자를 중심으로 한 효교육은 어떠한 논리를
가지고 대안을 제시하는가가 관심의 초점이 된다. 우선 행위자를 중
심으로 하는 효교육을 제대로 이해하기 위해서는 효행을 이끌어 내는
메커니즘을 파악하는 작업이 필요한데 이 작업은 또한 효행위자의 효
성(孝性)을 구성하는 요소들을 분석하는 작업이 선결과제이다. 이제
효성의 구성요소에는 어떤 것이 속하는가를 규명하기로 한다.[4]

II. 효성의 구성요소 분석

효성이란 마치 도덕에 있어서 도덕성과 같이 효를 행하는 데 관련
된 인간성을 의미한다. 이 효성의 구성요소는 흔히 인간성의 구성요
소로 인정되는 지, 정, 의 그리고 영과 상호 관련하여 크게 지적인
면과 관련된 판독(reading), 정서적 면과 관련된 경건(fidelity), 의지

---

4) 오늘날과 같이 복합적인 사회 현상을 고려할 때 단편적인 인지적 변수로서 효성의 발달을
   설명하기에는 한계가 있다. 위와 같은 의미에서 효행위자에 관심을 갖는 효교육은 효성을
   설명하는 데 인지적 측면, 즉 선과 악의 규범문제뿐만 아니라 정서적인 측면과 심지어 영적
   인 측면까지 동원한다. 이러한 효성의 구성요소들은 서로 간에 복합적인 상호 작용을 통하
   여 다차원적인 사회의 현실에 적합한 효성을 구축하게 된다.

적인 면과 관련된 행위(behavior), 영적이고 종교적인 면과 관련된
신념(belief)으로 구성되어 있다. 이러한 효성의 구성요소들을 체계적
으로 규명하기 위해 이들의 관계를 그림으로 나타내면 아래와 같다.
여기서 화살은 상호간의 관계망을 나타낸다.

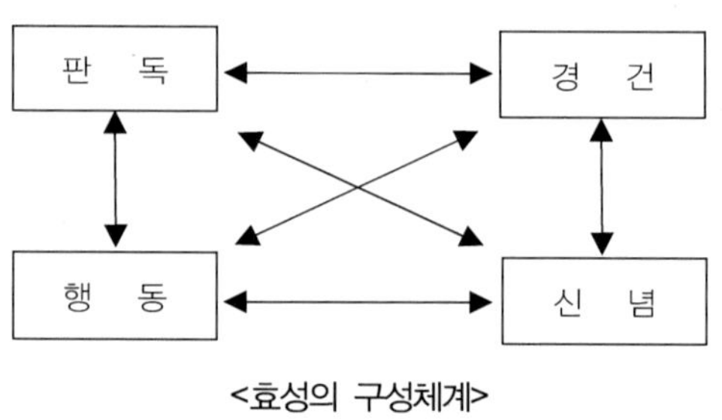

<효성의 구성체계>

우선 신념을 구체적으로 규명하여 보자. 앞의 효윤리체계에서 이
미 언급한 바와 같이 대리의 효는 효 하는 사람이 자신의 의지나 뜻
대로 효를 행하는 것이 아니라 신(神)이나 천(天) 또는 자연법과 같
은 개체 초월과 개체 내재가 가능한 존재에 의지하여 효를 행하는
것을 의미한다. 따라서 대리의 효에서 효행위자는 그러한 존재에 대
한 믿음, 즉 신념을 필요로 한다.

이러한 신념에 의해 인간은 자신과 자신의 주위 환경을 이해하고
이를 설명할 수 있다. 따라서 인간은 자신의 신념에 의해 신뢰의 대
상을 설정하게 된다. 그리고 이 신뢰의 대상은 자신을 신뢰하는 인
간에게 그 자신과 세상을 보는 안목을 제공한다.

신념에 의한 신뢰의 대상이란 무엇인가? 지금까지 신념의 대상이
도출되는 원천으로 크게 신, 자연, 사회, 자아 등을 들 수 있다.5) 신

에 대한 신념체계는 종교적 신앙으로 설명될 수 있으며 자연에 대한 신념체계는 자연숭배의 종교적 신앙과 동시에 자연법칙 등에 대한 과학적 신념체계로 설명될 수 있다.

또한 사회에 대한 신념은 흔히 이데올로기로서 설명될 수 있다. 이데올로기에 대한 신념은 인간 집단의 내적 통합성을 유지시키는 주요한 기능을 담당한다. 마지막으로 자아에 대한 신념은 신뢰의 대상을 개인의 정체성에 둔다. 이러한 개인주의의 신념은 유아론(唯我論)적 성격을 지닌다.

그런데 중요한 것은 이러한 신념들은 효행위자들이 효실천을 하는 데 있어서 전반적인 효와 관련된 현상에 대한 안목을 갖게 한다는 점이다. 즉, 효행위자들은 자신의 행위를 이러한 신념체계가 제시하는 인생관·세계관 등에 의해 사태를 파악하고 자신의 행동 방향을 설정한다는 것이다.[6]

이런 의미에서 효교육에는 이러한 신념에 의한 사회나 자연에 대한 전반적인 안목이 효교육 내용에 전제됨을 이해하는 것이 중요하다. 따라서 교사는 이러한 효교육 내용에 전제된 신념들을 충분히 파악하는 것이 필요하다. 신념과 관련된 이러한 작업이 없이는 제대로 효교육이 이루어지지 못한다.

따라서 이러한 신념의 대상들과 상관하여 학습과정에 있어서 일반

---

5) 이러한 네 가지 신념의 대상은 이데올로기의 기반 속에 설정될 수 있다. 즉, 실재하는 신이 모든 사물의 근원임을 주장하는 신본주의, 자연과 그 법칙 속에 진리가 있다는 자연과학이나 자연법 중심의 자연주의, 실재하는 사회가 역사 법칙과 사회 법칙을 통해 인간적 삶을 지배한다는 사회주의 그리고 데카르트적 논리 속에 자아의 실재가 진리의 기초임을 강조하는 개인주의 등에 기초하고 있다.

6) 여기서 '행동'은 '행위'와 달리 설명된다. 즉 구체적인 행위가 보다 일관적인 논리성을 지닐 때 행동이 된다.

적으로 인간이라면 잠재적으로 내포하고 있는 종교성이나 영적인 면 그리고 인간 초월성을 추구하는 심리적인 면을 고려하여 피교육자에게 지식과 정서, 의지를 총동원하여 효의 당위성을 강화하는 교사의 노력이 필요하다. 이러한 신념대상과 관련하여 형성된 효의 당위성이 피교육자에게 하나의 신념체계로서 내면화되면 효성이 행동으로 드러나기가 용이하게 된다. 이런 의미에서 반복과 강화 심지어 주입 등을 통해 효의 당위성을 하나의 신념체계로 확고히 피교육자에게 자리 잡게 하는 작업은 효교육에 있어서 의미 있는 작업이다.

그런데 인간관과 세계관과 관련된 신념에 의해 우리는 인간과 사회 그리고 자연에 대한 전체적인 안목을 갖게 된다.[7] 그런데 이러한 전체적인 안목을 가지고 있더라도 구체적인 효실천을 위해서는 관련된 현상을 제대로 파악하는 작업이 필요하다. 이를 위해서 보다 과학적인 관찰과 분석력을 필요로 한다.

여기서 우리는 이러한 이성적이고 지적인 면의 작업을 '판독'이라고 할 수 있다. 이러한 판독에는 사회과학, 심리학, 생물학 등의 다양한 지적 작업이 동원된다. 즉, 부모에 대한 효의 실천은 이러한 제학문의 복합적 도움을 필요로 한다. 부모의 나이에 따른 심리적 상황과 생물학적 변화 그리고 노인들이 처하는 사회과학적 현상과 이에 따른 탐구가 필요하다.

---

7) 이러한 전체 안목과 관련하여 신념이 신비적인 요소와 결합하여 종교가 될 수 있다. 이 경우 신념은 하나의 신념체계(belief system)를 이루게 된다. 신뢰의 대상인 신과 자연, 사회와 개인적 자아와 관련하여 종교의 신념체계로 전환할 수 있는 것은 역시 신과 자연 그리고 사회가 그러하다. 자아에 의해 종교가 형성되는 것은 어려움이 있다. 즉, 이성적인 인간이라면 누구나 인식하게 되는 인간의 한계 때문에 자신을 경배의 대상으로 하기에는 무리가 있다. 따라서 뒤에 언급될 공경의 태도도 이러한 이유로 신과 자연 그리고 사회에 대해 그 강도가 자아에 대한 것보다 더 강하다고 할 수 있다.

이러한 판독의 과정은 이성적이고 합리적인 작업의 과정이라 할 수 있다. 따라서 과학적 인식의 틀을 전제한다. 이러한 이성에 의한 과학적인 인식은 가치판단 이전에 보다 객관적인 사실에 충실함이 필요함을 의미한다.

그런데 여기서 염두에 둘 것은 이러한 합리적이고 보다 객관적인 사실의 탐구를 위한 판독의 과정도 앞에서 언급한 신념이 내포한 인간과 세계에 대한 조망 또는 전망이나 안목과 관련하여 설정된다는 점이다. 따라서 순수 객관성을 담보로 하는 실증주의적 합리성이나 이성에 의한 과학적 분석작업은 이미 여기서 배제된다.

이러한 판독의 과정이 이성적이고 합리적인 작업이기에 교수 학습 과정에 있어서 지식 중심의 토론식 수업 등이 동원될 수 있다. 논쟁 등을 통해 효를 행하는 데 필요한 다양한 측면의 지적 축적이 가능하게 된다.

이제 효교육과 관련하여 효성의 구성요소로서 규명해야 할 것은 인간의 정서적인 면과 관련된 '경건'이다. 경건은 효성과 관련하여 특히 중요한 의미를 가지고 있다. 왜냐하면 행위에서 행위자 중심의 효교육을 실시함에 있어서 뚜렷한 분기점이 '경건'의 개념에서 비롯되기 때문이다. 즉, 행위자 중심의 효교육은 효를 구체적으로 행동화하기 전에 신념체계의 대상에 대한 '경건(piety)'이 전제된다는 의미이다.

우선 공경에 있어서 '경건'에 대해 먼저 살펴보기로 한다. 경건은 신념체계의 대상에 대하여 근본적(radical)인 태도를 지니고 경외하며 충성(fidelity)하는 것을 의미한다. 흔히 우리가 충분히 이해하거나 접근하여 조작할 수 없는 것에 대한 의존의 경험에 의해 생기는 존경과 헌신의 태도와 성향에 경건이 자리 잡는다.

경건은 하나의 성향이고 정서적인 것으로서 행동을 준비하는 상태에 위치한다. 그리고 경건은 훈련과 습관에 의해 형성된 지속적인 인격의 경향성과 밀접한 관련을 지닌다. 기독교적으로 보면 초월적인 하나님에 대한 신념에 의해 야기된 일종의 신뢰로서 그 초월적인 하나님에 대한 의존성을 그 내용으로 한다.

경건은 하나의 정서로서 효행자에게 올바른 효행을 할 수 있도록 준비시키는 작업을 한다. 따라서 경건을 가지고 효를 행하는 것과 그것을 갖지 못하고 효를 행하는 것 사이에는 뚜렷한 구별이 있다.

이러한 경건 의식 속에 겸허한 자세, 즉 '공손'이 내재되어 있을 때 효행은 그 의미를 더욱 분명하게 갖게 된다.8) 왜냐하면 경건은 자칫 외형적으로 강화되면 교만이 있게 되어 효행도 형식에 치우칠 가능성이 높다. 따라서 경건에 공손이 함께할 때 효성은 더욱 안정적이고 지속화된다.

공손은 자신을 겸허하게 낮추는 것이다. 남의 인격에 대해 존경심을 가지고 대하는 태도이다. 따라서 공손은 자신을 과장하거나 자신의 능력을 믿고 자신의 힘을 남에게 과시하는 태도와 거리가 멀다. 자신을 낮추어 보며 남이 가진 것을 더 가치 있는 것으로 높이는 자세이다.9)

경건의 태도나 성향은 훈련과 교육으로 강화될 수 있다. 따라서 경건을 갖는 훈련으로서 신이나 자연 등에 대한 감사와 찬양의 시간을 많이 갖게 할 수 있으며10) 자연에 대한 신비와 웅장함을 직접 경

---

8) 일반적으로 경건에 공손이 함께할 가능성이 높다. 참조, 노영상, 『경건과 윤리』(서울: 성광문화사, 1994).

9) 겸손에 대한 성경적 이해는 박철호, 『체계론에 의한 성경 연구』(서울: 홍익제, 2002), p.75를 참조할 것.

험하게 할 수도 있다. 그리고 사회와 관련된 경건의 훈련은 국가나 민족에 대한 애국심과 민족애를 고취시킬 수 있다. 그리고 자아에 대한 존경과 존중심을 통해 경건의 훈련도 가능하다. 자기애가 지나치면 이기적이며 폐쇄적인 현상을 초래할 수 있지만 적절한 인간의 가치와 인간의 존엄성을 통해 경건을 강화할 수 있다. 교사는 이러한 공경의 훈련을 통해 효행을 제대로 실천할 수 있다는 것을 인식하여 항상 이러한 경건의 태도와 성향을 학생들이 갖도록 노력해야 할 것이다.11)

효교육의 효성과 관련하여 효성의 구성요소로서 마지막으로 고찰할 것은 바로 행동이다. 행동은 인간성의 의지적인 면이 주로 작동하는 영역이다. 물론 이 의지는 신념과 판독 그리고 경건 등과 복합적으로 상호 작용하여 반복 가능성의 습관화가 이루어지지만 말이다.

이러한 반복 가능성의 습관화된 효행은 상황에 맞게 즉각적인 효의 실천을 가능하게 한다. 효성은 이러한 효행에 의해 구체적으로 그 모습이 드러난다. 즉, 효행의 구체화를 통해 효행자의 효성 측도가 가능해진다. 따라서 우리는 효성의 내면화 정도를 효행동에 대한 반복된 관찰을 통해 파악할 수 있다.

문제는 어떻게 이러한 효성 구성요소들의 복합적 상호 작용을 통해 효행의 습관화를 이루어 나갈 것인가에 대한 교육적 방안이다.

---

10) 이러한 공경심의 훈련과정에는 판독의 인지적이며 이성적인 요소가 포함될 수 있다.

11) 그런데 여기서 중시되는 것은 효성에 의한 효의 실천에는 물론 신념이나 행동의 반복이 동원되지만 특히 합리적인 판독과 직관적이고 정서적인 경건 두 가지 측면이 복합적으로 작용한다는 사실을 확실히 인식함이 중요하다. 즉, 효의 판단에는 이성과 정서 또는 직관이 서로 배타적으로 대립하는 것이 아니라 서로 하나로 통합하여 작용한다. 이런 의미에서 효교육 교수 학습의 과정은 이러한 두 가지 측면이 복합적으로 상호 작용하여 구축되는 것이 필요하다.

따라서 효교육의 교수 학습과정에 교수자는 피교육자의 효행동 습관화를 지속적으로 추진시킬 다양한 교수 학습방안을 마련하는 것이 필요하다.12)

Ⅲ. 효윤리체계 덕목의 연령별 교육과정

위와 같이 효성의 구성요소와 관련된 효교육 교수 학습과정의 전반적인 내용을 살펴보았다. 그런데 이러한 효교육의 교수 학습과정은 효교육의 내용을 제대로 전달하기 위해 구축된다. 이제 이러한 효교육의 교수 학습과정을 통해 전달되는 효교육의 내용인 효윤리체계의 네 가지 덕목들이 단계적으로 어떤 배합을 가지고 학습되는가를 살펴보기로 한다.

앞에서 언급한 바와 같이 존속과 친애, 대리와 순종의 덕목들은 연령의 특성과 덕목의 성격에 따라 낮은 나이에서 주로 행할 것과 높은 나이에서 주로 행할 것으로 구별된다. 어떻게 구분을 할 것인가?

구분의 기준으로서 네 가지를 들 수 있다. 우선 덕목의 추상성과 구체성이 구분의 기준이 된다. 즉, 덕목이 구체적인 것은 낮은 연령층에 유리하고 덕목이 추상적인 것은 보다 높은 연령층에 유리하다. 따라서 대리와 같은 보다 추상적인 덕목의 내용은 낮은 연령층에 비해 비교적 높은 연령층에 유리하다. 그리고 존속과 같은 내용은 구체성과 인간적 의지력이 강한 것이므로 낮은 연령층이 이해하기에 유리한 내용이다.

---

12) 여기에는 이야기하기, 드라마, 시뮬레이션, 역할놀이 등의 학습방안이 동원될 수 있다.

한편 부모와 자녀 간의 수직성과 수평성을 기준으로 볼 때 나이가 어릴수록 부모와 자녀 사이에 수평성보다 수직성이 강한 덕목이 교육하기에 유리하다. 그리고 나이가 들수록 부모와 자녀 사이에 엄격한 차별과 구별보다 서로 간의 인격적 동등성이 강한 수평적 관계의 덕목이 교육하기에 유리하다. 이런 의미에서 낮은 나이에는 순종의 효가 교육하기에 유리하며 친애의 효는 상대적으로 높은 나이의 연령층을 교육하기에 유리하다. 이러한 구분 기준을 중심으로 효윤리 체계의 덕목을 효교육과 관련하여 그림으로 나타내면 다음과 같다.

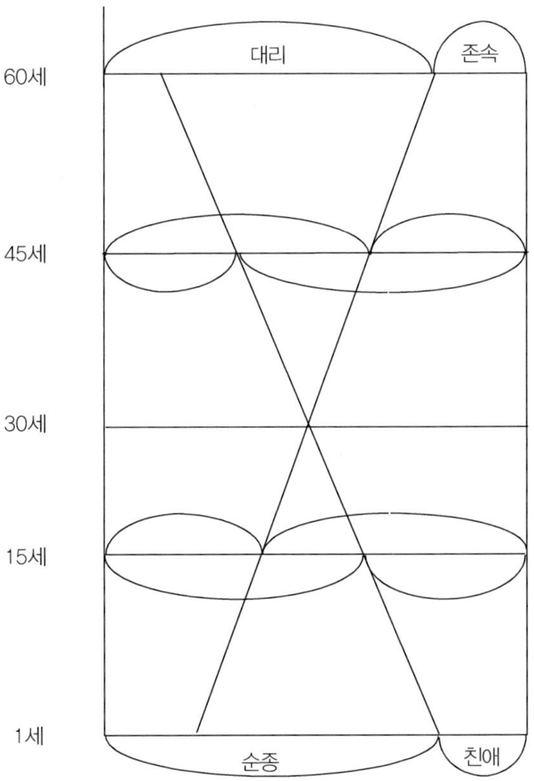

IV. 결론: 현대 사회에서 효교육의 필요성

현대 사회는 이미 포스트모더니즘의 확산에서 보다시피 근대적인 이성 중심, 개인 중심, 계약 중심의 사회에서 새롭게 부각된 정서와 공동체 그리고 배려 중심의 사회로 전환하고 있다.

이러한 현대 사회의 흐름인 소위 탈근대적인 주요 변수 중에는 주목할 수 있는 몇 가지 것들이 있지만 특히 효윤리가 갖는 의미에 대한 새로운 부각은 우리의 관심을 끈다. 즉, 근대적 자유와 평등의 사회에서 수평적인 계약으로서 인간관계 설명의 결정적 한계를 제시한 것이 효의 체계였다. 효는 자유와 평등에 의한 계약 중심 사회에서 설명이 거의 불가능한 영역이었다.

이 영역은 자유와 평등에 의한 계약론적 사고에 의해 침공되어 파괴되지 않은 영역으로 부각된다. 도대체 이 효의 영역을 어떻게 설명할 것인가? 이는 인간관계나 사회체계에 있어서 그동안 역사변동 속에서도 그 의미를 제대로 고수해 온 근대적 사유체계에 대한 저항 영역이라고 할 수 있다.

근대 사회의 저항 영역으로서 효는 이제 탈근대의 주요한 변수로서 그 의미가 새롭게 부각된다. 즉, 이제 효는 근대 사회가 개인과 사회 그리고 환경 등에서 드러낸 다양한 문제들을 치유하는 새로운 사유의 체계를 정립하는 데 주요한 의미를 지니게 된다.

이런 의미로 효는 계약론적 사고가 그동안 붕괴시킨 가족이나 교회 그리고 다양한 공동체의 회복을 위해 주요한 역할을 하게 된다. 즉, 계약론적 사고로 인한 결혼이나 부부 그리고 부모－자녀 관계 등의 위기와 불안에 대해 효는 새로운 의미를 가족체계에 투입하여 보다 안정되고 지속가능한 체계로 전환시킨다. 이러한 가족체계의 회복은 계약론적 사고의 영역을 제한시키고 그것이 관계할 수 없는 영역의 주권을 재확립하게 한다. 효교육은 바로 이러한 효의 기능을 강화하는 방향으로 나아가야 할 것이다.

효교육의 내용과 방법

I. 교과의 목표

효를 제대로 탐구하고 교육하기 위해서는 분석의 도구가 되는 분석의 틀을 마련하는 작업이 필요하다. 물론 다양한 분석의 틀을 설정할 수 있다. 특히 시공간을 초월한 보편성이 있는 분석의 틀을 마련하는 것이 무엇보다 중요하다.

이렇게 효에 대해 보편적인 틀을 구축할 가능성이 있는 것은 효윤리가 동서양을 걸쳐 거의 세계적 보편성을 지닌 주요한 윤리적 덕목이기 때문이다. 따라서 유대교, 기독교나 불교, 유교, 도교 그리고 동서양의 철학 등에서 정도의 차이가 있지만 효의 내용을 빼지 않고 다루고 있다.

그러나 현실적으로 모든 사람들을 만족시키는 시공간을 초월한 효
에 관한 보편적 분석 틀을 마련하는 작업은 사실상 어려운 일이다.
따라서 이러한 보편적 분석의 틀을 마련하기 어렵기 때문에 차선책
으로 보편화의 가능성이 높은 분석의 틀을 마련하는 것이 필요하다.
그렇다면 차선책인 보편화 가능성의 효윤리체계는 어떤 것인가?

우선 보편화 가능성의 효윤리체계가 분석의 틀로서 제대로 그 기
능을 수행하려면 관련된 서양 철학을 비롯한 유대교, 기독교 그리고
동양 철학을 비롯한 유교나 불교 그리고 도교에 있어서의 효윤리 내
용을 대체로 포함하여야 한다.

위와 같은 사항을 고려하여 효윤리를 분석하기 위한 분석 틀로서
보편화 가능성의 효윤리체계를 아래 그림과 같이 네 가지 변수, 즉
순종, 친애, 존속, 대리 등을 중심으로 구축할 수 있다.

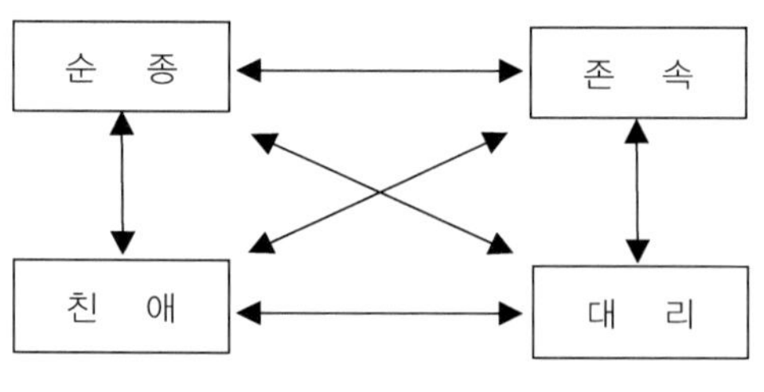

<보편화 가능성의 효윤리체계>

그런데 보편화 가능성의 효윤리체계를 위와 같이 네 가지 변수로
서 구성할 수 있는 근거는 어디에 있는가? 이러한 네 가지 주요 변
수로서 보편화 가능성의 효윤리체계를 구축한 근거, 즉 이유를 설명
하는 데 있어서 우리의 관심을 끄는 것은 성경의 에베소서 6장 1절

부터 4절까지에 나타난 효윤리의 내용이다. 왜냐하면 에베소서 6장 1절부터 4절까지에 나타난 효윤리의 잘 짜인 내용은 위에 언급한 보편화 가능성의 효윤리체계의 내용을 제대로 내포하고 있기 때문이다.

즉, 에베소서 6:1－4의 효윤리에는 동서양의 인간 중심적 효윤리의 내용과 신 중심적 효윤리의 내용이 동시에 적시되고 있다. 따라서 에베소서 6장 1～4절에 의해 효윤리의 일반 원리를 내포한 이상적 틀인 보편화 가능성의 효윤리체계를 마련할 수 있다. 구체적으로 에베소서 6장 1절부터 4절까지의 내용을 살펴보면 다음과 같다.

> "자녀이신 여러분, 주 안에서 여러분의 부모에게 '복종'하십시오. 이것이 옳은 일입니다(1절). '네 부모를 공경하여라'고 한 계명은 약속이 딸려 있는 첫째 계명입니다(2절). '네가 잘되고, 땅에서 오래 살 것이다'고 한 약속입니다(3절). 또 아버지이신 여러분, 여러분의 자녀를 노엽게 하지 말고, 주님의 훈련과 훈계로 가르치십시오(4절)."(표준새번역)

위에서 보다시피 에베소서 6장 1절부터 4절까지의 효윤리체계에는 동서양 효윤리의 일반 원리인 부모공경과 부모에 대한 '순종'이 강조되고 있다(1～2절). 이러한 부모에 대한 복종 또는 순종은 동서양의 효에 있어서 대표적으로 강조되는 내용이다.

그런데 에베소서에서 염두에 둘 것은 부모에 대한 효로서 부모공경이나 부모에 대한 순종을 강조하면서 부모의 자녀에 대한 도덕적 의무를 또한 강조하고 있다는 점이다(4절). 이는 부모와 자녀 관계에 있어서 상호주의적 대응 관계를 구축하고자 한 것이다.

이러한 부모와 자녀 관계에 의한 도덕적 의무의 양면성은 부모의 일반적 성격에 따라 제시되었다고 볼 수 있다. 즉 브리태니커 사전에 의한 바와 같이 전통적으로 부모는 페이터(pater)적 성격과 제니터(genitor)적 성격이 있고 바로 이러한 부모의 성격에 따라 도덕적 내용을 달리하고 있기 때문에 부모와 자녀 관계의 양면성이 존재하게 되었다.

페이터적 부모는 자녀와의 불평등 관계에 의해 권위적이고 명령적이다. 왜냐하면 이러한 부모의 위치는 자녀의 도덕적 불완전성과 위법 가능성에 기초하여 자녀에게 도덕성을 내면화하는 작업과 관련되기 때문이다.

이를 통해 자녀들이 페이터적 부모의 훈육, 즉 육효(育孝)에 순종함으로써 이를 통해 사회질서를 존중하고 이를 준수하는 기본적 사회질서 의식을 갖게 된다. 이러한 페이터적 부모에 대해 갖추어야 할 자녀의 효의 내용은 한마디로 공경이요 복종이며 보편화 가능성의 효윤리체계의 하위변수인 '순종'이다.

그런데 위와 같은 순종은 전통적으로 양지(養志)의 효로서 설명될 수 있다. 양지란 부모님의 뜻이나 의지에 따라 섬기는 것이며 단순히 부모의 뜻을 수용하여 이에 따른다는 의미보다 적극적으로 부모의 뜻을 받들어 나아가는 것을 의미한다. 입신양명은 이에 대한 대표적 예이다.

부모의 뜻을 적극적으로 따른다는 것에는 다시 두 가지 형태, 즉 절대적으로 부모의 뜻을 따르는 것과 부모의 뜻에 따르면 좋지만 따르지 않는다 하더라도 불효의 허물을 벗을 수 있는 상대적인 효가 있다. 전자, 즉 절대적인 효는 자녀라면 누구나 지켜야 할 효이다. 따라서 이러한 절대적인 효는 일반적으로 부모라면 누구나 자녀들이 지키기를 원하는 것이다. 이러한 절대적 효는 십계명의 6~10계명에 해당하는 바와 같이 살인, 도둑질, 사기 등의 죄를 범하지 않는 것이다. 따라서 반사회적 행위로 부모의 명예를 떨어뜨리는 것이 여기에 해당한다. 이러한 절대적인 효는 최소한의 효로서 자녀라면 최소한 반사회적 범죄를 짓지 않는 것을 의미한다.

그런데 부모의 뜻에는 위와 같은 절대적인 효가 있을 수 있지만 지키면 좋고 비록 지키지 못하더라도 불효자로서 낙인이 되는 것이 아닌 효의 유형이 있다. 이 효의 형태는 부모의 뜻과 자녀의 뜻이 비록 어긋나더라도 반사회적 문제를 일으키는 것이 아닌 경우이다. 예를 들어 진로문제나 결혼문제에서 부모가 원치 않는 결정을 자녀가 하는 경우이다. 물론 자녀가 부모의 뜻에 자기의 뜻을 부합시키게 되면 효를 더욱 잘 행하는 것이다. 바로 최대의 효를 지향하게 된다. 그러나 상대적인 효의 문제로 부모와 의견일치를 보지 못해 자녀가 자신의 결정을 밀고 나간다고 하더라도 이것이 자녀의 인격과 자유를 보장하는 의미에서 사회 통념상으로 수용함이 타당하다.

그러나 제니터적 부모와 자녀의 관계는 페이터적 부모-자녀 관계와 달리 원칙이나 약속 앞에 상호 평등적으로 이루어지는 관계이다. 따라서 부모-자녀 관계는 수평적이고 인격적이며 애정과 사랑에 의한 '친애'의 성격을 지닌다.

페이터적 부모가 갖는 위계적이고 권위적인 것이 아닌 동일한 인격체로서 서로 존중하며 친구와 같은 우정을 나누는 것이 제니터적 부모와 자녀의 관계이다. 에베소서 6장 4절의 내용은 바로 부모가 자녀를 인격적 관계로 대하는 것을 의미한다.

즉, 부모가 자녀의 분노를 일으키는 것은 무엇보다 비인격적 대우에 기인한다. 따라서 에베소서 6장 4절은 부모와 자녀 간에 서로 동등한 인격적 인간관계가 존재함을 드러낸 것이다. 이러한 제니터적 부모에 대한 자녀의 효 내용은 친구 사이에 맺어지는 윤리인 '친애'이다. 즉, 자녀는 부모를 친애로서 효도할 때가 필요하고 부모도 이를 통해 기쁨을 누리게 된다.

한편, 동서양의 효윤리에 있어서 효를 행하는 자, 즉 순종과 친애의 효를 부모에게 행하는 자는 축복을 받게 되어 있음이 곳곳에서 드러난다. 즉, 성경의 구약과 신약에는 효윤리에 관한 내용에 이 땅에서 잘된다는 물질적 축복과 장수한다는 육체적 축복이 제시되어 있다.

또한 동양의 도교에서도 효자는 본인이나 그 부모 모두 장수한다는 축복을 역시 제시하고 있다. 「태평경」은 유교적 관념인 효를 중시함으로써 유교와 다름없는 사상을 보여 주지만 효의 실천 이념을 장수에 두고 있는 점에서 차이가 난다.

태평경에 의하면 부모의 장수를 염려하는 것이 효의 일차적인 의미이지만 그러한 효의 실천을 통하여 자신의 장수를 얻을 수 있다는 효의 이차적 의미가 주어진다.

이러한 효자에 대한 축복 내용은 에베소서에서도 잘 나타난다. 즉, 이 세상에서 잘되고 장수한다는 것이다(에베소서 6장 3절). 그런데 이러한 물질적 축복과 육체적 축복은 최소한 생명이 살아남아 이 땅에서 '존속'해 간다는 의미를 내포하고 있다. 따라서 보편화 가능성 효윤리체계에 '존속'이라는 변수가 포함된다.

그런데 엄밀한 의미에서 효자의 존속 축복인 물질적 축복과 육체적 축복은 부모에 대한 물질적 봉양과 부모의 육체적 건강이나 장수를 위한 효자의 노력에서 비롯된다. 결코 무작위의 방관적 태도 속에서 이러한 물질적 그리고 육체적 축복이 주어지지 않는다.

따라서 자녀는 부모의 양구(養口), 즉 의식주의 물질적·경제적 필요를 채우도록 노력해야 할 것이며 또한 부모의 양체(養體), 즉 육체적 건강을 위한 노력을 게을리 하지 말아야 한다.

그런데 이러한 양구와 양체는 부모의 마음을 평안하게 하는 양안(養安)과 상호 관련을 갖는다. 즉, 양구와 양체의 외적인 봉양은 심리적 안정인 양안으로 연결되어 부모의 존속이 더욱 강화된다.

물론 존속의 효와 관련된 양구체안의 효행은 세속적 삶과 관련하여 의미가 있다. 그러나 인간은 세속적 삶과 더불어 종교적 삶을 추구하기도 한다. 따라서 자기 부모의 종교적 삶을 섬기는 양영(養靈)의 효는 부모의 영적인 면을 보살피는 것으로서 효행의 중요한 또한 측면을 구성한다. 부모가 내세를 잘 준비하고 영적인 평강을 누리게 도와주는 것은 보다 심층적인 효를 이룬다. 따라서 존속의 효는 양구체안영의 효를 실천하는 것이다.

그런데 이러한 효윤리체계의 변수로서 '순종'과 '친애' 그리고 '존속'은 일반적으로 인간적 차원에서 논해질 수 있는 인간 중심적 효윤리의 성격을 지닌다. 그런데 에베소서 6장 1절부터 4절까지의 내용에서 드러난 것은 부모에 대한 공경, 즉 '순종'이나 부모와의 '친애' 그리고 이를 통한 '존속'도 '주' 안에서 행해진다고 하여 신의 관념이 내포된 효윤리체계가 구축되고 있다. 이것은 유대교와 기독교 그리고 동양의 도교 등의 효윤리에 적용 가능한 것이다. 그렇다면 유대교나 기독교 그리고 도교 등에서 효윤리는 신과 어떤 관계를 맺고 있는가?

우선 유대교에서 부모의 자녀에 대한 위치는 월터 카이저(Walter

C. Kaser)가 언급한 바와 같이 하나님의 대리자이다. 따라서 부모에 대한 반역을 하나님에 대한 반역과 연관을 짓고 있다. 왜 부모는 하나님의 대리자인가? 이는 성경에서 언급한 바와 같이 부모로부터 하나님의 법을 배우기 때문이다.

이러한 이유로 자녀는 하나님의 대리자인 부모에게 '순종'하여야 하며 부모는 또한 하나님의 대리자로서 자녀를 하나님의 뜻 가운데서 '친애'로서 육효하여야 한다. 이를 보다 확대하여 보면 자녀도 역시 하나님의 대리자로서 부모를 섬기기 위해 '순종'하고 '친애'로서 효를 행하여야 한다.

이러한 유대교의 하나님 '대리'로서 효윤리체계를 설명하는 틀은 기독교에도 동일하게 적용할 수 있다. 즉, 기독교의 효윤리체계도 이 부분에서 구약의 유대교 효윤리체계와 크게 차이가 나지 않기 때문이다. 다만 신약 에베소서의 '주 안'은 카이저가 지적한 바와 같이 대리자로서 부모나 자녀가 하나님의 말씀을 대적하는 것을 금지하는 의미도 포함한다. 즉, 자녀는 자신의 이익이나 감정에 의해서가 아니라 하나님의 뜻과 명령에 따라 효를 행하는 것이 진정한 효를 실천하는 것이다.

물론 하나님을 믿지 않는 사람들도 사회의 관습이나 윤리와 같은 사회의 뜻에 따라 효를 행하는 것에서 대리 효를 실천하게 된다. 전통적으로 내려오는 사회의 규범에 따라 마땅히 효를 행하여야 한다는 생각은 조상이나 사회 구성원의 뜻을 대리하여 효를 실천한다고 볼 수 있다.

그런데 여기서 구축되는 효체계에서의 '순종'과 '친애' 그리고 '존속'이 '주 안'과 맺는 관계를 어떻게 이해할 것인가? 체계론적 관점에서 보면 상호 작용에 의한 관계의 망을 형성하는 네 개의 변수들은 상황에 따라 그리고 분석수준에 따라 다양한 형태를 지니게 된다.

즉, 체계론에 의한 보편화 가능성의 효윤리체계에서는 네 개념이 서로 관련을 맺되 서로의 관계는 소위 막스 베버(Max Weber)의 선택적 친화력(elective affinity) 관계와 유사한 형태가 된다.

즉, '순종', '친애', '존속' 그리고 '주 안'은 각각 보편화 가능성 효윤리체계의 하부체계로서 서로 간 필요와 관심(interest)에 따라 그리고 상황에 따른 친화력의 정도에 따라 '인식의 망'을 달리 형성하게 된다.

그동안 효에 대한 다양한 논의가 있었지만 논의 전개에 필요한 공유된 효개념이 부재하였다. 이로 인해 효윤리와 효교육의 학문적 발전이 어려웠다. 이러한 상황에서 여기서 제기된 보편화 가능성의 효윤리체계는 시대와 장소적 차이 그리고 종교나 철학적 다양성에서 나오는 개념적 혼돈을 극복하는 계기를 마련하고 있다. 이제 이러한 효에 대한 공유된 개념을 동원하여 효와 관련된 다양한 문헌과 현상을 분석하는 작업도 용이하게 된다.

본 교과는 결국 이와 같이 보편화 가능성의 효윤리체계가 가지고 있는 네 가지 덕목인 순종, 친애, 존속, 대리를 학생들에게 내면화시켜 효성을 심화시키는 데 목적이 있다.

II. 교과의 성격과 교육방법

그동안 효 관련 과목은 독립 교과로서 인정받지 못하여 학교 교육의 정규과정 속에 편입되지 못하였다. 따라서 효 관련 교육내용은 주로 도덕이나 윤리 교과 또는 국어나 사회 교과 등의 내용에서 부분적으로 다루어졌다. 다만 학교장이나 교사의 관심에 따라 재량활동 시간에 효교육이 실시되기도 하였다.

그러나 이제 조금씩 사회 전반에서 효에 대한 관심이 높아지고 이와 관련하여 효교육의 방법에 대한 논의가 진행되면서 효를 가장 효과적으로 학생들에게 내면화할 수 있는 방안의 도출이 학교 교육의 주요한 관심사 중 하나가 되고 있다.

하지만 지금까지의 효 관련 교과서에 실린 효교육의 실태를 살펴보면 문제가 많다. 우선 관련 교과에 드러난 효교육내용을 분석해 보면 효의 덕목 중 주로 부모님께의 순종을 강조하고 있음을 알 수 있다. 물론 순종의 덕목이 중요함을 인정하지만 이러한 순종의 강조가 자유와 평등의 이념으로 구축된 현대 사회의 구성원이 지녀야 할 가치관과 태도와 갈등을 일으킬 소지가 있다.

따라서 앞으로 효교육의 내용을 보다 보편적 덕목으로 체계화시키는 작업이 필요하다. 즉 효교육의 내용을 한두 가지 내용으로 전개하지 말고 효의 내용으로서 순종 이외에 친애, 존속, 대리 등의 덕목을 중심으로 보다 복합적으로 내용을 구축하는 작업이 필요하다.

한편 효교육의 방법에 관해서도 새로운 관점이 필요하다. 지금까지 효 관련 교과로서 주로 사용된 것은 바로 윤리와 도덕 교과이다. 그런데 윤리와 도덕 교과는 그동안 주로 인지나 정서와 같이 한두 가지 변수에 의해 도덕성과 도덕적 행위를 규명하고자 하였다. 물론 교과의 내용에 따라 이러한 접근이 불가능한 것은 아니다.

그러나 부모와 자녀 간의 다양한 관계망을 전제로 하는 효의 교육은 보다 복합적인 관점의 접근법이 필요하다. 이런 의미에서 효교육의 방법으로 관심을 갖게 되는 것이 바로 '이야기하기 접근법'이다. 이 접근법은 특히 콜버그와 같이 인지 중심적 도덕교육의 접근법에 대한 반성과 함께 등장한 것이다.

즉, 단편적인 도덕적 지식의 확대 심화가 결코 도덕성의 변화와 함께 도덕적 행동으로 전환되지 않는다는 것이 이야기하기 접근법에 대한 강력한 비판이다. 그렇다면 이야기하기 접근법은 도대체 무엇을 하자는 것인가?

우선 인간의 도덕성은 매우 복합적이라는 점에 이야기하기 접근법이 강조점을 둔다. 이야기하기 접근법은 학생들이 단편적인 지식이나 정서가 아니라 이 모든 것을 포함한 복합적 이야기를 통해 자신을 돌아보고 반성을 하고 다시 새롭게 도덕적 인간이 될 것을 결단하게 된다는 것이다.

바로 효교육의 방법도 이러한 복합적 이야기하기를 중심으로 구축하는 것이 필요하다. 복합적 이야기하기에서 이야기들은 매우 구체적이고 현실적이며 학생에게 시공간적으로 근접된 것일수록 교육의 재료로서 높은 평가를 받는다. 왜냐하면 이렇게 시공간적으로 가까운 이야기 내용일수록 아동들에게 박진감과 진정성을 가져다준다.

여기서 박진감이란 현실성이 뛰어날수록 흥미를 갖는다는 의미이다. 그리고 진정성은 이야기의 내용이 감동을 주기 위한 수사학적인 사실의 묘사가 아니라 사건 자체를 그대로 드러내는 것을 의미한다. 학생들은 이렇게 진정성에 기초한 박진감 있는 이야기에 매력을 느끼고 수업에 흥미를 갖게 된다. 이제 학생들에게 감동을 주는 것은 교사의 열광적인 감동을 자아내는 목소리나 제스처가 아니라 사실 그대로의 이야기이다.

이런 의미에서 이야기하기 접근법에 의한 효교육의 방법에서 사용되는 이야기 제재는 학생들의 우상 중에서 특히 효자인 탤런트나 가수 등이 주로 사용된다. 그리고 인터넷이나 신문 그리고 잡지 등에 실린 기사 중 사실에 기초한 이야기들은 효교육에 적합한 내용이 된다.

이렇게 이야기하기의 이야기들이 선정되면 이 이야기를 학생들에게 들려주기도 하고 또는 보여 주기도 하여(이야기 들려/보여 주기) 이미 만들어진 이야기가 생생하게 학생들에게 전달된다. 이렇게 만들어진 이야기가 학생들에게 전해지면 이 이야기를 보거나 듣고 난 후 자신의 현재적 상황을 이야기하게 한다(이야기하기).

이때 학생들이 하는 이야기를 통해 자신이 현재 부모님에게 어떻게 행하는가를 반성하는 계기가 된다. 물론 이렇게 현재의 자신 이야기를 하기가 매우 어려울 수 있기에 적절한 분위기 조성이 필요하다. 이러한 분위기 조성을 위해 음악이 필요할 수 있으며 모둠별로 모여 이야기하기를 진행할 수도 있다.

이렇게 자신의 현재적 상황과 관련된 이야기하기를 제대로 하게 되면 자연스럽게 학생들은 앞으로 부모님에게 어떻게 변화된 모습으로 효를 행할 것인가와 관련된 자신의 각오와 다짐의 이야기를 만들게 된다. 이는 물론 미래의 이야기를 만드는 것이다(이야기 만들기).

이야기하기와 이야기 만들기에 있어서 특히 중요한 것은 학생들이 이야기를 하거나 각오와 관련하여 이야기를 만들 때 종이에 쓰거나 그림을 그리는 것으로 끝나지 않아야 한다.

왜냐하면 이야기하기 접근법에서 중요한 것은 이야기를 직접 학생들이 입으로 행하여 스스로에게 책임감을 갖게 하는 것이 중요하기 때문이다. 따라서 비록 글을 쓰거나 그림을 그려서 자신의 각오를 나타낼 수 있지만 여기서 그치지 않고 글이나 그림을 들고 다른 학생들에게 자신의 각오를 다짐하게 하는 것이 필요하다.

이러한 다짐과 각오를 다른 학생들에게 말한 후 이를 실천하고 지속시키기 위해 연계방안을 마련하는 것이 필요하다. 따라서 교사는 체크리스트 등에 의한 효행실천 방안을 학생들에게 제시함이 필요하다.

제3절

복합적 '이야기하기(narrative)' 접근법을 통한 효교육

Ⅰ. 서론

1. 연구의 목적

흔히 유가에서는 효를 '인간 행동의 근본'이라고 한다. 그리고 성경에서도 부모에 대한 공경을 십계명 중 제5계명에 두어 이후의 도덕적 계명의 기본이 효에 있음을 밝힌다. 이러한 효의 강조는 결국 도덕교육까지 연결되어 효교육이 도덕교육의 중심이 되었음을 이해하게 된다.

그런데 오늘날 효가 인간 행동이나 윤리 도덕의 기초라는 명제에 대해 의심하고 이에 의한 도덕성의 함양을 비판하는 논리가 대두되고 있다. 효에 대한 부정적 시각은 인간의 자율성을 기초로 도덕발달을 시도하는 인지발달도덕교육론에서 특히 두드러지고 있다. 이들의 효에 대한 부정적 시각은 효가 하나의 덕목이고 따라서 효교육은 덕목교육이 가지고 있는 문제점을 지닌다는 것이다.

즉, 콜버그(L. Kohlberg)를 중심으로 한 인지발달도덕교육론자들은 덕목 중심 도덕교육이 자율적으로 판단하고 행위하는 도덕적 주체를 배제하고 사회의 인습적 도덕을 수동적으로 내면화하는 도덕적 교화로서 작동함을 비판하였다. 즉, 덕목 중심 도덕교육은 사회적 적응을 목적으로 하여 자율적이고 합리적인 선택을 무시하고 객관성이 없는 단순한 신념을 주입하는 위교적 성격이 강하다는 것이다.13)

그러나 이러한 콜버그의 도덕교육론은 태펀(Mark Tappan)이 지적한 바와 같이14) 도덕 영역의 복합적 성격을 제대로 밝히지 못한다. 즉, 실제 삶의 도덕 경험에 의한 인지, 정의 그리고 행위나 신념 등에 의한 도덕성의 복합적 성격을 인지와 같이 한두 가지 변수로 처리하기에는 무리가 있다.

여기서 관심을 갖는 것은 일반윤리학자로서 태펀이나 기독교 윤리학자인 하우어와스(Stanley Houerwas)15) 등이 인지발달이론을 비판하며 새롭게 부각시킨 '이야기하기', 즉 내러티브(narrative)16)한 도덕

---

13) 참조, 박철호, "도덕교육의 목적으로서의 보편적 삶의 형식 연구", 『효윤리학』(인천: 도서출판좋은세상, 2000).

14) M. Tappan and M. Packer, eds., *Narrative and storytelling: Implications for understanding moral development*(Sanfrancisco: Jossey-Bass, 1991), p.1.

15) Stanley Hauerwas and L. Gregory Jones, eds., *Why Narrative*(Mich.: Wm. B. Eerdmans Publishing co., 1989), p.1.

교육의 접근법이 효교육에 새로운 방법론적 의미를 가진다는 점이다.

즉, 실제 삶의 다양한 경험의 담론을 통해 구축되는 이야기 형식으로 도덕성 발달을 도모하는 이야기하기[17] 접근법은 부모와 자녀의 대화를 통한 이야기 형식으로 도덕성을 형성하고자 하는 효교육에 시사하는 바가 크다. 특히 부모와 자녀의 대화를 통한 이야기는 다른 어떤 인간관계에 의한 이야기보다 도덕적 진리를 확보하고 있음을 이해하게 될 때 더욱 그러하다.

위와 같은 관점에서 본 연구는 이야기하기의 도덕체계와 도덕교육론을 보다 체계화시킨 복합적 이야기하기 접근법을 효교육에 적용하여 효교육의 방법을 새롭게 구축하고 이를 통해 도덕성 발달 방안을 마련하는 데 연구의 목적을 둔다.

2. 연구의 방법

도덕성 발달과 관련된 도덕 영역은 다차원적이고 복합적이다. 특히 이야기하기 접근법에 있어서 실제 삶의 도덕 경험과 관련된 도덕 영역은 인지, 정의, 행위, 그리고 신념[18] 등 복합적 변수가 관련되며 성,

---

16) narrative는 형용사적 또는 서술적 용어로 사용된다. 일반적으로 서술적 용어로서 이 narrative는 '이야기', '담화(story)'로 번역될 수 있다. 그러나 여기의 narrative는 기독교 윤리학적 관점에서 개념을 보다 엄밀하게 규정한 하우어와스의 정의에 따라 '이야기하기'라는 좀 더 구체적인 용어로 번역하였다. 이와 같은 하우어와스의 정의는 본 연구에서 narrative를 '구성한다'는 의미와 관련하여 사용하고자 하기 때문에 narrative를 '이야기하기'로 번역하는 것은 적절한 개념 정의라 할 수 있다. 물론 하우어와스도 때때로 narrative를 단순히 '이야기'의 의미로 쓸 경우가 있지만 대체로 '이야기하기'의 의미로 사용한다. 본 연구에서는 narrative를 주로 '이야기하기'로 번역하여 사용하되 간혹 필요에 따라 '이야기'로 번역하여 사용할 것이다.

17) narrative, 즉 '이야기하기'와 관련하여 주의할 것은 narrative가 결코 허구의 내용을 가리키는 것이 아니라는 점이다. 즉, 여기서의 narrative는 단순히 관념상으로 지어낸 것이 아닌 실제 삶의 경험과 관련된 '사실'이 내포된다. 물론 이러한 사실에 덧붙여 어느 정도의 상상력을 동원하는 것은 허용하지만 말이다.

인종, 계층, 문화 등의 환경요소가 또한 상호 복합적으로 관련된다.

위와 같은 복합적이고 다차원적인 요소가 상호 관련되는 도덕 영역을 제대로 파악하고 이해하기 위해서는 단편적인 한두 가지 변수로 분석하는 데 한계가 있다. 이렇게 다차원적이고 복합적인 변수가 작동하는 영역에는 무엇보다 복합적인 변수들 간의 상호 작용 관계를 제대로 분석하는 접근법이 필요하다.

이런 의미에서 버틀란피(Ludwig Bertalanffy)에 의해[19] 제시되어 오늘에 와서 다양한 학문 분야에서 두루 적용되는 체계론적 접근방법은 이러한 필요성을 충족하는 가장 적절한 접근법이다. 따라서 본 연구도 연구방법으로서 체계론적 접근법을 동원하기로 한다.

II. 이야기하기 도덕교육의 체계 분석

1. 이야기하기와 도덕체계

맥킨타이어(Alasdair MacIntyre)가 언급했듯[20] 인간은 이야기를 하는 존재이며 이야기하기를 통해 이야기를 만들어 가는 존재이다. 즉, 인간은 지속적으로 이야기를 듣고 이야기를 말하는 존재이다. 이

---

18) 일반적으로 도덕성의 구성요소로 인정되는 인지, 정의, 행위적 요소가 인간성의 지성, 감성, 의지와 관련된다고 볼 때 여기서의 신념은 또 하나의 인간성의 요소인 영성을 기초로 한 것이다. 이 신념은 신과 같이 인간 초월적인 형이상학적 존재에 근거한 도덕적 확신을 가지고 그에 따른 행동을 결정하게 한다.

19) 참조. Ludwig Bertalanffy, *General System Theory*, 현승일 역, 『일반체계이론』(서울: 민음사, 1990).

20) Alasdair MacIntyre, *After Virtue*, 이진우 역, 『덕의 상실』(서울: 문예출판사, 1997)의 제15장 참조.

야기를 통해서 인간은 자신의 삶을 이해하고 또한 이야기를 재구성하여 자신의 삶을 통찰한다.

이런 의미에서 인간 삶의 경험은 이야기 형식을 통해서 의미를 부여받게 된다. 인간의 경험은 그 자체로서는 특정한 사건의 덩어리이며 이것이 의미를 갖는 것은 이야기하기를 통해 이야기로 구성이 되는 경우이다. 즉, 인간 삶의 특정한 경험들은 이야기하기를 통해 이야기로 구성됨으로써 단순한 일련의 사건의 개요를 벗어나 나름대로 정당성을 갖게 된다.

폴킹혼(Donald Polkinghorne)이 지적한 바와 같이[21] 이야기는 인간이 자신의 순간적인 경험과 개인적인 행위에 의미를 부여하는 매체이다. 그것은 우리 삶의 과거를 이해하고 현재와 미래를 연결하는 데 틀을 제공한다.[22] 또한 맥킨타이어가 언급한 바와 같이 인간의 삶은 특정한 문화 체계에 정착된 전통 신화와 이야기에 의해 묘사된다. 이렇게 개인은 하나의 이야기를 살아가는 과정 속에서 그가 속한 공동체가 가지고 있는 문화체계의 이야기에 의해 의미를 부여받는다.

그러나 개인은 테일러(Charles Taylor)가 주장한 바와 같이[23] 자기 해석적 동물(self interpreting)로서 지속적으로 자신의 의도, 욕구, 목적과 관련된 행동을 한다. 따라서 개인의 삶의 이야기 형식은 목적론적 특성을 갖는다.

이러한 목적의 형태로서 이야기 형식은 선택의 과정이다. 이러한

---

21) Donald E. Polkinghorne, *Narrative Knowing and the Human Sciences*(Albany: State University of New York Press, 1988), p.11.

22) 폴킹혼은 이야기가 과거와 미래를 연결해서 인간 존재의 의미를 부여하는 면을 강조하여 인문 과학에서 인간의 연구는 이야기의 의미에 초점을 두어야 한다고 본다. Ibid.

23) Charles Taylor, *Sources of the self the making of the modern identity*(Cambridge, MA: Harvard University Press, 1989). 참조.

선택의 과정은 자기 존재의 해석을 통한 개인의 자아 정체성과 자신의 삶의 방향을 선으로 향하게 하려는 주체적 도덕 의지가 상호 작용한다.

이와 같이 개인은 자신의 삶을 살아가는 삶의 주체가 된다. 즉, 개인은 단순히 이야기 속에서 수동적으로 의미를 부여받는 존재가 아니라 이야기의 주인공이 되어 자기 삶의 의미를 추구한다.

결국 개인은 이야기의 주체일 뿐만 아니라 주요한 인물이 되고 또한 다른 사람의 이야기의 등장인물이 되어 공동체의 이야기[24]에 의해 의미를 부여받기도 한다. 이러한 일련의 설명에서 드러난 것은 기본적으로 인간의 행위는 이야기를 통해 이해 가능하다는 것과 이러한 이야기는 또한 공동체의 이야기에 의해 의미를 갖게 된다는 것이다.

그렇다면 위에서 언급된 이야기하기와 그에 의해 구성된 이야기는 도덕체계와 어떤 관계를 맺는가? 따지고 보면 인간의 삶이 개인의 목적적 삶에 의한 선택과정이 구축한 이야기 삶이고 또한 이야기를 통해 인간 행동을 이해할 수 있다고 한다면 인간이 살아가는 다양한 이야기 삶 중에는 도덕과 관련된 삶의 이야기가 있을 수밖에 없다. 즉, 인간은 삶 속에서 지속적으로 모종의 도덕적 결정을 해야만 하고 이러한 '도덕 경험(moral experience)'이 결국 도덕과 관련된 이야기가 된다.[25]

---

24) 그런데 이러한 개인의 인간 삶에 의한 이야기가 개인 간의 상호 작용을 통해 취사선택되어 어느 정도 합리화의 과정을 거쳐 이러한 이야기들의 전체가 공동체의 이야기로 전환한다. 즉 공동의 이야기를 통해 개인을 넘어서는 공동체의 성격을 지닌다.

25) 채잔(Barry Chazan)은 도덕 경험을 '도덕 상황(moral situation)'으로 설명한다. 그에 의하면 도덕 상황이란 어떤 사람이 행위 선택을 고려하고 그 선택된 행위를 실천하는 상황을 말한다. B. Chazan and J. Solitis, eds., *Moral Education*(New York: Teachers

이렇게 개인의 도덕과 관련된 삶의 이야기는 공동체 삶의 이야기
가 되기 때문에 자연스레 공동체 이야기는 도덕적 이야기가 될 수밖
에 없다. 이런 의미에서 이제 이야기하기와 이야기에 의한 도덕교육
을 살펴볼 순서가 왔다.

2. 이야기하기와 도덕교육

인간의 이야기가 도덕과 관련된 것이라면 이야기하기 접근법을 통
한 도덕교육은 도덕교육을 이해하는 데 중요한 의미를 가지게 된다.
그런데 이야기하기 접근법을 통한 도덕교육은 일단 지금까지 도덕교
육론과 몇 가지 차이를 두는 특성을 가지고 있다. 그 특성이란 무엇
인가?

바로 '복합적 도덕성'과 '저자의식에 의한 발달' 그리고 '해석학적
순환(hermeneutic circle)'이다. 우선 복합적 도덕성이란 피아제의
'발생론적 인식론'을 기반으로 하는 콜버그의 인지발달적 도덕교육론
에 대한 비판에서 그 의미를 찾을 수 있다.

복합적 도덕성을 주장하는 이야기하기 도덕교육은 콜버그의 인지
발달적 도덕교육론에 대해 무엇을 문제 삼는가? 그것은 인지발달도
덕교육론이 그동안 이론적 비판에 대한 자체 수정과 보완으로 어느
정도 그 존재 의미를 가지고 있지만 무엇보다 다양한 목소리를 담아
내지 못한다는 점이다.

앞에서 언급한 바와 같이 도덕 경험과 이야기는 상호 관련성을 갖
고 있다. 따라서 도덕 경험에 의한 이야기 속에는 도덕성의 요소라

College Press, 1974), pp.43-49.

할 수 있는 인지, 정의, 행위 그리고 신념이 분리되지 않고 하나로 통합되어 있다. 즉, 이야기 속에서의 도덕성은 매우 복합적으로 관계한다.26) 그러나 인지발달도덕교육론에는 도덕 경험에 내포되는 이러한 인지, 감정, 행동 그리고 신념에 의한 다차원적 도덕성이 경시된다.27) 단지 인지와 같은 한두 가지 변수로 도덕성을 설명하기 때문이다.

이처럼 인지발달이론이 다차원적이고 복합적인 도덕성의 내용을 제대로 수용하지 못하는 이유는 무엇인가? 이는 이 이론이 맥킨타이어가 잘 지적한 바와 같이28) 계몽주의적 논리 속에 보편적 도덕 원리와 이성에 의한 도덕 추론의 우선성을 포기하지 않기 때문이다.

물론 이야기에는 실제적 삶의 사실, 즉 역사적 사실을 포함하기 때문에 인지적 접근에 의한 사태 분석과 이를 통해 도덕적 행동의 정당성을 구축할 수 있다. 그러나 화이트(Hayden White)가 지적하듯29) 역사적 이야기의 서술에도 실제 삶의 도덕적 경험이 내재되어 있어 도덕적 인지, 정의, 행위 그리고 신념의 요소가 통합되어 들어 있다. 그리고 이러한 복합적인 도덕성은 개인이 도덕적 문제에 직면하여 어떤 선택과 행동을 하는 일련의 과정이 기계적이고 반사적인 반응이 아니라 당사자의 특정한 도덕적 관점에 근거한 반성적 숙고

---

26) 콜버그의 도덕이론에 대한 비판 중 가장 중요한 것은 바로 인지발달도덕교육론이 도덕 영역의 다차원적이고 복합적인 면을 간과한 점이다.

27) 또한 인지발달도덕교육론은 지적한 바와 같이 도덕성의 복합성을 담지 못하는 것 이외에 이 이론이 주로 중간 계층의 도덕 성향에 적합하여 하층 계층과 같은 다양한 사회계층의 목소리가 배제된다고 비판을 받기도 한다.

28) A. MacIntyre, *After Virtue*, 제6장 참조.

29) Hayden White, "The value of narrativity in the representation of reality", in W. Mitchell, ed., *On narrative*(Chicago: University of Chicago Press, 1981), pp.13-14.

와 감정이 개입된 과정임을 이해하게 된다.[30]

이야기를 통해 전달되는 내용이 감동을 주고 새로운 도덕적 결단이 가능한 것은 이야기가 가지고 있는 이러한 복합적인 도덕성에 의해서다. 이야기에는 기쁨과 슬픔 그리고 각종 지식과 신념과 의지가 녹아 있다. 이러한 지적인 내용뿐만 아니라 감동과 의지, 신념 등이 포함된 이야기 내용을 이야기하기를 통해 서로 주고받음으로써 서로간에 공감과 자신을 돌아보아 반성하는 계기가 마련된다.

이야기하기 접근법에 의한 도덕교육이 갖는 또 하나의 특성은 바로 태펀이 강조하는 '저자의식(authorship)에 의한 도덕성 발달'이다.[31] 이는 단적으로 말해 화자가 자신의 경험을 청자와 나누는 것이다.

이야기하기는 인간이 갖는 강력한 욕구이다. 따라서 사람들은 어떤 환경에서라도 이야기하기를 원한다. 따라서 삶의 경험을 자연스레 표현하는 기회를 갖는다는 것은 이야기하기에 있어서 당연한 부분이다. 이야기하기를 통해서 사람은 자신이 이야기의 저자가 되고 이러한 과정을 통해 자신의 책임감이 표현되고 고양될 수 있는 기회를 갖는다.

이야기하기를 통해 화자는 도덕 경험의 복합적 내용, 즉 인지, 감정, 행위 그리고 신념이 내포된 이야기를 숙고하고 자신의 도덕적 관점을 주장하여 이 관점의 권위를 세우게 되며 이것이 도덕적 발달을 이룬다.[32]

---

30) 이런 이유로 이 이론은 1980년대에 와서 새롭게 등장한 인격교육에 의해 위기를 맞고 있다. 이는 1980년대 들어와 미국사회의 전반적인 보수화 경향과 무관하지 않다.

31) M. Tappan and L. Brown, "Stories told and lessons learned: Toward a narrative approach to moral development and moral education", *Harvard Educational Review*, 59, 1989, p.194.

32) Ibid. pp.189-190.

이야기하기 접근법에 의한 도덕교육에 있어서 또 하나의 중요한 특성은 바로 이해가능성과 관련된 '해석학적 순환(hermeneutic circle)'이다. 이 해석학적 순환은 도덕교육과 해석학(hermeneutics)[33]을 접목시켜 이야기하기 도덕교육을 발전시킨 태펀의 도덕교육론에서 잘 드러난다.

이야기하기 접근법이 해석학적 순환을 필요로 하는 이유는 태펀이 언급한 바와 같이[34] 실제 삶의 도덕 경험을 제대로 이해하기 위해서이다. 즉, 실제 삶의 도덕 경험이 주로 이야기를 통해서 표현된다고 할 때 그러한 이야기는 사실 그 자체와 정확하게 부합하는 것은 아니다.

우리가 어떤 사건을 이야기를 통해서 대면하게 될 때 그 이야기는 사건 그 자체를 재현하는 것이 아니라 나름대로 의미의 변형을 겪고 난 후의 이야기이다. 따라서 실제 삶의 도덕 경험을 이해하기 위해서는 그러한 의미체계로서 이야기에 대한 해석학적 작업이 필요할 수밖에 없다. 이처럼 이야기를 통해서 나타난 실제 삶의 도덕 경험에 대한 해석학적 작업에서 요구되는 것이 바로 '해석학적 순환'이다.

해석학적 순환에서 의미를 찾을 수 있는 것은 이야기하기의 저자로서 이야기의 화자와 청자는 서로 해석자로서 상대방과 이야기를 한다는 것이다. 이때 중요한 것은 대화의 상대방에 대한 구체적 경험의 환경에 관심을 갖는 것이다. 상대방의 경험이나 그 환경을 무

---

33) 해석학(hermeneutics)은 신학과 철학 그리고 문학의 영역에서 점차 다루어진 연구방법이다. 해석학이야말로 현대 신학 문제의 초점이라는 개신교 신학의 영향이 크다. 참조, Richard E. Palmer, *Hermeneutics*, 이한우 역, 『해석학이란 무엇인가』(서울: 문예출판사, 1998).

34) M. Tappan, "Hermeneutics and moral development: Interpreting narrative representations of moral experience", *Developmental Review*, 10, 1990, pp.240-248.

시한 채 흔히 인지발달이론에서 빠지기 쉬운 보편적인 규준을 적용하는 것은 상대방의 이야기를 제대로 이해하기 힘들게 한다.

또한 대화 당사자들은 해석자로서 자신의 경험과 가치관, 선입관 등이 자신의 해석에 영향을 미치게 됨을 통찰하여 솔직히 인정하는 것이 필요하다. 사람은 자신의 경험과 가치관을 가지고 상대방과 대화하며 상대방의 이야기를 해석한다.

결국, 해석학적 순환이란 해석자의 해석이 완전히 상대방의 경험에 매몰되어 있는 것도 아니요, 그렇다고 자신의 주관적 경험과 관점에 의해 왜곡을 하는 것도 아니다. 끊임없는 상호 작용의 틀 안에서 상대방의 이야기를 통해 자신의 해석을 재구성하는 과정이다.

이러한 해석학적 순환에서 드러나는 것은 이야기하기에서 이야기는 결코 가상적인 이야기일 수 없다는 사실이다. 콜버그 등이 도덕 추론을 이끌어 내기 위해서 가상적 딜레마를 사용하지만 비현실적 가상적 딜레마는 개인이 직면한 실제 생활의 도덕 상황과 도덕적 선택을 제대로 반영할 수 없기 때문에 해석학적 순환을 하는 데 장애를 준다. 이야기하기 접근법은 도덕 갈등과 선택에 관한 개인의 실생활에 관심을 갖는다.

3. 이야기하기 도덕교육의 한계

태펀을 중심으로 하는 이야기하기 접근법에 의한 도덕교육은 그동안 도덕성 발달에 강력한 영향력을 지녔던 인지발달접근법과 덕목 중심의 인격교육의 한계를 밝혀내고 나름대로 도덕교육의 새로운 대안으로 자리 잡고 있다.

즉, 태펀의 이야기하기의 도덕교육은 바흐친(Mikhail M. Bakhtin)의 저자의식,[35] 책임감 그리고 권위 사이의 상관관계[36]를 기초로 형성된 것으로 여기서 태펀은 이야기하기를 통해 책임감과 권위의 발달이 가능함을 제시한다. 물론 이러한 상관성을 아렌트(H. Arendt)[37]와 한슨(M. Hanson)[38]도 동의한다.

그런데 지금까지 이야기하기 접근법의 도덕교육내용은 태펀의 도덕교육론에서 드러나듯 이야기하기에 초점을 두어 실제 이야기하기를 통해 구축된 이야기를 제대로 활용하지 못하고 있다. 왜 이야기하기의 접근법에 이런 문제가 발생하는가?

일반적으로 이야기하기 도덕교육론의 강점은 화자로서 아동이 자신의 이야기를 상대방인 부모나 교사 또는 동료들에게 이야기하고 또다시 해석학적 순환을 통해 반성적 숙고를 하며 새로운 차원으로 이야기가 아동에게 내면화된다는 점이다.

그럼에도 여전히 아동의 도덕발달에 한계를 지니는 이유는 비록 자신의 이야기를 아무리 열심히 상대방과 나누더라도 그 이야기를 통한 이야기가 도덕적 선이나 진리 또는 태펀이 언급한 조(助), 즉 남을 돕는 것(helpful)과 해(害), 즉 남을 해치는 것(harmful)이 제대로 형성될 것인가에 대해 의문이 제기된다. 이는 아직도 자기 이야기의 저자인 아동에게 스스로 도덕적 판단기준을 세우거나 만들어

---

35) 태펀의 이야기하기의 도덕교육은 이야기의 저자로서 화자에게 초점이 주어져 있다.

36) M. M. Bakhtin, V. Liapunov, trans., *Art and Answerability: Early Philosophical Essays*(Austin: University of Taxas Press, 1981). 참조.

37) H. Arendt, *Past and Future*(New York: Penguin Books, 1968). 참조.

38) M. Hanson, "Developmental Concepts of Voice in Case Studies of College Students: The Owned Voice and Authoring", Unpublished doctoral dissertation, Graduate School of Education, Harvard University, 1986. 참조.

가게 하는 것으로 자율성을 기초로 하여 도덕적 판단력을 발달시키려는 인지발달교육론과 같은 계열에 서게 된 것이다.

자기 자신의 이야기를 말하고 또 타인의 이야기를 듣고서 책임감이 생기고 도덕적 권위가 세워져 도덕적 발달이 이루어진다는 것은 지나친 낙관에 의한 피상적인 생각이다. 결국 태펀이나 패커(M. J. Packer) 그리고 데이(J. M. Day) 등의 이야기하기 접근법을 통한 도덕교육은 아이로니컬하게도 그들이 비판하며 벗어나고자 했던 인지발달교육론과 같은 종점을 가지게 된 것이다.

물론 앞에서 언급한 바와 같이 이야기하기 접근법이 인지발달도덕교육론과 덕목 중심의 인격교육의 한계를 극복하며 새로운 대안을 제시한 것은 매우 뛰어난 점이다. 따라서 이제 이야기하기 도덕교육론이 지닌 장점을 최대한 확보하고 그 단점을 극복하는 전략이 필요하다. 이 전략은 다음 장에 살펴볼 바로 복합적 이야기하기 접근법에 의해 구축된다.

Ⅲ. 복합적 이야기하기와 효교육체계

이야기하기 접근법과 복합적 이야기하기 접근법의 차이는 복합적 이야기하기 접근법이 단순한 이야기하기 접근법보다 도덕적 선과 진리 또는 조(helpful)를 최대한 확보하는 데 유리하다는 점이다. 이야기하기의 틀을 유지하면서 이러한 도덕적 선이나 진리 그리고 조를 최대한 확보하기 위한 전략은 새로운 해석학적 순환의 틀을 필요로 한다. 여기서 일단 이 새로운 해석학적 순환의 틀을 복합적 이야기하기 해석체계라 칭하기로 한다.

1. 복합적 이야기하기 해석체계

복합적 이야기하기 해석체계는 이야기하기를 제대로 해석하기 위한 분석 틀이라 할 수 있다. 이 분석 틀은 우선 이야기하기를 해석하기 위한 해석학적 방법으로서 일반적으로 인정된 해석학적 순환(hermeneutic circle)[39]을 기반으로, 체계론에 의한 해석체계(hermeneutic system)를 마련하는 작업에 의해 구축된다.

해석체계란 해석학적 순환이 보다 복합적으로 작동하는 관련 변수의 관계망을 의미한다. 이는 단순히 텍스트와 콘텍스트의 상관관계와 같이 한두 개 정도의 변수로 구성되는 것이 아니라 이를 해석하는 자와 그 해석자의 환경으로서 사회, 역사적 맥락을 동시에 고려하는 것을 의미한다.

이제 이러한 변수들을 내용으로 한 체계론에 의한 해석체계를 그림으로 그려 보면 다음과 같다. 여기서의 화살표는 변수 간의 상호작용 관계를 의미한다. 이제 이 해석체계를 중심으로 이야기하기 도덕교육과 본 연구가 관심을 갖고 있는 효교육방법론을 구체적으로 살펴보기로 한다.

---

39) 이 용어는 해석학(hermeneutics)의 선구자인 슐라이어마허(Schleiermacher)나 딜타이(Dilthey) 그리고 가다머(Gadamer) 등에 의해 도출된 것으로 해석자와 해석대상(text) 간의 상호 관계와 순환성을 강조한 것이다.

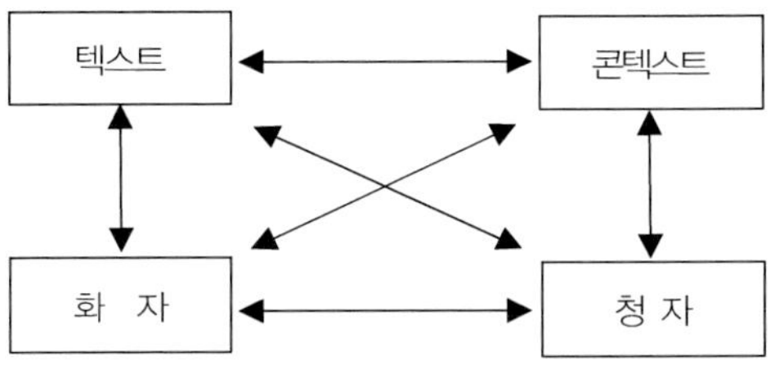

<복합적 이야기하기 해석체계>

　위의 그림에서 보다시피 복합적 이야기하기 해석체계에 있어서 화자와 청자의 관계는 다차원적이다. 우선 화자는 자기 경험의 이야기의 저자이며 텍스트와 콘텍스트 그리고 청자의 배경과 이야기를 해석하는 해석자이다. 이때 화자는 청자와 그의 이야기를 해석할 때 청자가 화자 자신을 해석하면서 듣고 있다는 사실을 알고 있어야 한다. 즉, 화자는 청자가 사회적 배경 등과 같은 화자 자신의 환경을 인지하면서 자신의 이야기를 듣고 있음을 인식해야 한다. 따라서 화자는 자신의 환경으로서 화자의 도덕 경험에 속하는 가치관이나 선입관 등이 해석자로서 화자에게 영향을 미친다는 사실을 솔직히 인정함이 이야기하기의 상호 작용에 도움이 된다.

　한편 청자는 또한 화자와 마찬가지로 해석자로서 화자의 이야기를 듣고 해석을 한다. 청자는 화자의 이야기를 해석할 때 화자의 가치관이나 사회적 배경을 고려한다. 이러한 해석의 순환을 통해 화자와 청자는 상호 교환되는 이야기를 통해 자기의 가치 기준에 대해 권위를 가지고자 하며 또한 그에 따른 책임감을 갖게 된다.

　여기서 중요한 것은 나딩스(N. Noddings)가 지적한 바와 같이[40]

---

40) N. Noddings, "Conversation as moral education", *Journal of moral Education*, 23. 1994. pp.107−183.

화자와 청자 간의 인간적인 신뢰와 따뜻한 배려의 관계가 형성되어
야 한다는 점이다. 도덕문제와 관련된 다양한 경험 중에 어떤 것은
당사자가 쉽게 타인에게 노출시키고 싶지 않은 성격의 문제가 있다.
이때 억지로 도덕적 문제를 끄집어내게 해서는 무리가 있다. 나딩스
가 강조하듯[41] 중요한 것은 도덕적 문제 자체가 아니라 대화에 참여
하는 사람들임을 인식할 필요가 있다.

개방적이고 허용적인 분위기하에서 대화의 당사자들이 서로 믿고
이야기를 귀담아 들어줄 수 있을 때 이야기는 자연스럽게 펼쳐진다.
이러한 분위기에서 화자와 청자의 이야기는 서로의 격려가 있기에
이야기 내용의 폭이 깊어진다.[42]

여기까지의 과정은 일반적으로 이야기하기 접근법에서 취하는 것
이다. 그러나 복합적 이야기하기 접근법의 해석체계는 텍스트와 콘
텍스트라는 두 가지 변수가 더 작동한다. 여기서 텍스트란 이야기하
기에 의해 만들어진 이야기이다. 이 이야기는 화자나 청자가 과거에
만들어 놓은 이야기일 수 있지만 앞에서 언급한 바와 같이 개인들의
이야기가 집합되고 또 합리화를 거쳐 체계화된 가족 공동체나 사회
공동체적 이야기일 수 있다. 우리가 이야기하기 접근법에서 도덕적
선이나 진리를 담보하는 것은 바로 어느 정도 역사적 사실을 내포하
며 사회 공동체적으로 인정받는 이야기라는 것이다.[43] 이 이야기는

---

41) Ibid.

42) 이와 같은 도덕적 경험에 대하여 따뜻한 인간적 감응 관계에 기초한 대화는 참여자들에게
　　 자신의 권위가 인정받고 있다는 깨달음을 주게 된다. 그리고 이러한 권위에 대한 존중은
　　 배려의 관계를 더욱 강화한다.

43) 특히 기독교 윤리학자인 하우어와스는 예수의 이야기를 중심으로 한 공동체 이야기를 도덕
　　 적 삶과 연결시킨다. 여기서 예수 공동체의 이야기는 하나의 절대적 진리체계로서 도덕적
　　 절대선을 여기서 도출할 수 있음을 제시한다. 참조. S. Hauerwas and L. G. Jones,
　　 eds., *Why Narrative*.

인격교육에서 널리 행해지는 도덕적 귀감에 해당하는 이야기일 수 있다. 다만 염두에 둘 것은 이야기하기의 이야기는 결코 가상적이거나 완전한 허구의 이야기가 아니라는 것이다. 사실성이 내포된다는 것이다. 그 이유는 사실에 기초한 이야기가 보다 구체적인 행동 실천을 위한 강력한 동기를 가져올 수 있기 때문이다.

다음, 텍스트로서 이야기에는 항상 그 이야기의 배경이 있기 마련이다. 우리가 제대로 이야기를 해석하려면 그 이야기가 만들어진 이유나 처했던 상황을 제대로 독해하는 것도 필요하다. 이런 의미에서 콘텍스트는 이야기를 제대로 이해하는 데 긴요하다. 따라서 해석자로서 화자나 청자는 이러한 이야기의 콘텍스트에 대한 사전 이해가 필요하다.

되새겨 둘 것은 복합적 이야기하기 접근법의 해석체계에 등장하는 이야기는 인격교육이 가지고 있는 이야기와 차이가 있다. 즉, 복합적 이야기하기에 의한 도덕교육에 있어서 화자로서 학생은 수동적이며 단순한 교화의 대상으로 취급되지 않는다는 것이다. 교사로부터 공동체의 이야기를 듣되 자신의 이야기로 만드는 과정에서 그 이야기의 배경을 함께 숙고하게 되고 또한 자기의 삶과 연관하여 자신의 이야기로 만들어 간다. 그리고 자신의 이야기 속에 녹아 있는 그 이야기를 타인과의 대화 속에 다시 재구성하게 된다. 이런 복합적 과정에서 이야기가 결코 단순한 덕목의 기능으로 작동한다고 볼 수 없다.

2. 복합적 이야기하기 접근법에 의한 효교육체계

지금까지 복합적 이야기하기 접근법에 의한 해석체계와 도덕교육을 살펴보았다. 여기서 우리의 관심은 학생들이 도덕적 선과 진리 또는 태편이 새롭게 선보인 조(helpful)를 최대한 확보하게 하기 위한 것이었다. 그런데 이야기하기와 이야기 과정 속에 학생에게 최대한의 도덕적 선을 확보하는 구체적 방안은 무엇인가가 관심을 끈다.

학생들은 수많은 이야기를 타인과 대화하며 만들어 낸다. 자신의 이야기를 주고받고 또한 역사적으로 이야기하기를 통해 이미 전통적으로 만들어진 이야기를 해석하며 자신의 이야기를 만들어 간다. 문제는 누구와의 대화 속에 그리고 어떤 이야기를 통해 최대한의 도덕적 선이나 조를 확보할 수 있는가이다.

여기서 우리가 관심을 갖는 것은 자녀와 부모와의 대화와 그 대화 속에 교환되는 이야기하기와 그 과정 속에 구성되는 이야기들이다. 왜냐하면 부모와 자녀의 관계는 도덕교육의 기초를 이루고 또 여기에서 도덕적 선의 최대한 확보를 위한 기반이 형성된다고 보기 때문이다. 과연 그런가?

길리건(C. Gilligan)이 동의하는 바와 같이[44] 부모 – 자녀 관계가 도덕성 형성에 결정적 영향을 미친다는 것은 사실이다. 즉, 길리건은 그동안 콜버그의 인지발달교육론에서 강조한 '정의'가 남성에게서 나타나며 자신이 강조한 '배려'가 여성에게서 두드러지게 나타나는 성차의 이유를 생물학적 기원에 의해서가 아니라 아동 초기의 부모와 자녀의 상호 관계에서 유래된다고 본다.[45]

즉, 아동은 초기에 부모로부터 두 가지 유형의 인간관계 경험을

---

44) C. Gilligan, J. Ward and J. Taylor(eds.), *Mapping the Moral Domain*(Cambridge: Harvard University Press, 1988), pp.114–116.

45) Ibid.

겪는다. 하나는 불평등의 경험으로서 나중에 이것은 아동이 정의나 평등 같은 도덕적 가치를 형성하는 기반이 되며 또 하나는 애착의 경험으로서 이것은 인간관계의 따뜻한 감정이나 배려의 도덕성이 발달하는 근거가 된다. 또한 초기 부모와의 관계에서 어머니의 남자아이에 대한 태도는 개별화와 분리로 나타나는 데 반해 여자아이와의 관계는 공생적 연관성의 관계로 나타난다.46)

푸카(B. Puca)도 동일하게 부모-자녀 관계의 유아기 때의 경험이 도덕적 성향을 결정하는 중요한 요인이 된다고 본다.47) 즉, 정의의 목소리는 아동기 때 부모와 자녀 사이의 불평등성과 무력감의 경험에서 유래하며 인간 사이의 평등성, 호혜성, 공정성의 이상을 반영함에 비하여 배려의 목소리는 사랑과 연결성의 경험으로부터 유래하며 사랑받고 사랑하는 자 사이의 감응적 관계성을 반영한다고 본다.48)

이와 같이 부모와 자녀의 관계가 도덕성 형성의 주요한 기제임을 이해하게 될 때 도덕발달의 당사자인 자녀의 행동으로서 자녀의 부모에 대한 효가 도덕교육에 어떤 의미를 갖는지가 우리의 관심이 된다. 우선 염두에 둘 것은 효란 단순히 자녀가 부모에게 맹종하는 것이 아니라는 사실이다. 효란 자녀가 부모를 지지, 즉 순종하거나 존속49)을 시키는 측면과 한편 부모에게 자녀가 해 줄 것을 바라는 자

---

46) 이러한 경험과 더불어 성장과정에서 문화적 규범이나 가치와 같은 사회적 요인에 의해 남자아이들은 분리되고 개별적인 자아를 발달시키는 반면에 여자아이들은 타인들과의 지속적인 연관성, 특정한 감정과 헌신에 대한 관심으로서의 자아감을 발달시켜 나간다.

47) B. Puca, "Commentary", *Human Development*, 39, 1996.

48) 그런데 되새겨 둘 것은 정의와 배려에 있어서 아동기와 같은 초기 도덕 경험도 부모와 자녀 간의 지속적인 이야기에 의해 강화되거나 약화되게 마련이다. 결국 도덕성의 기초는 전 생애를 걸쳐 부모와 자녀의 관계에서 영향을 받게 됨을 이해할 수 있다.

49) 부모님을 물질적으로 봉양하고 건강하게 하여 장수하게 하는 것.

녀의 요구의 측면이 복합으로 상호 작용하여 이루어진다. 이렇게 효
는 자녀의 지지와 요구에 의한 부모와 자녀의 복합적 상호 관계를
나타낸다. 따라서 부모와 자녀의 이야기하기를 통한 도덕성 발달은
바로 이러한 효심을 제대로 발달시키는 것에 기초한다. 이렇게 효를
"부모 자녀 관계의 통합을 위한 지지와 요구, 즉 상호 작용"이라고
정의한다면50) 결국 효교육은 도덕교육의 초석이 된다.

이런 사실에서 부모와 자녀의 통합적 관계 강화를 위한 노력으로
서 효교육이 중요시하는 이야기하기와 그에 의한 이야기는 도덕성
발달과 도덕적 선을 확보하는 데에 매우 중요한 기제가 됨을 이해하
게 된다.

물론 부모와의 이야기하기가 최대한의 도덕적 선을 확보한다는 절
대적 보장은 없다. 그러나 인류 역사의 경험으로 부모와 자녀의 대
화, 즉 이야기하기가 가장 도덕적 선에 가까운 것이라고 할 수 있다.
따라서 부모와 자녀 간의 대화는 개인으로서 자녀가 확보할 수 있는
가장 도덕적 선에 가까운 대화의 장이다. 결국 자녀로서 개인은 효
를 하는 과정 속에 도덕적 선이나 타인을 위한 조를 내면화해 간다
고 할 수 있다.

또한 같은 이유로 부모와 자녀 간의 통합에 관한 효이야기가 이야
기하기의 텍스트로 매우 중요한 기능을 담당한다. 가정이나 학교에
서 역사적 인물이나 현존하는 인물 중에서 부모와 자녀의 통합 관계
의 모델이 되는 이야기를 선정하여 이를 자녀나 학생에게 소개하고
자신의 이야기와 관련짓게 하여 이야기하기를 시도할 필요가 있다.

이를 통해 자신의 경험과 텍스트로서 실제 인물로서의 효자 이야

---

50) 박철호, 『효윤리학』 II (인천: 도서출판좋은세상, 2002), p.6.

기를 상호 관련지어 이야기를 구성하게 되고 이것이 바로 학생이 자기 나름대로 도덕적 권위를 수립하고 책임감을 형성하는 계기가 된다. 물론 텍스트로서 부모-자녀 관계의 이야기가 결코 미담일 필요가 없다. 불효의 이야기가 또한 화자로서 학생의 이야기와 연결되어 긍정적인 이야기로 전환될 수 있기 때문이다.

끝으로 이야기하기에 의한 도덕성 발달과 관련하여 부모와 자녀 간의 통합을 위한 상호 작용의 원활함과 관련된 효교육의 형태는 권위의 이야기하기와 친애의 이야기하기가 적절히 조화를 이룰 필요가 있다. 바흐친에 의하면[51] 부모의 지나친 권위주의적 대화는 무조건적 충성을 강요하기에 자체 완결적이고 단일한 것으로 의미구조는 정적이고 생명이 없다고 본다. 그러나 부모가 권위의 이야기하기를 고집해야 할 경우가 있다. 바로 반사회적 행위에 대한 것이다. 자녀와의 대화 중 반사회적 행위에 대해서 부모는 권위에 의해 사회 공동체의 이야기를 가지고 단호하게 이야기를 해야 한다. 바로 이것이 복합적 이야기하기 접근법이 자녀나 학생에게 권위적 태도로 말하는 것에 거부감을 갖는 단순한 이야기하기 접근법과 다른 특성이다.

친애에 의한 이야기하기는 바흐친이 언급한 내적 설득의 담론이다.[52] 내적으로 설득의 담화란 권위주의에 의한 담화와 달리 자기 자신의 말로 만들어서 동화하는 것이다. 이런 과정에서 무엇보다 필요한 것은 부모와 자녀 간의 인격적 상호 존중이다. 성경은 부모와 자녀의 통합원리로서 부모와 자녀의 인격 존중이 중요함을 극명하게 보

---

51) M. M. Bakhtin, V. Liapunov, trans., *Art and Answerability: Early Philosophical Essays*, 참조.

52) Ibid.

여 준다.53) 내적 설득의 담화에서 중요한 것은 자녀의 이야기란 일부는 자신의 것이지만 일부는 부모의 것과 타인의 것이라는 점이다. 중요한 것은 부모의 이야기가 자녀가 최대의 선을 확보하는 길이라고 한다면 내부에서 누구의 이야기가 우세한지 헤게모니를 잡으려고 벌이는 투쟁에서 부모의 이야기가 가장 유리한 고지를 점하고 있다.54)

IV. 결론

앞에서 살펴본 바와 같이 복합적 이야기하기 도덕체계와 도덕교육은 기존의 도덕교육의 한계를 극복하고자 등장한 이야기하기 접근법의 단점도 어느 정도 해결한 것으로 볼 수 있다. 이야기하기의 화자로서 학생은 청자로서 부모나 교사 그리고 동료들과 지속적인 이야기를 하며 자신의 도덕적 이야기를 재구성해 간다.

그러나 그 어떤 이야기보다 부모와의 이야기하기가 도덕성을 발달시키는 주요한 요인이 된다. 이는 전통적으로 그리고 현대의 도덕교육론자들에 의해 이미 밝혀진 사실이다. 따라서 우선은 부모와 자녀가 함께 도덕적 이야기하기를 통해 가족 공동체의 도덕적 이야기를 만들어 가는 것이 무엇보다 도덕성 발달에 중요하다. 이런 의미에서 자녀와 부모가 많은 대화의 시간 특히 상호 간에 도덕적 이야기를 나눌 시간을 갖는 것이 중요하다.

부모와 자녀의 관계에서 볼 때 도덕발달의 당사자인 자녀의 행동

---

53) 참조, 에베소서 6장 4절.

54) 물론 담화의 대상이 공동체 이야기라면 헤게모니 쟁탈 투쟁의 장에 공동체 이야기도 참가하게 된다.

으로서 자녀의 부모에 대한 효가 도덕교육에 어떤 의미를 갖는지가 우리의 관심이 된다. 앞에서 언급한 바와 같이 효란 단순히 자녀가 부모에게 맹종하는 것이 아니다. 효란 자녀가 부모를 지지, 즉 순종하거나 존속을 시키는 측면과 한편 부모에게 자녀가 해 줄 것을 바라는 자녀의 요구의 측면이 복합으로 상호 작용하여 이루어진다. 이렇게 효가 자녀의 지지와 요구에 의한 부모와 자녀의 복합적 상호 관계를 나타낸다면 부모와 자녀의 이야기하기를 통한 도덕성 발달은 바로 이러한 효심을 제대로 발달시키는 것에 기초한다. 즉, 효교육은 도덕교육의 초석이다.

이런 의미에서 학교에서도 이러한 효교육을 강화할 필요가 있다. 이미 구성된 이야기들 중에서 사실에 기초한 부모와 자녀 관계, 즉 효에 관한 이야기를 가지고 도덕교육을 실시하는 것이 특히 필요하다. 학생들이 부모와 자녀에 관한 과거나 현대의 이야기를 읽거나 듣고 자신의 경험을 이야기하며 다른 사람들, 즉 교사나 동료 학생들과 의견을 교환할 때 도덕성의 발달은 큰 효과를 보게 된다. 앞으로 학교에서 효교육의 시간을 따로 배정하는 것이 필요하다. 엄격히 따져 효교육이 도덕교육보다 더 강화되어야 한다. 그러나 현재의 사정상 이런 것이 여의치 않기 때문에 효교육의 시간을 대폭 늘리는 것이 요구된다.

효교육 이야기 분석 틀

Ⅰ. 이야기와 삶

매킨타이어(A. MacIntyre)가 언급했듯[55] 인간은 이야기를 하는 존재이며 이야기하기를 통해 이야기를 만들어 가는 존재이다. 즉, 인간은 지속적으로 이야기를 듣고 이야기를 말하는 존재이다. 이야기를 통해서 인간은 자신의 삶을 이해하고 또한 이야기를 재구성하여 자신의 삶을 통찰한다.

이런 의미에서 인간 삶의 경험은 이야기 형식을 통해서 의미를 부여받게 된다. 인간의 경험은 그 자체로서는 특정한 사건의 덩어리이며 이것이 의미를 갖는 것은 이야기하기를 통해 이야기로 구성이 되는 경우이다. 즉, 인간 삶의 특정한 경험들은 이야기하기를 통해 이야기로 구성됨으로써 단순한 일연의 사건 개요를 벗어나 나름대로 정당성을 갖게 된다.

폴킹혼(D. Polkinghorne)이 지적한 바와 같이[56] 이야기는 인간 자

---

55) A. MacIntyre, 이진우 역, 『덕의 상실』(서울: 문예출판사, 1997)의 제15장, 참조.

56) D. Polkinghorne, *Narrative knowledge and the human sciences*(Albany: State University of New York Press), p.11.

신의 순간적이고 파편적인 경험을 연결하여 의미를 부여하는 매체이다. 그것은 우리 삶의 과거를 이해하고 현재와 미래를 연결하는 틀을 제공한다.57)

또한 매킨타이어가 언급한 바와 같이 인간의 삶은 특정한 문화 체계에서 정착된 전통의 신화 이야기를 포함한 이미 만들어진 이야기를 무대 배경으로 하여 이야기 형태로서 묘사된다. 다시 말하면 개인 자신의 이야기는 그가 속한 공동체가 가지고 있는 문화체계의 이야기에 의해 의미를 부여받는다.

그러나 개인은 테일러(C. Taylor)가 주장한 바와 같이58) 자기 해석적 동물(self interpreting)로서 지속적으로 자신의 의도, 욕구, 목적과 관련된 행동을 한다. 따라서 개인의 삶의 이야기 형식은 목적론적 특성을 갖는다. 이러한 목적의 형태로서 이야기 형식은 필연적으로 선택의 과정을 거친다. 이러한 선택의 과정은 자기 존재의 해석을 통한 개인의 자아 정체성과 자신의 삶의 방향을 선으로 향하게 하려는 주체적 도덕 의지가 상호 작용한다. 이러한 상호 작용을 통해 개인은 자신의 삶을 살아가는 삶의 주체가 된다. 즉, 개인은 단순히 이야기 속에서 수동적으로 의미를 부여받는 존재가 아니라 이미 만들어진 이야기를 무대 배경으로 하여 이야기의 주인공이 되어 이야기를 생산하고 산출하며 자기 삶의 의미를 추구한다.

결국 개인은 이야기의 주체일 뿐만 아니라 자기 삶의 주요한 인물이 되고 또한 다른 사람의 이야기의 등장인물이 되어 공동체의 이야

---

57) 폴킹혼은 이야기가 과거와 미래를 연결해서 인간 존재의 의미를 부여하는 면을 강조하여 인문 과학에서 인간의 연구는 이야기의 의미에 초점을 두어야 한다고 본다. Ibid.

58) C. Taylor, *Soures of the self: the making of the modern identity*(Cambridge, MA: Harvard University Press, 1989). 참조.

기59)를 구성하며 다시 이렇게 구성된 이야기에 의해 의미를 부여받기도 한다. 이러한 일련의 설명에서 드러난 것은 기본적으로 인간의 행위는 이야기를 통해 이해가능하다는 것과 이러한 이야기들은 공동체의 이야기를 구축하고 또한 이 공동체 이야기에 의해 의미를 갖게 된다는 것이다. 이러한 과정에 의해 구축되는 이야기는 하나의 체계를 이룬다. 즉, 이야기를 통한 개인 간의 상호 작용은 하나의 망을 이루어 하나의 이야기 체계가 구축된다. 좀 더 이 과정을 아래 '이야기 체계'의 그림을 통해 구체적으로 살펴볼 수 있다.

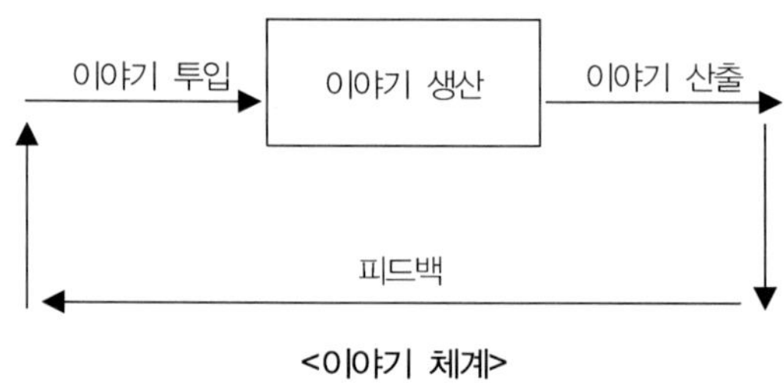

<이야기 체계>

여기서 이야기 투입은 이야기를 듣거나 보는 것 등을 통해 이야기가 청자에게 전해지는 것을 의미한다. 즉, 이야기가 감각 기능을 통해 청자의 내부에 입수되는 것을 의미한다. 그리고 이야기의 생산은 이렇게 청자의 내면에 들어온 이야기가 청자의 경험과 청자의 공동체가 가지고 있는 경험 등과 조우하여 여기서 새로운 이야기가 만들어지는 것을 의미한다. 이렇게 이야기가 생산되는 과정에서 이야기는 축소 또는 확대되거나 변형이 되기도 한다. 따라서 이야기의

---

59) 그런데 이러한 개인의 인간 삶에 의한 이야기가 개인 간의 상호 작용을 통해 취사선택되어 어느 정도 합리화 과정을 거쳐 이러한 이야기들의 전체가 공동체의 이야기로 전환한다. 즉, 공동의 이야기는 개인을 통해 개인을 넘어서는 공동체의 성격을 지닌다.

생산은 이야기의 재구성 또는 새로운 구성을 의미하게 된다.

한편 이야기의 산출은 이렇게 생산된 이야기가 다시 화자를 통해 타인에게 전달되는 것을 의미한다. 생산된 이야기가 청자의 내면에 잠재되어 있던 것이 밖으로 노출되는 것이다. 그런데 이렇게 노출된 이야기는 다시 피드백이라는 다양한 경로를 구성하는 투입과정을 통해 다시 청자가 된 화자에게 들어온다.

그렇다면 이렇게 구축되는 이야기 체계는 효교육체계와 어떤 관계를 맺는가? 따지고 보면 인간의 삶이 개인의 목적적 삶에 의한 선택의 과정이 구축한 이야기 삶이고 또한 이야기를 통해 인간 행동을 이해할 수 있다고 한다면 인간이 살아가는 다양한 이야기 삶 중에는 효와 관련된 삶의 이야기가 있을 수밖에 없다. 즉, 인간은 삶 속에서 지속적으로 모종의 효행과 관련된 결정을 해야만 하고 이러한 '효행 경험(hyo-doing experience)'이 결국 효와 관련된 이야기가 된다.[60]

이렇게 개인의 효행과 관련된 삶의 이야기는 공동체 삶의 이야기가 되기 때문에 자연스레 공동체 이야기 속에는 효행 이야기가 있을 수밖에 없다. 이런 의미에서 이제 제대로 효교육을 하기 위한 효이야기의 내용을 어떻게 구축할 것인가를 효이야기를 분석하는 방법을 통해 살펴볼 순서가 왔다.

---

60) 채잔(B. Chazan)은 도덕 경험을 '도덕 상황(moral situation)'으로 설명한다. 그에 의하면 도덕 상황이란 어떤 사람이 행위 선택을 고려하고 그 선택된 행위를 실천하는 상황을 말한다. B. Chazan & J. Solitis(eds.), *Moral education*(New York and London: Teachers College Press), pp.43-49.

II. 효이야기의 분석 틀

우리 삶의 이야기 중에서 효와 관련된 이야기를 중심으로 이야기하기 효교육이 이루어진다면 이야기하기 접근법을 통한 효교육은 이야기 그 자체가 무엇보다 효교육의 성격을 결정하는 중요한 변수가 된다. 그런데 이야기하기 접근법을 통한 효교육은 일단 지금까지 효교육에서 행했던 방법들과 몇 가지 차이를 두는 특성을 가지고 있다. 그 특성이란 무엇인가?

바로 이야기하기 효교육에서 이야기는 네 가지 특성을 가지고 있어야 한다는 점이다. 그 네 가지 특성이란 박진성, 진정성, 일상성, 복합성이다. 따라서 이야기하기 효교육에서 구축하는 이야기들은 이 네 가지 특성을 지닐 때 이야기하기 효교육을 위한 좋은 교육자료가 될 수 있다. 이제 이 네 가지 특성을 차례로 살펴보기로 한다.

첫째, 박진성이다. 박진성은 이야기의 내용이 박진감이 있어야 한다는 것이다. 박진감이 있는 내용이란 이야기를 듣는 또는 보는 사람에게 흥미진진하고 관심을 최대한 끌 수 있는 이야기 내용을 의미한다. 그렇다면 어떤 이야기 내용이 이런 박진감을 갖는 것인가?

바로 청자 또는 피교육자인 학생들에게 시간적으로 최대한 가깝고 공간적으로 최대한 가까운 이야기를 의미한다. 즉, 교육 현장에서 이야기하기 효교육이 행해지는 경우 그 교육시간에 가장 접근된 이야기일수록 박진감을 갖는다는 것이다. 따라서 최근의 이야기 내용일수록 효교육 이야기 내용으로 적합하다.

다음 공간적으로 가까운 이야기일수록 더 학생들에게 박진감을 갖게 한다. 공간적으로 가깝다는 것은 학생의 주변에서 일어난 것일수록 더 이야기하기 효교육에 효과적이라는 것이다. 우리나라, 우리 동네, 우리 학교에서 일어난 이야기를 교육내용으로 하는 것이 좋다는 것이다. 한마디로 효이야기의 박진감은 학생의 현재 상황에 가장 친밀한 이야기일 경우 가능하다.

이러한 박진성의 변수에 의한 효이야기 분석 중에서 지나치게 오래된 이야기는 학생들에게 생소함을 주며 박진감이 떨어져 흥미나 관심 그리고 감동이 적게 된다. 물론 과거의 효이야기가 학생에게 감동을 주는 경우도 있다. 그러나 시대가 다르고 상황이 다르다면 그야말로 이야기로 그치어 학생들의 효행, 즉 효를 할 수 있는 행동의 변화가 일어날 가능성은 낮아진다.

다음 진정성이다. 진성성은 사실, 즉 진실에 바탕을 둔 것을 의미한다. 효이야기가 사실에 근거함이 중요하다. 사실로 된 이야기가 학생들에게 감동을 주고 이를 강하게 내면화시킬 수 있다. 따라서 효이야기는 실제 신문이나 뉴스 기타 다양한 매체를 통해 확인된 사실의 이야기가 되어야 효교육의 효과가 높게 된다.

특히 효에 관한 신문 기사나 TV의 뉴스 내용은 좋은 효이야기가 될 수 있다. 물론 앞에서 언급한 박진성과 관련하여 최근의 기사나 뉴스 내용의 주인공이 학생인 경우 효의 이야기는 매우 효과적이다. 그리고 사실 이야기는 그것이 사실인 것을 보다 자세히 구체적으로 드러내는 것이 효과적이다. 애매할수록 내면화가 약해진다. 따라서 사실인 이야기에 관한 정보가 많고 정확할수록 효이야기로서 효과가 크다.

진정성과 관련하여 볼 때 효이야기로 부적합한 것이 비사실적인 이야기이다. 따라서 그동안 우리에게 익히 알려진 심청의 효이야기는 학생들에게 신화나 허구의 소설로 들려 행동 변화에 효과가 적다.

과연 바다 속의 용왕이나 그렇게 물에 빠져 다시 산 심청이 이야기
가 그야말로 하나의 이야기로 들릴 가능성이 매우 높다. 따라서 학
생들은 심청이 이야기는 하나의 자기와 관계가 먼 이야기라고 단정
해 버릴 가능성이 높다. 따라서 전래 동화나 꾸며진 이야기는 아무
리 재미가 있다고 하더라도 효교육의 이야기로 의미가 희박하다.

또 하나의 변수인 일상성은 효교육에 사용되는 이야기는 학생들의
구체적 삶과 분리되지 말아야 한다는 것이다. 일상적인 삶 속에서
실천 가능한 이야기가 더욱 효과적이라는 것이다. 따라서 학생에게
들려지는 이야기가 실천하기에 너무나 어렵고 힘든 것이라면 이야기
를 통한 효의 내면화가 거부될 가능성이 높다. 따라서 효이야기는
학생들에게 누구나 마음만 먹으면 할 수 있는 효이야기여야 한다.
즉, 일상성은 평소에 할 수 있지만 제대로 실천하지 않는 효이야기
가 갖는 것이다.

그러나 일상성은 실천하기 힘들고 어려운 것이지만 행하는 데 불
가능한 것이 아니라면 이를 실천하는 것도 포함한다. 즉, 일상성은
실천하기 어렵고 힘든 효행을 행했을 경우에도 일상적 삶을 유지하
는 데 큰 어려움이 없는 효행은 일상적인 것에 포함된다. 이러한 일
상적인 효이야기가 효교육에 효과적이다.

마지막으로 복합성이다. 효교육의 이야기는 복합적인 효의 내용,
즉 순종, 친애, 존속 그리고 대리의 내용을 포함하여야 한다.61) 물론
이 네 가지 변수가 모두 포함된 이야기일수록 좋은 이야기이다. 따
라서 한 가지 이상의 변수가 포함된 이야기가 좋은 효이야기이다.

---

61) 박철호, "체계론에 의한 성경적 효운동 연구", 『성경적 효운동의 미래를 위한 신학적 조망』
    (인천: 한국효학회, 2005), pp.140-161.

그러나 사정상 일부분만 포함된 이야기가 단원별로 취급될 수 있다. 그러나 모든 효교육의 내용 단원이 포함된 전체 맥락에서 효의 내용은 이 네 가지 변수가 골고루 포함되는 것이 필요하다.

제5절

공동사회 존속을 위한 효윤리교육

Ⅰ. 서론

찰스 포스터(Charles R. Foster)가 언급한 바와 같이 윤리교육은 공동사회의 존속을 위한 중심적 기능을 담당한다.[62] 이러한 공동사회의 존속과 유지와 관련된 윤리교육의 기능을 전제할 때 우리의 관심은 과연 윤리교육이 공동사회의 유지 존속을 위해 어떤 역할을 담당하는가에 있게 된다.

공동사회의 유지 존속을 위해서는 무엇보다 그 공동사회에 속한 사람들에게 공동사회가 지니고 있는 과거의 유산과 공동사회가 미래와 관련하여 마련하고 있는 계획을 어떻게 '현재'적 삶 속에서 연결해 갈 것인가가 중요한 의미를 지닌다.[63]

---

62) Charles R. Foster, 『신앙공동체를 위한 교육』(서울: 한국장로교출판사, 1995), p.9.

이런 의미에서 윤리교육은 공동사회 유지와 관련하여 공동사회의 선인들이 축적한 경험을 공동사회의 구성원들이 어떻게 공유하게 할 것인가와 또한 이를 통해 미래를 향한 현재의 삶을 유지하도록 공동사회 구성원의 행동 변화를 어떻게 추구할 것인가에 관심을 둔다.

위와 같은 공동사회와 관련된 윤리교육을 이해하게 될 때 윤리교육의 한 분야로서 효윤리교육은 윤리교육의 어떠한 분야보다 이러한 기능을 잘 수행한다. 즉 효윤리는 공동사회의 축적된 경험을 내포하고 있으며 효윤리교육을 통해 공동사회의 현재적 삶의 유지와 미래 공동사회의 안정된 존속을 확보할 수 있기 때문이다. 따라서 효윤리교육은 공동사회의 과거와 현재 그리고 미래를 통합적으로 연결하여 공동사회의 자녀를 사회화하는 기능을 수행한다.

위와 같은 관점에 따라 본 연구는 공동사회와 연관하여 공동사회의 통합과 변혁을 위한 효윤리이론과 그 효윤리교육의 방법을 도출하는 데 연구의 목적을 둔다.

II. 효윤리학과 공동사회 존속

1. 효윤리학의 연구대상

근대부터 현대에 이르기까지 윤리학의 대부분 이론이 인간 내부의 이성적 그리고 심리적 차원에서 선과 악을 논하여 왔다. 그러나 이

---

63) 이러한 관점에서 신앙공동체는 하나님과 아브라함, 사라, 그리고 모든 그의 후손들 간의 계약적인 약속이 지금까지 이어지는 각 세대와 더불어 새롭게 형성되는 관계에서 볼 수 있다. 이러한 의미에서 공동체는 옛것의 의미와 기대를 새로운 사건과 환경에로 도입시킴으로써 과거에 비추어 현재를 조명한다.

러한 내성의 방법에 의한 윤리의 규명은 지나치게 주관적이고 추상성에 머물러 있다. 따라서 이러한 내성적 윤리는 강한 주관성에서 벗어나 최소한 상호 주관성에 의한 객관성과 과학성을 확보할 필요가 있다.

칸트(I. Kant)나 흄(D. Hume), 벤덤(J. Benthem) 등에 의해 특징이 지어지는 근대 윤리학의 이론으로서 공리주의나 직관주의는 이러한 내성적 방법에 의한 것이기 때문에 보다 과학적이고 엄밀하며 예측가능한 인간의 이해와 사회정책적 개선 작업에 애로가 많았다. 그렇다면 윤리학에 있어서 보다 확고한 원리나 원칙하에 인간관계나 사회정책적 차원을 고려할 수 있는 이론은 무엇인가?

내성적 그리고 통찰적 윤리학의 차원을 벗어나 보다 엄밀한 과학적·정책적 차원의 윤리학은 인간 간의 외적 관계에 기초한 윤리의 이론을 정립함으로써 가능하다. 효윤리학은 바로 이러한 외적인 인간관계를 중심으로 윤리이론을 정립하는 분야라 할 수 있다. 그렇다면 인간관계의 외적인 틀은 무엇인가?

따지고 보면 인간관계에 있어 개인의 외적인 위치는 다양하게 설명할 수 있다. 그러나 효윤리와 관련하여 볼 때 개인은 한 가족의 틀 안에서, 자녀의 위치, 자녀와 부모의 위치, 부모의 위치로 대별할 수 있다. 즉, 인간은 태어나서 자녀의 위치를 가지며 결혼할 경우 자녀를 가지게 되어 부모가 되지만 만일 아직 그들의 부모가 생존할 경우 자녀의 위치도 함께 지니게 된다. 그리고 나이가 들어 부모가 돌아가시면 단지 부모의 위치만 지니게 된다. 효윤리학은 이러한 외면적 인간관계로서 가족 관계를 기초로 하여 윤리이론을 설정한다.

효윤리학의 외적 인간관계로서 개인이 갖게 되는 위치를 규정하는 개념은 결국 '부모'와 '자녀'이다. 따라서 외적 인간관계를 통해 효윤리학의 체계를 분석하기 위해서는 효윤리학의 기본 개념인 '부모'나 '자녀'의 개념을 규명하는 작업이 우선 필요하다. 이러한 작업을 위해 어떤 조치가 필요한가?

효윤리학이 상호 주관성보다 객관성을 확보하여 사회정책적 면을 고려하기 위해서는 우선적으로 사회적 삶을 분석함이 선결문제이다. 결국 효윤리학은 사회체계 속에서 그 존재 의미를 찾을 수 있기 때문이다.

2. 공동사회의 의미 분석

서구 사회에 대한 논의 중에서 사회변동이 공동체 지배적 형태에서 이익 지배적 형태로 변화해 가는 것처럼 이와 같은 주제와 관련하여 그렇게 폭넓은 의견의 일치가 거의 없었다. 따라서 19세기부터 20세기 초반까지 콩트나 베버, 뒤르켕, 메인 등과 같은 사회사상의 거장들 사이에 지속적으로 근원적 양극성이 존재한다.

그러나 이러한 양극성에 공동체와 이익사회로 번역될 수 있는 게마인샤프트(Gemeinschaft)나 게젤샤프트(Gesellschaft)의 '이념형'을 통해 항구적 연결고리를 제공한 것은 퇴니스이다.64) 물론 퇴니스가 언급한 바와 같이 공동체는 그 구성원의 관계성이 목적이 되고 이익사회는 구성원의 관계성이 하나의 수단이 됨은 이해된다. 그리고 공동체의 구성원이 갖는 도덕적 책임은 불특정 동료들에 대한 것이며 이익사회의 도덕적 책임은 계약에 의해 전형적으로 특정됨도 이해된다.

---

64) James B. Nelson, *Moral Nexus*(Philadelphia: The Westerminster press, 연대미상), p.131.

그러나 여기서 염두에 둘 것은 흔히 이익사회가 계약 사회로서 인간관계가 보다 수평적이며 평등한 관계를 이루고 있고 통합관계보다 갈등관계를 초래한다고 이해하고 있는데 이것은 오해라는 점이다. 왜냐하면 '이익'의 문제가 제기되는 곳에는 결코 평등의 관계가 형성되지 않는다. 누군가 다른 사람보다 이익을 얻기 마련이다. 따라서 '이익' 문제를 해결하기 위해 제시되는 계약론적 사고도 갈등을 최소화하고자 하는 통합론적 논리가 전제되어 있다. 이익사회는 계약을 통해 불평등한 구조를 정당화한 사회이며 이러한 불평등한 구조를 법과 제도 등을 통해 통합을 추구해 가는 사회라 할 수 있다.

흔히 현대 사회가 공동체에서 이익사회에로 전환된다고 봄에도 의문이 제기된다. 왜냐하면 인간이 모여 사는 곳에서는 공동체적 성격과 이익사회의 성격이 공존하며 어느 한 곳으로 편중되어 전환됨은 아니기 때문이다.

에반스(Robert A. Evans)가 언급한 바와 같이[65] 이익을 중심으로 현대 사회의 성격을 포괄적으로 규정하는 위와 같은 논리는 공동체가 가지고 있는 잠재력을 배제하며 공동체가 가지고 있는 전통과 의미를 소멸시킨다. 현대 사회 속에서 지속적으로 제기되는 가족, 종족 그리고 민족이나 전통적인 신앙공동체와 같이 신념에 의해 유지되는 공동체가 아직도 확고한 위치를 차지하고 있음은 이러한 사실을 잘 반영한다.

여기서 중시해야 할 것은 공동체는 이익사회와 같이 외형상 확실한 존재 형식을 파악할 수 있는 것은 없다는 사실이다. 즉, 공동체는

---

65) Robert A. Evans, "The Quest for Community", Union Seminary Quarterly Review, XXX, 2－4, p.194.

인간이 결코 의식적으로 창조할 수 없기에 다만 구성원의 신념에 의해 그 존재가 주로 파악된다. 이것은 공동체가 소유의 대상이 아니라 포스터가 언급한 바와 같이[66] 선물이며 외형적인 상태가 아니라 내적인 신념이 중시된다.[67] 그리고 그 존재 형식은 단편적인 것이 아니고 전체적이며 계층적인 것이 아니라 수평적이다.

공동체가 구성원의 내면적 신념상 가능한 것은 그들이 자신들의 유한적인 경험을 인정하고 이에 대한 초월적인 권위에 복종하기 때문이다. 따라서 공동체의 현존을 구조화하고 조직화하고 혹은 보장하기 위한 어떠한 강제도 공동체의 신념을 파괴하고 기만으로 이끌 가능성이 높다.

공동체는 이익사회가 가지고 있는 법률과 관습과 의식과 신조와 사회계층상의 구조와 제도적인 조직에서 보다시피 이익사회의 외관처럼 구체적으로 외현되어 있지 않기 때문에 그 존재 형식은 예식이나 제례와 같은 것보다 엉성하고 관념적이라 할 수 있다. 그러나 보다 중요한 것은 시대와 장소에 따라 이익사회의 성격이 강한 부분과 공동체적 성격이 강한 부분이 있다는 점이다.

이는 이익사회와 공동체는 어느 시대나 장소에 항상 병존한다는 의미이다. 가족이나 씨족, 부족 등에 있어서도 가치의 권위적 배분이 필요한 분야는 이익사회의 조직적 구성물인 위계적 법이나 관습 제도가 강하게 드러날 것이며 신성한 것과 거룩한 것을 기본으로 하는 종교나 예식에 있어서는 보다 공동체적 성격이 강하게 드러난다.

---

66) C. R. Foster, op.cit., p.52.

67) 퇴니스는 이러한 의미에서 공동체는 태도와 의미(Attitudes and Meanings)가 중심이 됨을 강조하였고 전통과 상징이 더욱 중시된다고 하였다. James B. Nelson, op.cit., p.132 를 참조.

마찬가지로 현대 사회에서도 공동체적 성격은 결코 사라지거나 약해지지 않는다. 과거의 씨족이나 부족 집단에도 이익사회의 특성이 존속했던 것과 마찬가지로 현대 사회에서도 공동체적 특성이 존속하고 있다. 영역에 따라 이익사회의 성격이 농후한 부분도 있지만 동일하게 공동체적 성격이 농후한 부분도 있는 것이다.

위와 같은 의미에서 모든 사회는 공동체와 이익사회의 성격이 동시에 존재한다고 볼 수 있다. 이런 의미에서 모든 사회는 공동체와 이익사회가 함께한다는 뜻에서 '공동사회'라는 용어로 상징화될 수 있다. 이 공동사회는 결코 공동체적 성격만으로 이루어진 것이 아니며 또한 이익사회의 성격으로만 설명될 수 있는 것이 아니다. 양면이 동시에 존속한다는 의미에서의 '공동사회'이다. 이후 '공동사회'란 바로 이러한 공동체적 성격과 이익사회의 성격이 동시에 나타난다는 의미를 지니고 사용된다.

3. 공동사회에 있어서 규범체계 분석

앞에서 언급한 공동사회의 두 가지 속성으로서 공동체와 이익사회의 특성은 공동사회의 규범체계와 밀접한 관련을 갖는다. 즉, 공동사회는 규범체계로서 사회통합적인 것과 사회변혁적인 것이 있는데 사회통합적 규범체계는 이익사회의 특성인 법률과 관습과 의식(儀式)과 신조 그리고 사회계층상의 구조와 제도적인 조직을 통해 사회의 안정을 구축하고 있다.

그러나 사회변혁적 규범체계는 공동체의 특성인 기존의 삶에 있어서의 신분이나 혹은 지위의 무시와 개인과 개인의 수평적 대면의 추

구에서 비롯된다. 이러한 과정을 통해 공동사회의 체계 변혁적 규범
체계는 삶의 구조와 조직에 있어서 현세적인 목적을 초월한 삶의 방
식을 지향한다. 이것은 참다운 힘과 권위에 대한 진지한 사고를 요
구하며 과연 공동사회가 존속하게 하는 것이 무엇인지 근본적으로
생각하게 한다. 그렇다면 이익사회와 공동체에서 비롯된 각각의 규
범체계는 구체적으로 공동사회에 어떠한 논리로 전개되는가?

포스트가 언급한 바와 같이 인간은 공동사회가 없이는 존재하지
못한다.68) 이런 의미에서 일상의 삶을 구성하는 공동사회는 구성원
의 현재적 삶에 의미와 방향을 제시하고 구성원들이 상호 관계를 계
속 추구해 가게 하는 원천으로 자리 잡고 있다.

현재적 삶에 있어도 공동사회는 무엇보다 공동사회 구성원들의 상
호 의존과 관련하여 중요한 의미를 가지고 있다. 이는 공존의식을 기
반으로 하여 상호 의존의 만남 속에서 체계 구성원들은 친밀한 유대
를 경험하며 이러한 관계 속에서 행동양태, 태도, 가치관, 신념 등에
의한 가치체계와 인지체계를 형성하고 이를 다음 세대에 전달한다.

그러나 공동사회는 현재적 삶뿐만 아니라 공간과 시간을 초월하는
상호 작용 관계의 망을 가지고 있다. 즉, 과거 선조들의 삶의 방식이
나 원리 그리고 그 의미는 현재적 삶 속에 드러나면서 시공간의 한
계 속에 있는 현재의 공동사회 구성원들의 제도나 관습, 가족체계
속에서 그 모습을 찾아볼 수 있게 한다.

이러한 의미에서 공동사회의 의미와 구조를 부여하는 데는 현재
접촉하는 사람들의 모임으로만 한정할 수 없다. 이는 백여 년 전에
살았던 선조들에 대한 토의를 가능하게 하며 이러한 과거 선조들에

---

68) C. R. Foster, op.cit., p.45.

대한 토의를 통해 일반적으로 현재의 우리의 삶뿐만 아니라 과거 선조들의 삶에 대한 인식도 재구성할 수 있다.[69] 따라서 공동사회의 상호 의존과정에서 형성된 가치체계와 인지체계가 상호 복합적으로 작용하여 구성하는 규범체계 속에는 현재적 삶의 의미뿐만 아니라 과거 선조들의 삶의 의미까지 포함됨을 이해하게 된다. 그렇다면 과거와 현재의 삶의 의미를 포함하여 형성된 공동사회의 규범체계는 공동사회 속에서 어떤 기능을 담당하는가?

위와 같은 공동사회의 규범체계는 공동사회의 연대성이 보다 명확히 드러나므로 통합적 기능을 제공한다. 왜냐하면 공동사회의 통합은 가족과 이웃, 그리고 사회적 계급의 연대에 의해 구체화되는데 이러한 상호 의존에 의한 연대는 그 공동사회가 가지고 있는 신조와 규정, 그리고 행위의 법전들과 같은 규범체계에 의해 보다 확고히 되기 때문이다.

또한 공동사회의 통합적 규범체계는 제도화와 조직화를 통해 공동사회의 형태를 유지하고 체제 존속을 가능하게 한다. 따라서 이러한 규범체계는 공동사회의 질서를 부여하며 공동사회의 권위와 구성원들의 신분 계통들을 명료하게 한다. 그리고 이러한 과정을 통해 규범체계는 구성원들이 수행하는 역할과 관계망에 대한 신뢰 구축을 가능케 한다.

한편 공동사회의 통합적 규범체계는 공동사회의 관계망이 가지고 있는 체계 가동력을 고양시키기도 하고 또한 억제하기도 하면서 공동사회 구성원들의 삶을 안정화시킨다. 왜 그런가? 공동사회의 통합

---

69) 예수와 같이 역사적이며 상징적인 인물과의 관계 속에서 우리는 독특하면서도 공통적인 경험을 함께 나눈다. "나를 따르라"는 그의 부르심에 응답함으로써 우리는 독특한 공동사회의 관계 속에서 우리의 가족과 이웃과 교회의 변화를 경험하게 된다.

적 규범체계는 공동사회 구성원들의 행위와 태도에 영향을 끼치며 구성원들의 상호 작용을 구체적이고 확실하게 만들기 때문이다. 이러한 과정을 통해 구성원의 삶은 어떤 안전장치에 의해 지탱된다. 공동사회 구성원들은 공동사회 존속과 관련된 질서를 구축하고 그 연속성을 부여하기 위하여 이러한 규범체계에 의존할 수밖에 없다.

그러나 공동사회의 규범체계는 단지 체계 옹호적인 성격으로만 이해될 수 없다. 즉, 공동사회의 규범체계에서 체계의 유지 존속을 위해 오히려 체계의 권위당국자들이나 체계 옹호론에 대해 비판적이거나 갈등적이며 분파적인 성격이 표출될 수 있고 이를 통해 체계 변동을 초래할 수 있다. 이 같은 예는 어디에서 찾아볼 수 있는가?

그 예는 성경에서 하나님의 주도권에 대한 백성들의 자발적이고 즉각적인 응답에서 발견할 수 있다. 즉, 구약성경에서 이와 같은 공동사회의 변동을 초래하는 변혁적 규범체계의 발동은 흔히 예언자들의 말과 행위를 통해 역사하시는 하나님의 궁극적인 목적과 즉각적인 요구를 접하게 된 사건 속에 나타난다.

하나의 사건으로서 예언을 통해 기존의 규범체계가 가지고 있는 부분적 타당성은 무시되며 권위당국자들을 포함한 정치 구조의 타파가 역설된다. 이러한 변혁적 규범체계의 등장에 의해 기존의 규범체계가 유지했던 사람 관계나 지배적 계급의식은 무시된다.

결국 공동사회의 규범체계는 궁극적으로 공동사회의 존속을 위해 사회 안정과 변화를 동시에 추구한다. 이를 위해 공동사회는 제사장적 의미에서 기존 규범을 보존하고 이를 지속시키려는 흐름과 예언자적 의미에서 기존 규범을 붕괴시키고 새로운 규범체계를 설정하려는 흐름을 동시에 내포한다. 양 체계의 상호 작용을 통해 공동사회는 존속해 간다.

그런데 이러한 공동사회의 두 규범체계는 각각의 관계망을 구축함에 있어서 효윤리와 밀접한 관련을 짓는다. 이는 공동사회 규범체계의 존속과 변화 유지 등에 효윤리가 심층적인 영향을 미친다는 의미이다. 왜 효윤리가 공동사회의 규범체계에 그토록 중요한 의미를 지니는가?

지금까지 일반적으로 인정된 것은 어릴 때 아동의 부모로부터 형성되는 도덕성은 나이가 들어도 지속된다는 점이다. 따라서 어릴 때 부모에 대한 도덕의식으로서 소위 효윤리는 일생 동안 삶의 가치관으로서 개인의 태도와 행동에 중요한 영향을 미친다는 것을 알 수 있다. 이런 의미에서 '효가 만행의 근본'이라는 것이다. 이는 효가 인간 행동의 준거가 됨을 의미하는데 이는 효가 인간 행동의 기준으로서 윤리의 기초가 됨을 의미하고 공동사회의 여타 규범체계의 중요한 변수임을 드러낸다. 그런데 이러한 효윤리의 체계에는 공동사회의 규범체계가 가지고 있는 두 가지 특징인 제사장적 안정과 예언자적 변혁의 두 성향이 함께 병존한다. 그렇다면 이러한 효윤리의 두 특징은 어디에서 연유하는가?

III. 효윤리학의 대상으로서 부모와 자녀 분석

1. 효윤리학의 대상으로서 '부모' 개념 분석

효윤리의 두 가지 특징의 배경을 분석하기 위해서는 선결문제로 효윤리를 우선 부모와 관련지어 규명하는 작업이 필요하다. 왜냐하면 효윤리는 부모를 전제하는 것이고 부모와 효윤리의 관계 분석을 통해 효윤리가 가지고 있는 특징은 쉽게 드러나기 때문이다.

개념 분석상 우선 효윤리는 '부모에 대한 자녀의 윤리'라고 정의할 수 있다. 여기서 주요한 개념인 '부모'에 대한 분석작업을 우선적으로 수행함으로써 효윤리에 보다 구체적으로 접근해 갈 수 있다. 과연 부모란 무엇인가?

흔히 부모란 두 가지 방향에서 그 의미를 추적할 수 있다. 우선 부모란 생물학적 의미에서 '생산자(genitor)'이다. 생산자로서 부모는 자녀를 출산하여 생명을 이어 가게 하는 것을 의미한다. 또 하나의 부모에 대한 분류로서 등장하는 것은 사회학적인 의미에서 '사회화의 동인(pater)'이다. 사회화의 동인으로서 부모는 자녀를 양육하여 사회의 구성원으로 성장하게 한다.70) 따라서 모든 부모는 이러한 두 면, 즉 제니터적 부모와 페이터적 부모의 요소를 지니고 있다.

앞에서 언급한 바와 같이 페이터(pater)적 부모는 사회학적 부모(sociological parent)라고 할 수 있다. 여기서 사회학적 부모란 생물학적 부모(biological parent)인 생산자(genitor)로서의 부모가 자녀를 낳게 되면 이 자녀를 훈육하여 사회화를 통해 공동사회의 구성원으로 자라게 하는 것을 의미한다. 이러한 부모는 가부장제(patriarchy)에서 보다시피 권위적이고 규제적이다.

이러한 페이터적 부모의 면이 필요한 것은 인간의 도덕적 불완전성과 위법 가능성을 기초로 하고 있다.71) 물론 인간에게서 도덕적

---

70) 'genitor'와 'pater'의 개념 정의와 관련하여서는 *Encyclopaedia Britannica*, Ⅶ(1973∼1974), p.754를 참조.

선과 의로움의 측면이 없다는 것은 아니다. 상황에 따라 서로 협력하고 통합하여 공동선을 이룩할 수 있다.

그러나 인간이 역사적으로 공동사회 속에서 지속적으로 공동사회의 질서에 대한 파괴와 안정성에 위협을 준 사실을 또한 부인할 수 없다. 이런 의미에서 페이터적 부모는 자녀들에게 공동사회가 요구하는 규범과 제도 그리고 관습을 지키며 공동사회의 유지 존속을 위해 지지를 보내도록 사회화를 시키고 있다.

이러한 페이터적 부모에 대한 효윤리는 부모의 권위를 인정하고 그 말에 순종하며 부모에 대한 부양 의무를 갖도록 유인하거나 강제한다. 이러한 페이터적 부모에 대한 효윤리의 강조는 특히 봉건체제와 같은 권위주의적 공동사회에서 유행하였다. 중국의 유가 윤리사상에 나타난 효는 특히 이러한 페이터적 부모에 대한 효가 주종을 이루었다.

페이터적 부모에 대한 효의 강조는 공동사회의 통합을 통한 삶의 안정을 가져오기 때문에 통합적 규범체계의 틀을 유지하는 데 특히 페이터적 효윤리가 그 주요 기능을 수행하였다. 같은 의미로 이익사회가 가지고 있는 규범체계도 페이터적 효윤리가 전제됨을 알 수 있다.

제니터(genitor)로서 부모와 자녀의 관계는 생물학적인 관계로서

---

71) 성경에는 예수님께서 십자가에서 돌아가실 때에 "엘리 엘리……"라고 하나님을 부르고 있다. 이는 예수님이 공생애 동안 하나님을 '아바'라고 부른 것과 대조적이다. 여기서 예수님께서 하나님을 '나의 아버지'라 부른 것은 소위 페이터적 의미가 강하다. 왜냐하면 십자가에서 예수님은 대속의 죄를 지신 '죄인'으로서 법과 명령에 순종하는 곳에 처했기 때문이다. 참고, ① "가라사대 '아바, 아버지여! 아버지께는 모든 것이 가능하오니 이 잔을 내게서 옮기시옵소서 그러나 나의 원대로 마옵시고 아버지의 원대로 하옵소서' 하시고"(마가복음 14:36)
② "제 구 시에 예수께서 크게 소리지르시되 '엘리 엘리 라마 사박다니!' 하시니 이를 번역하면 [나의 하나님 나의 하나님 어찌하여 나를 버리셨나이까?] 하는 뜻이라" (마가복음 15:34)

앞에서 언급한 페이터적 부모-자녀의 관계와 달리 수평적이고 인격적이며 애정과 친애의 성격을 지닌다. 제니터적 부모는 권위주의적인 것이 결코 아니다. 사회학적 부모가 갖는 계층적이고 위계적인 차원은 여기서 배제된다. 제니터적 부모는 자녀와 동일한 인격체로 규정된다.

양자의 상호 관계는 벌거벗은 몸으로 만나는 것과 같다. 가식과 규율, 제도나 법적인 것은 여기에 해당하지 않는다. 제니터적 부모와 자녀가 만나는 것에는 중간 매체인 이익사회의 규범체계가 배제되어 있다. 자유와 평화 그리고 공동체 구성원들이 만나는 우정이 있다. 제니터적 부모와 자녀는 같은 공동체의 친구관계로 설명된다.

제니터적 부모에 대한 효윤리는 엘리노 렌츠(Elinor Lenz)가 언급한 바와 같이[72] 불평등한 부모와 자녀 간의 관계가 아니라 궁극적으로 균등한 관계로 전환될 때 가능하게 된다.[73] 불평등에 기초를 둔 페이터적 부모와 자녀 간에는 여러 가지 분쟁이 생길 가능성이 높다. 왜냐하면 아무리 혈연적 관계라도 이익의 분배와 관련하여 불평등에 의한 차별에 대한 불평이 발생하게 마련이기 때문이다.

제니터적 부모가 자녀에 대한 관계가 친구와 같은 것이라는 렌츠의 주장은 설득력이 있다. 그러나 제니터적 부모의 자녀에 대한 관계가 친구에 대한 것이라 하여 그 친애의 내용이 일반적으로 이해되는 친구 사이의 평범한 우정의 친애로 볼 수 없다. 왜냐하면 제니터적 부모와 자녀가 갖는 친애는 단순한 우정보다 더욱 강한 상호 의존의 성격이 있기 때문이다.[74] 제니터적 부모가 자녀에 대한 의존은

---

72) Elinor Lenx, 을지번역실 역, 『어제는 나의 아이 오늘은 나의 친구』(서울: 을지출판사, 1983), p.80.
73) 물론 여기서 균등성의 친애란 유용성과 쾌락을 기반으로 한 것은 아니다.

어떤 성격을 지니는가?

일반적으로 부모의 자녀에 대한 의존은 조건적인 또는 2차적인 성격을 지니고 있다. 하지만 자녀의 부모에 대한 의존심은 무조건적인 또는 1차적 성격을 지니고 있다. 부모의 자녀에게 대한 의존이 조건적이라는 의미는 자녀의 부모에 대한 의존은 보다 강력하게 국가가 강제력을 동원하여서라도[75] 보호하려는 것과 비교하여 자녀가 원하지 않을 경우 자녀에 대한 부모의 의존도는 배제되거나 약화되기 때문이다. 이런 의미에서 부모의 자녀에 대한 의존성은 2차적이라 할 수 있다.

부모의 자녀에 대한 의존성은 부모가 갖는 인간으로서의 불완전성에 기인한다. 인간의 이러한 불완전성은 인간 간의 상호 의존을 필요로 한다. 부모의 자녀에 대한 의존 내용은 물질적인 것과 정신적인 것 또는 육체적인 것을 포함한다. 특히 나이가 들게 되거나 다양한 원인으로 상황이 곤궁해지면 인간은 의존하고자 하는 심리가 강해진다.

제니터적 부모에 대한 자녀의 효는 이러한 부모의 자녀에 대한 의존과 밀접한 관련을 짓는다. 특히 이러한 자녀의 효가 의미를 더하는 것은 부모에 대한 자녀의 의존이 상응할 때 더욱 상승효과가 있게 된다. 효윤리는 자녀의 일방적인 부모에 대한 효로서는 그 효력이 약하다. 따라서 물질적이든 정신적이든 부모의 자녀에 대한 의존이 강할수록 효의 의미가 크게 부각된다.

---

74) 성경에 의하면 우정에는 친구를 위해 목숨을 버리는 것보다 더 한 것은 없다고 한다(요한복음 15:13).

75) 어인의, "한국 민법상 부모에 대한 자녀의 의무", 『효사상과 미래사회』(성남: 한국정신문화연구원, 1995), p.260.

전통적으로 그동안 부모의 물질적 또는 육체적 의존에 대한 자녀의 효가 일반적으로 인정되어 왔다. 그러나 갈수록 부모의 자녀에 대한 의존성이 물질적/육체적인 것에서 정신적인 것으로 전환될 필요성이 강해지고 있다. 이는 오늘날 사회 보장의 확대 실시로 부모의 생활 보장과 노후 대책이 어느 정도 성공하면서 부모의 경제적 생활의 안정과 질병과 장애에 대한 치료와 보호가 사회제도적으로 확충되었기 때문이다. 따라서 앞으로 효윤리는 부모와 자녀의 정신적 상호 의존 관계의 심화 확대에 관심을 둘 필요가 있다.

2. 효윤리학의 대상으로서 '자녀'의 개념 분석

앞에서 공동사회와 관련하여 이미 '부모'에 대한 개념 정의가 어느 정도 보여 주듯 부모는 자녀와의 상호 작용 속에서 그 의미를 가질 수 있다. 이런 의미에서 자녀에 대한 개념도 부모와의 상호 작용과 공동사회의 체계 속에 분석함이 필요하다.

자녀는 '부모'의 개념 분석에서 의한 바와 같이 생물학적인 자녀와 사회학적인 자녀로 구분하여 분석할 수 있다. 우선 사회학적으로 자녀는 페이터적 부모에게 속한다. 여기서 자녀는 그를 출생시킨 부모에 대한 선물이 아니라 공동사회를 위한 선물이다. 이는 출생에 의한 부모의 소유로서 자녀를 설정할 수 없다는 뜻이다.

자녀가 가족 관계라는 특수한 조직 내에서뿐 아니라 보다 확대된 공간과 시간 속에서 자기 정체감을 표시하는 이름을 부여받은 것은 바로 공동사회의 자녀라는 것을 의미한다. 즉, 이름이란 구성원으로서 자격을 부여받음을 공동사회가 승인하는 것을 의미한다.

이름을 가진 사람은 고립된 사람이 아니다. 이름을 가진 사람들은 과거세대와 미래세대의 연결고리로서의 역할을 수행하며 삶을 영위한다. 이와 같은 관점은 사회학적 자녀로서 유아나 성인이나 그들이 갖는 사회적 역할의 중요성을 더욱 강조한다. 왜냐하면 이들은 구체적 그리고 역사적으로 한정된 가족의 한계를 초월하여 일련의 과거와 미래 그리고 보다 확대된 공동사회의 관계 속에서 존재의 의미를 가지기 때문이다.

위와 같은 의미에서 사회학적 자녀는 문화의 전달자이다. 과거로부터 전수된 가치들은 자녀를 통하여 미래에 영향을 끼친다. 이들은 개인을 초월하여 '윗대로나 아랫대'에 그 결합력을 미친다.[76]

사회학적 자녀에게는 특히 순종의 미덕이 강조된다. 이는 페이터적 부모에 대한 순종이 사회의 통합과 안정 그리고 질서를 가져온다는 사실에서 비롯된다. 순종의 사회화를 통해 자녀들이 사회의 구성원으로 사회가 규정한 법과 도덕을 준수하며 체제에 대한 저항을 억제하고자 한다.

이러한 공동사회의 규범체계를 내면화하고 규범체계가 제시하는 사회적 역할을 충실하게 수행하는 인간형은 사회학적 자녀의 모델이 된다. 이러한 사회학적 자녀는 가족체계에서 부모의 말씀을 어기지 않는 것이 자녀의 부모에 대한 윤리, 즉 효윤리의 주요한 구성요소가 된다.

이러한 공동사회에 순응하는 자녀의 도덕성을 강화시킨 것은 고대

---

76) 가족 연속성의 의의는 가족 이름을 영속화시킬 아들이 태어나기 전까지는 남자를 군복무로부터 보호하였던 히브리인의 법이나, 히브리인들이 가족의 이름을 영속화시킬 아이를 낳을 기회를 가질 수 있도록 아이 없는 과부가 죽은 남편의 형제와 결혼하는 것을 관습화한 데서 알 수 있다.

그리고 특히 중세의 봉건체제에서이다. 봉건체제는 왕권의 강화와 봉건체제의 질서 유지를 위해 관변적 학자들을 동원하여 부모에 대한 효윤리가 윤리의 근본임을 강조하여 자녀들의 순종을 봉건체제에 대한 복종심으로 전이시켰다. 특히 동양의 봉건체제는 이러한 순종을 통해 사회학적 자녀를 확대 심화시키고자 한 것으로 유명하다. 그러나 이와 같은 자녀의 유형과 달리 생물학적 자녀는 또 다른 효윤리의 이념을 지니고 있다. 그것은 무엇인가?

생물학적 자녀의 관점에서 보면 부모로부터 태어난 자녀는 부모에게 의존하는 심리가 있다. 앞에서 언급한 바와 같이 부모가 자녀에게 의존하고자 하는 심리가 있지만 자녀도 부모에 대해 의존하고자 하는 심리를 가지고 있다. 역시 인간으로서 불완전함 때문에 자녀도 이러한 의존성을 갖게 된다.

그러나 자녀의 부모에 대한 의존은 부모의 자녀에 대한 의존과는 달리 보다 의존성이 강하다. 이 의존성은 거의 무조건적이다. 부모에게 강제적으로 자녀를 보호하고 양육하는 것이 요구된다. 이는 앞에서 언급한 바와 같이 공동사회의 존속을 위해 거의 모든 공동사회가 자녀의 보호와 양육을 법적으로 규정하고 있다.

성경에서는 자녀의 이러한 의존성을 하나님과의 관계에서 그 전형을 볼 수 있다. 성경적 관점에서 보면 하나님은 정의와 사랑 속에서 부모처럼 행동하신다. 인간 경험을 통해 볼 때 하나님은 모든 인간의 요구에 응답하는 창조자의 위대한 능력을 보여 준다. 이런 의미에서 인간은 그의 자녀처럼 행동함이 당연하다.

그러나 인간은 아무리 나이를 먹고 성숙한다고 하여도 하나님과의 관계에서는 여전히 강력한 부모와 자녀의 관계를 반영한다. 성경에 의한 바와 같이 바나바와의 다툼에서 나타나듯 바울의 조급함과 예레미야의 저항, 시내산에서의 모세의 좌절, 베드로의 성급함에서 보다시피 상당히 존경받는 옛 성자들의 삶 속에서 어린이 같은 미숙함과 불완전성을 찾아볼 수 있다.

그러나 이러한 불완전한 인간도 하나님에 대해 어린이와 같은 의존, 즉 믿음을 가짐으로써 신념에 찬 행동을 보여 준다. 바알 선지자와 싸우는 엘리야의 흔들림 없는 신뢰와 성 프란체스코의 전심의 마음과 테레사 수녀의 사랑은 바로 하나님 아버지에 대한 어린이 같은 믿음에서 비롯된 것이다.

이러한 하나님에 대한 어린이 같은 의존은 제니터적 부모에 대한 의존에도 동일하게 적용된다. 이러한 제니터적 부모와의 순수한 만남 속에 자녀가 갖는 의존성은 생각의 단순함과 양심의 순결함과 행동의 성실함을 수반하여 인간관계의 부당한 대우나 불법에 대해 저항하며 사회문제를 해결하기 위해 변혁적 행동을 시도한다. 따라서 제니터적 부모에 의한 자녀들은 정당한 권위에 대해 순종하지만 부당한 권위의 행사에 대해 저항하는 사회변혁적 윤리의식을 갖게 된다. 지금까지의 페이터적 부모와 자녀 관계와 제니터적 부모와 자녀 관계인 효윤리체계의 모형을 그림으로 나타내면 다음과 같다.

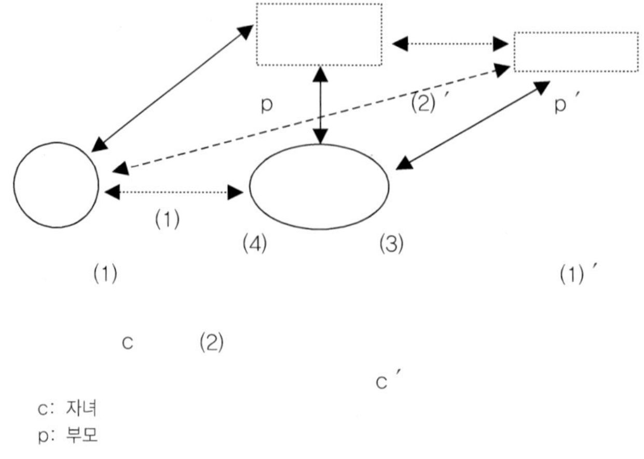

<효윤리체계의 모형>

여기서 c는 p의 자녀이면서 p′와 손자(녀) 관계이며 p와 c′는 동일한 인물이다. 그런데 c와 p의 관계인 (1)과 (1)′는 페이터적 부모-자녀 관계이며 (2)와 (2)′는 제니터적 부모-자녀 관계이다. c의 부모인 p는 p′의 자녀 c′로서 c와의 동일한 자녀의 위치를 가지며 이러한 의미에서 c와 c′는 제니터적인 의미에서 상호간에 이해와 친애로서 마치 친구와 같은 우정을 지닐 수 있다. 반면 c와 p, c′와 p′의 페이터적 부모-자녀는 불평등하고 권위적이고 복종적인 관계를 나타내고 있다.

(3)은 매우 애매한 관계이다. 즉, 페이터적인 것과 제니터적인 것의 중간적인 형태를 지니고 있다. 즉, 여기에는 뚜렷한 페이터적 요소나 제니터적 요소가 드러나지 않고 보다 애매한 형태로 상호관계가 형성된다.

여기서 재고해야 할 것은 대체로 나이가 많아짐에 따라 (1)→(2)

→(1)´ →(2)´로 효의 성격이 변해 간다는 점이다. 그리고 어릴 때에는 페이터적 효윤리가 제니터적인 것보다 강하지만 성년이 될수록 제니터적인 효성이 나타난다. 특히 p와 p´의 제니터 관계인 (2)´는 (2)인 c와 c´보다 효성에 있어서 차이가 난다. 즉, 보다 심층적이고 포괄적인 면에서 효윤리의 최고의 형태가 된다. (4)는 p, 즉 부모의 역할과 c´, 즉 자녀의 역할이 한 개인에게서 상호 교류하고 있는 형태이다.[77]

지금까지 공동사회와 관련하여 효윤리의 대상으로서 부모와 자녀를 규명하였다. 그런데 효윤리의 대상을 분석한 후 제기되는 것은 공동사회의 체계 유지나 존속을 위해 자녀들에게 어떻게 효윤리교육을 실시할 것인가이다.

제니터와 페이터적 부모와 자녀와의 관계에 의한 효윤리는 공동사회의 유지 존속을 위해 모두 필요한 기능을 담당한다. 즉, 공동사회가 갖는 영역별 성격에 따라 효윤리는 적절하게 그 효력을 발생한다. 따라서 공동사회는 통합과 변혁과 연관된 두 가지 효윤리를 체계화시켜 공동사회의 유지를 위해 그 구성원들의 도덕성을 함양함이 필요하다. 과연 효윤리의 교육을 위한 효과적인 교육방법은 무엇인가?

---

[77] p와 c´의 관계인 (4)는 개인에게 효윤리와 관련하여 두 개의 역할 형태가 존재함을 나타낸다. 따라서 이 부분은 효윤리학의 보다 복합적인 연구를 요하는 부분이다. 본 글은 효윤리교육과의 관련성에 초점을 두고 있으므로 자세한 논의는 생략한다. 이 부분의 보다 자세한 논의는 다음을 참고할 것.
1, Thomas A. Harris, M. D, *I'M OK-YOU'RE OK*(New York: Harper & Row, Publishers, 1969).
2. 변정자, 『교류분석』(서울: 예림출판사, 1995).

IV. 효윤리의 교육방법

1. 통합을 위한 효윤리 교육방법

공동사회가 교육의 중요성을 강조할 때 그것은 인간 경험의 숨겨진 부분들 가운데 깊이 뿌리박힌 의미들을 탐색하고 밝혀 주는 책임을 지는 것이다. 교육은 삶을 구조화하는 관계로부터 질서를 주고 의미를 갖게 한다. 교육은 공동사회의 그러한 예기치 않은 경험들을 공동의 유산과 의미 있게 관련짓는다. 그렇다면 이러한 교육의 성격과 관련할 때 효윤리교육의 의미는 무엇인가?

여타 교육과정과 동일하게 효윤리교육도 공동사회 내의 활동이다. 즉, 효윤리교육도 공동사회의 존속과 관련하여 공동사회 내에서 행해진다. 공동사회의 효윤리교육이 공동사회의 유지 존속과 관련되어 소멸로부터 살아남기 위한 방편으로 행해진다는 것은 체계의 유지와 변화를 동시에 추구하기 마련이다. 따라서 효윤리교육도 사회통합적 교육내용과 사회변혁적 교육내용으로 나누어 논의를 전개할 수 있다.

우선 공동사회의 통합과 관련하여 기존 체계의 질서와 규범을 유지하기 위해 효윤리교육은 역사 전통적 맥락을 중시하며 사회학적 부모, 즉 페이터적 부모의 내용을 자녀들에게 교육시키고자 한다. 따라서 자녀들이 페이터적 부모에게 순종케 하기 위해 부모의 권위를 역사적 그리고 전통적 의미로 재해석하여 효윤리교육의 원천과 목적으로 삼는다. 효윤리교육이 역사적 맥락을 교과내용의 주요 분야로 취급하는 것은 역시 전통적 가치관념이 사회통합적 정체성 마련에 유리하기 때문이다.

페이터적 부모의 권위에서 전이된 공동사회의 권위체계는 공동사회의 유산에 뿌리가 박혀 있기 때문에 효윤리교육도 기존 공동사회의 안정과 질서 유지를 위해 공동사회 사람의 도덕적 행위 결정에 보다 영향을 끼치려는 시도 아래 과거의 가치와 태도, 관념을 현재에 전달한다.

효윤리교육이 교수 학습과정을 통해 전달하고자 하는 역사와 전통에 관한 교육의 내용은, 특히 동양 사회에서는 유교주의적 전통문화의 요소가 강하다. 유교적 전통사회는 사회적 연대를 위해 군사부일체의 윤리를 중시하여 자녀들에게 효를 교육시켰다. 이는 철저한 가부장적 사회의 규범체계를 수립하는 교육과정이었다.

오늘날에도 역사 속에 등장한 효자와 효녀 그리고 효부를 이상화하여 이를 학습과정에 하나의 모델로서 등장시킴으로써 구조 기능적 교육의 목적을 추구한다. 이러한 효자와 효녀 그리고 효부들을 모형화하여 이를 모델로 한 교육은 기존 사회에 대한 순응을 강조하여 체계 유지적 사회화를 도모하는 데 교육적 성과를 올릴 수 있다.

이와 같이 공동사회의 통합을 위한 과거의 전통적 그리고 역사적 내용을 교육하는 것뿐만 아니라 현재적 상황과 관련한 효윤리교육 내용을 설정하는 작업이 필요하다. 현재적 삶과 관련하여 효윤리교육의 내용으로서 공동사회의 통합을 위한 교육내용에는 어떤 것이 있는가?

현재적 삶 속에서 공동사회의 통합적 기능과 관련된 효윤리교육의 내용은 사회화의 내용을 포함함이 중요하다. 구드(W. J. Goode)가 언급한 바와 같이[78] 가정은 사회화의 핵심적 역할을 담당한다. 따라

---

78) William J. Goode, *The Family*(서울: 삼성미술문화재단, 1982), p.25.

서 효윤리교육에 의한 사회화를 통해 공동사회의 구성원으로서 갖추어야 할 자질과 맡겨진 역할을 충분히 수행할 수 있는 역량을 마련할 수 있다. 그렇다면 사회화의 과정은 또한 어떻게 진행되는가?

사회학적 부모를 통해 내면화된 사회 정향(social orientation)은 하나의 체계로서 공동사회의 구조를 파악하고 이러한 공동사회의 권위구조와 그 가치체계에 사회학적 자녀가 적극적으로 적응할 수 있게 한다. 바로 이러한 과정을 통해 효윤리교육의 사회화 과정이 진행된다.

메렐만(Merelman)이 언급한 바와 같이[79] 사회화의 동인으로서 부모와 그 자녀의 관계가 가깝고 긍정적인 경우 사회화에 더욱 효과가 있다는 것을 기초로 효윤리교육은 부모와 자식 간의 긍정적 일체감과 도덕적, 인지적 기능의 발전에 관심을 갖는다. 따라서 부모로부터 제공된 공동사회에 관한 지식과 가치, 태도에 관한 다양한 정보가 자녀에게 전달되고 자녀는 이러한 부모로부터 제공된 정보에 자신의 가치와 태도를 일치시킴으로써 가족의 평화와 단합을 이룩할 수 있다.

이러한 부모와 자녀의 일치된 공동사회 의식은 사회체계에 안정된 지지 기반을 형성하여 공동사회의 운용과 계획에 어느 정도 안정된 예측을 가능하게 한다. 더구나 부모와 자식 간의 사회 정향은 아동기와 청년기가 지나도 계속된다.[80] 따라서 공동사회 속에 존속하는 이데올로기에 대한 일정한 지지 세력은 이러한 과정을 통해 지속된다.

특히 정치문화와 관련하여 부모가 가진 정치 정향(political orientation)

---

79) Richard M. Merelman, "The Development of Political Ideology: A Framework for the Analysis of Political Socialization", *American Political Science Review*, LXIII(1969), pp.750－767.

80) R. E Dawson, *Political Socialization*(서울: 법문사, 1983), p.127.

을 따르는 자녀의 효성(孝性)은 공동사회의 정치문화에 일정한 맥락을 구성하여 안정된 정치적 기반을 마련해 간다. 이런 의미에서 정치와 관련된 사회화, 즉 정치사회화에 있어서 부모에 대한 자녀의 효가 갖는 의미는 선거나 투표의 방향을 결정하는 변수가 된다.

건전한 정치 발전을 위해서 부모의 정치 정향을 자녀의 효와 관련하여 교육하는 작업이 필요하다. 이러한 교육과정을 통해 공동 사회의 안정된 정치 노선에 대한 일정한 지지 세력이 형성되어 어느 정도 고정된 정치 노선이 공동사회에 정착하게 된다. 정치의 발전은 이러한 안정된 정치 노선의 확립과 무관하지 않다.

지금까지 공동사회 존속과 관련하여 통합적 내용을 중심으로 효윤리교육을 논하였다. 그렇다면 이제 사회개혁적 또는 예언적 차원의 효윤리교육은 어떻게 전개되는가를 논할 순서이다. 이를 위해 현재의 공동사회 속에 행해지는 교육의 형태를 살펴보는 것으로 논의를 진행한다.

2. 변혁을 위한 효윤리의 교육방법

교육은 공동사회의 의도적 활동이다. 의도적이라는 말은 교육을 통해 피교육자의 행동 양식의 변화를 초래할 수 있다는 의미이다. 피교육자의 행동양식 변화를 가져오기 위해서는 무엇보다 피교육자의 행동양식 원동력이 되는 신념의 체계를 변화시키는 교육적 활동이 필요하다.

효윤리교육이 사회변혁적 교육내용을 설정하게 되는 이유는 이와 같이 신념체계의 변화가 있게 되면 행동양식의 변화와 함께 공동사회의 체계가 변화를 할 수 있다는 논리에 근거한다. 따라서 효윤리교육이 갖는 사회변혁과 관련된 예언자적 기능은 신념체계(belief system)에 관한 교육과 관계된다.

제니터적 부모와의 순수하고 인격적이며 시공간적인 한계를 지닌 불완전한 인간으로서 갖게 된 평등한 관계를 깨달으면서 자녀들은 권위주의와 강압에 의한 것이 아닌 진실한 인간의 삶과 공동사회의 원리·원칙이 무엇인지를 깨닫고 이를 추구하게 된다. 이러한 제니터적 부모에 대한 자녀의 효윤리는 진리에 순종하는 것이 진정 부모의 뜻을 따르는 것이라는 인식을 갖게 한다.

제니터적 부모는 자녀의 이러한 진리에 대한 순종을 내면화하고 자녀에게 진리에 관한 신념을 어릴 때부터 심화시키는 작업을 시도하기 위해 우선적으로 진리에 대한 신념을 스스로 수립할 필요가 있다. 만일 부모가 이러한 진리에 대한 신념을 내면화하지 못한 상태에 있다면 자녀에게 진리의 신념체계를 형성시킬 가능성이 거의 없기 때문이다. 제니터적 부모로부터 진리에 대한 신념을 내면화한 자녀는 진리에 의한 삶과 허위에 의한 삶을 구별할 수 있는 능력을 갖게 되고 이를 바탕으로 사회관계 속에 제기되는 다양한 상황에서 문제의 중심을 올바르게 판단하는 능력을 갖게 된다.

제니터적 부모－자녀 관계에서 효윤리교육은 신념체계의 교육내용을 통해 자녀들에게 진리가 무엇이며 이를 통해 공동사회의 문제를 밝혀내고 비판하며 이를 개혁하는 예언자적 자질을 갖게 된다. 이렇게 부모의 뜻에 진리를 위해 끝까지 순종하며 따랐던 인물로 성경에 나타난 예수를 들 수 있다.

예수는 하나님 아버지의 뜻에 따라 십자가에서 죽기까지 순종하였다. 그가 당시 이스라엘 민족공동체가 가지고 있던 왜곡된 관습과

제도 종교적 의식에 대해 이의 폐단을 지적하며 이러한 공동사회의 삶의 한계를 극복하는 방안을 제시하였다. 그리고 그는 이러한 하나님 아버지의 뜻을 받들어 생명까지 바쳤다. 효윤리교육은 이러한 신념교육(종교적으로는 신앙교육)을 통해 부모가 진정 원하는 것, 즉 진리를 위한 길을 자녀가 가도록 한다. 이러한 길은 부모가 어릴 때 자녀에게 내면화시킨 신념이 강할수록 용이하다. 이런 의미에서 진리를 위한 자녀의 굳은 신념은 부모에 의해 어릴 때부터 잠재적 또는 직접적 교육의 과정을 통해 형성된다.

V. 결론

지금까지 효윤리학의 체계를 공동사회의 존속과 관련하여 분석하였다. 그리고 분석의 도구로서 페이터적 부모와 제니터적 부모의 이념형을 설정하였으며 이를 중심으로 공동사회의 통합적 규범체계와 변혁적 규범체계의 형성과정을 규명하였다.

그런데 이러한 공동사회의 규범체계는 지속적으로 이러한 체계를 지지하는 구성원을 교육을 통해 산출할 필요가 있다. 따라서 효윤리교육은 효윤리의 두 가지 성질인 제니터와 페이터적 부모-자녀 간의 관계 분석을 통해 공동사회의 존속을 위한 지식과 가치 태도를 내면화하는 작업으로 규명하여 이의 방법론을 도출하였다.

지금까지의 논의과정에서 하나의 과제가 드러나는데 그것은 효윤리교육에서 제니터적 효윤리와 페이터적 효윤리를 아동에게 어떻게 통합적으로 가르칠 것인가이다. 이를 위해 제시되는 방안은 놀이를 통한 효윤리교육이다.

놀이는 큰 부담이 없이 공동사회의 삶에 참여하는 연습을 가능하게 한다. 조안 후이징가(Johann Huizinga)가 논한 바와 같이[81] 인간의 공동사회 활동들은 놀이에 의해 설명될 수 있다. 그런데 놀이에는 몇 가지 특징이 있다. 그 특징이란 규칙이 있고 필요할 경우 그 규칙을 변경시킬 수 있다는 것이다.

놀이의 규칙은 그 놀이에 참가한 사람들은 누구나 지켜야 할 것이다. 여기서 공동사회의 질서와 관련된 규범체계를 내면화하는 교육과정이 설정된다. 즉, 놀이의 규칙을 모르는 사람에게 그 규칙을 설명하며 놀이의 규칙을 어긴 사람에게는 일정한 제재를 가함으로써 공동사회의 일원으로서 역할을 하게 하는 사회화의 학습이 자연스레 이루어질 수 있다.

그리고 이러한 놀이 중 부당하게 규칙을 어기고도 제재를 거부하며 놀이를 방해하는 사람에게 그에 대한 시정을 요구하고 규칙을 지킬 것을 항의하는 것은 공동사회의 문제를 해결하기 위해 개혁적 역할을 행사하는 예언자적 기질을 여기서 형성하는 것이다. 그리고 놀이에서 약자들에게 유리하게 규칙을 새롭게 만들어 약자도 끝까지 놀이에 참여하게 하는 것을 훈련시키는 것도 필요하다. 이렇게 함으로써 공동사회의 구성원들 모두에게 최대의 기쁨을 주는 것이 가능함을 교육할 수 있다.

위와 같은 놀이도 가족과 관련된 놀이일 경우 효윤리의 교육적 효과가 더욱 클 것으로 본다. 따라서 소꿉놀이나 가족끼리 함께하는

---

81) Johann Huizinga, *Homo Ludens: A Study of the Play Element in Culture*(Boston: Beacon Press, 1950), p.4.

놀이나 운동에서 이러한 효과를 높일 수 있다. 교실이나 교회에서 직접적 교육과정을 통해 효윤리를 학습하는 것과 아울러 이와 같이 놀이를 통해서 제니터적 효의 원리와 페이터적 효의 원리를 습득해 갈 수 있다.

앞으로 효윤리교육은 효윤리이론과의 상호 작용 속에서 효학의 발전에 기여할 것으로 본다. 그러나 아직도 이러한 작업은 일천한 단계에 있다. 따라서 효윤리와 효윤리교육이 새로운 방법론을 마련하여 효윤리학과 효윤리교육의 대상인 부모와 자녀의 관계를 보다 심층적으로 연구하는 작업이 필요하다고 본다.

제6절
복합적 다문화 교육과정의 원리
― 에피교육과 관련하여―

Ⅰ. 서론

다문화 교육과 관련하여 보수주의자인 Schlesinger가 언급한 바와 같이[82] 한국 사회의 분열을 야기할 위험성이 다문화 교육과정에 내

---

82) A. M. Schlesinger, *The disuniting of America: reflection on a multicultural society*(New York: W.W. Norton, 1998).

포되어 있다. 왜냐하면 다문화 교육의 담당자들은 차이와 다양성의 포용과 약자에 대한 배려라는 인권 마인드로서 다문화 교육과정을 정당화하고 다양성을 찬미하며 다문화 교육과정을 통해 그동안 한국 사회가 구축하여 온 단일민족성을 약화시키거나 배제하고자 하기 때문이다.[83]

확실히 다문화 교육과정은 인류의 지적이고 문화적인 성취에 참여하는 것을 가르치는 데 소홀히 하며 더구나 공통의 문화감각이 없는 문화적 문맹(culturally illiterated)의 아동을 양산하여 국가에 대한 충성과 국가에서 통용되는 문화능력과 언어능력을 약화시킨다. 이러한 다문화 교육과정은 학교 다문화 교육을 소수집단의 아동의 자존심을 높여 주는 사회심리 치료에는 유용하겠지만 공통의 문화가 있다는 생각을 붕괴시키고 결국 기존 공동체에 대한 투쟁심을 조장함을 부인할 수 없다.

특히 다문화 교육과정론자들 중 McLaren과 같이 보다 급진적 다문화 교육과정론자들의 주장은[84] 기존 공동체에 대한 투쟁심을 강조하여 체계 억압적인 사회정치적 관계에 초점을 두어 사회 구조의 변혁을 추구한다. 또 이들은 초국가적 다문화 관점에서 다양한 나라의 목소리가 반영되는 전 지구적 모델에 기초를 두고 있다.

---

83) 이런 추세에 의해 2006년도 발표된 교육부의 '다문화가정 자녀 교육지원 대책'에서는 단일 민족주의를 강조하는 기존의 교과서와 교육과정을 재검토하고 이를 약화시키겠다는 입장을 표명한 바 있다.

84) 급진적 다문화주의자인 McLaren은 온건한 다문화주의가 인종, 성별, 계급에 따른 불평등의 문제와 일상의 억압 구조를 문제 삼지 않는 한 사회 구조의 변화를 도모할 수 없다고 비판한다. 곧 변혁적·정치적 아젠다(transformative political agenda)가 없는 다문화주의는 전체 사회질서에 있어서 또 다른 순응약식일 뿐이라고 주장한다. P. McLaren, White terror and oppositional agency: towards a critical multiculturalism, In D. T. Goldberg(ed.), *Multiculturalism: a critical reader*(Boston: Blackwell, 1994), p.53.

물론 보다 정의로운 사회건설을 위한 사회변혁을 추구하고 이를 위해 교육적 노력이 필요하다. 다문화 교육도 이러한 사회변혁을 통한 자유와 정의의 사회를 구축하는 것이 또한 타당하다. 하지만 급진적 다문화 교육과정론자들의 사회변혁의 논리는 그동안 사회혁명을 통해 사회주의 도래를 구사한 마르크스주의자들의 논리와 맥을 같이한다. 이런 의미에서 마르크스주의자의 거대한 실험이 대체로 실패로 판명된 것에서 급진적 다문화 교육과정론의 조심스러운 방향의 재정립이 필요하다.

한편 Banks가 지적한 바와 같이[85] 보수적 다문화 교육과정론자들의 관점에도 한계가 있다. 왜냐하면 보수적 다문화 교육과정론자들은 다수, 즉 주류 학생들과 소수, 즉 비주류 학생들에게 자신들의 단일한 문화 전수에 집착하고 자신의 이데올로기적 세계만 중시하여 학습자들에게 인간 존재의 풍요로운 경험을 박탈하는 문제점을 가지고 있다. 이런 상황에서 주류 학생들은 자신의 문화적 성격의 독특함을 충분히 감상하고 이해할 수 없다. 왜냐하면 학생 개인들은 자신에게 제한된 문화적 블라인더로 인해 자신의 문화를 제대로 독해할 수 없기 때문이다. 문화적 다양성의 인식이 자신의 문화적 성격 배경과 행동에 대해 보다 나은 이해를 갖게 하기 때문에 다문화 교육의 필요성은 재론의 여지가 없다.

또한 보수적 다문화 교육과정론은 비주류 학생들에게는 집단 간의 조화나 협력을 강조하여 사회변화보다 사회통제의 수단으로 작동한다. 따라서 비주류 학생들이 학교와 사회 속에서 겪게 되는 차별성

---

85) J. A. Banks, *An introduction to multicultural education*(3nd ed.)(Boston: Allyn and Bacon, 2002), p.1.

과 정체성의 혼란에 의한 고통을 무시하거나 경시하게 된다.

살펴본 바와 같이 다문화 교육에 대한 보수적 관점이나 급진적 관점에는 양자 모두 이데올로기적 한계가 있다. 그렇다면 보다 현실 적용의 차원에서 다문화 교육을 위한 대안은 무엇인가? 바로 '복합적 다문화 교육과정론'이다. 복합적 다문화 교육과정론은 문화의 단일성과 다양성, 민족주의와 다문화주의, 국가적 다문화주의와 초국가적 다문화주의 등을 포괄하는 새로운 다문화 교육과정에 관한 이론이라 할 수 있다.

위와 같은 관점에서 본 연구는 '복합적 다문화 교육과정'의 틀을 구축하고 이를 통해 현 한국의 다문화 교육 현상을 분석하며 더 나아가 한국의 다문화 교육의 추진 방향을 밝히는 데 연구의 목적을 둔다.

II. 복합적 다문화 교육과정

1. 복합적 다문화 교육과정의 성격 분석

앞에서 언급한 바와 같이 복합적 다문화 교육과정론은 극단적 보수주의와 진보주의의 다문화 교육과정론을 거부한다. 대신 현실 적용가능한 대안을 마련하고자 한다.

복합적 다문화 교육과정론에 있어서 '복합적'이란 다문화 교육과정이 문화의 단일성과 다양성, 민족주의와 다문화주의, 국가 내적인 것과 초국가적인 것을 교육과정 속에 내포하는 것을 의미한다. 따라서 복합적 다문화 교육과정론은 다문화 교육과정을 하나의 이데올로기적 색채로 환원하여 구조화하는 것을 거부한다. 따라서 다양한 다문화 교육에 관한 논의들을 통합하여 단계적으로 다문화 인간상을 구축하고자 한다.

복합적 다문화 교육과정론은 단일문화주의가 강조하는 국가 내적 문제로서 통합과 동화에 대해 주목하고 이를 결코 경시하지 않는다. 이는 가족이나 국가 기타 사회의 모든 체계는 존속을 기본적으로 전제하기 때문이다. 따라서 이주민이나 그 자녀 등이 자신이 살아가야 할 땅에서 존속을 위한 공존의 가치체계를 내면화하는 과정, 즉 '국민 만들기 과정'을 수용하는 것이 필요하다고 본다. 이런 의미에서 존속을 위해 시급한 상황은 국가의 경계 안에서 우선적으로 적응하여 살아갈 수 있는 교육내용을 아동들이 학습함이 필요하다. 즉, 다문화 교육과정의 지식, 가치, 태도의 설정에 있어서 세계체계적 다문화주의의 변혁적 내용보다 국가 내적 정체성 마련을 통한 다문화의 통합적인 내용이 우선적으로 설정되어야 한다. 양영자가 제대로 지적한 바와 같이 초국가적·세계체계적 다문화주의의 강조는 현재적·국가 내적 다문화주의가 제대로 구축된 후 제기될 수 있는 문제이다.[86]

그렇지만 복합적 다문화 교육과정론은 비주류 소수 학생들이 단순히 적응하고 통합하는 것으로 만족하지 않는다. 복합적 다문화 교육과정론은 비주류 학생들이 자신들의 문화 집단에 대해 긍정적인 태도와 자부심을 갖게 하는 것을 중요시한다. 이러한 소수자 정체성의 마련을 통해 복합적 다문화 교육과정론이 추구하는 것은 이들이 갖

---

86) 양영자, "한국 다문화교육의 개념 정립과 교육과정 개발 방향 탐색"(이화여자대학교 대학원 박사학위 논문, 2007), p.149.

는 자신들의 문화에 대한 자부심이 모국 문화에 대한 존중심을 향상
시켜 부모나 어머니 나라를 부끄러워하지 않기에 이중언어능력을 신
장시키는 것이다. 이는 원일초등학교 사례에서 보다시피[87] 어머니
나라 문화에 대한 존중을 바탕으로 새로운 문화에 대한 이해를 증진
시켜 문화 적응이 용이하기 때문이다.

이러한 이중언어능력의 신장은 또한 Martiniello가 언급한 바와 같
이[88] 경제적 이익을 가져오는 계기를 마련하여 '시장 다문화주의'로
국가 경제력 향상의 한 축을 이룬다. 이처럼 복합적 다문화 교육과
정론의 정체성 교육은 단순한 동화나 통합 교육을 벗어나 비주류 소
수 학생들의 문화나 권리를 존중하는 방식을 취한다.

또한 복합적 다문화 교육과정론은 앞에서 언급한 동화나 통합 그
리고 정체성 교육을 그 내용으로 하지만 다문화 교육을 통해 학생들
이 민주주의 이상과 사회현실의 괴리를 자각할 뿐 아니라 반성적으
로 사회변화에 헌신하며 사회개혁을 촉진하는 기술을 습득하도록 노
력한다. Banks도 동의한 바와 같이[89] 복합적 다문화 교육과정론은
다문화 교육과정을 통해 학교가 사회개혁에 기여할 수 있다고 본다.
이는 국가 내적 다문화주의와 함께 세계체계적 다문화주의를 복합적
다문화 교육과정론이 내포하고 있음을 의미한다. 복합적 다문화 교
육과정은 학교나 교실 환경에 문화적 민주주의를 심화시켜 비록 학
교가 광범한 사회의 인종차별주의나 불평등을 직접 제거하지 못하지

---

87) 원일초등학교, "문화적응 프로그램 구안 적용을 통한 외국 근로자 자녀의 학교 생활 적응
력 향상", 경기도교육청지정 외국인근로자 자녀 특별학급 정책연구학교 운영보고서.

88) M. Martiniello, *Sortir desghettos culturels*, 윤진 역, 『현대사회와 다문화주의』(서울: 한
울, 2002).

89) J. A. Banks, *An introduction to multicultural education*.

만 이러한 교육을 받은 학생들이 학교를 떠나 사회에 진출하여 이러한 운동을 전개할 수 있는 기반을 마련하고자 한다.

2. 복합적 다문화 교육과정의 기본 원리

이처럼 복합적 다문화 교육과정의 성격에 의해 복합적 다문화 교육과정이 추구하는 다문화 교육과정의 기본 원리를 도출할 수 있다. 그 기본 원리란 네 가지, 즉 통합성, 정체성, 창발성, 변혁성이다. 이 네 가지 원리들은 각자 독립적이지 않고 상호 작용의 망을 형성하여 작동한다. 이제 이 네 가지 복합적 다문화 교육과정의 기본 원리를 살펴본다.

가. 통합성의 원리

복합적 다문화 교육과정의 통합성 원리는 기존 주류 사회에 새로운 이주자가 유입될 때 행해지는 적응 교육의 기초 원리이다. 통합성의 원리는 주로 동화주의자(assimilationist)가 강조하는 것으로 이문화 접촉자를 주류 사회에 동화하는 것에 초점을 맞추고 있다. 다문화 교육과정의 통합성 원리는 현재 한국의 다문화 교육 현장에서 지배적으로 행해지는 원리이다.

이 원리는 세계 어느 나라이든 예외 없이 가장 먼저 행해지고 오래 지속되고 있다. 세계화 시대에 급증한 이주 현상으로 다문화 교육을 시행하게 된 서유럽의 다문화 교육에서도 통합성의 원리가 강조되고 있는데 이는 이주자의 적응문제와 관련이 깊다.

복합적 다문화 교육과정의 통합성의 원리는 다문화 가정의 아동의 비율이 현저히 낮을 때 그리고 저학년일수록 강조되며 또한 그 효과가 크다. 왜냐하면 통합성의 원리에 의한 다문화 교육은 아동이 학교와 가정에서 먼저 통합하여 적응하는 지식, 가치 기술, 태도를 습득하게 하고 이를 통해 사회 적응력을 높여 문화적 소수자의 다수자 문화 사회에 대한 통합력을 강화하기 때문이다.

이런 관점에서 통합성의 원리에 의해 특히 강조되어야 할 다문화 교육내용은 한글능력 향상과 한국 문화의 이해 교육이다. 특히 한글능력 향상을 위한 교육은 언어능력과 문화 적응기간 등을 고려하여 문화 충격을 완화할 수 있는 개인차에 기초한 특별 프로그램 개발이 중요하다.

이러한 통합성의 교육과정은 소수자들에게 당장의 먹고사는 문제뿐만 아니라 주류 사회에 편입할 수 있는 기회를 제공하기에 통합성의 원리에 기초한 교육과정은 다문화 교육의 내용 선정에서 갈등이 거의 노출되지 않는 부분이다.

나. 정체성의 원리

복합적 다문화 교육과정의 정체성 원리는 소수자의 정체성 함양에 기초를 두며 이들의 자존감을 회복하고 자신이 속한 문화 집단에 대해 자부심을 갖도록 하는 것이다. 소수자의 정체성에 대한 강화는 주류 사회에 기준을 두어 자신들의 문화에 대해 열등감을 갖는 것을 억제하고 그들만의 고유한 특성을 수용하고 유지시킨다. 다문화 교육에 있어서 통합성의 원리만 강조하는 것은 비록 적응에 성공할지라도 자신의 존재 근거를 약화시켜 정체성의 혼란을 가져오게 된다.

이런 의미에서 통합성 원리와 정체성의 원리가 상호 갈등을 갖게 되는 것은 피할 수 없는 사실이다. 이러한 갈등 관계를 해소하는 방안으로 정체성 원리는 이중 정체성 혹은 다중 정체성을 제시한다. 즉, 외국 출신의 부모나 어머니의 나라와 한국의 이중 정체성을 갖도록 교육하는 것이 필요하다.

특히 국제 결혼자 자녀의 경우 어머니 나라를 부끄러워하는 경우가 있기 때문에 이중 정체성을 통해 외국 국적의 부모나 어머니 나라를 긍정적으로 수용하고 이러한 사실에 대해 자부심을 갖게 되는 것이 아동에게 긍정적 정체성을 형성하는 계기가 된다.

그러나 이러한 이중 또는 다중 정체성의 교육이 아동에게 오히려 정체성의 혼란을 야기할 수 있다. 즉, 어느 집단에도 소속감을 갖지 못하는 사태를 발생시키기 때문이다. 이런 이유로 아동 스스로 자기 조직화(self organization)를 통해 정체성의 재구성을 마련하는 작업이 필요하다. 스스로 기존의 정체성 형성의 기준을 해체하고 새로운 정체성 형성을 위한 기준을 마련하여 자아존중감을 형성하도록 하는 것이 중요하다. 따라서 기존 사회에 대한 성공적인 통합과 적응이 '외모', '말', '억양', '문화 형태'의 동일시가 아니라 민주주의 원리에 의한 '인격의 존엄성'에 기초한 민주시민으로서의 자질임을 분명히 할 필요가 있다.

다. 창발성의 원리

Aristoteles가 언급한 바와 같이[90] 생물학적으로 강한 것은 '순종'이 아니라 '잡종'이다. 복합적 다문화 교육과정론에 있어서 창발성의 원리는 혼합을 통해 새로운 것을 창출하는 것으로 대체로 소수자보다 다수자의 소수자 이해 교육에 해당하는 원리이다.

---

90) Aristoteles, 이병길 · 최옥수 역, 『정치학』(서울: 박영사, 2003).

우선 창발성의 원리는 소수자에 대한 차별과 편견의식을 극복하고자 하는 데 초점을 둔다. 왜냐하면 기존 세력인 다수자들은 문화적 다양성을 지닌 소수자를 수용하여 다수자 문화를 성찰하고 이를 통해 문화의 고급화를 형성할 뿐 아니라 국가의 경제발전도 구축할 수 있기 때문이다.

창발성(emergence)이란 자연계나 인간계에 있어서 비록 상이한 요소가 결합할 경우라도 거기에서 이전의 개별 요소가 갖지 못한 새로운 제3의 성격이 드러나는 것을 의미한다. 즉, 부분적인 것들의 상호 작용에 의해 전체적으로 더 높은 차원의 새로운 것을 형성하는 것이다.[91]

복합적 다문화 교육과정론의 창발성 원리란 서로 특징을 짓는 두 문화가 조우하여 새로운 문화를 재구성하는 자기 조직화 현상을 의미한다. 즉, 소수자 문화와 주류 문화의 만남에 의해 서로 간에 이해의 폭을 확대하며 다양한 관점이나 준거 틀 그리고 세계관 등을 융합하여 Banks가 이름 붙인[92] 복합적인 문화의 변용 현상이 발생하는 것이다. 주류 학생들과 비주류 학생들은 자신들의 문화를 상대방의 문화를 통해 성찰하게 되어 자기들의 문화에 대한 진정성을 통찰하여 새로운 형태의 문화 창조를 시도하게 된다. 이런 과정을 통해 문화의 창발성이 형성된다.

또한 소수자 학생들의 이중언어의 사용으로 기존의 사회가 갖지 못한 문화의 재창조와 이를 통한 정치, 경제, 사회, 문화적 새로움이 구축된다. 이러한 이중언어에 의한 창발성의 원리는 국가 간의 교류 확대 등을 유발시켜 국가 경제력의 강화를 가져오기도 한다.

---

91) Stefen Johnson, *Emergency*, 김한영 역, 『이머전스』(서울: 김영사, 2004), p.100.
92) J. A. Banks, *Race, Culture and Education*(NY: Routeldge, 2006), pp.142-143.

라. 변혁성의 원리

복합적 다문화 교육과정은 다문화 교육의 내용을 국가 내적인 것으로 한정하지 않는다. 복합적 다문화 교육과정의 변혁성의 원리는 민주주의의 기본 원리인 인간의 존엄성을 확립하기 위해 정의로운 사회, 인류 보편적 가치관 교육이 다문화 교육에 필요하다고 본다. 폐쇄적 민족주의와 국가주의에 매몰된 사회를 정의와 평등이 내재된 평화롭고 안정된 민주주의 사회로 전향시키기 위해 다문화 교육과정의 변혁성 원리는 J. S. Chall이 추구하는 세계지식(world knowledge)[93]과 같은 초국가적 다문화 관점을 내포한다.

다문화 교육과정에 변혁성의 원리를 허용하는 것은 결코 응집된 국가를 분열시키거나 붕괴시키는 것이 아니라 오히려 비합리적이고 야만적인 문화에 의해 공동선이 파괴되어 분열된 사회를 통합하는 계기를 마련하는 작업이다. Edgerton이 지적한 바와 같이[94] 어떤 사회가 오랜 세월에 걸쳐 전통적인 문화로서 믿음과 관습을 유지시켜 왔다고 해서 그것이 곧 그들의 삶에 유용한 역할을 한 것은 아니다. 물론 전통적인 문화나 관습은 주요한 적응 메커니즘으로서 작동할 수 있지만 그것이 사회통합에 유해하며 심지어 치명적일 수 있다. 이는 고전적인 민족지학 『나바호(The Navaho)』의 Kluckhohn과 Leighton 글에서 잘 드러난다.[95]

---

93) E. D. Hirsch, *Cultural Literacy: What every American needs to know*(Boston: Houghton Mifflin, 1987).

94) Robert B. Edgerton, "전통적인 믿음과 관습들 – 어떤 것은 다른 것보다 더 나은가?", Samuel P. Huntington, 이종인 역, 『문화가 중요하다』(서울: 김영사, 2001), p.215.

95) C. Kluckhohn and D. Leighton, *The Navaho*, Rev. ed. Garden City(NY: Doubeday, 1962), 501. 여기서 C. Kluckhohn과 D. Leighton은 마녀의 존재에 대한 전통적인 나바호족의 믿음이 공포를 낳고 두려움을 이끌며 때로는 죄 없는 사람들에게 '비극적인' 고통을 안겨 준다는 점을 인정한다. 그러면서도 이들은 주술에 대한 믿음이 나바호족으로

다문화 교육의 변혁성 원리는 기존 사회의 문화적 개혁을 시도하여 인종적·문화적 다양성을 통해 국가의 풍요를 구가하며 시민들이 사적이거나 공적인 문제를 제대로 해결하는 지식과 가치 그리고 태도와 기술을 습득하게 한다.

Banks도 동의한 바와 같이96) 상황에 따라 문화적 다원주의 원리에 따라 인종적·문화적 다양성에 참여할 때 총체적인 인간에 대한 경험을 갖게 되고 이를 통해 사회변혁과 개혁을 추구하게 되며 이것이 더욱 인간 존재를 풍요롭게 하고 사회를 부유하게 한다. 학교의 다문화 교육은 비록 학교 자체가 사회변혁을 위한 직접적인 노력은 불가능하지만 이런 변혁성의 원리를 내면화한 학생들이 사회에 진출하여 이러한 사회개혁을 시도할 수 있다는 점에서 다문화 교육의 변혁성은 의미가 있다.

이러한 변혁을 위한 능력의 배양은 보다 고학년 학생들에게 더욱 강화하는 것이 필요하다. 왜냐하면 변혁성의 원리는 다른 원리들보다 더 추상적이고 복잡한 인지능력을 요하기 때문이다.

Ⅲ. 복합적 다문화 교육과정에 의한 한국의 다문화 교육 분석

그렇다면 한국의 다문화 교육은 이러한 복합적 다문화 교육과정에 제대로 부합하는가? 이제 복합적 다문화 교육과정의 네 가지 원리인

하여금 친구와 친척들을 향한 적의를 마녀에게 돌리게 함으로써 사회적 결속을 다진다고 주장했다. 하지만 두 사람은, 다른 사회는 동일한 문제에 대해 수준 높은 해결책을 가지고 있다는 것에 무지하였다.

96) J. A. Banks, *An introduction to multicultural education*(3nd ed.), p.8.

통합성, 정체성, 창발성, 변혁성을 가지고 한국의 현 다문화 교육 현상을 분석해 보기로 한다.

첫째, 통합성의 원리이다. 다문화 교육과정의 통합성 원리는 현 한국의 다문화 교육과정에서 가장 활발하게 사용되는 방법이다. 소수자를 대상으로 한글교육과 한국문화교육 등이 행해진다. 소수자들이 한국 사회와 문화에 적응할 수 있도록 도와줌으로써 한국의 문화적 단일성을 유지하거나 사회적 통합력과 응집력을 유지시키고자 한다.

현재 학교 다문화 교육은 소수자들의 의사소통 어려움을 덜어 주고 한국 문화를 이해하도록 하여 한국에서 살아가는 데 어려움 없이 적응하도록 돕는 것에 최선의 당면과제를 설정하고 있다. 이러한 통합성의 원리는 대부분 다문화 가정의 자녀와 그 부모 특히 어머니들에 대한 한국어 교육, 한국 문화 이해교육 등에 초점을 맞추게 하고 있다.

이처럼 통합성의 교육과정이 행해지고 있으나 양영자가 제대로 지적한 바와 같이[97] 소수자 수준과 대상의 특성에 대한 고려가 미흡하며, 통합성의 원리에 따른 내용이 구체적으로 무엇이어야 하는가에 대한 문제가 소홀히 다루어지고 있다. 특히 주의를 요하는 것은 소수자의 문화와 한국의 문화가 공통된 문화적 맥락이 약할 경우 한국인의 입장에서 당연히 여기는 것이 소수자들의 입장에서는 당연하지 않거나 제대로 이해할 수 없는 경우가 발생한다.

소수자의 학생들이 소외와 배제 속에서 교육받지 않고 학교 교육 현장과 사회에 성공적으로 통합하기를 도와주려는 것이 중요하다. 그러나 여전히 현 한국의 다문화 교육에는 이들의 문화적 고유성이

---

97) 양영자, "한국 다문화교육의 개념 정립과 교육과정 개발 방향 탐색", p.77.

나 이들과의 문화적 소통을 위한 방안이 간과되어 공통 문화적 접촉을 통한 통합성 마련이 불충분한 상태이다.

둘째, 정체성의 원리이다. 정체성의 형성과 관련하여 한국의 현 다문화 교육에 주로 사용되는 방법은 대체로 학교에서 주류 교육과정에 인종적이고 다문화적인 내용을 첨가하는 것이다. 다문화 학생과 관련된 나라의 영웅이나 기념일 혹은 구체적인 문화적 공예품들을 교육과정에 삽입하거나 특정 인종 집단의 음식, 춤, 음악 등과 같은 구체적인 문화요소를 학습한다.

그런데 이러한 현 한국의 다문화 교육과정은 정체성을 제대로 구축하는 데 한계가 있다. 즉, 이러한 단편적이고 구체적인 문화요소를 통한 정체성 학습은 자신들의 문화를 사소한 것으로 만들고 다수의 주류 학생들에게는 타 문화를 단지 낯설고 이국적인 것으로 오해하는 고정관념을 갖게 한다.

소수자 학생의 정체성 마련에 중요한 것은 그들이 고유하게 가지고 있는 문화적 요소들이 자신의 문화 집단 내에서 차지하는 중요성이나 의미를 추구하는 것이고 이러한 자신들의 문화가 독특성을 지니지만 또한 주류 문화와 공통성을 동시에 지니는 것을 파악할 때 자신의 정체성에 자신감을 갖게 된다.

셋째, 창발성의 원리이다. 현 한국의 다문화 교육에서 크게 부족한 영역이 바로 다문화 교육 원리로서 창발성의 원리이다. 창발성의 원리는 다수자로서 한국의 문화와 소수자의 문화가 융합하여 새로운 문화를 창출하는 것을 의미한다. 이러한 창발성의 원리를 고양하기 위해서는 특히 다수자인 한국의 학생들에게 소수자의 문화를 이해하도록 하는 것이 중요하다. 이러한 이해의 과정은 문화의 차이를 인정하고 이를 존중하게 되며 이를 통해 문화 접변이 발생하게 한다.

이러한 문화의 접변은 자신들의 문화를 성찰하게 하고 이를 통해 보다 새로운 아이디어와 함께 창조적이고 창발적인 문화를 형성하게 된다. 창발성에 있어서 무엇보다 중요한 것이 문화 간의 평등한 관계이다. 특히 다수자의 문화는 우월하며 소수자의 문화는 열등하다는 편견은 창발성을 저해하는 주요한 원인이 된다. 여전히 단일 민족의 우수성이 강조되는 한국의 현실을 고려할 때 양영자가 지적한 바와 같이[98] 한국의 다문화 교육에는 이러한 편견을 제거하기 위한 노력, 즉 Banks가 말한 편견제거 프로그램[99]의 시행이 더욱 필요하다.

특히 한국 학생들이 이중언어를 사용하는 학생들에 대한 호의와 친애적인 관계는 이중언어를 사용하는 학생들에게 자신감을 갖게 하고 이를 통해 소수자 학생은 자신의 이중언어를 자기 발전의 원동력으로 활용하게 된다. 이것이 또한 시장 다원주의로서 한국의 정치외교와 경제 발전에도 도움을 가져오게 된다. 이런 의미에서 다수자 문화와 소수자 문화를 비교하고 교류하기 위해 공통으로 수용할 수 있는 문화 영역을 찾아 지식, 가치, 기술의 상호 작용의 학습을 시도하는 것이 필요하다.

넷째, 변혁성의 원리이다. 변혁성의 원리는 한국의 다문화 교육에 시사하는 바가 크지만 여전히 제대로 시행되지 못하는 부분이다. 학교 현장에서 다문화 교육을 통해 인종적 분노를 논하는 것에 제한이 있으며 인종 차별에 의한 사회 구조의 불평등과 다문화 현상 속에 내재된 자본주의 계층 또는 계급화의 심화에 대한 진지한 논의가 부

---

98) Ibid., p.192.

99) J. A. Banks, Race, *Culture and Education*, p.3-5.

족한 편이다.

다문화 교육과정이 추구하는 이념 속에 다문화 학생의 개인적 적
응과 통합이 일단 중요하지만 더 나아가 힘없는 인종집단을 지속시
키는 지배적 이데올로기, 제도와 구조의 개혁을 지향하는 변혁성의
원리를 강화할 필요가 있다.

특히 변혁성의 원리가 기초로 하는 정의의 실현, 세계 다문화 현상
에 관한 지식 그리고 세계 다문화 체계와 한국적 상황을 연결하여 다
문화의 문제를 국제적 조직과의 연대 속에서 해결하는 능력과 기술
배양을 현재 한국의 다문화 교육과정 속에 설정하는 것이 시급하다.

피할 수 없는 다문화 현상 속에 미래에 제기되는 복합적이고 다차
원적인 다문화 문제들을 한국이 제대로 해결하기 위해서는 지금부터
다문화 교육 속에 다문화 변혁적 리더들을 키워 스스로 문제 해결을
할 수 있는 장을 마련하여야 한다.

IV. F·P 교육에 의한 복합적 다문화 교육과정의 기본 원리 형성

1. 복합적 다문화 교육과정에 있어서 매개문화의 중요성

여기서 매개문화란 문화와 문화를 연결하는 문화를 의미한다. 즉,
다문화들 사이에 공유되는 요소들을 내포하는 문화가 매개문화이다.
매개문화는 문화 간의 소통을 가능하게 하고 또한 문화 간의 상호
작용을 통해 문화 간의 결속을 강화시킨다.

미국의 다문화 현상을 분석한 Banks가 언급한 바와 같이[100] 문화

란 그 나라의 독특한 시대 상황에 따라 형성되지만 동시에 일반화할 수 있는 보편적 특성을 지닌다. 매개문화는 이러한 특수성과 보편성을 제대로 설명하는 개념이다. 즉, 매개문화는 각 문화 속에 내재되어 있다는 면에서 보편성을 지니며 각 문화는 매개문화의 성격을 각기 달리한다는 면에서 특수성을 지닌다.

매개문화는 특수성에 의해 국가 내적 다문화의 성격을 지니지만 보편성에 의해 초국가적 다문화의 성격을 동시에 지닌다. 이런 의미에서 다문화 교육에서 이러한 매개문화를 중심으로 교육과정을 설정하는 것이 중요하다.

이러한 매개변수로서 매개문화를 복합적 다문화 교육과정의 주요 내용으로 설정하게 되면 다문화 교육과정의 기본원리 형성이 용이해진다. 우선 문화 간의 유사성에 의해 소수자 학생들의 문화와 주류 학생들과의 문화 사이에 소통을 통한 상호 작용이 가능하게 되어 학생들 간에 통합성이 강화된다. 또한 소수자 또는 다수자 학생들은 매개문화를 통해 비교의 준거를 갖게 되어 차이를 통한 문화의 정체성을 보다 분명하게 갖게 된다.

매개문화는 문화 간의 상호 작용을 강화시켜 창발성을 촉진한다. 즉, 매개문화를 통해 문화의 융합이 형성되고 이러한 문화 융합은 문화의 재구조화를 통한 새로운 문화 창조에 의해 문화의 창발이 가능하게 된다. 또한 매개문화는 보편성을 지니기 때문에 보편성 속에 내재된 원리를 통해 사회변혁성이 구축된다. 즉, 매개문화가 내재한 보편성은 문화적 소수자와 다수자 학생들에게 세계 차원의 지식, 가

---

100) 이런 면에서 보편성과 특수성의 구별이 절대적인 기준에 의하기보다는 상대적인 기준에 의해 설정된다.

치, 태도를 갖게 하여 사회개혁을 가능하게 하는 변혁성의 원리를 내면화한다. 그렇다면 이러한 문화 간의 매개변수로서 매개문화는 우리 주변에 어떤 것이 있는가?

2. 매개문화로서 에피(F · P: Filial Piety)

바로 Filial Piety(F·P)[101]이다. '에피'는 보편성과 특수성을 지니는 제대로 된 매개문화이다. 시간상 역사적으로 고대로부터 현재에 이르기까지 그리고 공간상 세계 어디에서나 에피에 관한 문화가 지속되고 유지되고 있다. 또한 거의 모든 종교와 관습 그리고 윤리 도덕 속에 에피는 내재되어 있다.

이런 의미로 동서양을 불문하고 에피는 인간 행위의 기본으로 인정받는다.[102] 마치 '도덕이 법의 최소한'이듯 에피는 '윤리의 최소한'으로 자리매김하고 있다. 그렇다면 에피는 어떻게 정의될 수 있는가? 에피는 부모에 대한 자녀의 의무라고 일반적으로 사전적 정의를 가지고 있지만 이를 보다 분명히 하기 위해서 여기서는 '부모와 자녀의 상호 작용(Parents and Children Interaction)에 의해 미래(Future)와 과거(Past)가 상호 작용하는 것(Future and Past Interaction)'이라

---

101) 흔히 영어 Filial Piety를 한글로 '효'라고 번역하기도 한다. 그러나 효라는 개념은 한국 사회에서 지나치게 봉건적이고 유교적인 이데올로기로 채색되어 인류 보편적 성격이 크게 약화되어 있다. 전통적인 유교적 효의 개념은 Encyclopaedia Britannica에서 보다시피 균형 있는 부모 - 자녀 관계의 원리가 탈락되어 있다. 참조. Encyclopaedia Britannica, Ⅶ(1973~1974), p.754. 자세한 논의는 박철호, 『효윤리학』(인천: 도서출판좋은세상, 2000), p.69를 참조할 것. 이런 의미에서 본 연구는 기존의 효라는 개념보다 더욱 일반화된 개념이 등장할 때까지 혹은 보다 보편적인 개념인 Filial Piety를 제대로 번역한 용어가 등장할 때까지 영어 Filial Piety를 그대로 사용하기로 한다. 그리고 그 약자는 F · P로 하고 발음상 한글로는 '에피'로 정하여 사용한다.

102) 이런 의미로 동양 문화에서 유교는 에피를 인간 행위의 근본이라 하며 서양 문화는 특히 기독교의 십계명에서 보다시피 대인계명의 최상에 두어 역시 인간 행위의 기본임을 밝힌다.

고 일단 개념 정의를 시도한다.

그런데 에피는 이러한 보편성을 지니지만 나라마다 또 시대마다 특수한 내용을 형성하여 상호 간에 차이를 지니고 있음을 부인할 수 없다. 이는 한국이 여전히 권위적이고 봉건적인 효의 문화를 강하게 유지하고 있는 것에서 이해될 수 있다.

에피는 네 가지 변수로서 하나의 체계를 이루고 있다. 네 가지 변수란 바로 순종(Obedience), 친애(Friendship), 존속(Subsistence), 그리고 대리(Attorney)이다.[103] 여기서 순종은 부모의 권위를 인정하여 그 뜻에 따르는 것을 의미한다. 따라서 부모의 명령이나 부모가 정한 규칙을 준수하는 것을 의미한다. 이는 Encyclopaedia Britannica 에서는 페이터(pator: 수직적)적 관계로 설명하고 있다. 페이터적 관계에 의해 사회질서와 관련된 법적이고 규칙 준수의 준법정신이 자녀에게 형성된다. 가족 간의 무지와 오해 그리고 가족 규칙 간의 해석 차이 등에 의해 발생하는 갈등을 해소하여 가족 통합을 구축하는 데는 결국 권위자인 부모에 대한 자녀의 순종이 해결 방법이다.

에피의 두 번째 변수는 친애이다. 친애란 부모-자녀 간의 관계가 친구 관계처럼 인격적으로 평등한 관계로서 Encyclopaedia Britannica 에서는 제니터(geniter: 수평적)적 관계로 설명하고 있다. 인격적으로 상호 존중하며 상호 협력을 통해 문제 해결하고자 하는 것이 친애, 즉 제니터적 관계이다. 따라서 에피의 변수로서 친애는 부모와 자녀가 개별 활동만으로는 도출할 수 없는 결과물을 서로의 협력을 통

---

103) 이 에피의 네 가지 변수에 대한 자세한 내용 설명은 인천광역시교육과학연구원, 『효교육 길라잡이』(인천: 인천광역시교육과학연구원, 2003)를 참조할 것. 이 네 가지 변수들의 영어 첫머리, 즉 Friendship(친애)의 F, Attorney(대리)의 A, Obedience(순종)의 O, 그리고 Subsistence(존속)의 S를 합쳐 FAOS(파오스)라 부르기도 한다.

한 창의적인 활동으로 생산성 있는 결과를 도출할 수 있게 한다.

에피의 세 번째 변수는 존속이다. 존속은 자녀가 부모에 대한 헌신으로서 부모의 건강과 장수뿐만 아니라 부모의 계보를 잇는 것을 의미한다. 자녀는 부모의 존속을 도모하는 과정 속에 자신의 뿌리를 인식하며 이를 통해 자신의 정체성을 형성한다. 그리고 그 정체성을 다시 자신의 자녀에게 전수한다.

끝으로 에피의 네 번째 변수는 대리이다. 대리는 자녀가 부모에 대해 에피의 의무를 이행할 때 보다 일반화된 삶의 철학이나 종교적 가르침 그리고 우주적 진리체계에 따라 행할 것을 요구한다. 자신의 환경이나 의지에 의해 에피를 수행하는 것보다 보편타당한 초월적 원리를 기초로 구체적인 에피의 행동 지침을 구축하는 것이 에피 행위에 필요하다.

3. 에피 교육에 의한 다문화 교육과정의 원리 형성

앞에서 언급한 에피의 네 가지 변수는 복합적 다문화 교육과정의 네 가지 원리와 상관관계가 있다. 학교에서 특히 소수자 문화의 학생에게 에피 교육을 통해 다문화 교육과정의 네 가지 원리인 통합성, 정체성, 창발성, 그리고 변혁성을 내면화할 수 있다.

이 네 가지 조합들, 즉 파오스(FAOS)들은 다문화 현상 속의 개인이나 집단이 과거 경험과 미래의 성취를 연결시키는 상호 작용의 맥락에서 구축된 모델이다. 에피의 네 가지 변수, 즉 파오스와 복합적 다문화 교육과정의 네 가지 원리가 상호 연관을 맺는 것을

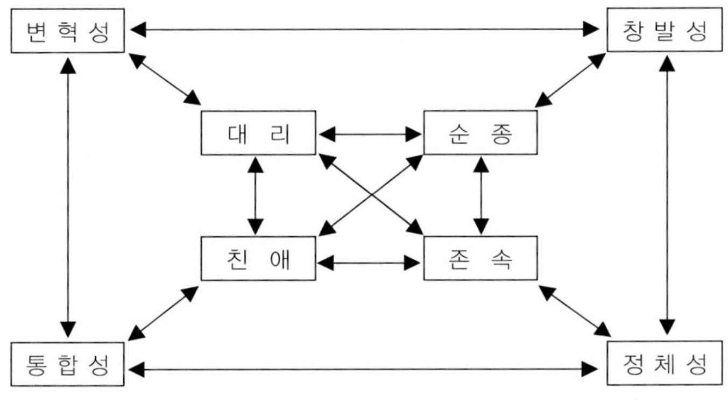

<복합적 다문화 교육과정 체계>

위에 그림에서 보다시피 에피체계의 파오스 변수들은 복합적 다문화 교육과정의 원리들과 상호 관련을 짓고 있다. 즉, 순종과 통합성, 존속과 정체성, 친애와 창발성, 그리고 대리는 변혁성과 상호 관계를 맺고 상호 작용을 하고 있다. 이처럼 에피 교육을 통해 복합적 다문화 교육과정의 원리들을 학생들에게 내면화할 수 있다.

소수자 학생은 부모에 대한 순종을 통해 가족의 통합성을 마련하는 기술을 습득하게 된다. 즉, 다문화 가정의 학생은 가족의 화합과 가족이 정한 규칙의 준수와 이 규칙들을 지켜 가는 부모의 권위를 인정하고 이를 수용하는 태도와 가치관 정립이 가족 통합의 기초가 됨을 인식하게 된다. 이러한 순종을 통한 가족 통합과정은 국가, 사회적 통합성으로 진행하게 되어 순종의 사회화에 의해 국가의 법과 제도의 권위를 인정하고 이를 준수하게 된다. 교사는 에피의 순종변수가 제대로 사회적 통합성의 내면화로 진행될 수 있도록 에피의 교육내용을 교수하는 것이 필요하다.

에피체계의 변수로서 친애를 학생에게 내면화할 때 중요한 것은 법과 규칙의 준수와 관련되어 가족의 통합을 위해 부모의 권위에 순종하는 것은 중요하지만 그 밖의 것에 대해 부모와의 관계가 친구 관계처럼 인격적으로 평등한 관계임을 분명히 할 필요가 있다. 이러한 과정을 통해 학생은 다수자의 문화와 자신의 문화 사이에는 서로 존경하고 인정하는 것이 중요함을 깨닫게 된다. 이런 과정 속에 학생은 다수자의 문화와 자신의 문화가 서로 대화하고 협력하여 새로운 문화를 창발하는 능력과 자신감을 갖게 된다. 교사는 권위자인 부모도 자녀와 인격적으로 동등함이 있음을 강조하여 이를 통해 다수자의 문화가 권위 있는 것으로 소수자의 문화보다 우월한 것이 아니라 서로 간에 친구로서 함께 문제를 해결하고 두 문화가 개별적으로 갖지 못한 새로운 문화를 구축할 수 있음을 학생에게 심화시키는 것이 필요하다.

에피의 세 번째 변수는 존속인데 이 존속의 변수는 복합적 다문화 교육과정의 정체성과 깊은 관련이 있다. 자녀가 부모에 대한 헌신으로서 부모의 건강과 장수뿐만 아니라 부모의 계보를 잇는 것을 의미한다. 교사는 특히 에피체계의 계보를 잇는 것의 의미를 강조하면서 다문화 학생이 스스로 자신의 모습을 사실 그대로 수용하고 이러한 과정을 통해 다수자 문화 속에 자신의 문화적 정체감을 전환하도록 하는 것이 필요하다. 부모에 대한 공경과 감사를 통해 자신의 모습을 부끄럽게 생각하는 것이 아니라 부모를 사랑하는 만큼 그 부모의 정체성에 대해 자부심을 갖도록 함이 중요하다. 따라서 우선 부모의 뿌리를 통한 자신의 정체성 구축은 부모에 대한 에피로서 중요한 요소임을 부각시키는 것이 중요하다.

끝으로 에피체계의 네 번째 변수로서 대리는 에피 교육을 통해 국가 사회적으로 개혁을 도모하는 변혁성으로 전환하게 된다. 에피체계의 대리의 변수에서 강조되는 것은 보편적이고 일반적인 원리를 중심으로 자녀의 에피가 행해진다는 사실이다. 다문화 교사는 자녀가 부모에 대해 에피의 의무를 이행할 때 보다 일반화된 삶의 철학이나 종교적 가르침 그리고 우주적 진리체계에 따라 행할 것을 강조해야 한다. 이러한 일반적인 원리에 의해 에피하는 과정을 통해 소수자 학생이 대리를 내면화하게 되면 사회국가적으로 무엇을 개혁하고 변화시켜 나갈 것인가를 인식하게 된다.

에피교육을 학교에서 학습시키고 이를 다문화 가정에서 실천하는 과정 속에 교사는 에피의 정서를 복합적 다문화 교육과정의 원리들과 상호 연관 짓는 교수 학습과정을 유지함이 필요하다. 문제는 에피체계의 파오스 변수들과 복합적 다문화 교육과정의 원리들이 상호작용하면서 균형을 이루는 것이 중요하다. 따라서 학생들이 에피체계의 파오스들을 균형 있게 학습하고 실천하는 것이 필요하며 이를 통해 다문화 교육과정의 원리들을 또한 균형 있게 내면화하는 작업이 중요하다.

이러한 에피체계의 파오스 교육을 통해 복합적 다문화 원리가 형성되는 과정은 에피의 개념(FP: Filial Piety) 정의와 관련하여 설명이 가능한데 바로 파오스의 교육을 받고 난 후 Future(미래)에 다수자와 함께 이 땅의 주인공이 될 소수자들이 이미 구축된(Past) 한국의 문화와의 상호 작용을 통해 통합성, 정체성, 창발성, 그리고 변혁성을 형성해 가는 것으로 볼 수 있다.

Ⅴ. 결론

지금까지 한국의 다문화 교육을 재정립하기 위해 복합적 다문화 교육과정의 틀을 구축하고 복합적 다문화 교육과정의 원리들에 의해 한국의 다문화 교육 현상을 분석하였다. 그리고 이러한 다문화 교육과정의 원리들을 제대로 형성하기 위한 방안으로 에피체계의 변수들을 중심으로 에피교육의 방법을 탐구하였다.

여전히 한국의 다문화 교육현장은 혼란을 겪고 있다. 아직도 다문화 교육의 개념 정립이 제대로 마련되지 않은 상태이며 구체적인 교육방법에 대한 논의도 일천하다. 이제 복합적 다문화 교육에 대한 진지한 토론과 함께 다문화 관련자들의 과거 경험을 되살리고 이를 통해 미래의 다문화 교육 방향을 제대로 정립할 때이다.

제5장

효학과 법 : 법효학

고령사회 대비를 위한 효행법 연구

Ⅰ. 서론

1. 연구의 목적

최근 서남아시아 해역에 덮친 쓰나미에 의한 피해는 충격적이었다. 그러나 따져 보면 이러한 피해도 미리 경보가 발해지고 이를 대비할 시간과 대응전략이 충분했다면 그렇게 큰 피해는 없었을 것이다.

고령화의 진행은 마치 쓰나미와 같이 조용히 진행되지만 제대로 대응을 하지 못할 경우 막대한 피해를 가져올 수 있는 거대한 사회적 재앙의 동인이다.[1] 즉, 수명 연장에 의한 노인인구의 증가와 출산율 하락이 동시에 나타나는 고령화는 필연적으로 생산인구와 연금의 문제를 제기한다. 따라서 고령화에 의해 생산인구가 줄어들어 경제활동이 위축되고 동시에 노인인구의 증가와 함께 폭발적으로 늘어나는 연금수요는 나라살림을 심하게 압박하여 위기를 초래하게 된다.

현재 우리나라의 고령화 속도는 세계 최고이다.[2] 통계청 장래인구

---

1) 박동석외, 『고령화 쇼크』(서울: 굿인포메이션, 2003), p.10.
2) 고정민·정연승, 『고령화사회의 도래에 따른 기회와 위협』(서울: 삼성경제연구소, 2002), p.6.

체계(2001)에 따르면 2000년에 유엔이 정한 고령화 사회(65세 이상 노인이 전체 인구의 7% 이상을 차지)로 접어든 우리나라가 고령사회(65세 이상의 노인이 전체 인구의 14%)로 될 때까지 걸리는 시간은 19년(2019)에 불과하다. 이는 지금까지 세계 역사상 가장 빠른 속도이다.[3] 그렇다면 고령화 사회를 넘어서 고령사회를 향한 이러한 고령화의 급속한 진행이 현재 우리 사회에 어떤 문제를 제기하는가?[4]

고령화가 우리 사회에 제기하는 문제에 대해서는 다양한 논의가 가능하지만 삼성경제연구소에서 지적하는 바와 같이[5] 크게 나누어 보면, 노인부양에 대한 국민부담의 증가, 장기요양시설의 부족, 경제 성장률의 둔화, 노인일자리의 부족, 노인의 사회와 가족으로부터의 소외 등을 들 수 있다. 이렇게 제기된 문제들을 제대로 해소하지 못할 경우 국가적 위기가 초래된다.

여기서 우리의 관심은 국가적 위기와 관련되는 이러한 고령화의 문제에 대한 대응전략이 과연 무엇인가이다.[6] 그동안 논의를 통해 정립된 고령화 대응전략으로 들 수 있는 것은 경제적이고 실제적인 차원에서의 대응전략과 정서적 차원에서의 대응전략이다. 전자는 주로 경제 성장과 관련하여 생산성 향상을 위한 고령화 대책이다. 후자는 노인들의 소외 등과 관련하여 이들의 정서적 안정을 구축하는

---

3) 김동일, 『장수시대 노인문제에 대한 사회적 대응과 생존전략』, 『한국노인학』, Vol.21(2001).

4) 물론 고령화는 우리 사회에 긍정적인 면도 가져온다. 고령화가 가져오는 긍정적인 측면으로서 새로운 산업으로서 노인들의 욕구를 충족하기 위한 노인친화산업의 발달을 들 수 있다. 그리고 노인인구의 증가에 따른 문화와 규범적으로 성숙된 사회의 도래를 들 수 있다. 그러나 이러한 긍정적인 측면은 고령화의 부정적 측면을 제대로 해소하는 것과 밀접한 관계가 있다.

5) 고정민·정연승, 『고령화사회의 도래에 따른 기회와 위협』, pp.11-25.

6) 고령화는 저출산율과 동시에 진행된다. 따라서 고령화의 대응전략에는 출산율 증가 전략이 포함될 수 있지만 여기서는 이 부분에 관해서 논의하지 않는다. 왜냐하면 본 연구의 주제는 노인인구의 증가와 관련된 효행장려의 내용을 주로 다루기 때문이다.

고령화 대응전략이다. 결국 고령화 대응전략은 실제적인 면과 정서적인 면을 체계적으로 구축하는 데에 있다.

위와 같은 관점에서 본 연구는 고령화 사회 이후 필연적으로 맞게 될 고령사회를 대비하기 위한 대응전략을 구축하는 과정으로 참여정부를 중심으로 한 현 우리사회의 고령사회 대응전략을 분석하고 이와 관련하여 효행장려법(이하 효행법이라 함)의 제정이 갖는 고령사회 대응의 전략적 의의를 규명하는 데 연구의 목적을 둔다.

2. 연구의 방법

고령화와 같이 다양한 변수들이 작동하는 사회 현상을 규명하기 위해서는 복합적 변수들을 포괄적으로 다루는 체계론적 접근법이 필요하다. 그동안 고령화 문제와 같이 복합적 현상을 다루는 데 있어서 한두 가지 변수로써 현상을 분석하는 데 한계가 있음이 드러났다. 다양한 변인들이 작동하는 현상을 규명하는 데는 관련된 변인들의 상호 작용 관계를 복합적으로 분석하는 작업이 필요하다. 체계론적 접근은 바로 이러한 작업을 제대로 수행한다.

고령화 현상의 위기 분석과 대안 마련을 위한 전략을 규명하는 데는 관련된 변수로서 국가, 사회, 가족, 그리고 개인으로서 노인 자신을 들 수 있다. 이 네 변수들은 하나의 체계를 구축하고 있으며 이 네 변수들에 의해 우리는 고령화 현상에 의한 위기 발생의 과정을 추적할 수 있고 또 위기 극복의 대안을 구축할 수 있다.

고령사회로 진행하는 고령화의 구성요소인 국가, 사회, 가족 그리고 개인은 상호 작용하는 하나의 망으로서 다음과 같은 체계를 구성하고 있다. 여기서 화살표는 상호 작용의 방향을 의미한다.

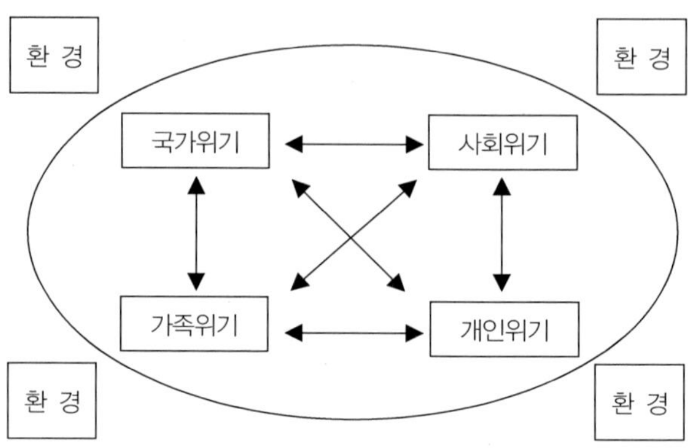

II. 고령사회 위기의 체계 분석

앞에서 언급한 바와 같이 우리 사회는 이미 고령화 사회를 통과하여 고령화가 진행되고 있다. 예측하기로 2019년에 고령사회로 접어들게 된다. 그렇다면 고령사회는 어떤 성격을 지니며 그에 따른 위기의 내용은 무엇인가?

고령사회의 위기는 앞에서 언급한 고령사회 위기의 구성체계 분석을 통해 규명할 수 있다. 먼저 고령사회의 국가적 위기는 크게 두 방향에서 제기된다. 첫째, 고령화에 의한 경제성장률의 둔화이다. 경제성장률의 둔화 원인은 무엇보다 노인인구의 비중이 증대하면서 전체적인 취업구조가 노령화되기 때문이다. 2001년에 나온 통계청 자료에 의하면 우리나라 생산가능인구(15~65세)는 2016년을 고비로

감소세로 전환된다. 문제는 이러한 감소세의 전환과정에서 50～64세의 고연령층의 비중은 더욱 가중된다는 점이다.

이것은 바로 기업의 생산성 저하로 직결된다. 즉, 경력의 증대에 따라 기술 축적이나 전문성 함양의 효과가 큰 특수한 직종을 제외하고 일반적으로 취업구조의 고령화는 곧 비용의 상승을 가져와 생산성이 저하된다.

또한 고령화로 인해 우리나라 경제활동 참가율은 한국개발연구원(KDI)에 의하면 2010년 64%를 정점으로 2030년에는 62.6%로 떨어진다. 이와 같이 비노동 노인인구의 증가와 동시에 출산율 감소 등으로 인해 전체 취업자 수도 2030년 이후 하락할 것으로 전망된다. 이러한 취업구조의 노령화와 경제활동참가율의 저하는 급격한 생산성의 증가가 없다면 필연적으로 경제성장률의 저하로 연결된다.[7]

고령사회에서 국가적 위기의 두 번째 내용은 노인부양과 의료보험 그리고 연금 지급의 비용증가이다. 우선 노인인구가 급격히 증가하면서 경제활동인구 1명이 노인부양에 부담하는 비용이 크게 증가하면서 국가 전체적으로 재정적 위기를 압박받고 있다. 2001년도 통계청 자료에 의하면 지금의 추세라면 2010년에 경제활동인구 5.5명이, 2020년에는 3.9명이, 2030년에는 2.4명이 1명의 노인을 부양해야 한다. 또한 의료보험에 의한 노인의료비 증가가 국가의 위기를 가중시킨다. 보건복지부의 2000년 노인의료비 증가 추이에 대한 자료를 보면 전체 의료비에서 노인의료비가 차지하는 비율은 1989년 4.7%, 1990년 8.2%, 1995년 12.2%, 1998년 15.4%로 지속적으로 증가하

---

7) 한국개발연구원(KDI)에 의하면 경제성장률이 2000년 8.8%, 2010년, 5.2%, 2020년 3.2% 그리고 2030년 1.7%로 크게 떨어져 갈 것으로 예상하고 있다. 자료: 한국개발연구원, 『비전2011』(2002. 2).

고 있다.

　연금의 경우에도 노령연금의 수령자가 늘어나면서 재정부담 증가가 불가피하게 된다. 2001년 약 60만 명이던 노령연금 수령자가 2005년에는 109만 명, 2010년에는 183만 명에 이르고 2028년에는 약 800만 명으로 예상되어 이에 따라 향후에는 연금재정 수입액보다 지출액이 많아 적자가 예상된다. 만일 국민연금을 매달 내고도 연금을 받지 못하는 경우가 발생하게 되면 삼성경제연구소도 동의하듯[8] 사회적으로 대란이 발생하는 것은 필연적이다.

　이제 고령사회가 가져올 사회적 차원에서 위기를 분석해 보면 무엇보다 폭발적으로 증가된 노인인구를 부양해야 하는 젊은 세대의 불만이 가져올 사회적 갈등이다. 고령사회의 노인부양은 젊은 세대의 협조 없이 불가능하다. 그런데 연금의 성격상 젊은 세대는 자기 앞 세대를 위해 세금을 더 내면서 나중에 자신들은 혜택을 덜 받아야 할 처지가 되어 불만을 갖게 된다. 이는 결국 현재의 연금체제에 거부감을 갖는 원인이 된다. 이들은 손해를 볼 바에야 더는 세금을 못 내니 세금체제를 조정할 것을 요구하게 된다.

　연금을 부담해야 할 세대와 수급세대 간의 갈등은 이미 유럽을 비롯한 선진국에서 사회 불안으로 확산되고 있다. 2003년 7월 프랑스, 이탈리아, 오스트리아 등 유럽을 극도의 혼란 속에 빠지게 한 일련의 파업사태는 고령화에 의한 사회적 위기가 심각함을 극명하게 보여 준다.[9] 연금과 퇴직문제로 발발한 프랑스의 파업사태는 1960년대 학원봉기 후 최악의 경우였다. 이를 두고 「뉴스위크」지는 "장차

---

8) 고정민·정연승, 『고령화사회의 도래에 따른 기회와 위협』, p.15.
9) 박동석 외, 『고령화 쇼크』, p.29.

노·장 세대 간의 세금의 분배를 놓고 벌어질 많은 투쟁의 첫 단계"
라고 했다.[10] 우리 사회도 조기 은퇴자의 수가 증가하면서 젊은 세
대의 조세 부담도 증가하여 이에 대한 불만이 서서히 한국적 사회
위기의 한 부분을 점하고 있다. 2030년에는 65세 인구의 약 80%가
연금 수혜자가 될 때에는 젊은 세대의 부담은 더욱 증가할 것이고
이에 대한 불만도 한층 고조될 것이다.

이러한 추세 속에 사회적 위기를 더욱 가중시키는 것은 청소년들
의 노인에 대한 태도가 매우 부정적이라는 사실이다. 이는 2004년도
대한은퇴자협회가 조사한 바와 같이 세대 간 갈등이 점차 확산되어
있는 것을 의미한다. 젊은이들의 미래의 활동 영역에 마이너스적 요
인이 된다는 점에서 젊은이들은 노인층의 증가에 적대감을 갖는
다.[11] 뿐만 아니라 정보화 등에서 세대 차는 더욱 증대되고 있다.
즉, 급속한 정보기술 분야의 변화는 노인세대와 젊은 세대의 괴리를
더욱 커지게 한다. 이를 해소하기 위한 현 정부의 주요 정책 중 하
나인 노인들에 대한 정보화 교육은 피상적이며 근본적인 해결 방안
이 될 수 없다. 왜냐하면 이러한 세대 차의 위기 극복은 경제, 기술
적 차원 그리고 정서적 차원을 포함한 보다 복합적 접근이 필요하기
때문이다.

고령사회는 가족에게도 위기를 초래한다. 무엇보다 고령화의 진행
속에 자녀의 노부모 부양부담은 더욱 늘어 가족의 위기를 가중시킨

---

10) 유럽에서는 젊은이들이 소위 '세대의 사기'에 저항하여 조직적인 목소리를 내고 있다. 독일
　　에서는 '미래세대권리제단'이라는 단체가 설립되어 위 세대에 대해 투쟁을 전개하고 있다.
　　위의 책, p.30.

11) 중·고등학생들의 노인에 대한 부정적인 인식 정도는 86.9점(100점 만점 기준)으로 매우
　　부정적이다(점수가 낮을수록 노인에 대해 긍정적임). 참고,
　　http://blog.dt.co.kr/media/printpage.asp?uid

다. 다양한 이유로 여전히 우리 사회는 노인부양이 가족에게 치우쳐 있다. 노인 또는 노부모 부양에 가족이 책임을 지는 것은 우리나라 만의 특이한 실정이 아니다. 미국과 유럽 그리고 아시아를 포함한 거의 모든 나라들에 있어서 노인부양은 가족이 책임을 지고 있다.[12)]

실제 한국보건사회연구원이 1994년 우리나라 노인의 부양실태를 조사한 바에 의하면 자녀에 의한 경제적 부양이 94.0%로 나타났으 며 2001년 조사에 의하면 135개 시설에 수용가능한 노인 수는 약 10,000여 명으로 전체 노인인구의 약 0.35%에 불과하다.[13)] 이는 일 부 독거노인을 제외하고 대다수의 노인들이 가족과 함께 생활하고 있음을 보여 준다. 국가 재정과 노인인구의 급속한 증가를 고려할 때 이러한 현상이 고령사회에는 더욱 심화될 것으로 보인다. 더구나 손자들은 노인이 된 그들의 부모와 조부모를 동시에 모시는 사태까 지 발생하여 노인부양 가족의 부담을 더욱 가중시켜 가족의 위기를 가져오게 된다. 특히 저출산율에 의해 자녀를 1명 또는 2명 정도 가 진 가족이 대다수인 현 상황은 고령사회에 맞을 문제의 심각성을 더 욱 부각시킨다.

문제는 이러한 가족에 의한 노인부양이 여성의 사회 참여로 가족 위기가 중첩으로 발생한다는 사실이다. 지금까지 노인, 즉 노부모에 대한 부양은 주로 며느리나 딸들이 담당하였다. 그러나 국가 사회적 필요성에 의해 여성들의 사회진출이 용이해지면서 노부모의 수발 등 을 행할 인력이 감소하게 되었다. 이는 노부모 등의 노인을 부양하는

---

12) 박재간 외, 『각국 노인의 가족부양 현황과 과제』(서울: 사단법인 한국노인문제연구소, 1977). 단지 예외적으로 덴마크는 가족에 의한 부양이 국가에 의한 것보다 약하다.

13) 선우덕, 『노인요양의 실태와 사회적 보호 필요성』, 노인요양의 실태와 사회적 보호방안 토 론회, 2001, 9.

가족들에게 부양 비용과 고통을 가중시켜 또한 위기를 증폭시킨다.

고령사회에서의 위기는 한 개인으로서 노인 당사자에게도 예외는 아니다. 고령사회에서의 노인은 그들의 3대 고통인 가난과 질병 그리고 소외 중에서 점차 소외를 통한 정서적 고통을 무엇보다 심각하게 받게 된다.

즉, 노인들은 개인주의적 핵가족화에 따라 부부와 자녀 중심의 생활 방식에서 소외되며 사회적으로 세대별 문화의 격차로 소외된다. 세대별 격차는 단지 정보적인 것으로만 설명할 수 없다. 그리고 노인들이 정보화의 기술을 획득하는 것으로 고독과 소외의 문제가 해결되지 않는다. 노인에 대한 새로운 사회 인식이 강화되지 않는 한 이러한 소외 현상은 쉽게 해결되지 않는다.

특히 노인층의 자살률이 젊은 세대보다 높은 이유는 이들의 소외 현상이 심각함을 의미한다.[14] 이렇게 노인인구의 자살률이 높은 이유는 무엇인가? 그 이유에는 고령사회의 한 특징으로서 고령사회의 노인들의 고학력 수준을 들 수 있다. 즉, 고령화와 동시에 학력이 높은 노인이 증가한다.[15]

이들은 자존심과 인지욕이 강한 노인층임을 이해할 수 있는데 이들에 대한 가족과 사회적 대우가 자신이 기대한 만큼 되지 못한다고 생각될 경우 이들이 갖는 수치심과 소외감은 결국 이들의 자살로 연결된다.

위의 관점에서 현재 고령화 사회의 30대와 40대의 연령군의 학력 수준이 현재 65세 이상 인구의 학력에 비해 현저히 높을 것으로 예

---

14) 파이낸셜뉴스: 사회 2005.1.24.

15) 통계청 자료, 『2000년도 인구주택총조사』, 2001.

상되어 고령사회의 노인들의 개인적 위기는 매우 크다고 할 수 있다.

지금까지 논한 바와 같이 고령사회의 구성요소로서 국가, 사회, 가족 그리고 개인들은 상호 작용의 과정을 통해 고령사회의 위기를 증폭하게 된다. 그렇다면 이러한 고령사회의 위기를 극복하고 바람직한 고령사회를 맞이하기 위해 어떤 대비전략을 구축할 것인가? 여기서 주지해야 할 것은 고령사회의 문제해결도 결국은 고령사회의 위기를 가져오는 고령사회의 구성요소인 국가, 사회, 가족, 그리고 노인 자신의 개인적 차원에서 위기 극복의 대비전략을 구축해야 한다는 점이다.

Ⅲ. 고령사회 대비의 전략체계와 효행법

1. 고령사회 대비를 위한 대응전략의 기본 원리

고령사회의 위기를 극복하기 위한 전략은 다양하게 설정될 수 있다. 그러나 고령사회가 위기의 증폭으로 붕괴되는 사태를 막기 위해 체계의 생존을 위한 기본 원리를 제대로 파악하는 것이 필요하다. 하나의 체계로서 고령사회가 제대로 작동하기 위한 생존전략은 무엇인가?

체계론적 관점에서 볼 때 모든 체계가 활발한 가동력을 가지고 작동하기 위해서는 우선 생존 방안을 제대로 구축하는 것이 필요한데, 첫째로 들 수 있는 생존 방안은 실현가능한 전략을 구사하는 것이다. 실현가능하다는 것은 체계가 처한 환경을 고려하여 전략을 세우는 것을 의미한다. 체계가 처한 환경으로서 문화나 가치체계를 중심으로 하는 정신적 환경과 자원과 기술을 포함한 물리적 환경을 충분히 고려함이 중요하다.

이런 의미에서 우리나라의 고령사회 대비전략은 우리 실정에 적합해야 한다. 단지 서구 등에서 시행된 것이거나 이론화된 것이라고 하여 그대로 우리사회의 고령사회 문제해결책이라고 하기에는 무리가 있다.

둘째, 우리나라의 고령사회 대비책으로 들 수 있는 생존원리는 현재 이용할 수 있는 자원을 이용하는 것이다. 여기의 자원에는 물질적인 것과 비물질적, 즉 정신적 자원 모두를 포함한다.

지금 여기(now and here)에서 이미 체계가 가지고 있는 자원을 우선적으로 사용하는 것이 필요하다. 새롭게 자원을 구축하거나 외부로부터 도입하여 고령사회 대비책을 마련하는 것은 전략이 제대로 작동할지에 대한 의문과 이에 따른 위험 부담이 크다.

셋째, 고령사회 대응전략으로는 김태현이 지적한 바와 같이 실제적인 면과 정서적인 면을 동시에 구축하는 것이 필요하다.[16] 여기서 실제적 대응전략은 정부나 기업 등의 물질적 자원을 동원하는 각종 시책들이 여기에 속한다. 정서적인 것은 앞에서 언급한 노인과 장년 세대 간의 정서적 차로 인한 갈등 해결과 노인들의 소외 등을 해결하는 전략과 같은 것을 의미한다.

이제 위와 같은 하나의 체계로서 고령사회가 내재한 위기를 극복하기 위한 대응전략의 기본 원리를 우리 사회가 제대로 수용하여 시

---

16) 김태현, 『고령화사회에서의 가족과 지역사회』, 『고령화사회 어떻게 대응할 것인가』(서울: 아산사회복지재단, 2003).

행하고 있는가를 규명할 차례이다. 이와 관련하여 현재 고령사회의 위기 극복을 위한 대안들은 학계, 기업 그리고 정부 등에서 제시된 바 있다. 여기서는 현 참여정부가 마련한 소위 「고령화 및 인구대책 기본 법안」을 중심으로 우리의 대응전략을 살펴보고자 한다. 이렇게 정부안을 중심으로 살펴보는 이유는 그동안 각종 학계나 삼성경제연구소, 현대 아산사회복지재단이 마련한 대응전략은 대체로 정부안에 포괄적으로 수용되었기 때문이다.[17]

2. 대응전략으로서 고령화 및 인구대책기본법과 효행장려법

보건복지부가 고령사회를 대비한 대응전략으로 제시한 「고령화 및 인구대책기본법」(이하 기본법이라 칭함)은 급격한 고령화가 진행됨에 따라 제기되는 위기를 극복하기 위해 고령사회에 대한 정책 전반에 대한 각종 시책을 종합적으로 추진하는 데 목적을 두고 마련되었다.[18]

이 법안이 갖고 있는 의미를 제대로 분석하기 위해서는 앞에서 언급한 바와 같이 고령사회의 위기의 내용을 분석하기 위한 고령사회 위기의 구성체계를 중심으로 이 기본법안을 살펴보는 것이 논리 전개상 타당하다.

가. 국가위기에 대한 대응

먼저 고령사회 위기의 구성체계로서 국가의 위기와 관련하여 대응

---

17) 참고, 아산사회복지재단, 『고령사회 어떻게 대응할 것인가?』(서울: 아산사회복지재단, 2003). 삼성경제연구소, 『고령화사회의 도래에 따른 기회와 위협』(서울: 삼성경제연구소, 2002). 보건복지부, 『고령화 및 인구대책 기본법』, 2004. 보건복지부안은 2005년 초에 국회에서 통과될 전망이다.

18) 보건복지부, 『고령화 및 인구대책 기본법』.

전략을 분석하면 일단 기본법은 국가의 위기를 극복하는 대안을 제대로 수립하고 있다. 그렇다면 위기 극복을 위한 구체적인 대안의 내용은 무엇인가?

국가적 측면에서 고령사회의 위기는 앞에서 언급된 바와 같이 먼저 경제성장률의 둔화에 의한 위기이다. 경제성장률의 둔화 원인으로 고령화에 의한 생산성 저하를 들 수 있다. 그런데 이러한 생산성 저하를 막기 위해서는 무엇보다 경제활동인구를 확보하는 길이다. 기본법은 경제활동인구를 확보하기 위한 방안으로 크게 세 가지 방향, 즉 출산율 상향과 고령자 고용 증대 그리고 여성의 사회진출 확보이다.[19]

우선 국가와 지방자치단체는 자녀를 임신·출산·양육·교육하는 국민의 권리를 존중하여 이를 보호하고 임산부 및 영유아에 대한 보건 서비스를 강화하여 출산 장려를 도모하고자 노력할 것을 규정하고 있다. 더욱 나아가 국가 및 지방자치단체는 위와 같은 출산율 증대와 관련된 내용을 교육하도록 하고 있다(기본법 제13조 ①항, 제14조 ②항).

또한 여성의 사회진출을 용이하게 하기 위해서 여성이 직장생활을 하면서도 출산과 육아를 할 수 있는 환경을 조성하고, 경제적 부담을 경감하는 등 사회적 지원책을 강구하고 있다. 동시에 보육시설을 확충하고 상담 등을 통해 양질의 보육 서비스를 받게 하고 있다(기본법 제13조 ②, ③항, 제14조 ①항).

한편 고령자 고용 증대를 위해 국가와 지방자치단체는 일할 의욕

---

19) 선한승, "고령화사회에서의 경제활동과 사회참여", 『고령화사회 어떻게 대응할 것인가』(서울: 아산사회복지재단, 2003).

과 능력이 있는 고령자가 최대한 일할 수 있는 환경을 조성하여야 함을 규정하고 있다. 노인이 적합한 일자리를 얻어 경제적으로 안정된 노후생활을 할 수 있도록 필요한 조치를 강구하도록 하고 있다(기본법 제15조).

위와 같이 기본법은 이러한 경제활동인구를 확보하기 위한 환경의 조성을 상당히 강조하고 있다. 여기서 염두에 둘 것은 기본법이 강조하는 출산율 증대와 여성 취업 그리고 고령자 고용을 위한 환경 조성에 있어서의 환경은 주로 내적 환경에 초점을 두고 있다는 점이다.[20] 즉, 기본법에서 문제 해결을 위해 규정한 내용은 바로 국가의 내적 환경인 사회적 위기, 가족적 위기 그리고 개인적 위기와 상관관계를 전제하고 있다. 따라서 저출산율 문제와 여성의 사회진출, 고령자 고용 등은 가족, 사회, 개인적인 문제 등에 대한 복합적 해결 없이 불가능함을 이해할 수 있다.

이런 의미에서 기본법이 국가 위기인 경제활동인구 문제해결을 위한 제대로 된 방향을 잡기 위해서는 국가적 위기와 맞물려 있는 내적 환경으로서 사회적 위기, 가족적 위기 그리고 개인적 위기라는 변수와 앞에서 언급한 체계의 생존 전략 세 가지 기본 원리(환경적 합성, 실현가능성, 실제와 정서의 조화)를 상호 적합시켜 해결해 가는 전략이 필요하다.

위와 같은 관점에서 관심을 갖게 되는 것이 기본법의 보강으로서

---

20) 체계론적으로 볼 때 체계의 환경은 내적인 것과 외적인 것이 있다. 고령사회 위기의 구성 체계에서 국가의 외적 환경은 결국 다른 나라이고 경제활동인구의 부족에 의한 국가적 위기를 극복하기 위해서 외적 환경의 조성은 다른 나라로부터 이민을 받아들이는 것이다. 내적인 환경 조성으로서 경제활동인구를 제대로 확보할 수 없다면 이민을 받아들이는 것도 필요하다.

효행장려법(이후로 효행법이라 함)의 등장이다.21) 효행법은 우리 사회가 가지고 있는 고령사회 위기를 극복하기 위한 가장 풍부한 자원으로서 효사상을 근간으로 하고 있으며 한국적 실정에 적합하고 실현가능하며 실제적인 것과 정서적인 것을 내포한 고령사회 위기의 대처 방안을 내포하고 있다.22) 따라서 효행법은 고령사회에 서로 얽혀 있는 국가, 사회, 가족, 개인의 위기들을 해결해 가는 단초를 제공하고 있다. 그렇다면 국가적 위기를 극복하고자 기본법을 보강하는 효행법의 구체적 내용은 무엇인가?

국가적 위기로서 경제활동인구의 감소를 해결하기 위해서는 우선 여성의 사회진출을 용이하게 하는 것이 필요한데 이럴 경우 여성이 결혼 후에도 계속해서 경제활동을 할 수 있도록 함이 필요하다. 여성이 결혼 후에도 계속 직장생활을 하기 위해서는 육아와 노부모를 섬기는 압박에서 풀려나는 것이 선결문제이다. 우리나라는 앞에서 언급한 바와 같이 노부모 부양은 대부분 가족이 담당하고 있다. 그리고 이것은 여타의 나라들에 있어서와 같이 가족문화로서 쉽게 변화되기 힘들다. 또한 현실적으로 전적으로 국가 부양으로 전환하는 것은 거의 불가능하다.

이러한 현실을 감안할 때 가족 중에서 노부모 부양을 담당하는 여성(며느리 또는 딸)을 경제활동인구로 전환하기 위해서는 우리 실정에 맞는 가족 부양 정책을 마련하는 것이 필요한데 효행법은 이러한 면을 잘 보강하고 있다.

---

21) 효행장려법은 한국효학회와 성산효도대학원대학교가 중심이 되어 만든 법안으로 2005년 전반기에 국회에 발의될 예정이다.
22) 박철호, "보편화가능성의 효윤리체계", 『효교육길라잡이』(인천: 인천시교육과학연구원, 2003).

효행법에는 노령이나 치매 등 병이나 장애로 인하여 자기 수발을 요하는 부모를 부양하는 자에게 간병 수당이나 적절한 수준의 수발(개호) 수당23)을 지급하도록 하고 있다(효행법 20조). 그리고 국가와 지방자치단체는 부모를 부양하는 가정을 지원하기 위해 간병사나 효지도사를 파견하여 인력지원을 하게 하고 있다(효행법 제23조 ④항).24) 이러한 인력의 지원은 일단 노부모를 부양하는 부담을 상당히 줄일 수 있다. 따라서 취업 여성이 거동이 불편한 노부모를 돕는 것(ADL이든 IADL을 수행하는 것)25)에서 자유롭게 된다면 여성의 사회진출은 더욱 용이하게 된다.

또한 노부모를 가정에서 부양할 경우 부모들이 모두 직장생활을 함에 따른 공백을 조부모가 어느 정도 채워 주기 때문에 자녀들이 재해와 범죄 등 각종 위험으로부터 보다 안정된 보호를 받을 수 있다. 스미스(Smith)가 지적한 바와 같이 조부모는 '가족의 파수꾼(family watchdog)'으로서 어린 세대의 위험을 막는 위상을 가진다.26) 또한 적절한 교육과 인성 함양을 받을 수 있는데 이는 기본법이 추구하는 내용이기도 하다(기본법 제14조).

또한 고령자의 취업과 관련하여 효행법은 주요한 기여를 한다. 고령자는 크게 두 분류로 나누어진다. 즉, 젊은 노인(young elderly:

---

23) 일본의 개호보험은 일본의 가족문화를 수용하여 가정에서 노부모를 부양하도록 하고 있다. 이러한 개호보험은 국가의 재정 부담을 줄이면서 여성의 사회진출과 노부모의 욕구를 동시에 해결하는 부양제도이다.

24) 이런 의미에서 한국의 효행법은 일본의 개호보험의 성격을 포함한다.

25) ADL(activities of daily living): 일상생활 수행의 신체적 부양.
IADL(instrumental activities of daily living): 수단적 일상생활의 신체적 부양.

26) Gregory C. Smith, E. Savage-Stevens Susan, & S. Fabian Ellen, How caregiving grandparents view support groups for grandchildren in their care, *Family Relations*, pp.51-53, p.274.

65세 이상 75세 이하)과 늙은 노인(old elderly: 75세 이상)으로 나누어진다.27) 대체로 젊은 노인들은 취업을 지속할 수 있는 층이다. 그런데 이들은 또한 대체로 학력이 높은 노인들이다. 따라서 이들은 비록 높은 임금을 받지 못할지라도 명예와 자긍심 그리고 인지욕을 충족하고자 한다.28) 이런 의미에서 노인을 이해하고 젊은 노인들이 일하는 것에 이해와 격려를 할 수 있는 문화를 마련하는 것이 중요하다. 이런 의미에서 효행법은 효교육과 효문화의 확산을 통해 노인과 함께 일하며 활동할 수 있도록 학교와 군 그리고 공공기관 등에서 노인이해와 효사상을 고취할 수 있도록 하고 있다(효행법 제5조 내지 제17조). 특히 앞에서 언급한 바와 같이 우리나라 청소년들이 노인에 대해 갖고 있는 부정적 태도는 고령사회의 모든 분야에서 함께해야 할 노인들의 사회진출에도 부정적인 영향을 미친다. 따라서 청소년들에게 노인에 대한 올바른 이해와 노인들의 사회 활동에 대해 긍정적인 태도를 갖게 할 필요가 있다. 이를 위해서 효행법은 유치원과 초·중·고 등에서 효교육을 실시할 수 있게 하고 있다(효행법 제6조).

나. 사회적 위기에 대한 대응

이제 고령사회의 사회적 위기와 관련된 대응전략을 살펴보기로 한다. 고령사회의 사회적 위기는 역시 앞에서 이미 언급된 바와 같이 연금 등과 관련된 노·장 간의 갈등이다. 이 갈등이 제대로 해결되지 않는다면 연금체제의 위기와 함께 사회 불안이 가속화된다. 여기

---

27) 장현섭, "영국의 노인과 가족정책", 『각국 노인의 가족부양 현황과 과제』(서울: 사단법인한국노인문제연구소, 1997), p.227.

28) F. Fukuyama, 이상훈 역, 『역사의 종말』(서울: 한마음사, 1992), p.252.

서 필요한 것은 젊은 세대가 고령 세대에 대해 긍정적 태도를 가지고 함께 문제를 해결해 가는 인내와 노력이다. 엄격히 따져 본다면 고령사회의 노인들은 모두 자신들의 부모세대들이다. 이러한 부모들을 위해 젊은 세대가 자신들의 부담을 기꺼이 수용하는 태도가 없는 한 연금체제의 성격상 문제 해결은 용이하지 않다.

또한 세대 간 갈등이 지속되는 한 노인들의 사회참여도 힘들게 된다. 이미 앞에서 언급한 바와 같이 고령사회일수록 노인들의 학력이 높아지고 인격적 존중이 제대로 되지 않는 상태에서 노인들이 젊은 이들과 함께 일하고자 하는 의욕이 제대로 형성되기는 힘들다. 또한 노인들도 젊은이들과 함께하기 위해서는 이들에 대한 이해를 필요로 한다. 이런 의미에서 세대 간 이해는 고령사회의 위기를 극복하는 매우 중요한 문제이다.

기본법은 위와 같은 세대 간의 갈등에 대해 관심을 가지고 이러한 갈등을 해소하는 내용을 규정하고 있다. 즉, 기본법 제19조의 세대 간 이해증진에 관한 조항에는 "국가 및 지방자치단체는 노인을 존중하고…… 세대 간 교류를 활성화하며 노인의 사회참여를 활성화하는 것을 통하여 세대 간 이해증진을 바탕으로 노인이 존경을 받으며 사회발전에 이바지할 수 있는 환경을 조성하여야 함"을 규정하고 있다. 그리고 제20조 2항에는 "세대 간의 정보의 격차를 해소하기 위해 정보화 교육, 프로그램 개발 및 장비 보급 등 필요한 시책을 강구할 것"을 규정하고 있다.

위와 같은 세대 간 이해 증진을 도모할 것을 규정한 기본법은 세대 간 이해와 교류의 활성화를 규정한 점에서 매우 중요한 시사점을 제시한다. 기본법이 제19와 20조 규정을 통하여 의도하는 것은 역시 노인들의 사회참여가 활성화되어 경제 분야를 비롯한 다양한 사회분야에서 노인들의 참여율을 높이는 데 있다. 이러한 목적을 위해 노인들과 젊은이들의 세대 간 격차를 해소하는 방안으로 정보화의 격차를 해소하는 방안을 구체화하고 있다.

위와 같은 기본법은 나름대로 세대 간의 갈등을 해소하는 방안을 제시하고 있지만 아쉬운 점은 노인이 제대로 존경받기 위해 정보화와 같은 지적인 격차의 해소뿐만 아니라 정서적인 면에서의 격차를 해소하는 방안도 동시에 강구될 필요가 있다는 것이 제외된 점이다. 이런 의미에서 우리 한국적 정서로서 세계적으로 인정받고 있는 효를 젊은 세대에게 교육과 실천 등을 통해 문화적으로 노인존중감을 확산하는 방안이 필요하다. 이런 정서적인 교류가 세대 간 확산되어야 연금체제 등에 의한 갈등의 증폭이 가져올 위기를 해결할 수 있다.

이런 의미에서 효행법은 고령사회 위기의 대응전략으로서 이러한 위기를 극복하는 방안을 내포하고 있다. 효(Hyo)의 개념에는 젊은이와 노인세대의 조화(Harmony of young and old)의 의미도 포함이 된다. 효행법에는 바로 젊은 세대와 노인세대가 함께 서로 이해하며 세대 간 갈등을 극복하는 방안을 포함하고 있다. 즉, 효행법에 의하면 효문화센터를 운영하여(효행법 제11조), 이러한 노·소 갈등을 해결하고 있다. 이 센터에는 젊은이를 이해하는 노인교육과 노인세대를 정서적으로 이해하는 효교육 그리고 지적 측면의 노인이해교육이 이루어지며 정보화뿐만 아니라 정서적 격차를 해소하는 다양한 프로그램이 설치 운영된다. 효문화센터에서 효문화를 정착시키는 데 있어서 중시하는 것은 사회적 노인은 대부분 우리의 노부모라는 점이다. 따라서 사회적 노인을 대하는 데 이러한 효의 정서적 동의가 젊은 세대에게 내면화되어 있지 않다면 많은 합리적 제도화나 법적인 조치도 세대 간 이해나 협력을 증진시키는 데 별 효과가 없다는 것을 의미한다.29)

다. 가족의 위기에 대한 대응

이제 고령사회 위기와 관련하여 가족의 위기를 극복하는 대응전략을 살펴보자. 이미 앞에서 언급한 바와 같이 고령사회에 있어서 가족의 위기는 무엇보다 노부모를 부양하는 부담이 늘어나는 점이다. 따라서 가족의 부담을 줄이는 방안이 필요하다. 그런데 이러한 가족의 부담을 줄이는 것은 국가의 부담을 증가시키는 것과 상관관계를 갖는다. 즉, 가족의 부담이 증가하면 국가의 부담이 줄어들고 가족의 부담이 줄어들면 국가의 부담이 늘어난다. 이미 앞에서 언급한 바와 같이 고령사회의 국가적 위기의 또 하나는 바로 노인에 대한 국가의 부양 부담이다. 따라서 국가는 재정 위기를 벗어나기 위해 부담을 줄이되 노인의 삶의 질을 고려하여 가족과 협력하여 노인부양을 실시하여야 한다. 즉, 국가와 가족 양측의 적절한 조화가 필요하다.

노인부양에 있어서 특히 문제가 되는 것은 역시 최중증으로 ADL(걷기, 앉았다 일어서기, 옷 갈아입기, 목욕하기, 화장실 이용하기, 식사하기) 6개 모두 제한을 받는 노인이다. 이러한 장기요양보호대상은 해마다 증가할 것으로 예상된다.30) 즉, 장기요양보호대상이 2005년에 99,000명, 2010년에 200,000명, 2015년에 343,000명으로 크게

---

29) 이 밖에도 세대 간 교류와 이해 증진을 위해 효행법은 각 지방, 즉 시·군·구에 효행원을 설치하며 효문화 협의회를 통해 이를 운영하게 하고 있다. 또한 효문화진흥협회를 통해 이러한 효문화가 우리 사회에 정착하는 데 기여하고자 한다(효행법 제11조 내지 16조).

30) 한국보건사회연구원, 『노인 장기요양보호의 종합대책 수립방안 연구』, 2000. 12.

증가할 것으로 보인다.

이러한 장기요양보호대상은 가족에게 커다란 부담을 주어 여성의 사회진출을 어렵게 하고 가족 간의 부양에 대한 갈등을 증폭시켜 위기를 가중시킨다. 현재 가정에서 장기요양보호를 받고 있는 노인은 635,000명이며 시설에 수용된 장기요양보호노인 수는 6,000명 정도이다. 따라서 장기요양보호대상인 노인 태반이 가정에서 보호를 받고 있는 실정이다.

결국 국가는 가정에서 보호를 받고 있는 장기요양 노인을 위해 방안을 강구하여야 한다. 현재 재가장기요양노인을 보호하기 위해 가정봉사원파견시설, 주간보호시설, 단기보호시설 등이 있는데 2000년 말 조사에 의하면 252개 시설에서 12,963명이 서비스를 제공받는 것으로 되어 있다.[31] 한마디로 열악한 상황임을 알 수 있다.

이러한 상황에서 가족위기를 극복하기 위한 방안으로 제시될 수 있는 것은 일본식 개호보험 체제이다. 일본의 의료보험으로부터 분리된 개호보험 시행 목적의 하나는 사회적 입원을 감소시키고 재가보호를 확대하는 방안이다. 여기서 국가는 다양한 방법으로 재가노인들을 보호하는 시책을 강구한다. 이는 아직도 효를 중시하는 우리 실정에 맞는 보험체제라 할 수 있다.[32] 그렇다면 과연 기본법은 이런 실태를 어떻게 반영하고 있는가?

---

31) 선우덕, 『노인용야의 실태와 사회적 보호 필요성』, 노인요양의 실태와 사회적 보호방안 토론회, 2001.9.

32) 김태현, "고령화사회에서의 가족과 지역사회", 『고령화사회 어떻게 대응할 것인가』(서울: 아산사회복지재단, 2003). 김태현이 지적한 바와 같이 우리 사회가 산업화, 핵가족화 등으로 과거보다 가족 부양체계가 약화된 것은 사실이지만 아직도 효는 생활 원리로 남아 있다. 따라서 여전히 노인들에게 가장 중요한 지원체계는 가족지원체계이며 그 바탕은 애정과 정에 기초한 효의 가치이다.

기본법은 고령사회의 가족위기를 극복하기 위해 평생건강관리체계를 구축할 것과 노인요양을 위해 필요한 시설과 인력을 확충하고 사회보장제도를 확립, 발전시키며 사회보장을 강화할 것을 규정하고 있다(기본법, 제16조). 이는 모법으로서 개략적인 내용을 규정한 것으로 볼 수 있다.

이런 기본법과 우리 상황을 고려하여 일본식 개호보험에 미치지 못하지만 효행법은 장기요양노인을 부양하는 가족의 위기를 해소할 수 있는 내용을 규정하고 있다. 즉, 노령이나 치매 등 상병이나 장애로 인하여 장기 수발을 요하는 부모를 부양하는 자에게 간병 수당이나 적절한 수준의 수발(개호) 수당을 지급할 것을 규정하고 있다(효행법 제20조). 또 부모를 부양하는 가족을 지원(상담, 간병지도)하기 위하여 간병사 또는 효지도사 등의 전문인력을 지원하도록 규정하고 있다(효행법 제23조 제③항과 제④항). 그리고 부모를 부양하는 자 또는 장기의 간병, 요양, 개호를 요하는 부모를 수발하는 가족을 위해 상담 프로그램, 스트레스 경감 프로그램, 자조모임 등의 전문 서비스를 받을 수 있게 하고 있다(효행법 제23조 제①항).

또한 이러한 상황에서 부모를 부양하는 자 중 최저생계비에 미달하는 어려운 사람들을 위해 생계지원을 강화하는 내용을 포함하여(효행법 제21조), 국가가 간접적으로 부모를 부양하는 사람에게 경제적 지원을 하는 방안을 구축하고 있다.

라. 개인의 위기에 대한 대응

이제 마지막으로 고령사회의 위기를 대처하기 위한 전략으로서 개인으로서 노인의 위기를 극복하는 방안을 살펴본다. 우선 앞에서 언급한 바와 같이 노인이 처한 고령사회의 위기는 소외와 고독에 의한 정서적 불안이다. 현재 노인들의 자살률이 높은 것은 이러한 위기에 대한 우리 사회의 대처 능력에 문제가 있기 때문이다.

노인의 정서적 위기는 실제적인 것과 분리될 수 없다. 다만 실제적인 것은 이미 앞에서 가족의 위기와 관련하여 논했으므로 여기서 약한다. 여기서 관심을 갖는 것은 정서적인 소외와 고독 그리고 불안을 가진 개인으로서 노인문제이다.

정서적인 소외와 고독 그리고 불안으로 위기에 몰린 노인들 중에는 무엇보다 독거노인이 다수를 차지한다. 독거노인이 발생하는 이유는 노인을 보호해야 할 가족이 생존해 있지 못한 경우와 가족이 생존해 있다고 하더라도 다양한 이유로 함께하지 못하기 때문에 발생하기도 한다. 여기서 염두에 둘 것은 가족이 없는 독거노인에 대한 국가의 실제적(경제적) 배려는 보다 충실히 행해져야 한다는 점이다. 그러나 보다 중시해야 할 점은 독거노인이 발생하지 않도록 하는 다양한 방안이 추진되어야 한다는 점이다. 특히 후자의 경우에 가족 간의 갈등이 이러한 문제를 발생시키는 경우가 많다. 따라서 가족 간의 갈등을 최소화하여 노인이 가족의 보호를 받으며 노후를 안락하게 보내도록 하는 것이 가족과 사회 그리고 국가를 위해서도 필요하다.[33]

기본법은 노인이 가족과 함께 노후를 보내는 것이 중요하다는 것에 기초하여 "노인을 존중하고 민주적이며 평등한 가족 관계를 형성

---

[33] 조부모가 손자녀와 함께할 때 권리나 책임 없이 순수한 사랑을 베풀 수 있다. 그리고 조부모는 손자녀에게 자신이 일생 동안 쌓아 온 지혜와 경험을 제공하고 손자녀 또한 조부모를 통해 노년기에 닥치는 사회 심리적 문제를 미리 접하는 기회를 갖게 되어 노화에 대한 긍정적인 개념을 형성한다.

하여야 함"을 규정하고 있다(기본법 제19조). 또한 "자녀의 교육과 인성함양에 도움을 주는 사회환경을 조성하고…… 가족 구성원의 협력 중요성에 관한 교육을 실시하도록" 규정하고 있다(기본법 제14조 제②항).

기본법에 의하면 노인, 즉 노부모를 존중하는 효와 관련하여 지금까지 우리 사회에서 내재되어 온 효의식에 대해 새로운 의미를 부여한다. 즉, 노부모공경의 효도 이제 민주적이며 평등한 가족 관계를 형성하는 것과 모순되지 말아야 한다는 것이다. 이는 전통적인 권위주의적이며 단순히 부모를 우위에 두고 순종만을 강조한 유교적 봉건시대의 효를 거부하고 있다. 그리고 이러한 새로운 효의식과 관련하여 자녀들도 교육과 인성함양을 통해 가족 구성원으로서 협력할 것을 규정하여 자녀들이 부모에 대한 친애와 가족 존속을 위해 노력할 것을 제시한다. 물론 이러한 기본법의 효에 대한 새로운 해석은 이미 효학에 있어서 일반화된 내용이다.[34]

효행법은 기본법과 동일하게 개인으로서 노인의 정서적 고독과 소외 문제를 해결하는 방안을 제시한다. 효행법에 의하면 효지도사 제도를 설치하여 노인들이 상담을 필요로 하는 경우 인력지원을 받을 수 있게 하였다(효행법 제23조 제③항). 이러한 상담을 통해 효지도사가 노인의 고통을 알게 되면 이를 관련된 가족과 상담하여 문제해결을 시도하도록 규정하고 있다(효행법 제23조 제①항).

효행법은, 피치 못할 경우 가족과 노부모가 함께하지 못할 때 국가 및 지방자치단체가 효도주택을 공급하여 생계를 공동으로 하면서 정서적 갈등을 최소화하는 방안을 강구하고 있다(효행법 제24조 제

---

34) 박철호, "보편화 가능성의 효윤리체계", 『중·고등학교 효교육길라잡이』.

③항). 즉, 효도주택을 근거나 인거로 하여 경제적·신체적 부양을 하면서 정서적 갈등을 약화시키고자 한다.

지금까지 고령사회가 가져올 위기에 대한 대응전략으로서 기본법과 효행법을 중심으로 살펴보았다. 결국 고령사회의 위기 극복은 기본법이 포괄적으로 규정한 내용을 보다 구체화시킨 효행법에 의해서다. 따라서 기본법과 효행법이 구체적으로 실천될 때 안정된 고령사회가 도래할 것이다. 이들의 관계를 그림으로 나타내면 다음과 같다.

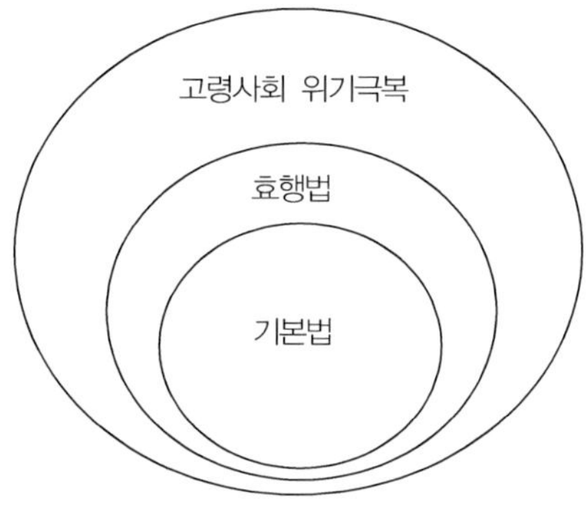

IV. 결론

지금까지 살펴본 바와 같이 기본법은 고령사회의 위기를 극복하기 위한 대안을 제대로 제시하고 있다. 물론 기본법은 고령사회의 위기 극복에 부족한 점도 있다. 이를 효행법은 제대로 보강하고 있음을 앞에서 이미 지적하였다.

즉, 기본법이 지나치게 실제적이고 지적으로 치우친 면을 효행법은 정서적이고 가치적인 면을 중시하여 이러한 불균형 문제를 해소하였다. 또한 고령사회 위기를 대비하기 위해 세대 간 괴리를 극복하는 교육적·문화적 측면에서 기반을 조성하는 작업이 필요한데 실제 기본법에는 이러한 내용이 분명하게 드러나지 않았다.

효행법에는 이러한 교육적·문화적 측면에서 세대 간 간격을 해소하기 위해 효교육이나 효문화를 보다 자세히 규정하고 있다. 따라서 기본법은 하나의 모법으로서 고령사회 위기 대처의 중요한 대안인 이러한 효교육적 그리고 효문화적 내용을 예시적으로 규정하여 효행법의 기반을 강화하는 것이 필요하다.

효행법은 고령사회 대비와 관련하여 우리 사회의 가족체계를 존속시키는 주요한 기제임을 부인할 수 없다. 왜냐하면 효는 전통적 가치체계가 아니라 인간의 생활원리로서 보편적 가치체계이기 때문이다.[35] 따라서 이혼의 증가와 호주제 폐지 등에 의한 현재 우리 가족체계의 급격한 변화 속에서 가족의 지킴이(Family keeper)로서 효행법은 새로운 의미를 지니게 되고 있다.

즉, 효행법은 이제 지금까지 부부나 부모 중심의 가족 존속의 원리에서 자녀 중심의 새로운 가족 존속의 모형을 제시하는 점에서 큰 의미를 지닌다. 따라서 정부는 고령사회를 대비하기 위한 구체적 전략으로서 경제활동인구의 확보를 통한 생산성 향상이나 노인친화산업의 개발과 같은 국가 경제적 이익을 고려하는 정책뿐만 아니라 실제 노인들이 정서적 그리고 심리적인 안정을 지니고서 사회에 적극 참여하고 경제성장에 기여하는 환경을 조성하는 효정책을 동시에 구

---

35) D. A. Hamberg, A perceptive on coping behavior, *Archives Gen. Psychiatry*, 7(2)(1967), pp.274-284.

축하는 작업이 필요하다.

이런 의미에서 김태현이 제대로 간파한 바와 같이 현 우리 사회통합의 기제로서 또 고령사회 대비의 무한한 자원으로서 효를 활용하는 방안이 고령사회 위기 극복의 시급한 과제임을 깨닫게 된다.[36]

제2절
효윤리체계에 의한 효도법 제정 고찰

I. 서론

1. 연구의 목적

지난 6월 제1차 효도법 제정과 관련된 학술대회를 개최한 후 효도법 제정에 대한 논의가 신문, 방송 등 각종 매스컴을 통해 전개되었다.[37] 이렇게 학술대회를 비롯한 효도법 제정과 관련하여 논의가 전개되면서 크게 부각된 논점은 다음과 같다.

우선 효를 법으로 제정할 수 있는가 하는 점이다. 즉, 효는 윤리적

---

36) 김태현, "고령화사회에서의 가족과 지역사회", 『고령화사회 어떻게 대응할 것인가』, p.83.

37) 신문으로는 조선일보, 국민일보, 문화일보 그리고 인천일보 등이며 방송으로는 KBS와 평화방송 등이다.

덕목인데 어떻게 윤리적 덕목을 법으로 강제할 수 있는가에 대해 의문이다. 지금까지 사회 관습상 효는 부모와 자녀 사이의 사랑이 전제되어 있기에 법의 강제로 부모－자녀 관계의 문제를 해결할 수 있겠는가 하는 것이다.

또 다른 논점은 효도법의 내용인 부모 부양은 사적인 것에 초점을 둘 것인가 또는 국가 등의 공적인 것에 초점을 둘 것인가에 대한 것이다. 즉, 부모 부양에 관해 효도법을 제정하여 사적 부조를 행하기보다 사회보장제도를 더욱 확대 강화하여 시행하는 것이 바람직하지 않겠는가 하는 점이다.

마지막으로 효도법 제정은 페미니스트적 관점에서 볼 때 또 다른 억압을 초래할 수 있다는 점을 든다. 즉, 효도법의 제정은 다시 가부장적 사회로 회귀하여 여성을 억압할 것이라는 두려움이 있다. 효도를 강제하게 되면 결국 여성들 그중에서 며느리들이 더욱 부담을 갖게 된다는 것이다.

이러한 효도법 제정에 대한 논의는 효도법 제정과 관련된 학술대회와 각종 매스컴의 보도 내용에서 보다시피 비록 효도법 제정 논의 내용의 전부는 아닐지라도 상당한 비중을 차지한다.38) 그런데 이러한 효도법 제정과 관련하여 제기되는 문제들은 효에 관한 피상적 사고 속에 제기된 것이다. 즉, 효를 단편적으로 이해하였기에 효도법 제정에 관해 부정적 시각을 갖게 된 것이다. 이는 효에 관한 보다 복합적인 사고 속에서 문제 해결을 볼 수 있다.

---

38) 참고, 신광휴, "싱가포르의 부모부양법에 관한 연구", 『효도법 제정을 위한 학적 고찰』(인천: 성산효도대학원대학교, 2003), pp.7-22. 그리고 어인의, "親子간의 權利義務에서 본 효도법의 예비고찰", 『효도법 제정을 위한 학적 고찰』(인천: 성산효도대학원 대학교, 2003), pp.23-37.

위와 같은 관점에서 본 연구는 효도법 제정과 관련하여 제기되는 다양한 문제들을 체계론적 관점에서 효를 규명하는 체계 효학의 논리에 따라 분석하고 이를 통해 해결방안을 구축하는 데 연구의 목적을 둔다.

2. 연구의 방법

본 연구가 동원하는 효 개념은 복합적 개념구도를 갖고 있다. 따라서 효 개념을 단순히 한두 가지 변수로 환원론적으로 설명하기보다는 좀 더 다차원적 변수들을 동원하여 복합적 구도로서 효 개념을 분석하기로 한다. 이렇게 효 개념을 보다 복합적 구도로서 규명할 필요는 어디에 있는가?

바로 효는 부모와 자녀의 상호 작용의 관계망 속에 구축된다는 것에 있다. 즉, 효는 부모나 자녀의 일방적인 행동 양식으로 규정할 수 없다. 그것은 그 무엇인가를 상호 주고받으면서 관계의 망을 형성하여 존재한다. 그렇다면 부모와 자녀의 서로 주고받는 내용은 무엇인가? 바로 지지(support)와 요구(demand)이다. 즉, 부모와 자녀는 서로 사랑하며 도와주는 지지와 서로 필요한 것을 상대방에게서 구하는 요구의 관계로서 관련을 맺고 있다.

그런데 부모와 자녀는 이렇게 서로 간에 상호 작용을 하면서 또 다른 관계들과 관련을 맺는다. 즉, 부모 – 자녀 관계는 부부 관계, 자녀 관계뿐만 아니라, 친척 관계 그리고 보다 확대된 사회나 국가 관계 등과도 관련을 갖는다.[39] 단적으로 말해 부모 – 자녀 관계는 매우

---

39) 이와 같이 부모 – 자녀 관계의 외적 관계망들은 '환경'이라고 한다.

복합적이고 다차원적인 관계망 속에 존재한다.

이러한 복합적인 부모-자녀 관계는 효의 개념에도 그대로 영향을 미치지 않을 수 없다. 따라서 효의 개념도 복합적인 개념적 구도를 갖게 된다. 그렇다면 이러한 다차원적이고 복합적인 내적 구도와 환경 속에서 구축되는 부모-자녀 관계에 의한 효를 제대로 규명하기 위해 어떤 접근법이 필요한가? 바로 체계론적 접근법이다.

홀(A. D. Hall)과 패건(R. E. Fagan)이 정의한 바와 같이 체계란 대상들(objectives) 또는 대상들의 속성들(attributes) 사이의 관계에 의한 세트(set)이다.[40] 즉, 체계란 상호 인식의 관계망이다. 하나의 체계와 그 속성, 즉 변수들은 지속적으로 환경으로부터의 투입 또는 자극과 이에 대한 산출 또는 대응으로 그 존속을 유지한다.

이런 의미에서 부모-자녀 관계의 복합성으로 구축되는 효도 하나의 체계로서 이해하는 것이 필요하다. 따라서 효는 내적 구성요소 간의 상호 작용을 통해 하나의 체계를 구축하고 그 정체성을 마련하여 환경의 변화 속에 존속한다. 이는 단적으로 말해 효는 그 내적 변수들의 상호 간 그리고 환경과의 상호 작용을 통해 하나의 체계로서 작동한다는 것을 의미한다.

본 연구는 이러한 체계론적 관점에서 효도법 제정과 관련하여 제기된 주요 문제를 분석하고 그 문제들의 해결방안을 구축하는 데 연구범위를 한정한다. 그렇다면 이러한 체계론에 의해 효도법 제정과 관련하여 제기되는 각종 문제를 해결하기 위한 분석의 틀은 어떻게 구축되는가?

---

40) A. D. Hall and R. E. Fagen, "Definition of System", Revised Introductory Chapter of *Systems Engineering*(New York: Bell Telephone Laboratories, 1956), pp.18–28.

II. 분석 틀: 보편화 가능성의 효윤리체계[41]

체계론적 관점에서 효도법 제정과 관련하여 제기되는 문제들을 분석하고 이를 해결하기 위해서는 제대로 된 분석의 틀을 마련하는 작업이 필요하다. 물론 다양한 분석의 틀을 설정할 수 있다. 그러나 보다 보편성이 있는 분석의 틀을 마련하는 것이 무엇보다 중요하다. 그런데 보편성과 관련하여 분석의 틀을 마련하는 작업이 과연 가능한가?

효와 관련한 보편적인 틀을 구축할 가능성이 있는 것은 효윤리가 동서양을 걸쳐 거의 세계적 보편성을 지닌 주요한 윤리적 덕목이기 때문이다.[42] 따라서 유대교, 기독교나 불교, 유교, 도교 그리고 동서양의 철학 등에서 정도의 차이가 있지만 효의 내용을 빼지 않고 다루고 있다.

그러나 현실적으로 모든 사람들을 만족시키는 시공간을 초월한 효에 관한 보편적 분석 틀을 마련하는 작업은 사실상 어려운 일이다. 따라서 이러한 보편적 분석의 틀을 마련하기 어렵기 때문에 차선책으로 보편화의 가능성[43]이 높은 분석의 틀을 마련하는 것이 필요하다.[44] 그렇다면 차선책인 보편화 가능성의 효윤리체계는 어떤 것인가?

---

41) 여기서 효와 효윤리는 특별한 구별 없이 사용하기로 한다.

42) 高橋進, "효의식의 역사적 변천과 현대에 있어서의 변용", 『효사상과 미래사회』(성남: 한국정신문화연구원, 1995), p.107.

43) '보편화 가능성'의 개념은 칸트(E. Kant)가 그의 도덕 법칙을 마련하는 과정에서 언급한 것이다. 칸트는 그의 도덕 법칙을 성경의 황금률인 "남에게 대접을 받고 싶은 대로 남을 대접하라"(마태복음 7장 12절)에 기초를 두면서 이 황금률이 보편적인 도덕 법칙이 될 가능성이 높음을 제시하였다. William S. Sahakian, *Ethics*(N.Y: A Division of Harper & Row. Publishers, 1974), p.110.

44) 효가 부모 – 자식 간의 윤리에 해당하기 때문에 부모에 대한 공경의 뜻을 지닌 효는 동서

우선 보편화 가능성의 효윤리체계가 분석의 틀로서 제대로 그 기능을 수행하려면 관련된 서양 철학을 비롯한 유대교, 기독교 그리고 동양 철학을 비롯한 유교나 불교 그리고 도교에 있어서의 효윤리의 내용이 제대로 틀 속에 구축되어야 한다.

위와 같은 사항을 고려하여 효윤리를 분석하기 위한 분석 틀로서 보편화 가능성의 효윤리체계를 아래 그림과 같이 체계 내적 변수로서 네 가지, 즉 순종, 친애, 존속, 대리 그리고 체계 외적 변수로서 환경 등을 중심으로 구축할 수 있다.45) 여기서 화살표는 변수 간의 상호 작용 관계를 의미한다.

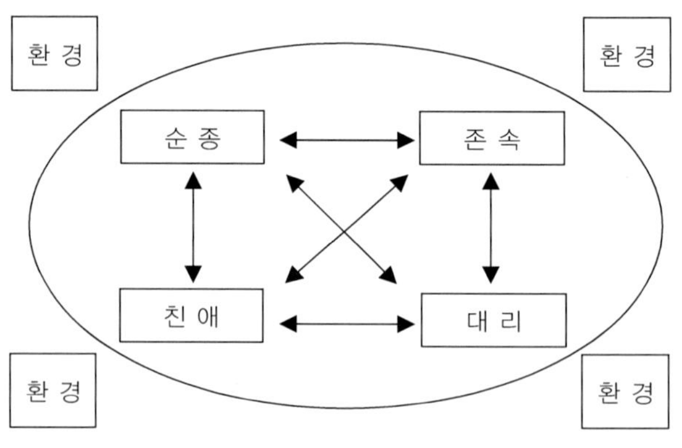

<보편화 가능성의 효윤리체계>

그런데 보편화 가능성 효윤리체계의 체계 내적 변수로서 위와 같이 네 가지로 구성할 수 있는 근거는 어디에 있는가? 이러한 네 가

양의 종교나 철학에 있어서 거의 유사한 내용을 가지고 있다. 따라서 조금씩 내용의 차이가 나는 다양한 종교나 철학의 효를 전체적 관점 속에 통합하는 보편화 가능성을 지닌 효 체계를 마련하는 작업이 효의 학문적 발전을 위해서라도 필요하다.

45) 이 네 변수로서 순종과 친애는 그리고 존속은 동서양 효윤리체계에 공동적으로 내포된 부모−자녀 관계의 내용이며, 대리는 신의 관념이 포함된 것이다.

지 주요 변수로서 보편화 가능성 효윤리체계의 내적 요소를 구축한 근거, 즉 이유를 설명하는 데 있어서 우리의 관심을 끄는 것은 성경의 에베소서 6장 1절부터 4절까지에 나타난 효윤리의 내용이다. 왜냐하면 에베소서 6장 1절부터 4절까지에 나타난 효윤리의 잘 짜인 내용은 위에 언급한 보편화 가능성 효윤리체계 내용을 제대로 내포하고 있기 때문이다.46)

즉, 에베소서 6:1−4의 효윤리에는 동서양의 인간 중심적 효윤리의 내용과 신 중심적 효윤리의 내용이 동시에 적시되고 있다. 따라서 에베소서 6장 1~4절에 의해 효윤리의 일반 원리를 내포한 이상적 틀인 보편화 가능성의 효윤리체계를 마련할 수 있다.47) 구체적으로 에베소서 6장 1절부터 4절까지의 내용을 살펴보면 다음과 같다.

> "자녀이신 여러분, 주 안에서 여러분의 부모에게 '복종'하십시오. 이것이 옳은 일입니다(1절). '네 부모를 공경하여라'고 한 계명은 약속이 딸려 있는 첫째 계명입니다(2절). '네가 잘되고, 땅에서 오래 살 것이다'고 한 약속입니다(3절). 또 아버지이신 여러분, 여러분의 자녀를 노엽게 하지 말고, 주님의 훈련과 훈계로 가르치십시오(4절)."(표준새번역)

위에서 보다시피 에베소서 6장 1절부터 4절까지의 효윤리체계에는 동서양 효윤리의 일반 원리인 부모공경과 부모에 대한 '순종'이

---

46) 여기서 보편화 가능성의 효체계를 구축하는 작업과 관련하여 고려할 것은 유교나 불교 그리고 동서양 철학의 일부에서 도출되는 효에서 보다시피 신의 관념이 배제되고 부모와 자녀의 관계를 비롯한 인간 중심적 차원에서 효가 논해지는 경우가 있는가 하면 이러한 인간 관계 외에 유대교나 기독교 그리고 도교 등에서 보다시피 신의 관념을 포함하여 효를 논하는 경우가 있다는 점이다. 이런 점들을 고려하여 효를 제대로 이해하기 위한 포괄적인 보편화 가능성의 효체계를 구축하려 한다면 최소한 부모와 자녀 관계와 같은 인간 중심적 효 관계와 아울러 신과 인간과의 관계도 포함한 효체계를 마련하는 것이 중요하다.

47) 참고, 박철호, 『성경적 효윤리의 이해』(인천: 도서출판좋은세상, 2001).

강조되고 있다(1~2절). 이러한 부모에 대한 복종 또는 순종은 동서 양의 효에 있어서 대표적으로 강조되는 내용이다.48)

그런데 에베소서에서 염두에 둘 것은 부모에 대한 효로서 부모공경이나 부모에 대한 순종을 강조하면서 부모의 자녀에 대한 도덕적 의무를 또한 강조하고 있다는 점이다(4절). 이는 부모와 자녀 관계에 있어서 상호주의적 대응 관계를 구축하고자 한 것이다.49)

이러한 부모와 자녀 관계에 의한 도덕적 의무의 양면성은 부모의 일반적 성격에 따라 제시되었다고 볼 수 있다. 즉 브리태니커 사전에 의한 바와 같이50) 전통적으로 부모는 페이터(pater)적 성격과 제니터(genitor)적 성격이 있고51) 바로 이러한 부모의 성격에 따라 도덕적 내용을 달리하고 있기 때문에 부모와 자녀 관계의 양면성이 존재하게 되었다.

페이터적 부모는 자녀와의 불평등 관계에 의해 권위적이고 명령적이다. 왜냐하면 이러한 부모의 위치는 자녀의 도덕적 불완전성과 위법 가능성에 기초하여 자녀에게 도덕성을 내면화하는 작업과 관련되기 때문이다.52)

---

48) 유교에서 가장 기본적인 인간관계는 부모 - 자녀 관계이고 따라서 순종의 효를 『효경』 등을 통해 지극히 강조하고 있다. 이해영, "유학이란 무엇인가?", 『강좌 한국철학』(서울: 예문서원, 2001), p.30. 도교에서는 유교의 효와 거의 일치하게 순종의 효를 강조한다. 이러한 사실은 무엇보다도 사회를 구성하는 기본 단위로 가족을 강조하는 『태평경』에 잘 나타난다. 참조, 윤찬원, 『도교의 철학』(서울: 돌베개, 1998), p.181. 불교도 『부모은중경』을 통해 유대교도 십계명을 통해 순종의 효를 강조하고 있다.

49) Ibid., p.123.

50) Encyclopaedia Britannica, Ⅶ(1973~1974), p.754.

51) 페이터적 부모의 성격은 자녀를 훈육하여 사회화를 통해 공동사회의 구성원으로 자라게 하는 것을 의미한다. 이러한 부모는 가부장제(patriarchy)에서 보다시피 권위적이고 위계적이다. 반면 제니터(genitor)적 부모의 성격은 자녀와 수평적 관계를 유지하면서 인격적인 애정과 친애의 성격을 지니는 부모를 의미한다. 참조, 박철호, 『효윤리학』(인천: 도서출판좋은세상, 2000), p.69.

이를 통해 자녀들이 페이터적 부모의 훈육, 즉 육효(育孝)[53]에 순종함으로써 이를 통해 사회질서를 존중하고 이를 준수하는 기본적 사회질서 의식을 갖게 된다. 이러한 페이터적 부모에 대해 갖추어야 할 자녀의 효 내용은 한마디로 공경이요 복종이며 보편화 가능성의 효윤리체계 하위변수인 '순종'이다.

그런데 위와 같은 순종은 크게 두 가지 유형에 의해 그 의미를 더욱 부각시킬 수 있다. 즉, 순종은 부모님의 뜻에 어긋나지 않도록 노력하는 것으로서 바로 양지(養志)이다. 양지는 부모의 뜻이나 의지에 따라 섬기는 것이며 단순히 부모의 뜻을 수용하여 이에 따른다는 의미보다 적극적으로 부모의 뜻을 받들어 나아가는 것을 의미한다. 입신양명은 이에 대한 대표적 예이다.

특히 부모의 뜻을 따른다는 것에는 다시 두 가지 형태, 즉 절대적으로 부모의 뜻에 순종한다는 최소한의 순종과 부모의 뜻에 따르면 좋지만 따르지 않는다 하더라도 불효의 허물을 벗을 수 있는 상대적인 효가 있다. 전자, 즉 절대적인 효는 자녀라면 누구나 지켜야 할 효이다. 따라서 이러한 절대적인 효는 일반적으로 부모라면 누구나 자녀들이 지키기를 원하는 것이다. 이러한 절대적 효는 십계명의 6~10계명에 해당하는 바와 같이 살인, 도둑질, 사기 등의 죄를 범하지 않는 것이다. 따라서 이러한 반사회적 행위로 부모의 명예를 떨어뜨리는 것이 불효에 해당한다. 이러한 절대적인 효는 최소한의 효로서 자녀라면 최소한 반사회적 범죄를 짓지 않는 것을 의미한다.

---

52) Ibid., p.68.

53) 박철호, "효학의 학문적 기반 구축을 위한 체계론적 연구", 『효학개론』(인천: 성산효도대학원대학교, 2001), p.44.

그런데 부모의 뜻에는 위와 같은 절대적인 효가 있을 수 있지만 지키면 좋고 비록 지키지 못하더라도 불효자로서 낙인이 되는 것이 아닌 효의 유형이 있다. 이 효의 형태는 부모의 뜻과 자녀의 뜻이 비록 어긋나더라도 반사회적 문제를 일으키는 것이 아닌 경우이다. 예를 들어 진로문제나 결혼문제에서 부모가 원치 않는 결정을 자녀가 하는 경우이다. 물론 자녀는 부모의 뜻에 자기의 뜻을 부합시키게 되면 효를 더욱 잘 행하는 것이다. 바로 최대의 효를 지향하게 된다. 그러나 상대적인 효의 문제로 부모와 의견일치를 보지 못해 자녀가 자신의 결정을 밀고 나간다고 하더라도 이것이 자녀의 인격과 자유를 보장하는 의미에서 사회 통념상으로 수용함이 타당하다.

그러나 제니터적 부모와 자녀의 관계는 페이터적 부모－자녀 관계와 달리 원칙이나 약속 앞에서 상호 평등적으로 이루어지는 관계이다. 따라서 부모－자녀 관계는 수평적이고 인격적이며 애정과 사랑에 의한 '친애'의 성격을 지닌다.

페이터적 부모가 갖는 위계적이고 권위적인 것이 아닌 동일한 인격체로서 서로 존중하며 친구와 같은 우정을 나누는 것이 제니터적 부모와 자녀의 관계이다.[54] 에베소서 6장 4절의 내용은 바로 부모가 자녀를 인격적 관계로 대하는 것을 의미한다.

즉 부모가 자녀의 분노를 일으키는 것은 무엇보다 비인격적 대우에 기인한다. 따라서 에베소서 6장 4절은 부모와 자녀 간에 서로 동

---

54) 제니터란 '생산자'의 의미를 가지고 있다. 부모는 자녀의 생산자이다. 그러나 이 부모는 자기 자녀가 생산자의 위치에 있게 되면 서로 간 생산자로서 동등한 성격을 지니게 된다. 이런 의미에서 궁극적인 생산자이며 창조주인 하나님, 즉 진리 앞에서 양자는 동등하고 평등한 위치를 갖게 된다. 따라서 이러한 부모와 자녀가 동등하고 평등한 관계에 의한 '친애'의 정서를 서로 교환하는 시기는 대체로 자녀가 결혼하여 또 다른 생산자로 위치할 때이다. 물론 결혼하지 않은 자녀도 성인으로서 이러한 관계를 갖게 된다. Ibid., p.68.

등한 인격적 인간관계가 존재함을 드러낸 것이다. 이러한 제니터적 부모에 대한 자녀의 효의 내용은 친구 사이에 맺어지는 윤리인 '친애'이다. 즉 자녀는 부모를 친애로서 효도할 때가 필요하고 부모도 이를 통해 기쁨을 누리게 된다.[55] 현대 민주주의 사회의 효와 관련하여 이러한 친애의 효는 특히 큰 의미를 지닌다. 린츠가 언급한 바와 같이 어릴 때 나의 자녀는 성인이 되면 친구가 된다는 것에서 이를 잘 반영한다.[56]

한편, 동서양의 효윤리에 있어서 효를 행하는 자, 즉 순종과 친애의 효를 부모에게 행하는 자는 축복을 받게 되어 있음이 곳곳에 드러난다. 즉 성경의 구약과 신약에는 효윤리에 관한 내용에 이 땅에서 잘된다는 물질적 축복과 장수한다는 육체적 축복이 제시되어 있다.

또한 동양의 도교에서도 효자는 본인이나 그 부모 모두 장수한다는 축복을 역시 제시하고 있다. 「태평경」은 유교적 관념인 효를 중시함으로써 유교와 다름없는 사상을 보여 주지만 효의 실천 이념을 장수에 두고 있는 점에서 차이가 난다. 태평경에 의하면 부모의 장수를 염려하는 것이 효의 일차적인 의미이지만 그러한 효의 실천을 통하여 자신의 장수를 얻을 수 있다는 효의 이차적 의미가 주어진다.[57]

이러한 효자에 대한 축복의 내용은 에베소서에서도 잘 나타난다. 즉, 이 세상에서 잘되고 장수한다는 것이다(에베소서 6장 3절). 그런데 이러한 물질적 축복과 육체적 축복은 최소한 생명이 살아남아 이

---

55) 박철호, "체계윤리의 가족화 검증의 논리에 의한 효 연구", 『효윤리학』(인천: 도서출판좋은 세상, 2000), pp.33-37.

56) Elinor Lenz, 을지번역실 역, 『어제는 나의 아이 오늘은 나의 친구』(서울: 을지출판사, 1983), pp.17-96.

57) "然, 上善第一孝子者, 念其父母且老去也, 獨居閒處念思之, 常痴下也"(券47, '上善臣子第子爲君父師得仙方訣'), pp.134-135.

땅에서 '존속'해 간다는 의미를 내포하고 있다. 따라서 보편화 가능성 효윤리체계에 '존속'이라는 변수가 포함된다.

그런데 엄밀한 의미에서 효자 존속의 축복인 물질적 축복과 육체적 축복은 부모에 대한 물질적 봉양과 부모의 육체적 건강이나 장수를 위한 효자의 노력에서 비롯된다. 결코 무작위의 방관적 태도 속에서 이러한 물질적 그리고 육체적 축복이 주어지지 않는다. 따라서 자녀는 부모의 양구(養口), 즉 의식주의 물질적·경제적 필요를 채우도록 노력해야 할 것이며 또한 부모의 양체(養體), 즉 육체적 건강을 위한 노력을 게을리 하지 말아야 한다. 그런데 이러한 양구와 양체는 부모의 마음을 평안하게 하는 양안(養安)과 상호 관련을 갖는다. 즉, 양구와 양체의 외적인 봉양은 심리적 안정인 양안으로 연결되어 부모의 존속이 더욱 강화된다. 존속의 또 하나의 하위변수에 속하는 양영(養靈)은 부모의 영이 평안을 누리며 삶을 살 수 있도록 종교 등과 관련된 영역에서 부모를 섬기는 것이다. 자녀는 특별한 경우를 제외하고 부모와 같은 종교심을 가져 부모의 영적 활동에 기쁨을 갖게 할 필요가 있다. 부모의 영혼을 제대로 섬길 때 부모의 육체적·심적 안정이 이루어져 부모의 생존, 즉 존속이 강화된다.

그런데 여기서 염두에 둘 점은 존속의 효 중 양구의 효는 절대적 효의 성격을 지닌다는 점이다. 즉, 자녀는 부모의 생존과 직결된 의식주의 문제해결에는 절대적 책임을 지닌다. 만일 법이 도덕의 최소한이라면 양구의 효는 자녀가 지켜야 할 최소한의 효윤리, 즉 절대적 효이기에 법으로서 강제할 필요가 있다.

그런데 이러한 효윤리체계의 변수로서 '순종'과 '친애' 그리고 '존속'은 일반적으로 인간적 차원에서 논해질 수 있는 인간 중심적 효윤리의 성격을 지닌다. 그런데 에베소서 6장 1절부터 4절까지의 내용에서 드러난 것은 부모에 대한 공경, 즉 '순종'이나 부모와의 '친애' 그리고 이를 통한 '존속'도 '주' 안에서 행해진다고 하여 신의 관념이 내포된 효윤리체계가 구축되고 있다. 이것은 유대교와 기독교 그리고 동양의 도교58) 등의 효윤리에 적용가능한 것이다. 그렇다면 유대교나 기독교 그리고 도교 등에서 효윤리는 신과 어떤 관계를 맺고 있는가?

우선 유대교에서 부모의 자녀에 대한 위치는 월터 카이저(Walter C Kaser)가 언급한 바와 같이59) 하나님의 대리자이다. 따라서 부모에 대한 반역을 하나님에 대한 반역과 연관을 짓고 있다. 왜 부모는 하나님의 대리자인가? 이는 성경에서 언급한 바와 같이60) 부모로부터 하나님의 법을 배우기 때문이다.

이러한 이유로 자녀는 하나님의 대리자인 부모에게 '순종'하여야 하며 부모는 또한 하나님의 대리자로서 자녀를 하나님의 뜻 가운데서 '친애'로서 육효하여야 한다. 이를 보다 확대하여 보면 자녀도 역시 하나님의 대리자로서 부모를 섬기기 위해 '순종'하고 '친애'로서 효를 행하여야 한다.

이러한 유대교의 하나님 '대리'로서 효윤리체계를 설명하는 틀은 기독교에도 동일하게 적용할 수 있다. 즉, 기독교의 효윤리체계도 이

---

58) 『태평경』에 나타난 효윤리의 내용은 주로 여섯 명의 진인들이 천사에게 묻고, 천사가 그것에 대답하는 천사와 여섯 진인 간의 대화 형식으로 기록되어 있다. 천사는 하늘로부터 이 세상을 구제하기 위해 보내진 존재이다. 하늘이란 곧 황천을 가리키며, 따라서 도교의 효윤리 내용은 황천 곧 신의 가르침이자 진리로 간주된다. 참고, 윤찬원, op.cit., p.189.

59) Walter C. Kaser, 홍용표 역, 『구약성경윤리』(서울: 생명의 말씀사, 1990), p.179.

60) "오늘날 내가 네게 명하는 이 말씀을 너는 마음에 새기고 네 자녀에게 부지런히 가르치며 집에 앉았을 때에든지 길에 행할 때에든지 누웠을 때에든지 일어날 때에든지 이 말씀을 강론(대화)할 것이며"(신명기 6장 6~7절).

부분에서 구약 유대교의 효윤리체계와 크게 차이가 나지 않기 때문이다. 다만 신약 에베소서의 '주 안'은 카이저가 지적한 바와 같이[61] 대리자로서 부모나 자녀가 하나님의 말씀을 대적하는 것을 금지하는 의미도 포함한다.[62]

그런데 대리로서 효에는 위에서 언급한 신을 대리하는 효와 더불어 자연법적 논리가 적용되어 자연법의 대리로서의 효가 포함된다. 한스 벨첼(Hans Welzel)이 지적한 바와 같이[63] 자연법은 우리의 가장 깊은 내면에서 행위를 의무 지우는 어떤 것이다. 따라서 자연법은 현실 초월적 의무를 부과하는 당위를 공리로 삼아서 출발한다. 이런 의미에서 동양 사회의 천(天)의 개념 중에는 이러한 자연법적 의미를 포함한 것도 있다. 자연법론은 아리스토텔레스가 언급한 바와 같이 당위의 내용을 '자연'에서 도출한다. 따라서 자연법에 의한 대리의 효는 자연법에 따른 효의 수행을 의미한다.[64]

그런데 여기서 구축되는 효체계에서의 '순종'과 '친애' 그리고 '존속'이 '주 안'과 맺는 관계를 어떻게 이해할 것인가? 체계론적 관점에서 보면 상호 작용에 의한 관계의 망을 형성하는 네 개의 변수들은 상황에 따라 그리고 분석의 수준에 따라 다양한 형태를 지니게 된다.

---

61) Walter C. Kaser, op.cit.

62) 몰트만(J. Moltmann)이 언급한 바와 같이 기독교적 관점에서 보면 '대리' 행위에 의해 인간 역사와 사회의 윤리적 기초가 형성되었다. 왜냐하면 바로 그리스도의 '대리' 행위 속에 새로운 인류사가 시작되었고 교회 공동체의 개인적이며 사회적인 구조가 근거하고 있기 때문이다. 즉, 그리스도의 대리 행위에 의해 모든 인간의 대리 행위가 의미를 갖는다. 왜냐하면 이러한 그리스도의 대리 행위는 모든 인간의 대리 행위의 전형적인 모형이 되기 때문이다. 참조, J. Moltmann, 김균진 역, 『본 훼퍼의 社會倫理』(서울: 대한기독교서회, 1993), p.39.

63) Hans Welzel, 박은정 역, 『자연법과 사회적 질서』(서울: 삼영사, 2002), p.334.

64) Ibid., p.338.

즉, 체계론에 의한 보편화 가능성 효윤리체계에서는 네 개념이 서로 관련을 맺되 서로의 관계는 소위 막스 베버(Max Weber)의 선택적 친화력(elective affinity)65)의 관계와 유사한 형태가 된다. 즉, '순종', '친애', '존속' 그리고 '대리'는 각각 보편화 가능성의 효윤리체계 하부체계로서 서로 간 필요와 관심(interest)에 따라 그리고 상황에 따른 친화력의 정도에 따라 '인식의 망'을 달리 형성하게 된다.

한편, 보편화 가능성의 효윤리체계가 가지고 있는 위와 같은 네 가지 변수로 구성된 내적 체계와 달리 외적 체계로서 환경은 위와 같은 내적 체계의 밖에서 지속적으로 영향력을 상호 주고받는 관계에 있다.

효윤리체계의 환경에 속하는 변수들은 매우 다양하다. 그러나 이러한 다양성에도 불구하고 여기서 관심을 갖게 되는 환경변수에는 크게 중간 범위의 변수로서 부부체계, 친족체계, 자녀 상호 간 체계가 있으며 광역 범위의 변수로서 이데올로기체계, 정치체계, 경제체계 등이 있다. 이러한 효윤리체계의 환경적 변수들은 시간과 장소에 따라 다양한 영향력을 효윤리체계에 투입하며 또한 효윤리체계의 산출을 수용한다. 이러한 과정 속에 효윤리체계는 환경의 변화 속에서 적절한 대응으로 적응하며 존속을 지속한다.

---

65) H. H. Gerth and C. Wright Mills, *From Max Weber*(London and Boston: Routledge & Degan Paul Ltd., 1974), p.62.

Ⅲ. 보편화 가능성의 효윤리체계에 의한 효도법 제정문제 분석

보편화 가능성의 효윤리체계에 의해 효도법의 제정문제를 분석하기 위해 여기서는 본 연구가 서론에서 제기하였던 문제들을 차례대로 살펴보면서 논의를 전개하기로 한다.

첫 번째 효도법 제정과 관련하여 제기된 문제에는 윤리적 덕목인 효를 법으로 강제할 수 있는가 하는 문제이다. 물론 법과 윤리의 문제는 매우 복잡하고 법학의 전문적 영역이기에 여기서 자세히 논할 수 없다. 다만 효도법이 지향하기를 바라는 효의 개념적 틀로서 효윤리체계의 네 가지 변수 중 순종과 존속에는 강제적 성격이 내포되어 있다. 즉, 부모의 뜻으로서 범죄와 관련된 행동을 금하는 것을 지키는 것은 최소한의 순종으로 법으로 강제될 수 있고 또한 이미 법으로 강제되어 있다. 또한 존속과 관련하여 부모의 양구에 해당하는 것은 강제적인 성격을 지녀야 함을 살펴보았다. 싱가포르나 캐나다의 부모 부양법은 바로 효윤리체계의 내용 중 존속의 양구의 효에 해당하는 것을 법제화한 것이다.

여기서 드러나는 효윤리체계에는 이미 강제성이 없는 효의 내용도 있지만 강제성을 지닌 것도 있음을 솔직히 고백하지 않을 수 없다. 따라서 효윤리체계에서는 효를 단순히 비강제적 측면으로 이해하는 것보다 한스 켈젠(Hans Kelsen)이 정당화한 바와 같이[66] 효윤리에 있어서도 법과 윤리가 상호 중첩됨을 수용한다. 따라서 효도법의 제정에는 윤리의 법적 강제성을 허용해야 함을 요구하지 않을 수 없다.

---

66) Hans Kelsen, 변종필·최희수 역, 『순수법학』(서울: 길안사, 1999), p.119.

여기서 한 가지 부가할 것은 만일 윤리인 효를 법제화할 경우 박운길 교수가 지적한 바와 같이[67] 효도법에 의해 자녀가 일정한 경제적 부조만 하면 자식으로서 도리를 다한다고 생각하여 오히려 부모에 대한 효사상이 퇴보할 수 있다는 우려가 있다. 즉, 효를 법으로 제정하면 법적 의무 이행으로 효를 다한 것으로 볼 위험이 있어 효의 법제화를 반대한 것이다.

그런데 이러한 우려의 시각은 효윤리체계에서 보면 단편적이다. 왜냐하면 부모 부양에 대한 부조의 문제는 효체계의 네 가지 변수 중 하나인 존속에 해당하는 것이다. 또한 존속 중에서도 단지 양구에 해당하는 효행이다. 자녀가 부모에 대해 경제적 부조를 하는 것으로 효의 도리를 다한 것으로 보는 자녀가 있다면 그는 효를 일부분만 이해한 것으로 볼 수 있다. 따라서 효에 대해 제대로 된 교육이 행해져 효관념이 제대로 구축되면 경제적 부조로 효사상이 퇴보한다는 우려는 불식될 것으로 본다. 이런 의미에서 효교육의 강화를 위한 법적·제도적 장치가 필요함을 이해하게 된다.

두 번째 효도법 제정과 관련하여 제기된 문제가 바로 효도법의 제정이 가부장적 회귀를 초래한다는 우려이다. 즉, 효도법이 다시 전통 사회의 가부장적 요소를 포함하여 남성 우위의 사회로 전환될 위험성이 있다고 페미니스트들이 거부 반응을 보이고 있다. 이들은 효도법이 실제 집안에서 효를 행하는 데 있어 부담을 많이 지는 측인 여성, 그중에서도 며느리들에게 보다 억압적이라고 본다.

그런데 위와 같이 효도법에 가부장적 요소를 결부시키는 것은 효

---

67) 박운길, "논평: 친자간의 권리의무로 본 효도법이 예비고찰", 『효도법 제정을 위한 학적 고찰』 (인천: 성산효도대학원대학교, 2003), pp.38-39.

를 충분히 이해하지 못한 것에서 연유한다. 왜냐하면 우선 효도법이 지향하는 효는 결코 권위적이고 부모 특히 부의 지배적인 의미를 내포하지 않기 때문이다. 물론 우리나라에 있어 전통 유가적 의미의 효체계에 있어 부모의 뜻에 따르는 순종의 지나친 강조가 효 하면 가부장제를 떠올리게 한다는 사실을 부인할 수 없다.

조선시대의 유가에서 순종 효를 강조한 이유는 이를 통해 결국 부모와 가족의 존속과 관련된 효의식을 구축할 수 있다고 보았기 때문이다.68) 그러나 우리가 지향하는 보편적 효체계에는 순종의 효와 함께 상호 보완적 관계를 가지는 친애의 효 요소가 있다. 이 친애의 효에는 부모와 자녀의 인격적 존중을 기반으로 하기 때문에 가부장적 요소는 거의 배제된다. 따라서 여기서 제시되는 효도법이 보편화의 효윤리체계를 충분히 수용한다면 그리고 이러한 새로운 효관념이 확산된다면 효도법을 단순히 가부장적인 것과 결부시키는 오해도 사라지리라 본다.

곰곰이 따져 보면 효윤리체계에 있어서 친애의 요소가 효도법과 관련된 존속의 효를 강화시키며 또한 존속의 효가 여성론에서 특히 필요하다고 하는 친애의 효를 강화시킬 수 있음을 이해할 수 있다. 즉, 존속의 효와 관련된 효도법의 부양이 제대로 마련되면 이러한 부양문제 때문에 겪는 가족 간 고통과 갈등은 해결될 것이고 이것이 오히려 친애의 효를 강화시킨다. 이는 존속의 효가 부모와 자녀의 사랑과 인격적 존중을 기초로 한 친애의 효와 깊은 관련이 있음을

---

68) 공자가 말한 구체적인 효의 내용에서는 순종이 특히 강조된다. "子游가 효를 묻자 공자께서 말씀하셨다. '지금의 효는 물질적인 것으로 잘 봉양한다고 이를 수 있다. 그러나 犬馬에게도 모두 길러 줌이 있으니 공경하지 않으면 무엇으로 구별하겠는가?'"[子游問孝. 子曰: 『今之孝者, 是謂能養, 至於犬馬, 皆能有養; 不敬, 何以別乎?』(爲政篇)].

의미한다. 따라서 효도법에 의해 부모 - 자녀 사이에 부양료 문제로 법에 호소하는 것이 부모와 자녀 사이의 관계에 갈등을 초래하고 그 것이 결국 상처로 남게 되어 부모 - 자녀 간의 친애의 효 관계가 붕괴될 것이라는 우려가 기우임을 이해하게 된다. 물론 효도법에 의해 부모로부터 부양 청구를 받는 자녀는 불효자라는 오명을 받게 되고 그 집안은 소위 '콩가루 집안'이라는 낙인이 찍힐 가능성이 있다는 우려는 현재의 우리 문화 속에서 일리가 있는 말이다.

그러나 이것도 따져 보면 이미 고통에 처한 부모가 법적 호소를 할 정도로 삶의 상황을 자녀가 돌보지 않았다는 것은 부모와 자녀의 갈등은 극한 상황에 있음을 단적으로 보여 준다. 그리고 이러한 상황을 단지 자녀의 명예와 집안의 수치심이라는 것으로 덮어 둔다는 것은 부모의 고통을 외면한 것이고 이런 상황을 방치한다는 것으로 부모와 자녀의 관계가 언젠가 회복될 것으로 기대하는 것은 지나치게 피상적이다.

오히려 문제의 본질을 제대로 직시하고 이를 해결하는 노력 속에 법적인 것도 동원하는 것이 붕괴된 부모 - 자녀 관계의 통합을 위해 새로운 계기를 마련할 것으로 볼 수 있다. 사회학자 루이스 A. 코저(Coser)가 지적한 바와 같이[69] 갈등은 통합의 기초가 될 수 있다.

더구나 존속의 효와 관련된 효도법은 친애의 효를 강화시키는 예방적 효과가 있다. 즉, 자녀들은 이러한 법이 있다는 것을 인식하게 되면 부모를 섬기는 태도에 있어서 최악의 상황을 초래하지 않도록 노력하게 할 것이다. 그리고 싱가포르 부모 부양법에서 보다시피 보

---

69) Lewis A. Coser, "Some Functions of Deviant Behavior and Normative Flexibility", *American Journal of Sociology* 68(September 1962), pp.172-182.

다 구체적이고 자세한 효도법 내용의 확실한 규정은 부모－자녀 간 그리고 자녀 간의 갈등을 미연에 방지하는 효과를 가져다준다.[70]

보편화 가능성의 효윤리체계에 의한 효도법 제정문제 분석에서 마지막으로 관심을 갖게 되는 것이 효윤리체계의 '환경' 문제이다. 효윤리체계에 있어서 존속의 효와 관련하여 제기된 효도법은 효윤리체계의 환경에 의해 그 필요성이 더욱 강화된다.

효도법 반대론자 중에는 부양의 문제를 사적인 것에서 공적인 것으로 전환함으로써 해결을 할 수 있다고 주장한다. 즉, 사회보장제도를 더욱 확충하여 부모 부양의 문제를 해소할 수 있다는 것이다. 그러나 이러한 주장은 효윤리체계의 환경을 제대로 분석하여 보면 지나치게 단편적임을 알 수 있다. 그 이유는 무엇인가?

무엇보다 효윤리체계의 환경이 변화했다는 사실이다. 효윤리체계의 환경으로서 주요 변수로는 이데올로기와 정치경제체계를 들 수 있다. 따라서 현대 사회의 이데올로기와 정치경제체계의 변화가 효윤리체계의 내적 구조에 영향을 미쳐 효윤리체계 변수들의 성격에도 변화를 가져온다. 그렇다면 현대 사회의 이데올로기적 변화와 정치경제체계적 변화는 어떻게 설명될 수 있는가?

소련과 동구의 붕괴 이후 구축된 후기 자본주의 사회의 도래는 피터 드러커(Peter F. Drucker)가 제대로 파악한 바와 같이 현대 국가의 성격에 변화를 가져왔다. 우선 거대국가 형태의 조세국가나 유모국가의 쇠퇴이다.[71] 이는 결국 그동안 영국이나 스웨덴 등에서 드러

---

70) 또한 시스템론에서 보다시피 체계와 관계된 요소 간의 물질적인 교류도 체계의 통합에 중요한 변수가 된다. 무관심 속에 아무런 교류가 없는 것보다 부모, 자녀의 상호 교류가 비록 악조건 속에서 물질적 교환으로 진행되는 것이라도 통합을 위해 도움이 될 수 있다.

71) 드러커(Peter Drucker)에 의하면 결국 거대국가의 쇠퇴는 또다시 국가의 기능을 초기 자

나듯 보조금 국가인 복지국가의 약화와 연결된다.[72]

복지국가의 약화에는 국가 보조금의 확대가 시장 경제의 실패와 연결되어 자유사회의 토대를 훼손시킬 위험성에서 연유한다. 프란시스 후쿠야마(F. Fukuyama)가 언급한 바와 같이[73] 냉전 이후 지속적인 자유주의 이데올로기의 심화과정은 복지에 대한 국가적 간섭을 되도록 억제하는 경향을 가지고 있다.

이러한 효윤리체계의 환경적 변화는 국가 보조금의 축소를 초래한다. 이러한 보조금의 축소는 결국 국가의 사회복지정책 약화와 직결된다. 이런 상황에서 나이 많은 부모 또는 노인에 대한 복지의 확대 강화로써 자녀가 있는 부모의 부양문제를 해결하고자 하는 것은 현실적으로 실현불가능하다. 더구나 자녀가 있는 부모의 부양을 공적 부양으로 해결을 시도한다고 하더라도 그 액수도 문제지만 혜택의 정도를 정한다는 것도 또한 만만치 않다. 이런 의미에서 자녀가 있는 노인을 복지 혜택에서 일률적으로 제외한 현행 복지법의 입법취지를 이해할 만하다.

결국 효윤리체계의 환경적 변화로서 자유주의 이데올로기의 심화 속에 존속의 효를 구체적으로 실현하는 방안은 드라커가 지적한 바와 같이[74] 복지문제를 되도록 민간부문, 즉 사적인 것으로 전환하는 것이며 이것이 현 추세이다. 이런 의미에서 현실적으로 부모 부양과 관련하여 사적 부양을 원칙으로 하고 공적 부양을 2차적인 것으로

본주의 사회의 형태인 야경국가의 성격으로 전환한다. 따라서 현대 국가의 기능은 테러리즘의 추방과 환경오염의 방지와 같이 방범적인 것에 치중하게 된다. Peter F. Drucker, 이재규 역, 『자본주의 이후의 사회』(서울: 한국경제신문사, 1993), pp.220-221.

72) Ibid., pp.176-213.

73) Fransis Fukuyama, 이상훈 역, 『역사의 종말』(서울: 한마음사, 1992), 제4장 참조.

74) Peter F. Drucker, op.cit., pp.204-208.

처리하는 것이 타당하다. 따라서 환경과 관련하여 볼 때 효도법의 존속의 효를 위한 부양의 법 제정은 타당성이 있다.[75]

IV. 결론

지금까지 살펴본 바와 같이 효는 매우 복합적이다. 이러한 효의 복합성을 체계론적 사고 속에 제대로 이해하게 되면 현대 사회에서 개인적 생의 반 또는 거의 전부에 깊이 관련된 윤리문제인 효가 효도법이라는 새로운 형태로 우리에게 다가온 이유를 이해하게 된다.

이런 의미에서 그동안 효도법 제정에 대한 부정적 시각으로서 논의된 윤리와 법의 분리문제, 페미니스트적 관점, 사회복지 강화론 등은 대체로 피상적이고 단편적임을 이해하게 된다.

오히려 현 한국 사회의 상황은 효도법의 필요성을 더욱 요구한다. 즉, 나이 많은 부모, 즉 노인인구의 세계 최고 증가율과 여전히 낙후한 사회보장제도는 최악의 경우 한시법으로서 효도법을 제정할 것을 요구할 정도이다.

위와 같은 관점에서 보편화 가능성의 효윤리체계 변수인 친애, 순종, 대리 등의 효를 제대로 구축하기 위해 존속의 효를 효도법의 내

---

75) 또한 효체계의 환경으로서 자유주의 이데올로기의 심화는 최성재 교수 등이 지적한 바와 같이 부모와 자녀의 관계에 의한 효도 상호 호혜적 성격을 지니게 만든다. 참조: http://srch.chosun.com/cgi-bin/www/search/did=1230816&op=5 2003-07-16. 즉, 부모는 자녀에게 언젠가 보상을 받을 것을 기대하며 자녀를 양육하며 따라서 자녀에게 양육에 따른 대가를 요구하는 것이 당연하다는 사고를 가져온다. 이러한 현대 자유주의 사회의 현상은 효의 상호보험적 성격으로 표현될 수 있다. 참조: 박철호, 『효윤리학 II』(인천: 도서출판좋은세상, 2002), pp.20-37. 결국 존속의 효로서 양구의 효를 구축하기 위해 상호보험적 효의 성격이 효도법에 내재된다.

용 속에 포함함이 필요할 뿐 아니라 더 나아가 단지 부양의 내용뿐
만 아니라 앞에서 언급된 효장려와 효교육 실시의 내용도 포함하여
야 한다. 이런 의미에서 아직 초보적 단계의 효도법 제정은 국민 서
명 운동을 포함하여 보다 적극적으로 추진할 필요성이 있다.

효행장려지원법과 노인복지정책의 과제

노인복지정책의 전문가인 차흥봉 교수가 한 포럼에서 발표한 논문
"효행장려지원법과 노인복지정책의 과제"76)는 「효행장려 및 지원에
관한 법률」77)과 노인복지정책과의 관계를 설명하고자 논의를 전개하
면서 효법과 노인복지와의 관계를 밝히고자 한 점은 그동안 효법과
노인복지법과의 관계에 관한 다양한 논의에 또 하나의 진전을 가져
왔다는 측면에서 의미가 있다.

1981년 제정된 노인복지법은 노인복지정책의 방향과 관련하여 크
게 밑그림을 그린 점에서 큰 의미를 지니고 있다. 이때 정부에서 설
정한 노인복지정책의 기본방향은 노인문제에 대하여 국가, 사회, 가족

---

76) 차흥봉, "효행장려지원법과 노인복지정책의 과제", 『효행장려지원법과 국가현안 과제』(서
   울: 한국효운동단체총연합회, 2009), p.71.
77) 앞으로 『효행장려 및 지원에 관한 법률』은 약해서 '효법'이라 한다.

이 함께 책임을 지되 ① '선 가정보호·후 사회보장'의 형태로 대처하고, ② 국가보호는 저소득층노인에 우선을 두며, ③ 노인복지 서비스사업을 보완적으로 확충하되 민간참여를 유도하는 것이었다.

현재, 미국을 비롯한 선진국에 있어서 가족을 중심으로 하는 노인복지의 중시와 유럽 선진 복지국가의 탈시설화 추세 등에서 드러나듯 가족 중시의 한국의 노인복지법에 의한 노인복지의 추진 방향은 인간성의 기본 욕구에 기초하여 볼 때 그 정당성을 가진다. 이런 의미에서 한국의 노인복지법과 그 정책 방향은 제대로 설정되었다고 볼 수 있다.

그런데 차 교수가 지적한 바와 같이[78] 그동안 노인복지법에 의한 노인복지정책의 추진은 만족할 수준에 이르지 못하고 있다. 왜 이런 현상이 발생했는가? 무엇보다 아직도 선진국에 비해 크게 뒤떨어진 열악한 복지재정에 있음은 재론의 여지가 없다. 또 하나 있다면 노인복지정책의 추진 방향과 관련된 문제이다. 이제 우리는 지속적인 복지재정의 확충을 정부에 요구하면서 현재의 상황 속에서도 최대한의 노인복지문제를 해결하는 방안을 찾고자 현재의 노인복지법에 의한 노인복지정책의 추진 방향을 효법과 관련하여 좀 더 논해 보고자 한다.

그동안 정부는 노인문제를 해결하는 데 위의 3가지 방향 중 ②와 ③의 문제해결에 치중하였다. 그런데 이러한 경향은 바로 노인복지정책의 기본이자 선결과제라 할 수 있는 ① 즉, '선 가정보호·후 사회보장' 원칙이 제대로 지켜지지 않았음을 의미한다. 가정에서 노인문제를 해결할 수 있는 방안에 대한 연구와 이를 통한 다양한 정

---

78) 차흥봉, 『효행장려지원법과 노인복지정책의 과제』, p.80.

책의 마련이나 지원이 거의 마련되지 못하였다. '효행상' 시상을 통한 단편적 행사로써 이 원칙의 일부 요구를 해결하고자 했지만 너무 불만족스러운 실태이다. 우리는 다시 노인복지정책의 제1의의 원칙으로 돌아가 이 원칙이 제대로 시행될 수 있도록 노력하는 것이 필요하다. 효법은 바로 이러한 '선 가정보호·후 사회보장'의 보장과 밀접한 관련이 있다.

그런데 여기서 만일 효법이 '선 가정보호·후 사회보장'의 원칙에 따라 노인복지와 밀접히 관련되어 있다면 굳이 독립된 효법이 필요한가라는 의문이 제기된다.

여기서 결론적으로 말해 효법의 법체계는 결코 노인복지를 위한 법체계가 아니라는 사실이다. 그렇다면 노인복지와 밀접한 관련을 짓는다면서 어떻게 노인을 위한 법이 아니라고 할 수 있는가? 간단히 말해 효법이 법의 보호대상으로 규정한 것은 효행자를 1차적 대상으로 하는 법이지 효수자(孝受者)를 1차적 대상으로 하지 않는다는 사실이다. 여기서 효수자는 생부·생모, 장인·장모, 백부·백모 등 민법의 777조에 해당하는 친족을 의미한다.79)

이런 의미에서 효법은 효행자가 효수자에 대해 제대로 효를 행하도록 하기 위해 그들에 대해 효를 장려하고 그들의 효행을 지원하는 법이다. 따라서 효수자들은 효법에 의해 직접적인 도움을 받기보다는 일단 효행자를 통해 간접적인 도움을 받는다.

다음, 효법은 효문화 진흥과 효교육을 통해 효 및 경로에 관한 사회적 가치를 증대하는 효행자의 효행장려에 대한 내용을 포함하고 있다. 그런데 효법에 대한 논의에서 대다수의 논의들은 효법의 두

---

79) 효수자의 범위를 이렇게 선정한 것은 효법 제정 당시의 입법자의 다수 의견에 의함.

가지 큰 주제인 효행의 장려와 효행의 지원 중 효행의 장려에 효법의 주된 사업 목적을 두고자 한다. 그리고 효행자의 효행 지원과 관련된 내용은 노인복지법의 노인복지정책에 의해 해결을 마련하고자 한다. 왜 이런 논리를 가지고 있는가?

이는 효가 정신적이고 심리적인 것이기에 문화나 교육으로 문제를 해결해야 한다는 것을 전제하기 때문이다. 그러나 이미 효법의 제정 당시 법학자들이 오랜 그리고 심도 있는 논의를 통해 효법은 효행장려뿐만 아니라 지원에 관한 내용을 포함하는 것이 타당하고 정당하다는 결론을 내렸다.

이는 현대 법체계의 주된 경향인 옴니버스(omnibus)적 성격을 효법이 가지고 있음을 의미한다. 효행을 최적화한다는 효법의 목적에 부합하기 위해 효문화나 효교육에 의한 효행의 장려, 그리고 효행자가 편하고 쉽게 효를 행하도록 하는 효행 지원이 동시에 필요하다는 것이다. 현대의 법체계는 어떤 개별법이 갖는 법의 목적을 달성하기 위해 문화적인 것과 복지적인 것이 함께하는 복합적이고 체계적인 형태를 지니는 것에 효법이 부합함을 의미한다.

마지막으로 효법의 시행과 관련하여 제시하고자 하는 두 가지 요소는 효법의 목적을 충실히 달성하기 위해 현 보건복지부의 노인정책과를 '효행정책과'로 전환할 필요가 있다는 점이다. 이는 노인복지법에서 제시하듯 현대노인복지정책과 관련하여 최적으로 제시된 '선 가정보호·후 사회보장'의 원리에 제대로 부합한다. 엄격히 말해 효법에서 전제하듯 거의 대다수 노인은 '부모들'이다. 간혹 결혼을 하지 않았거나 결혼했어도 무자녀인 사람들이 소위 효법에서 의미하는 노인에 해당한다. 따라서 노인복지법은 이러한 무자녀 노인들을 중심으로 복지정책을 시행하게 함이 타당하다. 또한 자녀가 있더라도 부모를 돌볼 수 없는 생활보호대상자의 부모들도 노인복지법에 의해 문제를 해결함이 타당하다. 그리고 이는 '노인지원과'에서 업무 수행함이 타당하다.

또한 알려진 바와 같이 우리나라 약 70%의 성인들이 여전히 부모를 모시고 살고자 한다.[80] 이렇게 여건만 된다면 부모를 모시고 살려는 사람들에 대해 효행을 장려하고 효행을 지원하는 효법은 소위 노인세대의 복지를 위한 중추적인 법체계이다. 따라서 이러한 노인 중 대다수를 차지하는 효수자와 노인의 복지를 위해서 관련된 법의 중심이 노인복지법에서 효법으로 이동함을 의미한다.

다음, 이미 알려진 바와 같이 노인복지법의 주된 내용이 노인복지시설, 즉 양로원이나 요양원 등에 관한 것이다. 엄격히 말해 노인복지정책에 문제가 제기되는 것은 바로 노인복지시설과 관련된 것이다. 그러나 노인복지법의 노인복지시설에 대한 정책은 앞에서 언급한 바와 같이 인간 사회의 특성인 가족 차원을 제대로 고려하거나 인식하지 못했기에 제대로 된 복지정책을 시행하지 못하고 있다.

효법은 이러한 노인복지법의 한계를 극복하기 위해 노부모를 제대로 봉양하는 방법으로 주거의 문제에 깊이 관심을 가지고 있다. 따라서 효법에는 대다수의 노인들이 포함된 복지와 관련하여 페어런츠 하우스를 건립하는 방안을 제시하고 있다.

효수자와 효행자가 주거하는 형태는 크게 세 가지 종류가 있다. 첫째가 그동안 한국 사회에서 일반적으로 행해졌던 것으로 효수자와 효행자가 동일한 주거 공간에서 함께 생활하는 것이다. 그러나 이미

---

80) 차흥봉, 『효행장려지원법과 노인복지정책의 과제』, p.89.

알려진 바와 같이 이 형태는 생존을 중심으로 하는 농경생활 시대에 적합한 유형이다. 이 유형은 부모세대와 자녀세대 사이의 공간적 자유가 확보되지 않아 로널드 잉글하트(Ronald Inglehart)가 제대로 지적한 바와 같이[81] 생존 가치보다는 자기표현적 가치에 중점을 두는 현대적 삶의 형태에 부적합하다. 따라서 생존보다 자신의 생활공간을 확보하고자 하는 두 세대의 욕구를 충족하는 데 한계가 있다.

다음 또 하나의 주거 형태인 원거리 분리형이 있다. 이 주거 형태는 효수자와 효행자 사이의 공간적 거리가 지나치게 분리되어 두 세대의 접촉이 용이하지 않은 형태이다. 이는 부모세대가 먼 곳에 위치한 요양원 등에 거주하는 형태이다. 이 유형은 공간적 거리 때문에 접촉의 빈도를 어렵게 하여 정서적으로 자녀세대와 부모세대의 불만족과 경우에 따른 상호 간의 도움을 쉽게 받을 수 없는 불편함이 있다.

결국 양자의 단점을 보완하고 장점을 강화시키는 방안으로서 절충 형태인 근접 주거 형태가 필요하다. 이를 한마디로 해서 페어런츠 하우스 주거 형태이다. 페어런츠 하우스 주거 형태란 효수자와 효행자가 적절한 거리를 두고 주거하는 형태이다. 예를 들어 한 아파트 단지에 두 세대가 주거하는 형이다. 물론 여기서 부모세대가, 즉 효수자가 주거하는 아파트는 각종 노인 편의시설을 구비하고 있는 노인친화형 아파트이다. 이 형태가 현대 한국 사회에서 가장 적합한 주거 형태라고 할 수 있다.

여기서 분명히 할 것은 효법이 우리 사회에서 제대로 시행되기 위

---

81) Ronald Inglehart, 이종인 역, "문화와 민주주의", 『문화가 중요하다』(서울: 김영사, 2001), p.151.

해서는 바로 페어런츠 하우스의 건립을 확고히 하는 것이다. 앞으로
효법은 페어런츠 하우스 건립과 관련한 이론 구축과 지원을 받을 수
있는 법 정립 그리고 이와 관련된 정책을 시급히 마련하는 것이 긴
요하다. 페어런츠 하우스 체계의 구축은 효법의 효행장려와 효행지
원을 동시에 작동시켜 한국 사회 복지체계의 새로운 전환을 마련하
게 된다. 한국 아니 세계의 효수자와 노인의 복지를 위해 페어런츠
하우스 복지모델을 제대로 정립하는 것이 필요하고 이 작업을 제대
로 실천하는 것이 효법의 핵심 과제이다.

효행법의 효문화 창달

Ⅰ. 머리말

효행법[82]은 부모와 자녀 간의 효행을 규정하고 국가와 지방자치단체의 효행장려를 규정함으로써 효행을 권장하고 현대적 관점의 경로효친의 미풍양속을 되살려 유지·발전시키는 것을 목적으로 한다.[83]

위에서 언급된 효행법의 목적에는 효문화 창달의 추진 방향이 명확히 규정되고 있다. 그 내용을 보다 분명히 드러내기 위해 체계적으로 그 내용을 살펴보면 우선, 현대적 관점에서 미풍양속인 효가 되살려져야, 즉 재생되어야 한다는 점, 다음, 이렇게 재생된 효가 유지, 발전되어야 한다는 점, 그리고 이렇게 재생·유지·발전된 효를 권장해야 한다는 점, 마지막으로 이렇게 재생·유지·발전 그리고 권장시켜야 할 효를 국가와 지방자치단체가 적극 추진해야 한다는 점이다. 효문화 창달은 결국 이러한 효행법의 목적을 제대로 달성하기 위해 마련된 것이다.

위와 같은 관점에서 본고는 효행법의 목적과 관련하여 효행법(안)

---

82) 효행장려법의 약칭으로서 이후에 이 약칭을 사용한다.
83) 효행법(안) 1조.

에 포함되어 있는 제2장 '효문화 창달'의 기본 성격을 밝히고 효문화의 창달을 위한 구체적 실현방안과 관련된 입법안 내용을 설명함에 목적을 둔다.

II. 효문화 창달 입법의 필요성

효행법 자체의 입법 필요성은 이미 그동안 진행된 효도법 관련 학술 세미나 속에서 많은 논의가 있었기에[84] 여기서는 효문화 창달의 입법 필요성에 대해서만 논한다. 효문화 창달의 입법 필요성은 뒤에 언급될 효행장려와 존속 보호 그리고 효행의 이행절차 등과 관련하여 볼 때 보다 분명히 드러난다. 즉, 효행장려나 존속 보호 그리고 효행이행 절차 등의 법적인 내용을 제대로 구현하기 위해서는 이러한 법적 내용이 우리 사회 전반에 이해되고 수용됨이 필요하다. 이는 교육이나 사회운동 등을 통해 효가 하나의 문화로 정착되어 사회의식체계로 구축됨이 필요하다는 의미이다.

이것은 하나의 법이 제대로 시행되기 위해서는 법 사회화나 법 교육 등을 통해 그 법과 관련된 문화, 즉 법문화가 구축되는 것이 필요하다는 논리와 동일하다. 이러한 의미에서 효문화 창달은 효행장려나 존속 보호 그리고 효행이행 절차 등에 앞서 법안 전반부에 등장하고 있다.

---

84) 1차와 2차 그리고 3차에 걸친 효도법 관련 학술 세미나 자료집 참조. 한국효학회, 『효도법 제정을 위한 학적 고찰』(인천: 성산효도대학원대학교, 2003. 6), 한국효학회, 『효도법제정을 위한 학적고찰(Ⅱ)』(인천: 성산효도대학원대학교, 2003. 9), 한국효학회, 『현대복지체계와 효』(인천: 성산효도대학원대학교, 2003. 12).

Ⅲ. 효문화 창달 입법체계

위와 같은 효문화 창달의 입법 목적과 필요성을 고찰하게 되면 효문화 창달의 입법안이 가지고 있는 내용을 보다 구체적으로 파악하기 위해 그 입법의 체계를 그려 보는 것이 필요하다.

효문화 창달의 법체계는 크게 네 가지 주요 구성요소로 구성되어 있다. 즉, 효교육, 효문화센터(효행원 포함), 효지도사, 국가(지방자치단체 포함) 등이다. 이러한 네 가지 주요 구성요소들은 서로가 분리되지 않고 상호 작용을 하면서 효문화 창달의 법체계를 구축하고 있다. 이 네 가지 주요 구성요소들을 그림으로 그려 보면 다음과 같다. 여기서 화살표는 관련 구성요소의 상호 작용을 의미한다.

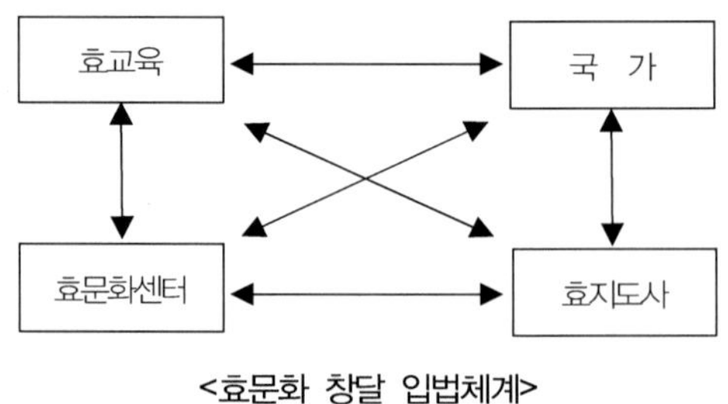

<효문화 창달 입법체계>

1. 효교육을 통한 효문화 창달

효문화 창달을 위한 효교육을 위해 유치원, 초·중·고등학교[85] 교육과정에 '효'의 내용을 가진 교과 과목을 편성하여 운영하여야

---

85) 유치원, 초·중·고등학교 이외에 대학교나 군대에서의 효교육도 필요하다. 따라서 대학교나 군대의 효교육에 관해서는 대통령령으로 정하는 것이 필요하다(안 48조).

한다(안[86] 5조 1항).[87] 그리고 이러한 효교육이 원활하게 이루어지기 위해서는 국가와 지방자치단체의 적극적인 추진이 필요하다(안 4조). 특히 국가기관으로서 교육인적자원부가 이러한 효교육과 깊은 관련을 갖고 있다. 따라서 교육과학기술부는 효교육의 과정, 방법, 시간 등에 관해 연구하고 협의 조정하기 위해 그 산하에 효교육 정책조정위원회를 두는 것이 필요하다(안 5조 2항).

또한 유치원·초·중·고등학교 교육과정에 '효'의 내용을 가진 교과 과목을 편성하여 운영하게 하기 위해서는 당연히 '효'의 교과 과목을 가르칠 수 있는 교사를 양성하는 것이 필요하다. 따라서 효의 교과 과목을 가르칠 교사를 양성하기 위해 효전문대학원이나 관련 대학 또는 대학원에 '효학과', '효교육과' 또는 '효교육전공'을 설치하는 것이 필요하다(안 6조).

또한 고등학교까지의 학교 효교육은 효문화센터와 효행원을 통해 구체적으로 효를 실천하는 경험을 갖게 할 필요가 있다(안 10조 2항). 따라서 학교 효교육은 효문화센터와 효행원과 상호 연계하여 학교의 효교육이 이론적이고 형식적인 것만이 아닌 보다 구체적이고 실천적으로 이루어지게 된다.

또한 학교 효교육은 효지도사 양성(안 11조)에 기초를 이룬다. 물론 효지도사의 자격 요건은 대학에서의 관련 과목 이수를 전제하지만 고등학교까지의 효교육도 효지도사로서 기본 소양을 갖는 데 큰 기여를 한다.

---

86) 효행법안을 줄여 '안'이라 칭함.

87) 문제는 현재 7차 교육과정에 있어서 10학년으로 구성된 '국민공통과목'에 효 관련 과목을 설치하는 것이 쉽지 않다. 따라서 8차 교육과정 개편까지 효 관련 과목을 11학년이나 12학년에 선택과목으로 가르치거나 또는 재량학습 시간에 가르칠 수 있게 하는 것이 필요하다.

2. 효문화추진기획단과 효문화협의회

사회적 차원에서의 효문화 창달을 위해서는 다양한 효문화프로그램의 개발과 그와 관련된 효문화시설의 설치 그리고 이를 운영하고 관리하기 위한 효지도사를 양성하는 것이 필요하다. 뿐만 아니라 효문화가 정착·발전할 수 있도록 정책을 개발하고 그 실현을 위해 경비를 조달하는 것도 필요하다(안 7조).

위와 같은 효문화사업들을 제대로 추진하기 위해서는 국가 전체적 차원에서 이를 심도 있게 다룰 수 있는 기관이 필요한데 이를 위해 국무총리 산하에 '효문화추진기획단'을 설치하였다(안 7조 2항). 효문화추진기획단은 국가와 지방자치단체의 효문화사업을 적극 권장하고 추진하게 하였다(안 7조 2항). 따라서 효문화추진기획단은 앞에서 설명한 효교육과 뒤에서 설명할 효문화센터나 효지도사에 관한 효문화사업에 관계한다.

또한 안 7조에 의해 '효문화사업'을 위해 법인을 설치, 운영하려는 자는 국가 또는 지방자치단체의 장에게 신청하고 인가를 받아야 하며 시설을 설치하여 운영하려는 자는 국가 또는 지방자치단체의 장에게 허가를 받아야 하고, 그 밖의 단체는 지방자치단체의 장에게 신고를 하여야 한다(안 7조 4항).

한편, 지방자치단체의 장은 효문화 창달과 관련된 사업의 효율적인 실시를 위한 협의·조정 및 기타 효문화시설의 운영자들 상호 간의 협력을 증진하고 효문화사업의 확대를 위해 '효문화협의회'를 그 소관하에 둔다(안 8조).

위와 같은 효문화사업과 관련된 효문화단체 또는 효문화시설의 설치자들을 위해 국가와 지방자치단체는 효문화활동의 지도와 연수 그리고 필요한 경우 경제적 지원을 할 수 있다(안 9조).

3. 효문화센터의 운영

앞에서 언급한 효교육은 주로 학교 효교육과 관련하여 교육과학기술부가 관련된다면(안 4조, 5조, 6조), 여기의 효문화센터 운영에 관한 내용은 보건복지부와 관련된다(안 10조). 우선 보건복지부 장관은 효문화사업을 적극 추진하기 위해 효문화에 대한 전반적인 기능을 담당하여야 한다. 그 기능에는 효문화에 대한 연구, 효문화 종사자에 대한 연수, 효문화에 대한 정보의 수집과 제공 등이다(안 10조 1항).

아울러 위와 같은 보건복지부 장관의 기능과 관련하여 지방자치단체의 장은 관할 구역 내에서 지역 주민을 대상으로 특별시와 광역시 및 각 도에서는 효문화센터를 운영하고 시·군·구 등에서는 효행원을 운영하여야 한다(안 10조 3항).

이러한 효문화센터나 효행원을 운영하기 위해 효문화센터나 효행원을 건립하는 것이 필요하지만 지역의 특성에 따라 효문화사업을 시행할 수 있는 공공시설을 법령이 정하는 바에 따라 활용하는 것도 가능하다(안 10조 4항).

효문화센터나 효행원에는 효지도사가 배치되어(안 11조) 효지도사에 의해 효교육이나 효와 관련된 문화 사업이 운영된다. 이러한 것들은 지방자치단체의 조례가 정하는 바에 따라 정해진다(10조 4항).

4. 효지도사

먼저 효지도사가 하는 일은 효문화단체나 시설에서 프로그램의 기획, 진행, 분석, 평가를 행하고 효 관련 사회 교육을 실시하며 효복지와 관련된 지도와 상담 업무 등을 수행하는 것이다(안 11조 2항).

따라서 효문화단체 및 효문화시설에서는 효율적인 효문화사업의 실시를 위하여 효지도사를 배치하여야 한다(안 12조). 또한 이러한 효지도사를 제대로 배출하기 위해서 보건복지부 장관은 고등교육법에 의한 대학이나 대학원의 효학과 또는 효 관련 학과(또는 전공)에서 효 관련 과목을 일정 학점 이상 이수한 자에게 자격을 부여할 수 있다(안 11조 1항). 여기에 대한 보다 자세한 내용은 대통령령으로 정한다(안 11조 3항).

여기서 염두에 둘 것은 효지도사의 양성을 대학이나 대학원에 한정한 것은 일반 사회단체 등에서 효지도사를 양성하게 할 경우 발생하게 될 자격증의 남발에 의한 부작용과 효지도사의 질적 저하를 고려한 것이다.

한편 효지도사의 종류, 등급, 자격요건, 등급별 직무 범위, 이수과정, 연수 및 자격증의 교부 절차 등에 관하여 필요한 사항은 대통령령으로 정하게 하였다(안 11조 3항).

효지도사는 뒤에 언급될 효행장려와 존속 보호 그리고 이행절차와 관련하여 주요한 역할을 담당하게 된다. 우선 효지도사는 복지증진 프로그램 개발과 관련하여 부모를 부양하는 자 또는 장기요양을 요하는 부모를 수발하는 가족이 상담 프로그램, 스트레스 경감 프로그램, 자조모임 등의 전문사회사업 서비스를 제공받을 때 상담 또는 간병 지도나 지원을 하게 된다(안 18조 1항, 2항, 3항, 4항). 또한 효지도사는 존속 보호와 관련하여 상담소 상담원의 자격으로 활동할 수 있다(안 11조 2항, 30조 3항).

이행절차와 관련하여 효지도사는 관할지역 내에 거주하는 부양권리자(수급권자)를 대신하여 특별시장, 광역시장, 도지사, 시장, 군수, 그리고 구청장에게 부양과 관련된 급여를 신청할 수 있다(안 51조 1항, 2항).

IV. 결론

효행법에 있어서 효문화 창달에 대한 내용은 크게 효교육, 효문화 센터, 국가와 지방자치단체, 그리고 효지도사로 나누어 볼 수 있다. 앞에서 언급한 바와 같이 이러한 네 가지 요소들은 상호 관련을 지어 효문화 창달의 체계를 이루고 있다. 효문화 창달체계의 네 요소가 상호 작용하여 체계가 활성화되면 효행법의 주요 내용인 부양 장려 및 부양과 존속 보호의 문제들도 제대로 해결되어 효행법은 큰 효력을 발휘하게 될 것이다.

앞으로 효행법이 그 기능을 수행하게 될 때 노부모의 인간다운 생활의 보장 속에서 미래의 우리 사회는 보다 안정되고 동시에 삶의 질의 향상 속에서 사회 발전의 기틀을 마련하게 될 것이다.

〈국내문헌〉

강대석, 『그리스철학의 이해』, 서울: 한길사, 1988.

고영환, 『우리민족제일주의』, 평양: 평양출판사, 1989.

고유환, "북한의 체제 변화와 남북한 관계 개선 전망", 『남북한 관계의 분야별 현황과 과제: 쟁점과 대책』, 한국정치학회 통일문제 특별학술회의 자료집(1997. 11. 8).

고정민·정연승, 『고령화사회의 도래에 따른 기회와 위협』, 서울: 삼성경제연구소, 2002.

권오석, 『父母恩重經』, 서울: 홍신신서, 1990.

김경재, 『하늘과 땅의 변증법』, 서울: 한신대학출판부, 1980.

김광수, "기독교 전래에 따른 조상제사의 문제", 『빛과 소금』(1985. 9).

김동일, "장수시대 노인문제에 대한 사회적 대응과 생존전략", 『한국노인학』, Vol.21(2001).

김승혜, "사천성 도교의 위치와 특성", 『한국도교문화학회』, 서울: 도교문화연구원, 1997.

김영재, 『한국교회사』, 서울: 개혁주의신행협회, 1994.

김유혁, "효의 본질", 『충효사상 −현대적 윤리관의 정립−』, 서울: 단국대학교출판부, 1977.

김익달, 『세계문화사: 고대사회와 고전 문명의 형성Ⅱ』, 서울: 학원사, 1970.

김정일, "사회주의 건설의 력사적 교훈과 우리 당의 총로선"(조선로동당 중앙위원회 책임일군들과 한 담화(1992. 1. 3))

김정일, "주체사상 교양에서 제기되는 몇가지 문제에 대하여(당중앙위 책임일군들과 한 담화, 1986, 7. 15)", 『친애하는 지도자 김정일동지의 문헌집』, 평양: 평양로동당출판사, 1992.

김정일, "주체사상에 대하여(위대한 수령 김일성 동지 탄생 70돐 기념 전국 주체사상 토론회에 보낸 론문, 1982. 3. 31)", 『친애하는 지도자 김정일동지의 문헌집』, 1992.

김정일, “주체사상의 고양에 제기되는 몇 가지 문제에 대하여”, 『근로자』 1987
　　　년 7호,

김정일, “주체의 혁명관을 튼튼히 세울 데 대하여(노동당 중앙위원회책임일꾼들
　　　과 한 담화, 1987. 10. 10)”, 『근로자』1988년 12호

김태현, “고령화사회에서의 가족과 지역사회”, 『고령화사회 어떻게 대응할 것인
　　　가』, 서울: 아산사회복지재단, 2003.

김평일, 『올리효도 내리사랑』, 서울: 고려원, 1997.

『내외통신』 10317호.

노영상, 『경건과 윤리』, 서울: 성광문화사, 1994.

노치준, “뒤르케임과 베버의 종교사회학”, 『사회학 연구』, 다섯째 책, 1987,

『대한그리스도회보』, 제2권 32호(1898년 8월 10일자).

『로동신문』 1995년 11월 26일자.

류순찬, “수령에 대한 충실성은 공산주의 도덕의 최고 표현”, 『근로자』, 1989년
　　　3월호.

민경배, 『한국기독교회사』, 서울: 대한기독교출판사, 1990.

민석홍 외, 『세계문화사』, 서울: 서울대학교출판사, 1988.

박근원, 『기독교와 관혼상제』, 서울: 전망사, 1984.

박동석외, 『고령화 쇼크』, 서울: 굿인포메이션, 2003.

박석무, “효를 통한 인간성 회복”, 『논문집』, 인천: 성산효도대학원대학교, 1999.

박아론, “한국적 신학에 대한 이론”, 『기독교 사상』 제17권 8호(1973, 8월호)

박영철, 『수령에 대한 충실성과 사회정치적 생명체』, 평양: 조선로동당출판사,
　　　1990.

박일봉 편저, 『孝經』, 서울: 육문사, 1989.

박재간 외, 『각국 노인의 가족부양 현황과 과제』, 서울: 사단법인 한국노인문제
　　　연구소, 1977.

박철호, “도덕교육의 목적으로서의 보편적 삶의 형식 연구”, 『사회와 사상』, 서
　　　울: 서울대국민윤리 교육과, 1993.

박철호, “보편화가능성의 효윤리체계”, 『효교육길라잡이』, 인천: 인천시교육과학
　　　연구원, 2003.

박철호, “북한 정치체제의 존속가능성과 변화 가능성 분석”, 『통일문제와 국제
　　　관계』, 인천: 인천대 학교평화통일연구소, 1995.

박철호, “상대적 효와 절대적 효”, 『성산학보』, 인천: 성산효도대학원대학교,
　　　2001.

박철호, 『성경적 효윤리의 이해』, 인천: 도서출판좋은세상, 2000.

박철호, 『체계론에 의한 성경 연구』, 서울: 홍익재, 2002.

박철호, 『효윤리학』, 인천: 도서출판좋은세상, 2000.

박철호 편저, 『세계의 효』, 서울: 도서출판좋은세상, 2002.

백주상, "수령에게 충실하는 것은 혁명하는 사람들의 도덕적 관계", 『철학연구』, 1990.

변정자, 『교류분석』, 서울: 예림출판사, 1995.

보건복지부, 『고령화 및 인구대책 기본법』, 2004.

삼성경제연구소, 『고령화사회의 도래에 따른 기회와 위협』, 서울: 삼성경제연구소, 2002.

선한승, "고령화사회에서의 경제활동과 사회참여", 『고령화사회 어떻게 대응할 것인가』, 서울: 아산사회복지재단, 2003.

송영배, 『유교적 전통과 중국 혁명』, 서울: 철학과 현실사, 1992.

송현호, 『신제도이론』, 서울: 민음사, 1999,

『시사정경』(1995, 12).

신광휴, "싱가포르의 부모부양법에 관한 연구", 『효도법 제정을 위한 학적 고찰』, 인천: 성산효도대학원대학교, 2003.

신규탁, "중국 불교의 효사상", 『논문집』, 인천: 성산효도대학원대학교, 1998.

신득렬, 『교육사상가 연구』, 대구: 계명대학교 출판부, 1980.

아산사회복지재단, 『고령사회 어떻게 대응할 것인가?』, 서울: 아산사회복지재단, 2003.

안찬일, 『주체사상의 종언』, 서울: 을유문화사, 1997.

양병우, 『아테네 민주정치사』, 서울: 서울대학교출판부, 1980.

양영자, "한국 다문화교육의 개념 정립과 교육과정 개발 방향 탐색", 이화여자대학교 대학원 박사학위 논문, 2007.

여성한국사회연구회, 『한국가족문화의 오늘과 내일』, 서울: 사회문화연구소, 1994.

어인의, "한국민법상 부모에 대한 자녀의 의무", 『효사상과 미래사회』, 성남: 한국정신문화 연구원, 1995.

오일환·정순원, 『김정일시대의 북한정치경제』, 서울: 을유문화사, 1999.

웨슬리주석번역위원회, 『Wesleyan Commentary』, 서울: 임마누엘, 1992.

유인균, "효의 인식과 가족환경, 가족관계 및 성격적 특성의 상관관계", 서울대학교 대학원 의학박사 학위논문, 1997. 2.

유홍렬, 『한국천주교회사』, 서울: 가톨릭출판사, 1962.

윤명노, "과학의 개념", 『사회과학의 철학: 사회과학총서 7』, 서울: 민음사, 1980.

윤성범, 『孝』, 서울: 대한기독교서회, 1977.

윤태림, "충효사상론", 『동서양의 명논설문』, 서울: 성지, 1985.

윤찬원, 『도교의 철학』, 서울: 돌베개, 1998.

윤찬원, "후한시대 초기도교철학사상에 관한 연구", 『도교문화연구』 제14집, 서울: 도서출판 동과서, 2000.

윤천주, 『한국정치 체계 서설』, 서울: 문우당, 1962.

이을호, "현대사회에 있어서의 충효사상", 대한교육문화연구소 편, 『현대인의 충효사상』, 서울: 대한교육문화연구소, 1977.

이장식, "효도와 순종", 『세계와 선교』(1977. 5).

이장식, "기독교와 충효사상", 『현대인의 충효사상』, 서울: 대한교육문화연구소, 1977.

이조용관, "북한의 가정문화정책과 가정윤리", 『북한 및 통일연구 논문집』, 제2권(1994).

이종성, 『복된 말씀』(1972, 12).

이주철, 『김정일의 생각 읽기』, 서울: 지식공작소, 1992.

이헌경, "북한의 유교문화 실태 연구", 『통일과 북한 사회문화(하)』, 서울: 민족통일연구소, 1995.

이현덕, 『벼꽃』, 평양: 문예출판사, 1986.

인천광역시교육과학연구원, 『효교육길라잡이』, 인천: 인천광역시교육과학연구원, 2003.

임성빈, "가속화되는 세계화와 그리스도인의 사회윤리적 과제", 『장신논단』 제15집, 서울: 장로회신학대학교 출판부, 1999.

장덕진, "가족경영의 제도적 논리", 『경제와 사회』 통권 제51호(2001, 가을호).

장철수, 『한국의 관혼상제』, 서울: 집문당, 1995.

장현섭, "영국의 노인과 가족정책", 『각국 노인의 가족부양 현황과 과제』, 서울: 사단법인한 국노인문제연구소, 1997.

정범모, "학문의 성질", 『교육과 교육학』, 서울: 배영사, 1976.

『조선말 대사전』, 평양: 사회과학출판사, 1992.

『죠선그리스도인회보』, 제1권 7호(1897. 3, 17).

조영환, 『매우 특별한 인물 김정일』, 서울: 지식공작소, 1996.

주재용, "효의 한국교회사적 고찰", 『세계와 선교』, 제40호(1977. 4)

차주환, 『한국의 도교사상』, 서울: 동화출판사, 1984.

차흥봉, "효행장려지원법과 노인복지정책의 과제", 『효행장려지원법과 국가현안 과제』, 서울: 한국효운동단체총연합회, 2009.

『철학연구』(1996. 10).

최명관 편저, 『카시러의 철학』, 서울: 법문사, 1985.
최성규 편, 『효학개론』, 인천: 성산효도대학원대학교, 2001.
최성규, 『성령에 사로잡힌 사람』, 서울: 규장문화사, 1998.
통계청 자료, 『2000년도 인구주택총조사』, 2001.
통일원, 『김정일 주요논문집』, 서울: 통일원, 연대미상.
『파이낸셜뉴스』 사회 2005. 1. 24.
한국개발연구원, 『비전2011』(2002. 2).
한국보건사회연구원, 『노인 장기요양보호의 종합대책 수립방안 연구』, 2000.
한국정신문화연구원, 『국민윤리학』, 서울: 박영사, 1983.
한국정신문화연구원 편, 『효사상과 미래사회』, 성남: 한국정신문화연구원, 1995.
한국철학사상연구회, 『강좌 한국철학』, 서울: 예문서원, 2001.
한국효학회, 『효도법제정을 위한 학적 고찰』, 인천: 성산효도대학원대학교,
        2003, 6.
한국효학회, 『효도법제정을 위한 학적고찰(Ⅱ)』, 인천: 성산효도대학원대학교,
        2003. 9.
한국효학회, 『현대복지체계와 효』, 인천: 성산효도대학원대학교, 2003. 12.
황장엽, 『개인의 생명보다 귀중한 민족의 생명』, 서울: 시대정신, 1999.
홍강의, 박선자, "발달학적 측면에서의 효의 기능과 의미", 『소아 - 청소년 정신
        의학』, 1991. 2.
『효행장려 및 지원에 관한 법률』.

〈국외문헌〉

Aquinas Thomas, Trans. T. C. O'brien, *Summa Theologia* Vol.41, Blackeriars,
        1972.
Arendt H., *Past and Future,* New York: Penguin Books, 1968.
Aristoteles, *Nicomachos Ethics,* 최명관 역, 『니코마코스 윤리학』, 서울: 서광사,
        1984.
Aristoteles, *Politics,* 이병길·최옥수 역, 『정치학』, 서울: 박영사, 2003.
Augustinus, *De trin.* Ⅱ, 1, 2; *De fide et sym.* Ⅸ.
Bakhtin M. M., V. Liapunov, trans., *Art and Answerability: Early
        Philosophical Essays,* Austin: University of Taxas Press, 1981.
Bavincker J. H., 권순태 역, 『기독교 선교와 세계 문화』, 서울: 성광문화사,
        1990.
Banks J. A., *An introduction to multicultural education*(3nd ed.), Boston:

Allyn and Bacon, 2002.

Banks J. A., *Race, Culture and Education,* NY: Routeldge, 2006.

Bertalanffy Ludwig, *General System Theory,* 현승일 역, 『일반체계이론』, 서울: 민음사, 1990.

Brody E., "Parent Care as a Normative Family Stress", *Gerontologist,* 1985.

Capell William(hrsg.), *Die Vorsokratiker,* Stuttgart, 1963.

Capra Fritjof, *The Turning Point,* 이성범 · 구윤서 역, 『새로운 과학과 문명의 전환』, 서울: 범양사출판부, 1990.

Chazan B. and Solitis J., eds., *Moral Education,* New York: Teachers College Press, 1974.

Churchman C. West, *The Systems Approach,* rev. ed., New York: Dell, 1972.

Cicero Marcus Tullius, *Rhetorica* Ⅱ.

Commons J. R., *Legal Foundations of Capitalism,* reprinted ed., New Brunswick: Transaction Publishers, 1995.

Coser Lewis A., "Some Functions of Deviant Behavior and Normative Flexibility", *American Journal of Sociology* 68(September 1962).

Creel H. G., 이동인 외 역, 『중국사상의 이해』, 서울: 경문사, 1981.

Davis Kingsley, *Human Society,* New York: Macmillian, 1948.

Dawson R. E, *Political Socialization,* 정세구 역, 『정치사회화』, 서울: 법문사, 1983.

de Bary W. T., 『유교적 효 사상에 대한 소고』, 성남: 한국정신문화연구원, 1997.

Dicken Peter, *Global Shift: the internationalization of economic activity,* 2nd ed., London: Paul Chanpman, 1992.

Dickinson Richard, *Economic Globalization: Deepening Challenge for Christians,* Geneva: WCC, 1998.

Doutte E., *Magie et religion dans l'Afrique du Nord,* 1909.

Drucker Peter F., 이재규 역, 『자본주의 이후의 사회』, 서울: 한국경제신문사, 1993.

Dunn Samuel, 김득용 역, 『요한칼빈의 신학진수』, 서울: 성광출판사, 1985.

Durkheim Emile, *Elementary Forms of Religious Life,* New York: Collier Book, 1961.

Easton David, *A Framework for Political Analysis,* Chicago: The University of Chicago Press, 1962.

Edgerton Robert B., "전통적인 믿음과 관습들 – 어떤 것은 다른 것보다 더 나은

가?", Samuel P. Huntington, 이종인 역, 『문화가 중요하다』, 서울: 김영사, 2001.

Evans Robert A., "The Quest for Community", Union Seminary Quarterly Review, XXX.

Foster Charles R., 『신앙공동체를 위한 교육』, 서울: 한국장로교출판사, 1995.

Friedman Jonathan, "Global system, Globalization and the paraeters of Modernity", Mike Featherstone(eds.), *Global culture: nationalism, globalization, and modernity: a Theory, culture & society special issue,* London, Newbury Park: Sage Publications, 1990.

Fukuyama F., *The End of History*, 이상훈 역, 『역사의 종말』, 서울: 한마음사, 1992.

Fukuyama Francis, 구승회 역, 『트러스트』, 서울: 한국경제신문사, 1996.

Gerth H. H. and Mills C. Wright, *From Max Weber,* London and Boston: Routledge & Degan Paul Ltd., 1974.

Giddens Anthony, *Capitalism and Modern Society Theory,* London: Cambridge University Press, 1971.

Gilligan C., Ward J. and Taylor J.(eds.), *Mapping the Moral Domain,* Cambridge: Harvard University Press, 1988.

Gleick James, 박배식 · 성하운 역, 『카오스』, 서울: 동문사, 1987.

Gnilka Joachim, 강원돈 역, 『국제성서주석』, 서울: 국제신학연구소, 1971.

Goode William J., *The Family,* 서울: 삼성미술문화재단, 1982.

Gottfried Martin, *Sokrates,* Hamburg: Rowohlt, 1967.

Greenhlgh Susan, "Families and networks in Taiwan's economic development", in Edwin A. Winckler and Susan Greenhalgh(eds.), *Contending Approaches to the Political Economy of Taiwan,* Armonk, N.Y.: M. E. Sharpe, 1988.

Green Keith, "Cognition & reasoning, Emotions, Self", *Journal of Religious Ethics*, Vol.35, 2007.

Hall A. D. and Fagen R. E., "Definition of System", Revised Introductory Chapter of *Systems Engineering,* New York: Bell Telephone Laboratories, 1956.

Hamberg D. A., A perceptive on coping behavior, *Archives Gen. Psychiatry*, 7(2), 1967.

Hanson M., "Developmental Concepts of Voice in Case Studies of College Students: The Owned Voice and Authoring", Unpublished doctoral dissertation, Graduate School of Education, Harvard University, 1986.

Harris M.D Thomas A., *I'M OK ― YOU'RE OK,* New York: Harper & Row, Publishers, 1969.

Harvey David, *The Condition of Postmodernity,* Oxford: Blackwell, 1989.

Hattori Tamio, "The relationship between Zaibatsu and family structure: The Korean case", in Akio Okochi and Shigeaki Yasuoka(eds.), *Family Business in the Era of Industrial Growth: Its Ownership and Management, Proceedings of the Fuji Conference,* Tokyo: University of Kokyo Press, 1984.

Hauerwas Stanley and Jones L. Gregory, eds., *Why Narrative,* Mich.: Wm. B. Eerdmans Publishing co., 1989.

Hirsch E. D., *Cultural Literacy: What every American needs to know,* Boston: Houghton Mifflin, 1987.

Huizinga Johann, *Homo Ludens: A Study of the Play Element in Culture,* Boston: Beacon Press, 1950.

Inglehart Ronald, 이종인 역, "문화와 민주주의", 『문화가 중요하다』, 서울: 김영사, 2001.

Jerome, *Epistola* 14(*Ad Heliodorum*).

Johnson Stefen, *Emergency,* 김한영 역, 『이머전스』, 서울: 김영사, 2004.

Jonas Hans, "Technology and Responsibility: Reflections on the New Tasks of Ethic", *Social Research,* Vol.40, 1973.

Kaltenmark Max, "The Ideology of the T'ai ― p'ing ching", Hlmes Hinkely Welch & Anna Seidel(eds.), 윤찬원 역, 『도교의 세계』(서울: 사회평론, 2001).

Kant Immanuel, 백종현 역, 『순수이성비판』, 서울: 아카넷, 2006.

Kaser Walter C, 홍용표 역, 『구약성경윤리』, 서울: 생명의 말씀사, 1990.

Kelsen Hans, 변종필·최희수 역, 『순수법학』, 서울: 길안사, 1999.

Kim Chong ― Soon, *The Culture of Korean Industry: The Ethnography of Poongsan Cororation,* Tucson and London: University of Arizona Press, 1992.

Kluckhohn C. and Leighton D., *The Navaho,* Rev. ed. Garden City, NY: Doubeday, 1962.

Koestler Arther, *Janus,* London; Hutchinson, 1978.

Kuhn Thomas S, *The Structure of Scientific Revolution,* The University of Chicago, 1975.

Küng Hans, *A Global Ethic for Global Politics and Economics,* New York: Oxford Press, 1998.

Lamprecht S. P., *Our Philosophical Tradition,* 김태길·윤명로 공역, 『서양철학사』, 서울: 을유문화사, 1981.

Lenz Elinor, *Once My Child, Now My Friend,* 을지번역실 역, 『어제는 나의 아이, 오늘은 내 친구』, 서울: 을지출판사, 1983.

Lines Timothy Arthur, *Systemic Religious Education,* Birmingham: Religious Education Press, 1987.

Locke John, 이극찬 역, 『시민정부론』, 서울: 연세대학교 출판부, 1980.

MacIntyre Alasdair, *After Virtue,* 이진우 역, 『덕의 상실』, 서울: 문예출판사, 1997.

Mander Jerry, *Four Arguments for the Elinination of Television,* New York: Morrow, 1977.

Mander Jerry & Smith Gold, 윤길순·김승욱 공역, 『위대한 전환』, 서울: 동아일보사, 2001.

Martiniello M., *Sortir desghettos culturels,* 윤진 역, 『현대사회와 다문화주의』, 서울: 한울, 2002.

McLaren P., White terror and oppositional agency: towards a critical multiculturalism, In D. T. Goldberg(ed.), *Multiculturalism: a critical reader,* Boston: Blackwell, 1994.

Merelman Richard M., "The Development of Political Ideology: A Framework for the Analysis of Political Socialization", *American Political Science Review,* LXIII, 1969.

Mill John Stuart, *Utilitarianism,* gopher://gopher.vt.edu:10010/02/122/3.

Miller John W., *Calling God "Father",* New York: Paulist Press, 1999.

Moltmann J., 김균진 역, 『본 훼퍼의 社會倫理』, 서울: 대한기독교서회, 1993.

Montesquieu Charles , 『법의 정신』, 서울: 대양서적, 1973.

Nelson James B., *Moral Nexus,* Philadelphia: The Westerminster press, 연대미상.

Nisbet Robert A, *The Social Bond,* 이시준 역, 『현대사회학』, 서울: 도서출판 한글, 1995.

Noddings N., "Conversation as moral education", *Journal of moral Education,* 23. 1994.

Palmer Richard E., *Hermeneutics,* 이한우 역, 『해석학이란 무엇인가』, 서울: 문예출판사, 1998.

Paul J. DiMaggio, and Powell Walter W. , "Introduction", in Walter W. Powell and Paul J. ·DiMaggio(eds.), *The New Institutionalism in Organizational Analysis,* Chicago, IL: University of Chicago Press, 1991.

Platon, 최문홍 역,『법률』, 서울: 상서각, 1983.

Platon, *Republic,* 조우현 역,『국가론』, 서울: 삼성출판사, 1977.

Polkinghorne Donald E., *Narrative Knowing and the Human Sciences,* Albany: State University of New York Press, 1988.

Puca B., "Commentary", *Human Development,* 39, 1996.

Robertson Roland, "Globalization as a problem", *Globalization,* Sage Publications, 1992.

Roeland J., *Autopoiesis and Configuration Theory: New Approaches to Societal Steering,* Dordrecht: Kluwer Academic Publishers, 1992.

Sahakian William S., *Ethics,* N.Y: A Division of Harper & Row. Publishers, 1974,

Schlesinger A. M., *The disuniting of America: reflection on a multicultural society,* New York: W.W. Norton, 1998.

Sherif M., O. J. Harvey,Hyt B. J., Hood W. R., and Sherif C. W., *Intergroup Conflict and Cooperation: the Robbers Cave Experiment,* Norman: University of Oklahoma Book Exchange, 1961.

Sherwin Michael S., *By Knowledge And By Love: Charity And Knowledge In The Moral Theology of St. Thomas Aquinas,* Washington: Catholic University of America, 2005.

Skinner B. F., 차재호 역,『자유와 존엄을 넘어서』, 서울: 탐구당, 1990.

Tappan M., "Hermeneutics and moral development: Interpreting narrative representations of moral experience", *Developmental Review,* 10, 1990

Tappan M. and Brown L., "Stories told and lessons learned: Toward a narrative approach to moral development and moral education", *Harvard Educational Review,* 59, 1989

Tappan M. and Packer M., eds., *Narrative and storytelling: Implications for understanding moral development,* San Francisco: Jossey－Bass, 1991.

Taylor Charles, *Sources of the self the making of the modern identity,* Cambridge, MA: Harvard University Press, 1989.

Ukken Wilson, "Turn to the Subject: A Study for the Formation of the Christian Moral Person in the Writings of James M. Gustafson",

Ph.D. Dissertation, Rome: Academia Alfonsiana, 1979.

Ulrich Werner, "Critical Systems Thinking and Ethics: The Role of Contemporary Practical Philosophy for Developing an 'Ethics of Whole System'" in Bela H. Banathy and Bela A. Banathy (eds.), *Toward A Just Society for Future Generations,* Vol.1, Portland, Oregon: International Society for The Systems Science, 1990.

Walter H. Capps, 김종서 외 역, 『현대종교학 담론』, 서울: 까치, 1977.

Warfield J. N., "Thinking About Systems", *Systems Practice,* Vol.4, No.4, 1987.

Weber Max, *Economy and Society,* New York: Bedminster Press, 1963.

Weber Max, *The Protestant Ethic and the Spirit of Capitalism,* London: George Allen & Unwin, 1976.

Weber Max, 이상률 역, 『유교와 도교』, 서울: 문예출판사, 1996.

Welzel Hans, 박은정 역, 『자연법과 사회적 질서』, 서울: 삼영사, 2002.

White Hayden, "The value of narrativity in the representation of reality", in W. Mitchell, ed., *On narrative,* Chicago: University of Chicago Press, 1981.

Wittgenstein Ludwig, translated G.E.M. Anscombe, *Philosophical Investigation,* Oxford: A Blackwell Paperback, 1978.

Wong Siu－Iun , "Chinese family firm: A model", *British Journal of Sociology* 54, 1985.

Wuthnow Robert, *Meaning and Moral Order,* Berkeley: University of California Press, 1987.

Yue, Ying－shih, "Life and Immortality in the Mind of Han China", *Harvard Journal of Asiatic Studies*, Vol.25, Cambridge, 1965.

高橋進, "효의식의 역사적 변천과 현대에 있어서의 변용", 『효사상과 미래사회』, 성남: 한국정신문화연구원, 1995.

任繼愈, 권덕주(역), 『중국의 유가와 도가』, 서울: 동아출판사, 1993.

任繼愈 主編, 『中國道敎史』, 上海: 上海人民出版社, 1990.

胡適, 송긍섭, 함홍근, 민두기 역, 『중국고대철학사』, 서울: 대한교과서주식회사, 1962.

<인터넷 주소>

http://blog.dt.co.kr/media/printpage.asp?uid
http://www.godislove.net/wwwb/data/s20001201823/
http://srch.chosun.com/cgi－bin/www/search/did=1230816&op=5 2003－07 －16.

<경전>

『父母恩重經』
『聖經』
『太平經』
『孝經』

박철호 ────────────────────────────────────

▌약력

서울대학교 대학원 박사과정 졸업(교육학 박사)
장로회신학대학교 박사과정 수료
서울대학교 대학원 석사과정 졸업(교육학 석사)
현) 성산효대학원대학교 교수
　　한국효학회 편집위원장

▌주요 저서

『세계의 효』, 『효윤리학』, 『체계론에 의한 성경연구(성경적 효와 관련)』, 『기독교도덕형성체
계연구』, 『민주주의와 다문화교육』, 『기독교효학(근간)』, 『기독교윤리학개론(공저)』, 『초등학
교 효교육길라잡이(공저)』, 『중고등학교 효교육길라잡이』, 『효교실(공저)』, 『현대이데올로기
(공역)』, 『성경속의 일곱가족(번역)』

효학의
이론과 실천

초판인쇄 | 2010년 7월 26일
초판발행 | 2010년 7월 26일

지 은 이 | 박철호
펴 낸 이 | 채종준
펴 낸 곳 | 한국학술정보㈜
주　　소 | 경기도 파주시 교하읍 문발리 파주출판문화정보산업단지 513-5
전　　화 | 031) 908-3181(대표)
팩　　스 | 031) 908-3189
홈페이지 | http://ebook.kstudy.com
E-mail | 출판사업부　publish@kstudy.com
등　　록 | 제일산-115호(2000. 6. 19)

ISBN　　978-89-268-1211-2 93150 (Paper Book)
　　　　　978-89-268-1212-9 98150 (e-Book)

내일을여는지식 ■ 은 시대와 시대의 지식을 이어 갑니다.